新时代高校体育健康理论与实践教程

武传钟　孙　毅　曹玉超　主编

天津大学出版社
TIANJIN UNIVERSITY PRESS

图书在版编目(CIP)数据

新时代高校体育健康理论与实践教程 / 武传钟等主编. -- 天津 : 天津大学出版社, 2023.9(2024.8重印)
ISBN 978-7-5618-7500-1

Ⅰ. ①新… Ⅱ. ①武… Ⅲ. ①体育－高等学校－教学参考资料②健康教育－高等学校－教学参考资料 Ⅳ. ①G807.4②G647.9

中国国家版本馆CIP数据核字(2023)第102942号

出版发行　天津大学出版社
地　　址　天津市卫津路92号天津大学内（邮编:300072）
电　　话　发行部:022-27403647
网　　址　www.tjupress.com.cn
印　　刷　廊坊市海涛印刷有限公司
经　　销　全国各地新华书店
开　　本　787mm×1092mm　1/16
印　　张　24
字　　数　599千
版　　次　2023年9月第1版
印　　次　2024年8月第2次
定　　价　59.00元

编委会

主　　编： 武传钟　孙　毅　曹玉超

副 主 编： 解　进　石　鑫　董虹池　徐　静　曾雨璇

编辑委员： 徐忠鸣　叶　鸣　吴　俊　韩　叙

前　　言

在新时代，社会呼吁培养德才兼备的高素质人才，而高素质人才的培养离不开体育。我国高等学校体育教育的改革和发展已经取得了前所未有的成就，但也存在诸多问题，比如：体育教学内容刻板固化，个性化教学欠缺；实践教学与学生能力培养脱节，实效性有待提升；学生课外锻炼未形成长效机制，过程控制乏力；教学方法创新不足，个性化内容欠缺；体育教学缺乏导向性，学生学习兴趣和求知欲难激发。由于学生对体育的重视不够，体育锻炼的积极性和主动性缺乏，加之各种因素对学校体育课程教学的影响，如今高校体育工作面临的形势更加严峻，问题明显，亟须解决。

体育是培养人、塑造人的过程，应树立“健康第一”的指导思想，将“立德树人”教育思想融于体育课堂，融入知识传授，提高学生对体育与健康的认知水平，拔高体育教育的意识形态，提升体育教学的实际效果，让体育课程成为一门实行性极强的实践性课程。高等学校体育工作应全面贯彻党的教育方针，深入贯彻习近平总书记关于体育的重要论述，把增强学生体质作为学校教育的基本目标，培养学生的终身体育习惯和健康的生活方式，深入开展“阳光体育运动”。民办高校在落实国家对体育教学工作要求方面应更加严肃认真、细致到位，以运动项目为媒介，以技能学习和身体练习为手段，运用科学的方法组织身体练习，学习体育专项技能，提高学生运动素质和健康素质，培养学生体育精神和意志品质，切实提高民办高校学生对体育的重视程度，增加学生体育课外锻炼考核，依托学生体育社团活动、阳光体育联赛和运动队训练竞赛活动等，借助竞赛组织活动，加强“第二课堂”建设，高质量开展各项体育教学活动。

体育教材是学校体育工作的重要载体，编撰符合当前学校实际情况和教学需求的教材，是深化体育教学改革和校园体育文化建设的重要任务。为进一步加强公共体育课程建设，规范教学内容和过程控制，提升教学质量和效果，根据《全国普通高等学校体育课程教学指导纲要》《高等学校体育工作基本标准》等文件的要求和精神，认真总结当前高校体育教学的现状，遵循体育课程建设的客观规律，加强课程思政建设，广泛参阅国内众多优秀教材文献，结合上海外国语大学贤达经济人文学院（以下简称上外贤达学院）体育教学的实际情况编写了《新时代高校体育健康理论与实践教程》这本教材。全书融理论和实践于一体，以培养复合型、应用型人才为目标，旨在引导大学生主动走出宿舍、走向操场、沐浴阳光，积极参加体育锻炼，培养终生体育思想，树立科学的健康观。全书突出了理论性、科学性、实用性和针对性，可以指导并帮助大学生掌握健康基本知识和专项基本技能。

本教材由上外贤达学院体育教研室全体教师共同编写完成。在教材编写过程中，得到了上海师范大学、上海海洋大学、武汉体育学院、江苏海洋大学等单位的大力支持和帮助，在此表示诚挚的感谢。在本教材编写过程中，学习、参考和引用了较多书籍和资料，在此向有关作者致以诚挚的感谢。鉴于时间紧迫及编写人员水平有限，书稿难免存在不妥之处，恳请广大读者批评指正。

编者

目　　录

第一篇　基础理论篇

第一章　大学体育概述

联合国教科文组织在《学会生存》中指出:“教育要继续成为一个生机勃勃的有机体,能够运用智慧和精力去满足个人的和社会的需要,那么它就必须克服自满和墨守成规的缺点。教育必须经常检查它的目标、内容和方法。”学校体育应该是一种广义的文化教育,它不仅要向学生传授一定的体育知识,培养必要的技能,增强学生的体质,养成良好的习惯,而且要将体育作为一种思维方式、行为方式、生活方式和价值观念传授给所有的学生。近年来,中国大学体育教育随着社会的发展不断地进行改革,以适应社会对人的要求。

新时期,中国高等教育的改革与发展步入全球性教育的行列,正在向现代化和国际化迈进。体育生活化、普遍化、科学化、社会化、产业化、法制化的发展走势,全民健身计划和奥运争光计划的实施,赋予高校体育重要的历史使命。随着我国竞技体育与国际体育的接轨,大学高水平运动队的创办,优秀运动员训练基地逐步向高校转移,我国高校体育将成为实施奥运争光计划的主要基地。高校体育将成为实施全民健身计划的重要组成部分,将扮演我国体育发展战略上“一个基地”和“一个中心”的重要角色。

第一节　体育的溯源与发展

体育作为教育的重要组成部分,肩负着促进学生身心健康发展的重任。学校体育树立“健康第一”的指导思想,是人与社会协调发展的客观需要,是素质教育的基本要求,是学校体育目的之所在。大学体育是我国高等教育的重要内容,也是我国体育事业的组成部分。中国的大学体育教育是培养身心健康、综合素质全面发展的高级专业人才的需要,是我国体育事业发展的需要,是建设社会主义精神文明、丰富校园文化生活的需要。中国大学体育教育改革与发展是一项复杂、巨大的系统工程,也是一项长期而艰巨的任务。只有遵循《中国教育改革发展纲要》的精神,克服浮躁心态和形式主义,立足于系统设计、科学选择、整体推进和脚踏实地、坚持不懈的努力,才能实现中国大学体育教育的现代化和国际化。

体育不仅具有强身健体的功能,而且对人类的心理特征和行为特征有着重要的作用,是一门完善人自身、其他学科所无法替代的人体科学。中共中央、国务院《关于深化教育改革全面推进素质教育的决定》明确指出:“健康体魄是青少年为祖国和人民服务的基本前提,是中华民族旺盛生命力的体现。学校教育要树立健康第一的指导思想,切实加强体育工作,使学生掌握基本的运动技能,养成坚持锻炼身体的良好习惯。”中国著名教育家陶行知先生也曾经说过:“健康是生活的出发点,也是教育的出发点。”因此,大学体育教育树立“健康第一”的指导思想迎合了人与社会发展的需要。2004 年 8 月,在第七届全国大学生运动会进行之际,教育部在上海复旦大学召开中华人民共和国成立以来首次“全国高校体育工作座谈会”。时任教育部部长周济在会上倡导大学生:每天锻炼一小时,健康工作 50 年,幸福生活一辈子。

一、体育的历史溯源

体育运动是一项具有共享性的社会文化活动。体育运动(sport)是“clisport”的简写，奥林匹克运动本义是“离开工作”，通过一些有兴趣的游戏转移自己的注意力，使“自己高兴”，在美国、英国、俄罗斯、德国和日本的百科全书和体育辞典中，都还保留着类似的解释。从这层意义上理解，奥林匹克运动不仅只是一种对抗性或竞争性活动，也包含着游戏和娱乐层面的内容，它的广泛的社会普及性、群众参与性和观赏性构成了奥林匹克运动不可或缺的娱乐和游戏因素，我们在奥林匹克运动起源中也谈到过，娱乐和游戏活动是原始奥林匹克运动形成的四大起源之一，奥林匹克运动绝非单纯的争强夺胜，而是具有社会共享性，具有丰富社会文化活动和促进社会精神文明发展的独特且无可替代的功能(图 1-1)。

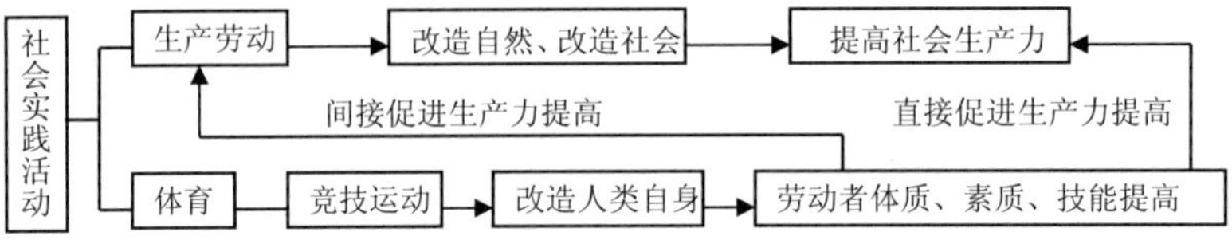

图 1-1　体育运动对人类社会影响的示意图

奥林匹克运动是推动生产力发展的积极因素。奥林匹克运动是人类自身的运动，更是一种实践活动，它和人类社会的发展紧密相连。人总是通过自己的身体活动作用于自然、作用于社会、作用于人类自身，并在改造自然、改造社会、改造自身的实践活动中生存和发展。从这层意义上理解，我们可以认为：身体运动是人类一切实践活动的基础，也是奥林匹克运动的基础和表现形式，奥林匹克运动是人类对自身主观能动地改造过程，适者生存，人类在对自然、社会的适应和改造过程中意识到自身体质、素质、技能的重要性，人类在改造自然、改造社会的同时更在改造自身，通过对自身的改造提高劳动者的素质，促进人的全面发展，为更好地改造自然和社会提供人力基础和保障。

现代奥林匹克运动具有激烈的对抗性和竞争性，但依然保留着游戏和娱乐的因素；奥林匹克运动具有国际性，不仅是规则、规范和制度的国际通用性，其竞赛结果也受到社会乃至世界的关注和承认；奥林匹克运动还具有身体活动本身以外的特殊意义，参加奥林匹克运动的人，往往代表一个组织或一个团体，活动的严肃性加强，参加人员在角色和职务上分工明确，对裁判员、教练员和相关科研工作人员来讲，奥林匹克运动是他们职业的重心，需要精心地计划组织，科学地统筹实施和全身心地投入工作。所以说，奥林匹克运动是游戏、娱乐、训练、竞赛等活动的总称，是一种特殊的社会活动，是社会文化不可分割的组成部分，是促进劳动者综合素质发展的积极因素，直接或间接地推动着社会生产力的发展。

随着人类社会组织形式的发展，人类活动的组织化程度越来越高，人类的自我意识逐渐增强，带有体育意义的身体活动也在原始教育和原始宗教活动中逐步规范化，延续着体育起源的线索。对于体育这四大起源的说法，在体育史学文献中基本得到共识和公认，以此我们来追溯体育的起源问题(图 1-2)。

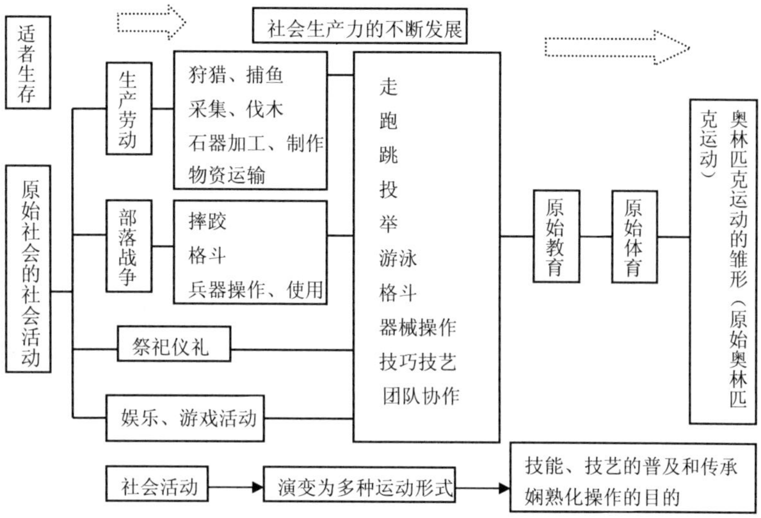

图 1-2　体育的起源与发展历程示意图

1. 生产劳动起源说

生产劳动是体育起源的直接动因与条件。随着工具制造水平的提高，人类的生存能力增强，生产劳动所需的知识、技巧、组织等方面日趋复杂，教育成为人类传习知识和技能的必要手段和基本活动。从跑、跳、投、游泳、格斗等身体活动到有意识地发展、学习某些动作技能，逐渐形成与专门的劳动教育相匹配的身体素质培养，使劳动教育性的体育活动逐渐以独立的形态存在，通过体育来增强自己的身体素质，通过竞技来衡量自己的能力，间接为生产劳动提供准备，奥林匹克运动就在原始教育的土壤中孕育、发展、完善。

2. 部落战争起源说

原始氏族与部落组织之间为争夺生活和生产资源的冲突和械斗也成为史前体育产生的一个重要催生剂。原始教育中的身体练习便带有强烈的功利性和目的性，跑、跳、投掷、射箭、格斗等基本技能以及侦察、偷袭、伏击、追击等综合作战能力的训练逐渐成为原始体育的重要内容。与此同时，对于领袖、将领的选拔，人员的职务分工需要量才而行，于是氏族部落便会定期举行格斗、作战、器械操作技能的比试。这种比试具有组织性和公认性，可以说是运动竞赛的最初形态。

3. 祭祀仪礼起源说

随着人类思维能力与精神生活的发展，大约在旧石器时期中晚期，产生了原始信仰与崇拜，并逐渐形成了以各种巫术仪式为主体的原始宗教。以巫术为主体的原始宗教活动是史前体育产生与形成的土壤。原始宗教以仪式化的巫术活动为主体，包含丰富的原始体育因素，如划船、射箭、舞蹈等。竞技能充分体现能力、意志、智慧和审美情感，是祭祀活动中缅怀祖先、祭祀神祇、祈福求雨的重要形式，一些竞技项目在祭祀活动中得到发展。此外，“成丁礼”（“成年礼”）包括大量原始体育训练与考核内容，是原始奥林匹克运动的重要表现形式。

4. 娱乐、游戏活动起源说

人类拥有寻求娱乐开心的天性，即便是在生产力极其低下的原始社会，人们在劳动的闲暇聚集在一起舞蹈、游戏，通过这些释放感情、凝聚内部、熟悉部属、强化信仰。游戏本身就是为了娱乐身心使自己高兴,体育是娱乐和游戏的一种高级形态。

人类还具有争强好胜的天性,在"玩"的过程中自然就会去博弈和竞争,看谁玩得更好,同时在比试的过程中也可体现竞争者的自身价值,那么将游戏作为奥林匹克运动的一种起源来讲,其实也反映出人类自身的一种需求性,对娱乐身心的需求,对自身价值获得他人或社会认可的需求,甚至是对本人健康素质的需求。

奥林匹克运动重现了人类与自然的斗争和共存,对荣誉和价值的渴望,对信仰和信念的追求,它凝聚了人类共同的愿望和意志,承载了世界文化发展的历程,是人类文明最深刻的展现形式。奥林匹克运动项目的出现有偶然性也有必然性。偶然性在于人类发明运动项目的灵感和创意;必然性在于奥林匹克运动项目的出现是社会生产力和社会意识发展到一定阶段的产物,是适应人们的需求而产生的,并得以发展。19 世纪世界工业革命的浪潮,改变了社会生产结构和人们的社会意识,奥林匹克运动项目的出现是国家教育的需求和工业社会生产发展的必然结果。不同社会形态,竞技体育的内容和形式不一,但皆体现了人类对健康、快乐、功利、价值、理想和信念的追求。因为奥林匹克运动符合社会发展的需求和人类的共同利益,所以获得社会认可和支持,并得以延承和发展。

二、中国体育的历史发展

追溯中国体育的发展历程,可将中国体育的发展分为三个历史阶段。

第一阶段:从原始社会到 1840 年第一次鸦片战争止,属于中国体育的古代阶段。植根于中国古代原始社会、奴隶社会、封建社会的经济、政治、军事、文化基础之上的古代体育,具有浓厚的民族历史特色和地方特色,通常被称为"传统体育"的各类活动和许多中华民族的宝贵遗产一样,曾对人类文化做出了突出的贡献。其重要特点之一是尚未与军事、宗教、艺术、医学等文化现象剥离开来,因而尚未形成自己的独立体系。

第二阶段: 1840—1949 年,属于中国体育的近代时期。这是中国古代的传统体育与从西方传来的"外来体育"并行并逐渐融合的时期。其特点是体育已建立在近代科学基础上,形成了独立的科学体系,成为世界体育不可分割的一部分。此时期的体育,带有半殖民地半封建的性质。

第三阶段: 1949 年中华人民共和国成立后,中国体育的发展进入了一个崭新的历史阶段,即现代阶段。在中国共产党和人民政府领导下,中国体育已成为社会主义革命和建设事业的组成部分并为其服务,半个多世纪以来,中国体育事业的发展积累了宝贵的经验,为社会主义的物质文明和精神文明建设做出了突出的贡献。

中华人民共和国成立后,中国体育已经走过了 70 多年的历程,在探索中国特色的社会主义体育道路中取得了巨大成就,积累了丰富的实践经验。各民族的各种形式的体育活动绚丽多姿,从城市到农村,从学校到千家万户,从"奥运争光"到"体育强国"战略,从全民健身计划到构建更高水平的公共体育服务体系,体育已经成为人民日常生活不可缺少的内容。《"健康中国 2030"规划纲要》指出:要全方位、全周期维护和保障人民健康,大幅提高健康水平,显著改善健康公平,为实现"两个一百年"奋斗目标和中华民族伟大复兴的中国梦提供坚实健康基础。体育成为增强人民体质,丰富群众文化生活和培养德、智、体全面发展的一代新人的有力手段,在建设社会主义物质文明和精神文明中发挥着越来越重要的作用。

我国体育的发展经历了曲折，今天的胜利和大好形势来之不易，每个中国人都应倍加珍惜。

三、中国高校体育的发展

学校体育的发展与终身教育思想的出现密切相关，自1968年法国著名教育专家保罗·朗格朗提出终身教育的提案和一整套理论后，引起了各国体育工作者的极大关注。美国在20世纪70年代初期就提出，要培养学生终身进行体育活动的兴趣和能力。日本在1986年公布了《关于改革教育课程标准的基本方向》，“为终身体育打基础”成为日本20世纪80年代后学校体育的第一位目标。

1903年左右，“体育”一词由日本传入中国，随之西方现代体育运动项目也传入中国，并且在学校得到推广和发展。首先，西方教会在中国兴办学校，通过传教士将现代体育运动带进了教会学校。其次，洋务运动的推进为现代体育运动传入中国开辟了道路。在这样的背景下，清政府颁布了《奏定学堂章程》，规定所有学校都设体操科，以德国和日本的普通操和兵士操为主要教学内容。新文化运动把中国的体育特别是学校体育推到了一个新的发展阶段，体育成为学校教育的重要组成部分。1923年，北洋政府依照美国学制公布了《新学制课程标准》，正式把“体操科”改为“体育课”，将以体操为主的教学内容改为游戏、田径、球类和体操等综合性项目。

1949—1956年是我国从新民主主义革命向社会主义革命过渡的历史时期，也是新中国大学体育初创时期。中华人民共和国成立初期，由于全面引进苏联教育体制，大学体育也顺理成章地全盘照搬苏联高校体育的模式，形成以传授体育知识、动作技术和技能为教学目标的体育教学体系。教学内容以田径、体操、技巧等竞技运动为主，大学的课外体育锻炼也参照按苏联模式制定的《准备劳动与卫国体育制度》为主要内容而开展。

1957—1965年，高校体育在总结学习苏联的经验和教训基础上，开始摸索自身发展的道路，提出了增强体质的指导思想，将具有中国特色的武术正式列为教学内容；还在《高等学校体育工作暂行规定》的指导下，颁发了《高等学校普通体育课教材纲要》，编写出版了《高等学校普通体育课教学参考书》，使大学体育教学的内容和要求得到统一，促进了大学体育的发展。

“文化大革命”使全国高校处于“停课闹革命”的无序状态，高校体育也陷于瘫痪。党的十一届三中全会不仅指引我国社会主义建设进入新的历史时期，也给高校体育带来了新的转机。教育部于1978年重新编订的《高等学校普通体育课教学大纲》《高等学校体育工作暂行规定》《国家体育锻炼标准》和《全国普通高等学校体育课程教学指导纲要》等文件，激发了高校体育新的活力，高校体育发生了根本性的变化。

20世纪80年代以来，我国广大体育工作者锐意进取、大胆改革、努力探索、不断创新，彻底打破了传统的体育教学内容和课程体系，摆脱了苏联体育教育的模式，走出了纯竞技体育的圈子，设计了不同类型的体育基础课、专项课、选项课和单项俱乐部等教学形式，逐步把体育作为一种完整的文化构体，与现实教育环境及社会需求、人文精神发生普遍而深刻的联系。我国高校体育从教学、科研、高水平运动队到竞赛、产业和群体活动等，都相继形成了自身独特的生存机制和发展模式，取得了可喜的成果，发展到了一个新的阶段。比如：天津大学在“育人为本，健康第一”的教学思想指导下，构建了“课内外一体化”的完整体育教学模式;上海交通大学在“实施素质教育,以学生为主体”的教学思想指导下,构建大学生课余群众体育俱乐部。他们注意改变“传习式”的教学方法,从“教师中心型”向“环境适用型”转变,以发挥学生的主体作用,发展学生的个性,突出健身性、娱乐性、终身性、全面性、实用性的“健康教育”观念。

学生要养成终身参加体育锻炼的习惯,必须建立在其掌握适宜的体育锻炼方法与手段上。2002 年颁布的《全国普通高等学校体育课程指导纲要》明确提出课程的运动技能目标:“熟练掌握两项以上健身运动的基本方法和技能;能科学地进行体育锻炼,提高自己的运动能力。”高校体育课程是以学生体验为主的学科。以往班级授课式的传习教学已逐步向学生运动的兴趣方向发展,以培养终身体育意识、习惯和能力为主的教育方式——体育俱乐部式教学,即选项课教学应运而生。深圳大学体育俱乐部教学课以大学一、二年级学生为主要对象,开设竞技类(篮球、排球、足球、乒乓球等)、保健类(保健体育、心理健康、智益功等)、娱乐类(桥牌、台球、保龄球等)共 23 个运动项目的俱乐部。学生凭兴趣爱好选择项目,学习变被动为主动。大连理工大学开设了 7 个俱乐部、19 个体育项目,大学一至四年级学生按意愿报名;通过测试,把每个项目分为初、中、高三个等级:一、二年级以学科课程为主,实施学分制,三、四年级以活动性课程为主。南京理工大学开设有 20 多个运动项目供学生选修。清华大学可以说拥有中国大学最丰富的体育课程,赛艇、跳水、射箭、飞镖、射击、沙滩排球、艺术体操、拳击、跆拳道、柔道、空手道、定向越野、网球、垒球、乒乓球等 40 多个项目供学生选择。

对于中国来说,终身体育思想观念的确立是学校体育观念转变的必然,是推进学校体育改革和全民健身的现实需要。它体现了学校体育正逐渐由国家需要的社会本位向个人需要的个人本位的方向转变,表明了学校体育向自身本质的回归,并且体现出对人的关怀。

第二节　中国高校体育的政策与法规

高校体育担负着提高全民素质,培养社会需要的综合素质全面发展的人才的重任。国家对高校体育工作制定的一系列法律法规是学校体育管理的依据。根据高校体育工作侧重点的不同,这些政策法规可以分为高校体育的宏观政策法规和具体法律及规范性规定。

一、高校体育的宏观法律规定

1949 年中华人民共和国成立后,国家十分重视高校体育工作。中央人民政府政务院 1951 年 8 月 6 日颁发的《关于改善各级学校学生健康状况的决定》规定:高等学校学生上课、自习(包括实验)时间不得超过 9 小时,学生每日除晨操、课间操活动外,以 1~1.5 小时的体育活动为原则。1956 年教育部借鉴苏联学校体育教学的经验在总结各地区学校体育教学的基础上制定了我国第一套大中小学《体育教学大纲》,对我国高等学校的体育教学提出了具体要求。到 1963 年,大部分高校恢复了每周 2 节体育课,并坚持早操、课间操,适当开展课外体育活动。1979 年 10 月 5 日,教育部、国家体委联合发出通知试行《高等学校体育工作暂行规定(试行草案)》。1985 年 8 月,国家教委主持修订《高等学校普通体育课教学大纲》。1990 年 3 月 12 日,国家教委、国家体委颁布《学校体育工作条例》。同年 10 月 11

日，国家教委印发《大学生体育合格标准》。

1995年8月29日，全国人大常委会通过《中华人民共和国体育法》（以下简称《体育法》），以法规形式强调加强学校体育工作的重要性，规定学校必须开设体育课，并将体育课列为考核学生学业成绩的科目。

《中华人民共和国宪法》（以下简称《宪法》）和《中华人民共和国高等教育法》（以下简称《高等教育法》）《体育法》是高校体育工作的根本纲领。关于学校体育在以上法律中表现如下。

《宪法》第21条第二款规定："国家发展体育事业，开展群众性的体育活动增强人民体质。"其强调了国家发展体育事业的基本国策，以开展群众性体育活动为重点，目的是增强人民体质。这也是大学体育应遵循的基本方针。

《宪法》第46条规定："中华人民共和国公民有受教育的权利和义务。国家培养青年、少年、儿童在品德、智力、体质等方面全面发展。"其规定了公民接受教育的权利和义务，并对青少年儿童的德智体全面发展给予保障

《高等教育法》第四条规定："高等教育必须贯彻国家的教育方针，为社会主义现代化建设服务，与生产劳动相结合，使受教育者成为德、智、体等方面全面发展的社会主义事业的建设者和接班人。"

《体育法》是由全国人民代表大会常务委员会制定的关于体育工作的基本法律。在第三章中关于高校体育的规定主要有："学校必须开设体育课，并将体育课列为考核学生学业成绩的科目。学校必须实施国家体育锻炼标准，对学生在校期间每天用于体育活动的时间给予保证。学校应当组织多种形式的课外体育活动，开展课外训练和体育竞赛，并根据条件每学年举行一次全校性的体育运动会。学校应当按照国务院教育行政部门规定的标准配置体育场地、设施和器材。学校应当建立学生体格健康检查制度。教育、体育和卫生行政部门应当加强对学生体质的监测。"

二、高校体育的具体法规

有关大学体育的具体政策和法规主要有《学校体育工作条例》《全民健身条例》《学生体质健康标准》等。

《学校体育工作条例》是经国务院批准的行政法规，是关于学校体育工作的具体规定。其中规定："普通高等学校的一、二年级必须开设体育课。普通高等学校对三年级以上学生开设体育选修课。体育课是学生毕业、升学考试科目。"

根据《学校体育工作条例》规定，在总结我国高校体育实践的基础上，国家教委于1990年颁布了《大学生体育锻炼标准》。其主要结构包括体育的测试内容、测试方法，相关的标准与评分细则，以及等级的评定与登记方面的各项规定等。《大学生体育锻炼标准》对开设大学体育课程的学生和未开设大学体育课程的高年级学生分别规定了测试项目和标准。

2002年教育部和国家体育总局联名，以"教体艺〔2002〕12号文件"形式，发布了《学生体质健康标准（试行方案）》及《〈学生体质健康标准（试行方案）〉实施办法》。文件指出，《学生体质健康标准（试行方案）》是促进学生体质健康发展，激励学生积极进行体育锻炼的教育手段，是学生体质健康的个体评价标准，也是学生毕业的基本条件之一。《学生体质健

康标准(试行方案)》是《国家体育锻炼标准》的有机组成部分,是国家对学生体质健康方面的基本要求。《国家学生体质健康标准》将大学设为一组,规定大学生测试的内容共六项,其中身高、体重、肺活量为必测项目,选测项目为三项。此外,《〈国家学生体质健康标准〉实施办法》对所有的测试方法与评分标准的细则进行了说明和解释。

第三节　中国高校体育的特点

高校体育是中学体育的延续,旨在通过体育健身知识的学习和运动技能的掌握培养大学生良好的体育健身习惯,为终身体育奠定坚实的理论与技术基础。实施高校体育的途径是体育课堂教学、课外体育活动、课余体育训练和体育竞赛等。体育课堂教学是高校体育的主要形式,旨在系统地向学生传授体育健身的基本知识和健身方法,指导学生有效地开展体育健身活动并培养学生良好的健身技能和道德品质,促进个性发展。体育课堂教学与其他课程教学相比,具有显著的学科特点。

一、体育教学目标的全面性

现代高校体育教学打破了旧的思想体系,改变了体育教学以运动技术为核心的思想格局,确立了全面发展学生身体素质,开发学生个性,培养学生体育能力和习惯的终身体育思想。终身体育是现代社会发展对体育的需求,也是高校体育科学化、社会化、生活化的有力保证。高校体育是学校体育的最高层次和最后阶段,具有与社会体育衔接的特点。所以,高校体育教学以终身体育为指导思想,注重培养学生的体育意识,提高学生的体育能力,养成自觉锻炼身体的习惯,为大学生身心全面协调发展打下良好的基础。

健身是体育教学的目标之一。大学生身体发育正处于青春期后期,身体形态机能已接近成人,但其身体仍处于不完全成熟的阶段。在这一时期,通过有目的、有计划、有组织的体育教学活动能帮助大学生树立正确的体育价值观,培养良好的神态姿态以及强健的身体,促使体型体态、肌肉线条向协调和谐方面发展,为健康快乐地工作和生活奠定基础。随着社会的发展和体育教育理念的更新,高校体育在帮助学生实现掌握健身方法和技能目标的同时,还要实现其娱乐的目标。因此,高校体育课程将充分利用体育健身项目的娱乐功能,使学生在体育健身活动中得到身心满足,并体验体育健身过程的愉悦。

体育运动是人类文化的组成部分。体育教学也是体育文化学习的过程,是培养个性、提高人文素养的过程。所以,大学生通过体育健身知识学习和亲身实践,不但可以拓展知识面,促进人文素质的提高,而且个性得到发展,体育健身兴趣得以培养,运动能力获得提高,自我健身的习惯逐渐养成。

二、体育教学内容的选择性

在《全国普通高等学校体育课程教学指导纲要》的指导下,各省、自治区、直辖市的高校,可以根据各自地区的特点和学校的特色,自主编制体育教学大纲,既有统一性又有灵活性,同时也是对以在统一教学大纲的补充和完善。因此,高校体育更具有地方特点,更符合实际,更有针对性。

现代高校体育教学内容，根据社会经济发展、体育事业发展、学生个体的需要及学校的教学条件，进行了较大幅度的调整。高校体育教学内容包括规定和自选两部分，在选用教材方面有很大的灵活性。教师在选择规定的学习内容时，更加注重学习内容的可接受性、健身性、娱乐性、终身性，更好地吸引学生参加体育学习和锻炼，更加讲究科学性、实践性和时代性。既选择保护身心健康的知识，又选择有效指导终身体育锻炼的内容，如体育运动的基本规律、运动健身原理、科学锻炼身体的方法、体质评价、养生保健以及 医务监督等方面的知识。学生通过这些体育健身知识的学习，增强体育意识，养成体育健身习惯，树立终身体育观。

高校体育自实行“自主选择学习内容、自主选择上课时间、自主选择上课教师”的“三自主”以来，不仅增加了体育教学的活力，而且给学生满足学习兴趣提供了机会。大学生在选择体育学习内容时，往往会选择适合自己专业特点以及与未来职业相结合的学习内容，以发展自己与从事专业所需要的职业体能。可见，高校体育提高了教学内容的针对性和实效性，对发展学生体能，满足学生体育需要，培养体格健壮的专业人才起到了积极的作用。

三、体育教学模式的多样性

现代高校体育因为地域差异、学校类型以及专业设置不同，其教学模式纷繁，呈现出多样化的格局。目前，应用比较广泛的体育教学模式是在大学一、二年级同时开设基础课和专项选修课。其优点是注意对体育基础不同学生的区别对待，因材施教，并兼顾学生的兴趣、爱好，能满足不同运动水平学生的需求，有利于调动学生的学习积极性。但是，对师资力量要求较高，学习进度和难易程度不易同步。

使用较多的是“一体化型”教学模式，即把早操、课外体育活动与体育课的教学有机结合起来。其优点是实现体育教学和课外体育活动的有机衔接，增强了体育教学的整体性，有利于学生体育锻炼习惯的培养和身体素质的增强，也能使学校的体育场地和器材得到充分的利用。但这种模式也存在着课外体育活动所需场地和器材量大，教师工作量剧增的难处。

部分高校采用“俱乐部型”体育教学模式。此教学模式注重培养学生的体育兴趣和提高学生的运动能力，能较好地发挥学生学习体育的主观能动性，有利于调动学生学习的自觉性和积极性，但这种教学模式对各种场地、设备条件要求很高，也会增加学生的经济负担。

还有一些高校采用教学效果显著的“三段型”教学模式，即将大学体育课程分为三段，一年级开设基础课，二年级开设专项选修课，三、四年级开设选修课。“三段型”教学模式注重学生的体育基础、体育能力的提高，以及体育锻炼习惯的培养，缺点是在一年级时不能兼顾体育优秀生，区别对待不够，开课层次多，对师资力量和场地器材要求较高。

也有少数学校选择“分层次型”教学模式，即依据学生在体能状况和运动能力上的差异，按学生身体素质和运动基础能力，划分教学层次班。但是，实施这种教学模式，教学过程管理复杂，各年级开班多，对师资和场地条件要求更高。

四、体育教学方法的针对性

现代教学论认为，教学中采用多种多样的教学方法，有助于激发学生参与学习的兴趣、爱好、自觉性、积极性，有利于促进学生的智力、能力、创造力和非智力因素的发展。在高校体育教学中,教师能够根据各专业学生的身心特点和教学目标、内容,采用针对性强的教学方法,把教法、学法、练法和评价方法有机地综合运用,激发学生的学习动机,调动学生参与习的自觉性和积极性,达成学生身心全面发展和个性形成的目标。

现代高校体育教学方法已从“注入式”的教学转向启发式的教学,体现教学方法的多样化、科学化和有效性。由于学生的体育基础、体质状况、兴趣爱好、运动水平、接受能力等方面都各不相同,因此多样性的体育教学方法使每个学生在知识、能力、品质和个性等方面都得到相应的发展。

在不断创新教法的基础上,教师还要求大学生在体育学习中,学会自我学习,掌握自我锻炼、自我评价的方法并运用于课余和校外的体育健身活动中,以做到科学健身,更有效地提升身体素质和体质健康水平。

五、体育教学过程的自主性

以往的高校体育都是普修课,每一名学生在规定的时间学习相同的内容。现在,只要是有利于学生良好体育观念意识的建立,有利于学生体质的增强,有利于学生习惯的养成和学生体育能力的提高,各校都可根据自身特点,开设普修课、选项课、选修课、保健课和专项训等多种不同类型的课。体育教学组织形式也灵活多样,从“以教师的教为中心”向“以学生自主学习”的转变,由单向传导变为多向交流,充分发挥学生的主体作用。

除了体育课堂教学,许多学校对课外体育活动的形式也进行了改革,即将课堂教学的内容加以延伸,与学生课外体育健身俱乐部、兴趣小组等结合,使体育课堂教学与课外体育健身活动有机结合,满足学生对体育健身的需要。此外,随着信息技术的不断发展,大学生可以借助于电视广播网络等媒介,便利地获取各种体育健身信息以弥补课堂教学和教科书中知识陈旧的不足,大学生学会从高校体育之外获取体育健身信息,有效地拓展知识面,解决体育健身方面的问题,而且能够激发大学生探索体育健身知识的热情,有利于自我健身能力的提高。

在体育教学过程中师生扮演的角色不同,但是他们却是平等合作的关系,教师是主导,是“导演”,努力为学生创造一个良好的教学环境和教学氛围,并为学生学习提供条件帮助和服务。这种新型的平等的师生关系,有效地提高了课堂教学的效率。

第四节 高校体育教育的基本要求

高校体育课程是高校课程体系的重要组成部分,是高等学校体育工作的中心环节。高校体育教育在坚持国家教育方针的前提下,不仅要遵守教学的一般规律和基本原则,而且要满足高校教育的基本要求。

一、高校体育是必修课

高校体育课程是大学生以身体练习为主要手段,通过合理的体育教育和科学的体育锻炼过程,达到增强体质、增进健康和提高体育素养为主要目标的公共必修课程,普通高等学校的一、二年级必须开设体育课程,四个学期共计 144 学时,修满规定学分,达到基本要求是学生毕业、获得学位的必要条件之一，大学体育课程一般是每周上一次课，2学时，分为理论课和实践课，普通高等学校要开设体育选修课程，满足高年级学生体育健身的需要。

二、高校体育教育的要求

1. 健身性与文化性相结合

紧扣高校体育课程的主要目标，把“健康第一”的指导思想作为确定课程内容的基本出发点，同时重视课程内容的体育文化含量，培养大学生的体育素养。

2. 选择性与实效性相结合

各高校应根据学生的特点以及地域、气候、体育场馆设施等不同情况，选择并确定高校体育课程的内容，力求丰富多彩，为大学生提供较大的选择空间。要注意高校体育课程内容对促进学生健康发展的实效性，并保持与中学体育课程内容的衔接。

3. 科学性与可接受性相结合

高校体育教学内容应与学科发展相适应，反映体育学科的新进展、新成果，要以学生发展为本，遵循大学生的身心发展规律和兴趣爱好，既要考虑主动适应学生个性发展的需要，也要考虑主动适应社会发展的需要。教学内容要为学生所用，以利于学生课外自学自练。

4. 统一性与差异性相结合

为实现大学体育课程目标，应使课堂教学与课外校外的体育活动有机结合，学校与社会紧密联系。要把有目的、有计划、有组织的课外体育锻炼、校外活动、运动训练等纳入高校体育课程，形成课内外、校内外有机联系的课程结构。应把校运动队及部分确有运动特长学生的专项运动训练纳入体育课程之中。对部分身体异常和病、残、弱及个别高龄等特殊群体的学生，开设以康复、保健为主的体育课程，实现统一要求与差别对待的有机结合。

章节小结

学习奥林匹克运动的历史和体育运动的起源。了解我国大学体育发展的历程，以及保障大学体育健康发展的相关政策与法规。高校体育作为现代教育的重要内容之一，具有教学目标全面性、教学内容选择性、教学模式多样性、教学方法针对性和教学过程自主性的特点。同时，作为大学的必修课程之一，要将健身性与文化性结合、选择性与实效性结合、科学性与可接受性结合、统一性与差异性结合，着力培养学生的自我健身能力，满足学生的体育健身需要。

思考题

1. 体育的起源学说有哪些？
2. 结合高校体育课程的学习，谈谈你对大学体育课堂教学的建议。
3. 谈谈你对终身体育的理解和认识。

（章节撰稿人：武传钟）

第二章 高校体育的目标、任务、功能和价值

第一节 我国高校体育的目标和任务

一、高校体育的目标

高校体育又是学校体育的重要组成部分,充分体现学校体育的属性,要以运动和身体练习为基本手段,提高人的潜能,增强体质,增进身心健康,促进大学生的全面发展。高校体育以运动和身体练习为基本手段,对大学生身心进行科学的培养,增强体育能力,养成自觉锻炼身体的习惯。高校体育的课程目标是指在一定时期,体育课程实施所要达到的预期结果。2002 年 8 月,教育部根据《关于深化教育改革全面推进素质教育的决定》和国务院批准发布施行的《学校体育工作条例》精神,在总结高等学校体育课程建设和教学改革经验的基础上,制定了新的《全国高等学校体育课程教学指导纲要》,对大学体育课程目标进行了详细的规定。

二、高校体育课程的目标

(一)高校体育课程的总体目标

总体目标将体质与健康分开叙述,阐明了大学体育“健康第一”的指导思想,增强体质依然是我国大学体育的主要目标之一,但是,真正的健康是指学生的身心协调发展,将提高体育素养作为总体目标来叙述,说明对体育的认识从过去“身体发展的教育”转变为“以运动为基础的教育”。体育素养既包含了身体的、心理的素质,又突显了体育作为文化的一面。

(二)高校体育课程的具体目标

在 2002 年教育部颁发的《全国高等学校体育课程教学指导纲要》中,将大学体育课程目标划分为两个层次——基本目标与发展目标;五个领域——运动参与目标、运动技能目标、身体健康目标、心理健康目标、社会适应目标。在层次上,高校体育课程要全面贯彻素质教育面向体现个性教育的原则,正视学生的个体差异,在目标设置上体现了科学性,前者是根据大多数学生的基本要求而确定的,反映了课程目标的强制性;后者则是针对部分学有所长又有余力的学生确定的,体现了课程目标的自由度。在领域目标上,将体育课程目标从知识、技能、情感领域对体育课程的特点进行了扩展,使大学体育课程目标更加具体,操作性更强。

三、高校体育的任务

高校体育的目的是通过完成以下几方面的任务来具体实现的。

1. 增强学生体质，增进学生健康

增强学生体质的具体含义包括：①促进大学生身体全面发展；②塑造健美的体格与体型，形成正确的身体姿势和姿态；③增强大学生身体素质，提高生理机能水平；④增强适应环境与抵抗疾病的体力。高校体育使学生获得强健的体魄，为终生健康奠定坚实基础，为未来学习工作创造良好条件。

2. 传授体育知识、提高体育运动能力和培养终身体育锻炼习惯

大学生具有知识基础扎实、求知欲强、分析与理解问题强的特点，因此，大学阶段是学生形成正确体育观念与认识的关键期。高校体育应充分认识利用大学生的智力优势，加强体育理论教学，通过系统的体育理论知识传授，使学生掌握体育与健康方面的知识，全面提高高校学生的体育文化素养。提高高校学生的体育文化素养不仅有利于高校学生建立正确的体育观，促进他们主动积极参与体育锻炼，成为终身体育的参与者，而且有利于他们未来更好地从事各项职业。高校体育在加强大学生体育理论教育的同时，也要注重体育技术、技能的传授，使学生能掌握体育技术与技能，提高大学生参加体育运动的兴趣，养成体育锻炼的习惯，从而为终身体育奠定基础。总之，依据高校特点和终身体育的需要，高校体育应该特别重视高校学生的体育能力培养，如科学健身能力、体育锻炼效果自测自评能力、体育欣赏能力等。

3. 进行品德教育，促进学生全面发展

《关于深化教育改革全面推进素质教育的决定》特别强调“要重视德育，还要加强体育、美育、劳动技术教育和社会实践，诸方面教育相互渗透，协调发展，促进学生的全面发展和健康成长”。这是党和国家对学校教育提出的任务与要求。德育不仅是德育学科的工作任务，而且是各学科的工作任务，德育渗透在各学科之中。学校体育具有丰富的品德教育的要素，体育教育应充分利用体育的自身特点，寓品德教育于体育活动之中。体育活动教育使学生形成责任感和群体意识，培养学生热爱集体、遵纪守法、团结合作、勇敢顽强、拼搏进取、创新开拓、艰苦奋斗等良好的道德素养，同时还能在体育活动中培养学生鉴赏美、表现美、创造美的情感和能力，陶冶学生的情操，塑造学生良好的个性品德，促进学生的个性全面发展，使学生能适应社会发展的需要。

4. 发展学生运动才能，提高学生运动技术水平

学校是培养人才的基地，应在普及的基础上，对部分运动基础较好并有一定专项运动才能的学生，进行课余专项运动训练，进一步增强他们的运动素质，提高运动技术水平。高校在体育师资、器材、设施和多学科交叉方面都具有一定的优势，而且大学生本身在心理、生理特征和体力、智力方面也具有优势，因此把部分有运动天赋和运动才能的大学生培养成为高水平的运动员是有可能的。多出人才，出好人才，这其中包括出优秀体育人才。高校体育应该能够为竞技体育培养优秀人才。

当今的世界纪录和世界冠军都是多学科成果的结晶，对运动员体力和智力水平都提出了越来越高的要求。巴西足球明星苏格拉底是圣保罗大学的医学博士。奥运会四枚金牌获得者，美国的短跑运动员刘易斯和短跑冠军约翰逊，都是大学生，而被誉为“20世纪模式运动员”的跨栏王摩西是物理学博士，他没有教练员，自己安排训练和比赛，却多次获得了110世界性田径比赛的金牌。培养高水平的运动员是时代赋予高校的新使命。

(三)高校体育的作用

中华人民共和国教育部在《振兴教育事业，实施科教兴国战略》中指出：“教育是培养和输送人才的摇篮，也是提高中华民族科学文化素质，向现代化建设提供人力资源支持的奠基工程。”我国要在21世纪激烈的国际竞争中处于主动地位，就必须重视人才综合素质的培养。这样的人才不仅要有坚定的社会主义信念，良好的思想道德素质，能掌握和运用现代科学的知识，还必须拥有强健的体魄和良好的心理素质，这样才有坚实的基础和实力参与激烈的竞争，才能为祖国的现代化建设贡献自己最大的力量。具体来说，高校体育的作用有以下几方面。

1. 高校体育对学生的个性发展有重要的作用

学生在体育活动中伴随着复杂的心理活动，表现出鲜明的个性特征。学生在体育活动中必须克服很多困难和障碍，而且始终要面对对手，面对胜利或失败，为此，就要求他们应具有自我控制能力，具有不畏强手、迎难而上的坚强意志以及敢于斗争、敢于胜利的自信心，需要协作和相互配合的品质和作风。因此，体育活动是一个很好的培养学生的公正、自我控制、勇敢、坚强、忠实和协作等个性品质的手段和方法。体育通过其特有的方式可以对人的个性发展产生影响和作用。

2. 高校体育有利于学生智能的发展

人类的大脑分为左、右两个半球，各具有不同的生理功能，左半球主要从事逻辑思维，是依靠语言为主的分析、判断和抽象概括中枢；右半球能理解简单的语言，但主要负责直觉、空间转换、形成感知等形象思维功能，与人的创造力密切相关，是艺术和经验学习中枢。人们在体育活动时，视觉、听觉、平衡觉、本体感觉等多个感官均参与工作，各种感觉信息不断传入大脑皮层的各个中枢，从而活化、刺激了大脑细胞；同时，体育活动还可以提高人体的血液循环机能，改善大脑的供氧量。体育活动，有利于培养人的形象思维、创造力和想象力。研究结果表明，优秀运动员右脑功能明显高于一般人。因此，体育活动是开发人类右脑功能的有效而重要的手段。

3. 高校体育教育是培养学生终身体育意识和能力

大学阶段是学生形成较成熟的思想、意识的重要阶段，是学生终身体育兴趣、意识、习惯和能力形成的关键时期。所谓终身体育，是指人们在一生中所进行的身体锻炼和所受到的各种体育教育的总和。高校体育使学生了解和掌握体育与健康的基本知识与技能；使学生明确什么是健康、文明的生活方式，如何科学地锻炼身体等知识；培养学生的体育意识和健身意识，树立正确的体育价值观，能自觉根据自己所处不同年龄阶段的身心特点与健康状况，根据工作与职业的特点选择或重新学习体育锻炼的内容，使体育成为日常生活的重要组成部分，养成良好的生活方式，成为具有科学的体育素养的人。

4. 高校体育教育能够增强学生体质，提高其身心健康水平

在高校体育教学过程中，学生通过科学有序的体育锻炼，可以逐步改善他们的生理机

能,提高身体各方面的素质,使身体形态、机能、各器官系统、心理健康水平等素质得到全面、均衡的协调发展。而高校体育是学生接受体育教育的最后阶段,是学生个体社会化的转折期,其体育教学的意义不但使学生在校期间有一个强健的体格,而且对学生施以心理能力的发展教育。高校体育把身体的强健和心理的健康发展紧密结合起来,为培养大学生坚强勇敢的个性营造了良好的心理环境,使学生在体育行为的磨砺和体育精神的陶冶中渐渐形成体格强健、精力旺盛和积极进取的生理、心理取向,实现大学生人格的升华。

第二节 高校体育的组成内容

高校体育的目的与任务是教育总目标的一部分,但是目的与任务都不会自动实现,它只有通过多种多样的组织形式为其提供具体途径,并实施相应的教育计划才能得以实现。我国高校体育教育主要由以下几方面组成。

一、体育课程

体育课程是我国高等学校教学计划的重要组成部分,被视为高校体育的中心环节,也是高校体育教育的最基本的组织形式,为确保高校体育目的和任务的圆满实现提供了具体途径。我国高校均设置了体育课程,国务院批准颁发的《学校体育工作条例》明确规定普通高等学校的一、二年级必须开设体育课程,对三年级以上的学生开设体育选修课程。教育部颁布的《全国普通高等院校体育课程教学指导纲要》对体育课程性质、课程目标、课程结构、课程内容与教学方法等方面都作出了明确的规定,以法规的形式明确规定了体育课程是大学生必修课程,是学校教育体系的重要组成部分。

(一)体育理论课

体育理论课是教师依据体育理论教材在室内课堂向学生讲授体育与健康、体育锻炼的科学原理与方法、体育文化知识的一种课的类型。体育理论课遵循一般学科的教学特点与组织形式,在课堂上通过向学生传授系统的有关体育与健康等知识,激发大学生自觉参与体育锻炼的兴趣、习惯,为终身体育奠定基础。

(二)体育实践课

体育实践课是借助学校的体育场馆、设施、器材等各种体育资源,以学生的身体练习为主要锻炼手段,以运动技术学习为主要教学内容的课程组织形式。实践课是体育课程的主体部分,是体育教学区别于其他教学的不同点。根据每次课具体目标的不同,传统的实践课一般划分为新授课、复习课、综合课及考查课等不同的课程。随着教育的不断改革和发展,大学体育实践课为学生开设了专项课、保健课、选修课、俱乐部活动等不同形式,并在不断积累经验,以满足大学生身心健康发展的需要。

体育实践课程这种特殊的组织形式,使大学生逐步树立正确的体育观念,了解体育的基本知识,掌握锻炼身体的基本技术,形成较强的体育意识,增强自身体育能力,培养自觉坚持参加身体锻炼的兴趣和习惯,接受潜移默化的良好品德教育,增强审美和创造美的能力,深刻领会体育教育与成才的内在联系，以生存、发展、享受等不同层次的需要去理解体育给自身和国家、民族带来的好处，学以致用，勇于实践，充分理解体育课程目标与高校体育目的与任务的一致性，把握参与体育课程学习的良好动机，努力完成体育课程的各项任务，自觉地使体育与运动进入自己的生活，为成长和为社会奉献打下坚实的物质基础。

二、课余体育

高等学校的课余体育活动是体育课程的延续和补充，是高校体育教育过程中不可分割的环节，它为实现高校体育目的任务提供了重要途径。课外体育是学校体育的基本形式，其目的在于增强学生体质，培养学生自觉锻炼身体的习惯，同时可以陶冶学生情操，丰富学生文化生活，发展学生个性，对于完成课堂教学任务具有十分重要的积极作用。

我国各高校都十分重视根据本校实际状况和传统特点，因人、因时、因地制宜地开展多种多样的课余体育活动。这对巩固体育课程教学效果，增强学生体质，提高文化学习质量，丰富校园文化生活，增强集体凝聚力等方面都起到了良好的促进作用。我国已进入新的历史发展时期，国家颁发了《体育法》和《全民健身计划纲要》，对学校体育都提出了明确要求，开展丰富多彩、形式多样的课外体育活动，是贯彻落实《体育法》和《全民健身计划纲要》的具体表现。因此，自《全民健身计划纲要》实施以来，许多高校都十分重视开展课余体育活动，课余体育在内容与形式上均有较大突破，并取得了令人满意的实效。课余体育活动的基本形式有以下几种。

1. 早锻炼

早锻炼应视为每天从事有效脑力劳动的准备活动，它可以消除抑制，兴奋神经，加强条件反射，活跃生理机能，促进机体以良好的状态开始一天的学习生活。许多高校都以多样化的内容与形式满足大学生们的个体需要：轻音乐相伴的健身跑、广播操、气功、武术、太极拳、健美操以及各种身体素质的锻炼等，定点辅导、分班召集、个人活动相结合，有统一要求，也有相当的自由度，实效性很好。早操的时间不宜过长，以 15~20 分钟为宜，运动量不能过大，以振奋和舒畅为度，贵在持之以恒、坚持不懈地参与。许多高校把加强早操与抓好校风、学风建设紧密联系起来，是远见卓识之举，理当效法。

2. 课间运动

课间活动是一种积极而有效的休息方式。文化课程结束后，在教室周围进行 3~5 分钟的轻微运动，适时转移大脑的优势兴奋中枢，可为下一堂课注入更充沛的精力。因为大脑皮层各神经中枢对人体活动是有分工的，有主管脑力活动的神经中枢，有主管体力活动的神经中枢，根据兴奋与抑制过程相互诱导规律，运动时负责体力活动的神经中枢高度兴奋，加快负责脑力活动的中枢抑制，使之得到休息，运动后由于脑力活动神经中枢的动能得到恢复，从而有助于提高学生学习效率。实践研究也证明如此，课间操有助于消除大脑疲劳，提高智力活动效率。因而，坚持做课间操，无论对于增强学生体质，还是对于学生提高文化课学习质量都是有益之举。

3. 课后运动

课后运动是大学生结束一天课程之后有目的、有计划、有组织地进行运动和身体练习的具体实践。许多高校的课后运动已形成内容丰富、形式多样的可喜局面：以教学班为单位的课外辅导;以达到《大学生体质测试标准》为中心的体质测验;以学生单项运动协会为中心和小型多样的运动竞赛;以俱乐部为形式所组织的各种健身活动;以学生自发组织的各种体育兴趣锻炼小组,如健美操锻炼小组、太极拳练习小组等。各种各样的体育活动吸引了大学生的参与和观赏。增强体质、增进健康、丰富知识、陶冶情操、拓宽视野、完善人生全在这龙腾虎跃、充满朝气的情境之中。

4. 睡前活动

睡前活动是不少有良好习惯的大学生们的和缓运动。每天睡觉以前,用 10 分钟左右的时间,到空气清新的室外散步,练练操,打打拳,轻微、和缓的运动对于缓解脑神经的兴奋和消除肌肉的紧张十分有利,能提高睡眠质量。

5. 全校性的运动会和体育竞赛

一年一度的校田径运动会是各高校必须举行的体育运动竞赛。田径运动会参加的人数较多、规模较大、组织工作较为复杂,对校园的精神文明建设产生的影响也最为明显。举办田径运动会给全校师生提供展示精神风貌的舞台。参与者在竞赛中积极进取、顽强拼搏、团结协作、严守规则、文明礼貌、尊重裁判的表现不仅是对自身人格的锻炼,同时也能感染教育他人。每次成功的学校运动会,都将给学校带来新的活力。

除了田径运动会,许多高校还举行各种球类竞赛和其他形式的运动竞赛。各种运动竞赛的举行不仅促进师生积极参与体育锻炼,提高他们的运动技术水平,而且丰富了校园文化生活,促进了校园的精神文明建设。

6. 课余运动训练

大学生课余运动训练是利用课余时间,对部分身体素质较好并有某项运动专长的学生进行系统训练的一种专门教学过程。它是高校体育的一种主要组织形式,也是认真贯彻执行普及和提高相结合的重要措施。它肩负着提高运动技术水平、促进高校体育运动蓬勃开展的艰巨任务。我国各高校在广泛开展群众性体育活动的基础上,都建立了本校师生喜爱的传统运动项目的校代表队,并对其进行科学系统的课余训练。不少高校都取得了令人满意的效果。大学生课余运动训练有着目标的双重性、对象的广泛性、时间的课余性、运动项目的专门性与训练手段的多样性相结合等特点。大学课余训练的内容包括身体训练、技术训练、战术训练、智能训练和心理训练等方面。大学课余训练的方法则包含持续训练法、重复训练法、间歇训练法、交换训练法、游戏和比赛训练法等。现代运动训练中对放松训练、意念训练、生物反馈训练、催眠训练也应倍加重视,在大学课余运动训练中均可广泛采用。但是,采用何种方法训练一定要实事求是,因地制宜,面对实际,讲究实效,切莫生搬硬套。坚定不移地走出中国大学生课余运动的训练之路,在德、智、体全面发展的基础上,培养出更多的、优秀的体育人才。

7. 野外活动

野外活动是在自然环境中开展的各种活动的总称,它是由活动环境、活动主题、活动内容构成的。野外活动内容主要可分为陆域、水域、空域。野外活动根据活动的范围可分为陆上运动、水上运动、冰雪运动、空中运动,按活动的性质还可分为竞技性活动、健身娱乐活动、教育活动。国内外的实践和研究表明,野外活动具有陶冶情操、强身健身、消除疲劳等效能,深受青少年和广大人民群众喜爱,并具有其他运动所不能替代的作用。其活动特点决定了它对青少年的教育意义，因而已成为发达国家学校体育内容和终身体育不可缺少的部分。所以也应该把推广野外活动列入我国高校体育之中，使之在促进社会主义精神文明建设，培养青少年爱国主义、集体主义，以及在提高整个国民素质等方面发挥积极作用。

第三节 高校体育的功能和价值

高校体育就是要帮助当代大学生树立正确的体育意识；掌握科学健身的理论与方法，具备体育锻炼能力和体育指导能力；培养体育兴趣和习惯；塑造强健体魄和健全的人格。

一、树立正确的体育意识

随着现代科学文化的迅速发展，体育在现代社会中的地位和作用越来越被人们所重视，体育的作用和影响远远超出了文化和教育的范畴，具有广泛的社会学意义和心理学意义。体育是一种复杂的社会现象，体育意识作为人们对这一社会现象的反映，自然也应该是丰富的。体育意识可表述为：人们对体育及其重要性的认识，以及由此产生的思想观念、心理活动的总和。而大学生的体育意识是指大学生对体育的认识和理解，主要包括理解体育运动的意义和作用，具有参与体育活动的欲望和要求等。

体育锻炼意识是引导学生正确认识体育锻炼，指导学生参与体育活动的理论和思想基础。能否建立正确的体育意识，是大学生能否参加体育锻炼和终身体育的关键。毛泽东在《体育之研究》一文中精辟论述了体育意识的作用，他说："欲图体育之效，非动其主观，促其对于体育之自觉不可。"显然，只有深刻领悟了体育运动的功能作用，从思想上真正把握了体育意义，才能积极自觉地参与体育锻炼。实践也表明如此，能坚持经常性参与体育锻炼的人都往往具有正确的体育意识。当然，体育意识不是天生的，而是培养出来的。普通大学生体育意识的形成和发展，受个体的生理状态、生活环境、学习能力、文化素质以及社会诸因素的影响。大学生体育意识的形成与变化，直接决定他们的体育参与态度和程度。帮助学生树立正确的体育意识是体育教育的重要任务，当代大学生应具有正确的体育意识，这是高校体育对大学生的最基本要求。

1. 体育意识的特点

一是对体育实践的依赖性。存在决定意识。多姿多彩的体育实践的存在，决定了内涵丰富的体育意识的产生和升华。二是其相对独立性。三是体育意识发展具有历史继承性。四是体育意识的发展与体育存在的不平衡性，即体育意识落后于客观体育存在与体育意识超越体育存在的现象并存。五是体育意识具有能动性。

2. 体育意识的作用

大学生知识基础扎实，理解能力和接受能力强，是形成体育意识的最佳期。因此，教师要把握学生在校的有利时机，在加强学生体育锻炼的同时，加强体育意识方面的教育。

增强体育意识有助于大学生热心关注体育运动，努力探索体育世界的真谛。必须明确个人所达到的层次，既受认识总规律的影响，更受每一位大学生认识能力、兴趣、动机、需要、态度、情感和思想观念等诸多因素的制约。因此，高校体育教育不仅要传授技术，而且要利用大学生的智力优势，鼓励引导学生去探索体育，通过体育教育提高学生认识能力，培养学生体育兴趣、体育动机、对体育的积极态度和热爱体育的情感。

3. 增强体育意识的途径

（1）体育教学实践。体育教师要利用各种教育途径向学生全面、系统地讲授体育在政治、外交、文化、教育、娱乐身心、增强体质、促进个体社会化等方面的功能作用，使学生从理性的高度充分认识体育的功能作用，消除不正确的体育意识或偏见。

（2）宣传与推介。要充分利用大众传播媒介的积极作用来提高大学生体育意识。当今世界众多的传播媒介把人们带入了多姿多彩的体育世界，促使人们去经历复杂多变的情感体验。许多大学生在满足了高尚的精神享受之后，在认识上就会迈上一个新台阶，立即会产生跃身实践、显示身手的直接动机，从而极为深刻地影响自身的体育实践活动，"我要锻炼"的意识和行为相应而生。媒体的宣传对大学生积极参与体育具有感染、激励作用。大学生充分地利用自身的优势，通过电视、广播、报刊传播的体育信息，可开阔学生的视野，丰富学生体育知识，让更多大学生认识体育、理解体育、热爱体育、参与体育，媒体的宣传作用是显而易见的。

（3）课外体育实践。鼓励学生、组织学生参与丰富多彩的课外体育实践。参与是培养提高大学生体育意识的重要措施，也是体育意识提高的具体体现，同时也是增强学生体质的重要手段。组织和鼓励学生经常参与课外体育实践有助于基本技能的掌握，有助于更好地参与体育实践，二者相辅相成，互相促进，为终身体育打下坚实的基础。配合全民健身计划，组织大学生参加各种体育活动和运动竞赛，还可以娱乐身心、丰富生活，使学生充分体验体育的艰辛与快乐，感受体育乐趣，从而增强体育意识。当然，我们还必须记住，在现代社会中，体育与商品经济和社会化大生产之间存在着极为密切的联系。体育中的竞争意识、参与意识、合作意识、奋斗意识、拼搏意识创新意识、自强意识、交往意识以及健美意识等都是与商品经济所需要的各种意识息息相通的。从这个意义上讲，增强体育意识已远远超过了增强体质、增进健康的范畴，我们应立足此点，升华、拓展、辐射人类社会这个多维的存在体，认真探索、理解和掌握其变化机制，把握和遵循其循序的演进历程。在客观确认人在其中的地位和作用的前提下，竭尽全力提升自己对生活、对社会的适应能力，适应未来激烈的国际竞争环境，是每个大学生的现实而崇高的愿望。

二、提高体育能力

能力是指人在从事某种活动中表现出来的本领。体育能力即人在从事体育活动中表现出来的本领。掌握体育理论知识、技术与技能是提高体育能力的基本前提。因此，大学体育必须强化体育知识、技术、技能的传授，绝不能削弱和取消。因为，学生只有较全面系统地掌握体育的知识、技术、技能，才能形成与发展较为全面的体育能力，如体育的认识能力、体育的锻炼能力、体育的组织能力、体育的教育能力、体育的观赏能力等。

1. 人的基本活动能力

走、跑、跳跃、投掷、悬垂、支撑、爬越和涉水等基本活动能力，既是人的相应个性心理特征反映，又是人随意运动技能的具体表现，它直接影响着人的活动效率与顺利完成的程度。基本活动能力越强的人，其实际活动效率越高，顺利完成活动的程度越好；基本活动能力弱的人，其实际活动效率越低，顺利完成活动的程度越差；基本活动能力有缺陷的人，其相应实际活动必有障碍或没有效率或根本不能完成。由于诸多因素的影响，我国青少年的基本活动能力呈下降趋势，这一现象应该引起全社会的高度重视。

2. 体育的认识能力

对体育的认识水平、认识程度、认识能力是制约大学生体育意识形成的关键要求。大学生能深刻认识体育的功能作用，即体育与国家、体育与时代精神、体育与个人事业、体育与生活与学习的密切关系，就能积极投入体育活动之中。所以增强大学生体育意识，应从提高大学生体育认识能力入手。大学生知识全面、扎实，智力优势明显，具备了提高认识能力的可能与条件。大学生应充分认识到这点，认真学习体育科学知识，提高其认识能力。

3. 体育运动能力

体育运动能力是体育能力的核心部分，在当代倡导终身体育教育中更显得重要。具有良好体育运动能力的人，一般对体育运动具有良好的情感体验和自信，并掌握运动的方法和技巧，形成了相对稳定的习惯，甚至爱好，这对终身体育参与是十分有益的。如有的大学生在大学期间掌握某项运动技能，并形成了对该项目的运动兴趣，在课余时间又能坚持该项目的练习，那么，这个运动项目可能会成为他终身参与体育所采用的一种锻炼身体方法。因此，培养学生体育的一技之长，发展学生体育能力，是终身体育的需要。

4. 制订锻炼计划的能力

科学地进行体育锻炼需要有计划，计划是对锻炼内容、时间、方法、运动负荷诸方面的安排。制订锻炼计划的能力体现在对锻炼计划中各项具体内容的合理安排上。从事终身体育锻炼，以求体育锻炼实效，需要大学生具备制订锻炼计划的能力。

5. 自我检查和自我评价能力

在体育锻炼中，及时、准确地进行自我检查和自我评价，是锻炼者必须掌握的操作技能，也是体育锻炼能力培养中不可忽视的一项非常重要的内容。通过检查和评价，能了解锻炼的效果，激发锻炼的自觉性和积极性，并能提供锻炼者自身体质变化的信息，便于进行自我监督，合理安排体育锻炼的内容、方法、负荷等，从而使以后锻炼获得更好的效果。自我检查能力和自我评价能力是科学体育锻炼应具备的能力。

6. 体育观赏能力

体育观赏已被越来越多的人所热爱。据统计，全世界每年参与体育欣赏活动的人数几乎达到世界人口的半数。进行体育观赏，需要了解掌握较为丰富的体育知识、运动技术、战术，熟悉和懂得比赛规则和裁判法，又能保持良好的观赏心态，才达到观赏目的，取得良好观赏效果，只有不断提高自己的观赏水平、观赏能力，才能充分发挥体育观赏在改善人类社会生活中的积极作用。

三、培养体育的兴趣和习惯

1. 体育兴趣是人们积极探究体育活动的认识倾向

人们总是对自己有兴趣的事物进行积极的探究，并常常带有情绪色彩和向往的心情。人们对体育的兴趣往往首先从对多姿多彩的运动竞赛、运动游戏、身体练习和运动场馆设施的关注开始的，通过对体育诸多的具体内容、方法、手段、设施等的关注和向往，人们的认识活动就会逐渐集中地指向与体育有关的事物。对体育的兴趣，首先是人们在对体育需要的基础上产生和发展的，因为需要的对象即是兴趣的对象。同时我们还必须明白，在较低级需要的基础上产生的兴趣是暂时的，只有建立在文化和精神需要基础上的兴趣才是持久的，在需要得到满足后又产生更加浓厚的兴趣。高文化层次的大学生理应将自己对体育的兴趣建立在高级需要的基础上。

2. 体育爱好是从事体育活动的倾向

当人们对体育的兴趣进一步发展为从事体育活动的倾向时，就发展成了对体育运动的爱好。爱好总是与活动紧密联系在一起的。有的大学生只对体育有观赏的兴趣，而没有积极从事体育活动的爱好，这样就难以使体育运动真正进入自己的生活，就很难养成体育运动的良好习惯。

3. 体育习惯是从事终身体育活动稳定的行为特征

体育习惯是人们经过长期体育实践巩固下来的从事体育活动的行为特征。体育习惯的养成，有赖于体育意识和兴趣的培养，以及持之以恒的努力，是一个从不自觉到自觉、从不习惯到习惯的过程。体育习惯一经养成，体育活动就成为人们日常生活中不可缺少的重要内容。

4. 正确对待体育的兴趣、爱好和习惯

首先，从教育的角度出发，对待兴趣。其次，学生参加体育锻炼的兴趣、爱好与习惯，不仅是一般的体育教育过程，而且要强调这是一个比单纯运动技术传授更为艰巨复杂的教育、培养过程。要使学生形成体育兴趣、爱好、习惯，就必须要实现理论与实践相结合、课内与课外相结合、校内与校外相相合。必须通过多途径、多方式进行体育教育，使学生真正认识到培养体育兴趣、爱好、习惯与终身体育和终生健康密切相关，应保持终生健康、终生参与所必需的体育兴趣、爱好、习惯。从终身体育视角来观察学校体育，它给我们的启迪是：培养兴趣、发展爱好、形成习惯，这是人们步入终身体育的关键。因此，培养学生体育兴趣、爱好与习惯是学校体育教育重要的目标，也是对大学生最重要的要求。体育的兴趣、爱好、习惯是相互联系、相互促进、相辅相成的。实践证明，通过对体育运动的观赏和参与，通过高校有目的、有计划的体育教育，学生对体育的兴趣一旦发展成体育爱好之后，就会成为他们认识和从事体育活动的强大动力，极大提高大学生从事体育活动的主动积极性，养成良好的体育习惯，使大学生轻松愉快地体验体育运动的无穷乐趣和促进身心发展的诸多功能，其收益更是久远的。

四、塑造强健的体魄

增强体质，增进健康，努力塑造强健体魄，应被视为大学生接受体育教育的直接目标或首要任务。它既受高校体育本质功能的制约，又充分反映现代社会对提高人类自身素质的现实需要，自然也是新世纪对合格人才的基本要求。

1. 大学阶段是塑造强健体魄的关键时期大学生

正处在青春后期和青年期，同化作用和异化作用基本平衡，生长发育日趋稳定，生理机能和适应能力发展到较高水平，是性发育成熟、生命活动最旺盛、身心健康加速发展的关键期。在此关键时期，必须十分重视通过科学的身体锻炼过程来促进和完成自身正常生长发育，全面发展身体形态、机能，努力提高身体素质和基本活动能力，增加对疾病的抵抗力和对环境的适应能力，以塑造强健的体魄。

2. 认真接受体育教育

高等学校体育教育过程主要是在教师的指导下，大学生主动积极地学习和掌握体育与运动的基本知识、基本技术、基本技能的过程，促进大学生获得参与运动实践的本领和掌握身体锻炼的科学方法，这是一个参与运动、掌握技术、发展智力、增强体力的综合过程。树立正确的体育意识，提高体育的基本能力，培养体育兴趣和习惯，塑造强健体魄，将会在潜移默化的高校体育教育中，通过教师的引导和学生自身的主动陶冶而实现，从而真正体现出体育教育能促使自己受益终身。

五、塑造健全的人格

早在20世纪初，毛泽东在《体育之研究》中就精辟地阐述了体育的特征："体育之效至于强筋骨，因而调感情，因而强意志。筋骨者，吾人之身；知识、感情、意志、吾人之心。身习皆适，是谓俱泰。故夫体育非他，养乎吾身，乐乎吾心而已。"现代奥林匹克运动创始人顾拜旦阐明："体育运动不仅锻炼一个人体魄，它同心理的关系与其他生理关系一样，能够影响人的悟心、性格和良心，因而，它是一服社会、道德的改良剂。"运动的目的是培养人们恰当地进行生活应有的态度和能力，求得人全面协调发展，培养民主的个性、个人独立性，对自己行为责任感，对别人的协作性，以及在生活中有良好心情、公正、信任感、承认规则和规定。可见，体育是将体格、品德、性格有机地融为一体的教育过程。体育具有全面育人、塑造健全人格的特征。通过体育教育不但强健了大学生的体格，而且健全了大学生的人格，如向学生介绍亚运会、奥运会盛况及我国体育健儿、优秀教练员爱国敬业、无私奉献、顽强拼搏、为国争光的典型事迹，能激发大学生的爱国主义热情，帮助大学生树立正确的世界观、人生观、价值观。各种球类活动和运动竞赛，有益于培养学生的群体精神、协作精神、拼搏精神，培养其遵纪守法、尊重他人、文明礼貌、胜不骄败不馁的品德和乐观、开朗、合群的性格。通过田径、体操等项运动，又可培养学生勇敢果断、奋发进取、吃苦耐劳的优秀品质。体育教学内容丰富，途径多样，方式众多，具备了塑造大学生人格的诸多优势条件。大学生应积极投入到丰富多彩的体育活动之中，在体育活动中强健体魄、完善人格。

第四节　体育运动与学生核心素养

一、学生发展核心素养

2016年9月13日，在北京发布了《中国学生发展核心素养》研究成果，该成果是教育部委托北京师范大学，联合国内高校近百位专家成立课题组，历时3年时间完成的。学生发展核心素养指学生应具备的，能够适应终身发展和社会发展需要的必备品格和关键能力，是关于学生知识、技能、情感、态度、价值观等多方面要求的综合表现，是学生应具备的，能够适应终身发展和社会发展需要的必备品格和关键能力。研究学生发展核心素养是落实立德树人根本任务的一项重要举措，也是适应世界教育改革发展趋势、提升我国教育国际竞争力的迫切需要。

中国学生发展核心素养，以科学性、时代性和民族性为基本原则，以培养“全面发展的人”为核心，分为文化基础、自主发展、社会参与三方面（图 2-1）。综合表现为人文底蕴、科学精神、学会学习、健康生活、责任担当、实践创新六大素养，具体细化为国家认同等十八个基本要点。根据这一总体框架，可针对学生年龄特点进一步提出具体要求。

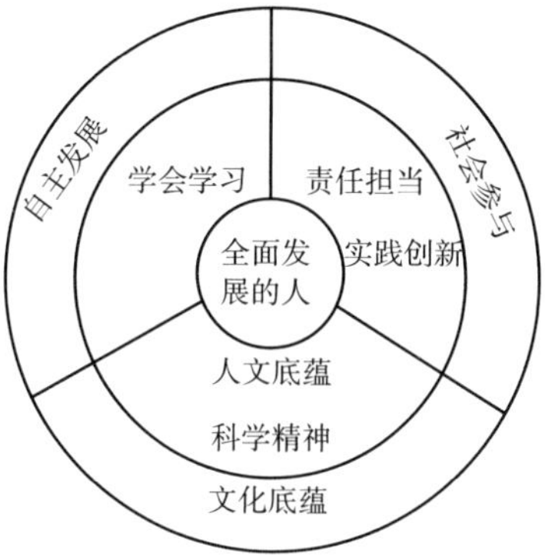

图 2-1　学生发展核心素养内容结构模式图

（一）文化基础

文化是人存在的根和魂。文化基础，重在强调能习得人文、科学等各领域的知识和技能，掌握和运用人类优秀智慧成果，涵养内在精神，追求真善美的统一，发展成为有宽厚文化基础、有更高精神追求的人。

1. 人文底蕴

人文底蕴主要是学生在学习、理解、运用人文领域知识和技能等方面所形成的基本能力、情感态度和价值取向，具体包括人文积淀、人文情怀和审美情趣等基本要点。

2. 科学精神

科学精神主要是学生在学习、理解、运用科学知识和技能等方面所形成的价值标准、思维方式和行为表现，具体包括理性思维、批判质疑、勇于探究等基本要点。

（二）自主发展

自主性是人作为主体的根本属性。自主发展，重在强调能有效管理自己的学习和生活，认识和发现自我价值，发掘自身潜力，有效应对复杂多变的环境，成就出彩人生，发展成为有明确人生方向、有生活品质的人。

1. 学会学习

学会学习主要是学生在学习意识形成、学习方式方法选择、学习进程评估调控等方面的综合表现，具体包括乐学善学、勤于反思、信息意识等基本要点。

2. 健康生活

健康生活主要是学生在认识自我、发展身心、规划人生等方面的综合表现，具体包括珍爱生命、健全人格、自我管理等基本要点。

（三）社会参与

社会性是人的本质属性。社会参与，重在强调能处理好自我与社会的关系，养成现代公民所必须遵守和履行的道德准则和行为规范，增强社会责任感，提升创新精神和实践能力，促进个人价值实现，推动社会发展进步，发展成为有理想信念、敢于担当的人。

1. 责任担当

责任担当主要是学生在处理与社会、国家、国际等关系方面所形成的情感态度、价值取向和行为方式，具体包括社会责任、国家认同、国际理解等基本要点。

2. 实践创新

实践创新主要是学生在日常活动、问题解决、适应挑战等方面所形成的实践能力、创新意识和行为表现，具体包括劳动意识、问题解决、技术应用等基本要点。

二、体育与学生核心素养

学生发展的核心素养恰恰迎合了体育发展的本质："体育，就是以身体练习为手段，发展身体，增强体质，促进人的全面发展，为社会发展服务。它在社会发展过程中，受一定的政治、经济制约，并为一定的政治、经济服务。"没有身体，其他的任何一切都无从谈起。体育学科核心素养就是培养学生学会自主健身，可以说是素养也可以说是能力，那么其核心能力就是运动认知能力、健身实践能力和社会适应能力。体育要促进学生核心素养的培养，需要做到以下几点。

（一）因地制宜，落实成效

整体规划体育教学内容、教学大纲、教学计划、课外活动等具体的实施方案，通过早操、课间操、课外活动的有效坚持，形成学生良好的运动健身习惯，辅助课堂教学需要；通过学生自主选课，充分体现学生的自主性和发展兴趣为导向，让学生真正掌握 2~3 项运动技能，帮助学生切实提高运动能力，为终身体育打下基础。

（二）师生互动，共同进步

教师的教与学生的学是辩证统一的整体。发展学生核心素养需要师生互动、教学相长，协同发展。一方面要重视教师的主导作用，提高教师的师德、专业技术能力素养；另一方面要重视学生在体育教学中的主体地位，形成积极主动、身心愉悦、团结进取的学习氛围，把"教"和"学"有机统一，以获得最理想的教学效果。

（三）政策支持，完善评价

教育部对学校体育有明确的文件规定，对各学段的课次、课时、师职、场地设施等有详细的要求，推动学校体育改革、发展学生核心素养需要强有力的政策支持并健全评估体系、进行目标管理，对学生综合运动技能、专业理论、学习态度、发展潜能、自我认识、健康行为等的评估作为综合评价。

（四）构建网络信息化平台

在当今大数据和“互联网+”的社会，搭建网络信息化平台将对学校体育改革产生促进作用，通过网络平台，教师可以便捷地使用全球优质网络视频课程、精品课程网络版、网络优质课等资源，学生可以获得更多的有效信息，促进课堂教学质量的提高。

章节小结

学习大学体育的目标和任务，了解我国大学体育的组成部分和基本要求，认识体育课程的分类和体育活动路径，明确学生核心素养的内涵和发展路径，通过教师讲授和正向引导，帮助学生树立正确的体育意识，掌握科学健身的理论与方法，具备体育锻炼能力和体育指导能力，培养体育兴趣和习惯，塑造强健体魄和健全的人格，促进大学生身心健康和综合素质的全面发展。

思考题

1. 大学生应当具备哪些体育能力？
2. 结合大学体育目标和任务，谈谈自己在大学学习期间的体育活动计划。
3. 谈谈体育对学生核心素养培养的作用。

（章节撰稿人：武传钟）

第二篇　健康运动篇

第三章 大学生体质健康测试与评价

第一节 大学生体质健康标准

《国家学生体质健康标准》的测试是为了贯彻落实第三次全国教育工作会议提出的“学校教育要树立健康第一”指导思想的精神，促进学生积极地参加体育锻炼，上好体育课，增强学生的体质和提高健康水平，把学生培养成为德、智、体、美全面发展的高素质人才。通过《国家学生体质健康标准》的测试，可以使学生清楚地了解自己体质与健康的状况，还可帮助其监测自己的体质与健康状况的变化程度。这些都有助于学生科学地设定自己的锻炼目标，有针对性地选择锻炼策略，制订切实可行的锻炼计划。

《国家学生体质健康标准》的测试项目及评价要求根据《国家学生体质健康标准》的要求，大学生需要完成八项测试，分别是身高、体重、肺活量、1 000 米（男）、800 米（女）、50 米跑、立定跳远、仰卧起坐（女）、引体向上（男）和坐位体前屈。《国家学生体质健康标准》大学生评价项目及权重在进行评价时，对七项指标进行评价：身体质量指数（BMI）、肺活量体重指数、50 米跑、坐位体前屈、立定跳远、引体向上（男）/1 分钟仰卧起坐（女）、1 000 米跑（男）/800 米跑（女）。各项评价指标和权重分值详见表 3-1、表 3-2。

表 3-1 《国家学生体质健康标准》测试（大学生）的评价指标和权重分值

序号	大学生体质测试评价指标	权重分值
1	身体质量指数（BMI）	15
2	肺活量体重指数	15
3	50 米跑	20
4	坐位体前屈	10
5	立定跳远	10
6	引体向上（男）/1 分钟仰卧起坐（女）	10
7	1 000 米跑（男）/800 米跑（女）	20
8	合计	100

表 3-2 体重指数（BMI）单项评分

等级	单项得分/分	男生/（千克/平方米）	女生/（千克/平方米）
正常	100	17.9~23.9	17.2~23.9
低体重	80	≤17.8	≤17.1
超重		24.0~27.9	24.0~27.9
肥胖	60	≥28.0	≥28.0

为了更加科学地反映学生体质健康状况，2014 年教育部对《国家学生体质健康标准》进行了修订，这次修订不仅对测试项目及权重进行了调整，还将学年总分构成变为标准分与附加分之和，满分为 120 分。标准分由各单项指标得分与权重乘积之和组成，满分为 100 分。附加分由实测成绩确定，即对成绩超过 100 分的加分指标进行加分，满分为 20 分；大学的加分指标为男生引体向上和 1 000 米跑，女生 1 分钟仰卧起坐和 800 米跑，各指标加分幅度均为 10 分。

第二节　大学生体质健康测试与评价

一、体质测试指标

（一）身体质量指数（BMI）

身体质量指数是指身高与体重两者的比例应在正常的范围。它通过身高与体重一定的比例关系，反映人体的围度、宽度和厚度以及密度。身体质量指数是评价人体形态发育水平和营养状况及身体匀称度的重要指标。它可以间接地反映人体的身体成分，其测量方法简便易行。如果你所测得的身体质量指数数值小于或大于同年龄段的身体质量指数的范围，就说明你身体的匀称度欠佳，需要通过调整饮食结构或积极参加体育运动来增加肌肉组织或减少体内多余的脂肪。

身体质量指数=体重（千克）/身高^2（平方米）

（二）肺活量体重指数

肺活量是评价人体呼吸系统机能状况的一个重要指标。肺活量的大小与体重、身高、胸围等因素有着密切的关系。因此，为了将学生身体发育的不同步因素在肺脏机能的评价中得以体现，在《国家学生体质健康标准》测试中选用了肺活量体重指数。

肺活量体重指数=肺活量（毫升）/体重（千克）

（三）1 000 米跑（男）/800 米跑（女）

1 000 米跑和 800 米跑是反映人体心肺功能的项目，要求一定的速度和耐力水平，又需要坚忍的意志品质。1 000 米跑和 800 米跑在距离上属于中长跑项目，即指运动时人体需氧量和摄氧量达到动态平衡的运动。做有氧运动时，体内不产生乳酸堆积心率和呼吸保持在稳定的状态，因而持续运动时间长，安全性高，脂肪消耗多，有利于改善心血管系统的功能。

（四）50 米跑

50 米跑成绩可综合反映神经过程的灵活性、身体的协调性、关节和肌肉的柔韧性以及肌肉的力量和耐力。它既能部分地反映身体运动的综合素质，也是人从事体育活动、学习运动技能所必须具备的身体基本素质。

（五）立定跳远

立定跳远主要是测量向前跳跃时下肢肌肉的爆发力。力量（最大力量）在体育运动和日常生活中都是非常重要的身体素质。腿部的爆发力以腿部的力量为基础，没有力量就谈不上爆发力，也谈不上肌肉的耐力。

（六）1 分钟仰卧起坐（女）/引体向上（男）

仰卧起坐测试是评价力量和耐力的方法之一。它能比较安全地测试肌肉的力量和耐力，同时在做仰卧起坐时主要是腹肌在起作用，髋部肌肉也参与工作，这种测试可以评价人腹肌的耐力，也反映了髋部的耐力。由于女生这两部分肌肉的力量和耐力与其某些生理功能有密切的联系，因此将仰卧起坐单独列为女生的体测项目。引体向上测试是评价学生的上肢肌肉力量的发展水平，是一种以自身力量克服自身重量的悬垂力量的能力。

（七）坐位体前屈

坐位体前屈测试反映的是关节和肌肉的柔韧性。柔韧性指身体各个关节的活动幅度以及关节的韧带、肌腱、肌肉、皮肤和其他组织的弹性和伸展的能力（它是一个重要的体能成分）。柔韧性差意味着相应的关节和肌肉缺乏运动。长时间缺乏发展柔韧性的练习，可导致关节或关节周围软组织发生损伤，因而限制了关节的运动幅度，牵拉时必然产生疼痛，所以扩大关节运动的幅度即扩大了人体活动的无痛范围。

二、《国家学生体质健康标准》具体指标及评分标准

《国家学生体质健康标准》的评价指标和得分以及《国家学生体质健康标准》的评价指标和得分见表 3-3 至表 3-6。

表 3-3　大学生体质测试评价指标及成绩分值（男）

等级	单项得分/分	肺活量/毫升		50 米跑/秒		坐位体前屈/厘米		立定跳远/厘米		引体向上/次		1 000 米跑/（分.秒）	
		大一大二	大三大四	大一大二	大三大四	大一大二	大三大四	大一大二	大三大四	大一大二	大三大四	大一大二	大三大四
优秀	100	5 040	5 140	6.7	6.6	24.9	25.1	273	275	19	20	3.17	3.15
	95	4 920	5 020	6.8	6.7	23.1	23.3	268	270	18	19	3.22	3.20
	90	4 800	4 900	6.9	6.8	21.3	21.5	263	265	17	18	3.27	3.25
良好	85	4 550	4 650	7.0	6.9	19.5	19.9	256	258	16	17	3.34	3.32
	80	4 300	4 400	7.1	7.0	17.7	18.2	248	250	15	16	3.42	3.40

续表

等级	单项得分/分	肺活量/毫升		50 米跑/秒		坐位体前屈/厘米		立定跳远/厘米		引体向上/次		1 000 米跑/(分.秒)	
		大一大二	大三大四	大一大二	大三大四	大一大二	大三大四	大一大二	大三大四	大一大二	大三大四	大一大二	大三大四
及格	78	4 180	4 280	7.3	7.2	16.3	16.8	244	246			3.47	3.45
	76	4 060	4 160	7.5	7.4	14.9	15.4	240	242	14	15	3.52	3.50
	74	3 940	4 040	7.7	7.6	13.5	14.0	236	238			3.57	3.55
	72	3 820	3 920	7.9	7.8	12.1	12.6	232	234	13	14	4.02	4.00
	70	3 700	3 800	8.1	8.0	10.7	11.2	228	230			4.07	4.05
及格	68	3 580	3 680	8.3	8.2	9.3	9.8	224	226	12	13	4.12	4.10
	66	3 460	3 560	8.5	8.4	7.9	8.4	220	222			4.17	4.15
	64	3 340	3 440	8.7	8.6	6.5	7.0	216	218	11	12	4.22	4.20
	62	3 220	3 320	8.9	8.8	5.1	5.6	212	214			4.27	4.25
	60	3 100	3 200	9.1	9.0	3.7	4.2	208	210	10	11	4.32	4.30
不及格	50	2 940	3 030	9.3	9.2	2.7	3.2	203	205	9	10	4.52	4.50
	40	2 780	2 860	9.5	9.4	1.7	2.2	198	200	8	9	5.12	5.10
	30	2 620	2 690	9.7	9.6	0.7	1.2	193	195	7	8	5.32	5.30
	20	2 460	2 520	9.9	9.8	-0.3	0.2	188	190	6	7	5.52	5.50
	10	2 300	2 350	10.1	10.0	-1.3	-0.8	183	185	5	6	6.12	6.10

表 3-4 大学生男子体质测试指标加分标准

加分/分	引体向上/次		1 000 米跑	
	大一大二	大三大四	大一大二	大三大四
10	10	10	−30″	−35″
9	9	9	−32″	−32″
8	8	8	−29″	−29″
7	7	7	−26″	−26″
6	6	6	−23″	−23″
5	5	5	−20″	−20″
4	4	4	−16″	−16″
3	3	3	−12″	−12″
2	2	2	−8″	−8″
1	1	1	−4″	−4″

表 3-5　大学生体质测试评价指标及成绩分值(女)

等级	单项得分/分	肺活量/毫升		50 米跑/秒		坐位体前屈/厘米		立定跳远/厘米		1 分钟仰卧起坐/次		800 米跑/(分.秒)	
		大一大二	大三大四	大一大二	大三大四	大一大二	大三大四	大一大二	大三大四	大一大二	大三大四	大一大二	大三大四
优秀	100	3 400	3 450	7.5	7.4	25.8	26.3	207	208	56	57	3.18	3.16
	95	3 350	3 400	7.6	7.5	24.0	24.4	201	202	54	55	3.24	3.22
	90	3 300	3 350	7.7	7.6	22.2	22.4	195	196	52	53	3.30	3.28
良好	85	3 150	3 200	8.0	7.9	20.6	21.0	188	189	49	50	3.37	3.35
	80	3 000	3 050	8.3	8.2	19.0	19.5	181	182	46	47	3.44	3.42
及格	78	2 900	2 950	8.5	8.4	17.7	18.2	178	179	44	45	3.49	3.47
	76	2 800	2 850	8.7	8.6	16.4	16.9	175	176	42	43	3.54	3.52
	74	2 700	2 750	8.9	8.8	15.1	15.6	172	173	40	41	3.59	3.57
	72	2 600	2 650	9.1	9.0	13.8	14.3	169	170	38	39	4.04	4.02
	70	2 500	2 550	9.3	9.2	12.5	13.0	166	167	36	37	4.09	4.07
	68	2 400	2 450	9.5	9.4	11.2	11.7	163	164	34	35	4.14	4.12
	66	2 300	2 350	9.7	9.6	9.9	10.4	160	161	32	33	4.19	4.17
	64	2 200	2 250	9.9	9.8	8.6	9.1	157	158	30	31	4.24	4.22
	62	2 100	2 150	10.1	10.0	7.3	7.8	154	155	28	29	4.29	4.27
	60	2 000	2 050	10.3	10.2	6.0	6.5	151	152	26	27	4.34	4.32
不及格	50	1 960	2 010	10.5	10.4	5.2	5.7	146	147	24	25	4.44	4.42
	40	1 920	1 970	10.7	10.6	4.4	4.9	141	142	22	23	4.54	4.52
	30	1 880	1 930	10.9	10.8	3.6	4.1	136	137	20	21	5.04	5.02
	20	1 840	1 890	11.1	11.0	2.8	3.3	131	132	18	19	5.14	5.12
	10	1 800	1 850	11.3	11.2	2.0	2.5	126	127	16	17	5.24	5.22

表 3-6　大学生女子体质测试加分标准

加分	1 分钟仰卧起坐/次		800 米跑	
	大一大二	大三大四	大一大二	大三大四
10	13	13	-50″	-50″
9	12	12	-45″	-45″
8	11	11	-40″	-40″
7	10	10	-35″	-35″
6	9	9	-30″	-30″
5	8	8	-25″	-50″
4	7	7	-20″	-20″

续表

加分	1 分钟仰卧起坐/次		800 米跑	
	大一 大二	大三 大四	大一 大二	大三 大四
3	6	6	-15″	-15″
2	4	4	-10″	-10″
1	2	2	-5″	-5″

引体向上、1 分钟仰卧起坐为高优指标，学生成绩高于单项评分 100 分后，以增加的次数所对应的分数进行加分。1 000 米跑、800 米跑均为低优指标，学生成绩低于单项评分 100 分后，以减少的秒数所对应的分数进行加分。

章节小结

学生体质健康测试是推动学校全面贯彻落实党的教育方针的重要举措，可以及时了解大学生的体质健康状况，为客观评价大学生身体素质提供重要依据。通过体质测试可以发现自身不足，有针对性地引导大学生参加体育锻炼和健身运动，养成良好的体育行为习惯，提高大学生的自我保健能力，提高国民体质健康水平，促进大学生综合素质的全面发展和健康成长。

思考题

1. 国家体质测试的具体指标有哪些？
2. 体质健康测试的价值和意义是什么？
3. 如何围绕体质测试指标开展体育锻炼活动？

（章节撰稿人：武传钟）

第四章　膳食营养与健康促进

第一节　身体营养状况与评价

一、体格测量

对于正在生长发育中的人体，营养不良会直接影响生长发育速度，而对于成年人，热量、蛋白质以及其他一些营养素的营养水平也会反映在体重的变化上。因此，身体的各种物理测量指标能够灵敏地反映总体营养状况。人体体格指标简便易行，成本低廉，尤其适用于大规模的人群营养调查。值得注意的是，营养以外的因素也影响这些指标，因此在指标选择、测量、分析解读和营养水平判断方面应十分谨慎。

（一）体格测量的方法和标准化

人体体格测量的根本目的是评价机体膳食营养状况，常被用来评价一个地区人群的营养状况，不同年龄、不同生理状况的人（如成人和儿童）选用的体格测量指标有所不同。体格测量工作具有共同的和重复发生的特征，对其进行标准化是体格测量工作质量的重要基础和有效手段，使体格测量工作达到规范化、系统化和科学化。标准化可使体格测量的精确度和准确度得到极大的提高。

（二）婴幼儿体格测量

婴幼儿体格测量包括体重、身长、头围、胸围、皮褶厚度等的测量。儿童的坐高和身高的测量指标可反映婴幼儿体格纵向发育情况，纵向测量指标主要与骨骼的生长有关，主要用来反映长期营养、疾病和其他不良环境因素的影响。

头围和胸围是婴幼儿体格测量常用的横向测量指标。通过婴幼儿头围和胸围的测量数据，观察其头围和胸围的义交叉年龄，并与实际年龄比较，对于评价婴幼儿的营养状况有一定意义。婴幼儿体重对营养状况较为敏感，而且婴幼儿体重测量的误差小于身长测量的误差，故是婴幼儿营养状况评价的常用指标。

皮褶厚度是衡量个体营养状况和肥胖程度较好的指标，测定部位有上臂肱二头肌、肱三头肌和肩胛下角皮褶厚度等，可分别代表肢体和躯干的皮下脂肪堆积情况，对判断肥胖和营养不良有重要价值。

（三）围度测量方法

上臂围、头围、胸围、皮褶厚度可反映机体的营养状况，与体重密切相关。上臂围的测量一般量取上臂自肩峰至鹰嘴连线中点的臂围长。其他围度测量的准确位置和方法应明确。

此外，BMI 以相同身高标准人群的体重为对照,可以反映出测量对象的胖瘦程度或以相同身高标准人群的体重为对照,可以反映出测量对象的胖瘦程度或身体消耗,因此,是一个反映当前营养状态或急性营养不良的指标。

身高与年龄的比值。人体的高度是长期营养的结果,因此,以同年龄标准人群的身高为对照,可以反映出测量对象的长期平均营养水平或慢性营养不良。该指标主要用于生长发育过程中的人体。

二、营养不良的症状和体征判别

(一)蛋白质——能量营养不良分类和判断

蛋白质——能量营养不良可分为水肿型、消瘦型和混合型。能量代谢是生命活动的基本特征之一,人体能量代谢的最佳状态是达到能量消耗与能量摄入的平衡。蛋白质——能量营养不良是指蛋白质和能量摄入不足引起的营养缺乏病。婴幼儿对其损害非常敏感,可出现严重的负氮平衡和一系列临床症状,例如浮肿、消瘦和生长发育迟缓等。

(二)营养性贫血发展阶段和判断

在我国最常见的是缺铁性贫血。体内缺铁可分为三个阶段,即减少期、红细胞生成缺铁期和缺铁性贫血期,表现为相应的临床症状。

(三)维生素 A 缺乏的判断与评价

维生素 A 是具有视黄醇生物活性的一大类物质,属于脂溶性维生素,对维持视力、上皮细胞的生长和分化、人体的生长发育等都具有非常重要的意义。维生素 A 只存在于动物性食物中,主要存在于哺乳动物及鱼的肝脏中。维生素 A 缺乏病是世界卫生组织确认的四大营养缺乏病之一,以儿童及青少年较多见,其病变可累及视网膜、上皮、骨骼等组织,甚至影响免疫、生殖功能。其中,眼部症状出现最早,主要表现为眼干燥症、夜盲症和角膜软化。维生素 A 缺乏的判定标准包括血清视黄醇含量、暗适应能力测定、生理点、眼结膜印迹细胞学法及尿液上皮细胞检查。

(四)维生素 D 和钙缺乏的判断与评价

维生素 D 是人类生命所必需的营养素,是体内钙平衡最重要的生物调节因子之一。不同年龄的维生素 D 缺乏有不同的临床表现,婴幼儿时期可导致佝偻病的发生,成人阶段则会形成骨软化症。维生素 D 缺乏病主要发生在气温偏低、日光照射不足的地区,以食物中缺乏维生素 D 来源的人群中多见,特别是婴幼儿、孕妇、乳母和老年人。骨软化症主要表现为骨质软化、骨样组织增生、骨骼变形,病因多为维生素 D 和钙、磷缺乏。营养因素引起者可通过改善饮食、补充维生素 D 及钙剂、增加室外活动来治疗。

佝偻病常见于 3 岁以内的小儿,发病率北方高于南方。佝偻病主要临床表现是神经精神症状和骨骼的变化,前者为佝偻病初期的主要临床表现,后者包括头部、胸部肋骨串珠、胸廓畸形、四肢和脊柱变化及其他表现。碱性磷酸酶活性升高在病程中出现较早,而恢复最晚，故在临床诊断及治疗观察中价值较大。血清 25-(OH)D_3 的水平是敏感而可靠的生化指标。X 射线检查以发育较快的长骨 X 射线改变最为明显。佝偻病的诊断要综合判定。

(五)维生素 C 和维生素 B_2 缺乏的判断与评价

维生素 C 缺乏又称为坏血病，临床表现为出血症状、贫血、骨骼症状和其他症状。实验室检查对于了解机体维生素 C 储存状况及缺乏情况的早期诊断具有参考价值，包括毛细血管脆性实验、血浆及白细胞中维生素 C 含量测定、维生素 C 负荷实验及治疗实验。

维生素 B_2 又称为核黄素，在机体内作为许多重要辅酶的组成成分参与多种生理活动。维生素 B_2 缺乏时临床表现出早期症状，进一步发展为舌炎、唇炎和口角炎脂溢性皮炎、阴囊炎(口腔生殖综合征)和眼部症状。维生素 B_2 缺乏判定方法包括红细胞核黄素测定、尿核黄素测定、核黄素负荷实验、全血谷胱甘肽还原酶活力系数测定。

(六)锌缺乏的判断与评价

锌缺乏是人群中常见的营养缺乏症，其原因多种多样，可分为原发性因素，包括膳食摄入量及生物利用率低、生理需要量增加等，包括肠吸收障碍和其他疾病。锌缺乏的主要表现有生长发育迟缓、性成熟迟缓、食欲减退、味觉异常、异食癖、伤口不易愈合等。对于继发性锌缺乏，应针对原发性疾病进行积极治疗；对于原发性锌缺乏的预防，应以膳食调整为主，增加动物性食物的摄入量，特别是瘦肉、动物内脏及海产贝类等。

第二节　合理膳食和营养

一、基本简介

合理膳食和营养是指一日三餐所提供的营养必须满足人体的生长、发育和各种生理体力活动的需要。合理饮食可以达到显著减肥的目的。

成年人每日的食谱应包括奶类、肉类、蔬菜水果和五谷等四大类。奶类含钙、蛋白质等，可强健骨骼和牙齿，每日饮 250~500 毫升为宜。肉类、家禽、水产类、蛋类、豆及豆制品等，含丰富的蛋白质，可促进人体新陈代谢，增强抵抗力，每日 4~6 两(1 两=50 克)为宜。蔬菜、水果类含丰富的矿物质、维生素和纤维素，能增强人体抵抗力，畅通肠胃，每日最少应吃 1 斤(1 斤=500 克)。米、面等谷物主要含淀粉，即糖类物质，主要为人体提供热能，满足日常活动所需，每日约 5~8 两为宜。

膳食与健康的关系密切相关。膳食是指我们通常所吃的食物和饮料所有的食物都来自植物和动物。人们通过膳食获得所需要的各种营养素和能量，维护自身健康。合理的饮食，充足的营养，能提高一代人的健康水平，预防多种疾病的发生发展，延长寿命，提高民族素质。

不合理的饮食，营养过度或不足，都会给健康带来不同程度的危害。饮食过度会因为营养过剩导致肥胖症、糖尿病、胆石症、高脂血症、高血压等多种疾病，甚至诱发肿瘤，如乳腺癌、结肠癌症等，不仅严重影响健康，而且会缩短寿命。饮食中长期养素不足，可导致营养不良，贫血，多种元素、维生素缺乏，影响儿童智力生长发育，人体抗病能力及劳动、工作、学习能力下降。

营养的满足应该主要通过饮食来完成。食物能够提供对身体有益的一系列营养物质和其他合成物质。在某些特定情况下，强化食品和膳食补充物可能会有助于增加一种或多种仅靠一般饮食而摄入量不足的营养物质，然而，尽管在某些情况下会推荐膳食补充物，但它仍然不能代替健康的饮食。只有通过合理平衡的膳食和身体锻炼来改善人们的健康状况，才能减少主要慢性疾病的发病危险。

二、注意事项

（一）合理搭配

健康是人人渴望与追求的，如何从膳食中吃出健康更是现代人特别关注的。为了“吃出健康”，人们不断扩大饮食范围，巧妙变化饮食方法。但这还远远不够，甚至有些是不科学的。真正健康的膳食不可忽视饮食的合理搭配。

1. 主食与副食搭配

主食，即每日三餐的米、面、馒头等。副食，泛指米、面以外的，具有增强营养、刺激食欲、调节机体功能作用的饮食，包括菜肴、奶类、水果及一些休闲食品等。主食与副食，各有所含的营养素，如副食中含维生素、矿物质、纤维素等，远比主食中的含量高，且副食的烹调方式多种多样，色香味形花样百出，更能刺激人的感官，增进食欲。所以，为保证人们得到所需的全部营养，又便于其消化、吸收，增强体质，抗衰延年，最好将主食与副食搭配食用。

2. 粗粮与细粮搭配

粗粮，泛指玉米、高粱、红薯、小米、荞麦、黄豆等杂粮。细粮，即指精米白面。一般而言，细粮的消化吸收率优于粗粮，但粗粮的某些营养成分又比细粮要多一些。例如，小米、玉米面中的钙含量相当于精米的 2 倍，铁含量为 3~4 倍，说明粮食加工越精细，营养素损失得就越多。而将粗粮与细粮搭配食用，就能做到营养互补，还有助于提高食物的营养价值，如 2/3 的大米加进 1/3 的玉米做成食品，可使大米的蛋白质利用率从 58%提高到 70%。因此，为了满足人们，尤其是老年人对营养的需要，应间或吃些粗粮，调剂一下胃口，以增进食欲，提高对食物营养的吸收。

从“膳食宝塔”中可以清楚地看到，谷类位于宝塔的基座，是每天人们食物摄入的基础食品。谷类食物是中国传统膳食的主体，是人体能量的主要来源，也是最经济的能源食物。越来越多的科学研究表明，以植物性食物为主的膳食可以避免欧美发达国家高能量、高脂肪和低膳食纤维膳食模式的缺陷，对预防心脑血管疾病、糖尿病和癌症有益。

粗细搭配含有两层意思：一是要适当多吃一些传统上的粗粮，即相对于大米、白面这些细粮以外的谷类及杂豆，包括小米、高粱、玉米、荞麦、燕麦、薏米、红小豆、绿豆、芸豆等；二是要适当增加一些加工精度低的米面。

3. 荤菜与素菜搭配

荤菜，即畜禽肉、奶类、蛋类、鱼类等动物性食物。素菜，指蔬菜、瓜果等植物性菜肴。荤菜与素菜的营养成分各有千秋，如动物蛋白质多为优质蛋白质，营养价值高；荤菜中含磷脂和钙较多，有的还含素食中缺少的维生素 A 与维生素 D。素菜可以为人体提供大量维生素 C；植物油中还含较多的维生素 E、K 以及不饱和脂肪酸；素菜中丰富的纤维素还能使大便保持通畅。因此，荤素搭配不仅有助于营养互补，使人体需要的营养更加全面合理，并能防止单一饮食（只食荤或纯素食）给健康带来的危害。

（二）多方平衡

1. 热量平衡

产生热量的营养素主要有蛋白质、脂肪与碳水化合物。脂肪产生的热量为其他两种营养素的两倍之多。若摄取的热量超过人体的需要，就会造成体内脂肪堆积，人会变得肥胖，易患高血压、心脏病、糖尿病、脂肪肝等疾病；如果摄取的热量不足，又会出现营养不良，同样可诱发多种疾病，如贫血、结核、癌症等。所以，若要达到热量平衡，蛋白质、脂肪与碳水化合物三种营养成分，须按 1∶1∶4∶5 的比例摄取。每日早、午、晚餐的热量分别占总热量的 30%、40%、30%。

2. 味道平衡

食物的酸、甜、苦、辣、咸味对身体的影响各不同。酸味可增进食欲，增强肝功能，并促进钙、铁等矿物质与微量元素的吸收；甜味来自食物中的糖分，可解除肌肉紧张，增强肝功能，阻止癌细胞附着于正常细胞，增强人体抵抗力，增强记忆力；苦味食物富含氨基酸与维生素 B_{12}；辣味食物能刺激胃肠蠕动，提高淀粉酶的活性，并可促进血液循环和机体代谢：咸味食物可向人体供应钠、氯两种电解质，调节细胞与血液之间的渗透压及正常代谢。但是，酸食吃得过多易伤脾，也会加重胃溃疡的病情；甜食吃得多易升高血糖，诱发动脉硬化；苦食吃得多会伤肺或引起消化不良；辣味过重对心脏有损害；咸味过重会加重肾脏负担或诱发高血压。因此，只有对各种味道的食物均应不偏不废，保持平衡，才有利于身体健康。

3. 颜色平衡

各种颜色的食物所含营养成分的侧重点不同。白色食物以大米、面粉等为代表，富含淀粉、维生素及纤维素，但缺乏赖氨酸等人体必需的氨基酸；黄色食物以黄豆、花生等为代表，特点是蛋白质含量相当高而脂肪较少，适宜中老年人、已患高血脂及动脉硬化症病人食用；红色食物以鱼、畜禽肉为代表，富含优质蛋白、维生素 A、钙、锌、铁等元素，但维生素相对不足，脂肪较高，多食易致心脏病与癌症；绿色食物以蔬菜、水果为代表，是人体获取维生素的主要来源，可减少心脏病与癌症的发生；黑色食物以黑米、紫菜、黑豆、黑芝麻为代表，富含铁、硒、氨基酸，但蛋白质含量较少。所以，巧妙搭配各色食物，取长补短，营养成分种类齐全，才能达到营养均衡。

4. 酸碱平衡

食物酸碱之分指食物在体内最终代谢产物的性质。凡最终代谢产物为带阳离子的碱根者为碱性食物，如蔬菜、水果、奶类、茶叶等，特别是海带等海洋蔬菜是碱性食品之冠；最终代谢产物为带阴离子的酸根者为酸性食物，如肉、大米、面粉等。酸性食物含蛋白质多。碱性食物富含维生素与矿物质。过食酸性食物会使体液偏酸，引起轻微酸中毒，易导致风湿性关节炎、低血压、腹泻、偏头痛、牙龈发炎等疾患。同样，过食碱性食物会使体液偏碱，易导致高血压、便秘、糖尿病、动脉硬化乃至白血病等。机体体液，最好是达到酸碱平衡、略偏碱性的状态。因此,对酸碱食物的比例掌握不可忽视。

(三)科学合理

一般来说,一日吃三餐是绝大多数人的饮食习惯,怎样安排好一日三餐却大有学问。有的家庭安排得很合理,食物花样多,营养丰富,而有的家庭饮食品种极为单调,营养失衡。科学合理地安排三餐,与人体健康息息相关。一日三餐不仅要定时定量,更重要的是保证营养的供应,做到膳食平衡。

1. 早餐吃好

早餐吃好,是指早餐应吃一些营养价值高、少而精的食品。因为,人经过一夜的睡眠,前一天晚上进食的营养已基本消耗完,只有早上及时补充,才能满足上午工作、劳动、学习的精力需要。长期不吃早餐,不但影响身体健康,还易引发胆结石。很多人早餐习惯吃大饼、油条、蛋糕、馒头等,也有人爱吃蛋、肉类、牛奶,虽说这些食物也都富含碳水化合物及蛋白质、脂肪,但它们均属于酸性食物,无法提供人体所需的碱性食品。如果再吃点蔬菜调剂一下,就能达到酸碱平衡了。

2. 午餐吃饱

午餐要吃饱,是指午餐要保证充足的质与量。因为午餐具有承上启下的作用,既要补偿早餐吃得少、上午活动量大、能量消耗大的空缺,又要为下午的耗能储备能量。因而,饮食的品质要高,量也相对要足。也就是说,午餐主食的量要大些,最好掺些杂粮,副食的花样要多些:肉类、鱼类、豆类、多种蔬菜等,若能再来一碗有荤有素的菜汤,做到"饭前一勺汤",膳食则更加科学。

3. 晚餐少而淡

晚餐吃得过饱,血中的糖、氨基酸、脂肪酸浓度就会增高,多余的热量会转化为脂肪,使人发胖。同时,不能被消化吸收的蛋白质在肠道细菌的作用下,会产生一种有害物质,这些物质在肠道的停留时间过长,易诱发大肠癌。中老年人如果长期晚餐过饱,会刺激胰岛素分泌,易导致糖尿病。晚餐过饱还易使人失眠、多梦,引起神经衰弱等疾病。晚餐暴饮暴食,容易诱发急性胰腺炎,使人在睡眠中休克,若抢救不及时,往往会危及生命;如果胆道有蛔虫梗阻、慢性感染等,更容易诱发急性胰腺炎而猝死。晚餐吃得太油腻,过多的胆固醇堆积在血管壁上,久而久之就会诱发动脉硬化、高血脂、高血压和冠心病,或加重病情。晚餐饱食高脂肪食物,会使全身的血液相对集中在肠胃,易造成大脑局部供血不足。此外,晚餐也不宜吃得太晚,在下午 6 时左右为宜。

章节小结

本章主要学习膳食营养与健康促进之间的关系,介绍合理膳食营养的重要性以及平衡膳食的原则与方法。

思考题

1. 为什么需要合理膳食与营养？它的重要性有哪些？
2. 日常生活中，平衡膳食有哪些原则与方法呢？

（章节撰稿人：徐静）

第五章　常见运动损伤与康复

第一节　运动损伤的概述

运动过程中受到机械性和物理性方面因素所造成的伤害，称为运动损伤，其损伤部位与运动项目以及专项技术特点有关。

一、运动损伤的分类

按损伤组织的种类，运动损伤可分为肌肉韧带的撕裂、挫伤、四肢骨折、颅骨骨折、脊椎骨折、关节脱位、脑震荡、内脏破裂、烧伤、冻伤、溺水等。根据北京运动医学研究所的统计，由于运动所造成的严重创伤很少，大部分属小创伤，其中以肌肉、筋膜、肌腱腱鞘、韧带和关节囊损伤最多，其次是肩袖损伤、半月板撕裂和髌骨软骨病。按运动创伤的轻重分类：①不损失工作能力的轻伤；②失掉工作能力 24 小时以上，并需要门诊治疗的中等伤；③需要长期住院治疗的重伤。按运动能力丧失的程度分类：①受伤后能按锻炼计划进行练习的“轻度伤”；②受伤后不能按锻炼计划进行练习，须停止患部练习或减少患部活动的“中度伤”；③完全不能锻炼的“重度伤”。按损伤组织是否有创口与外界相通，可分为开放性损伤与闭合性损伤。此外，根据发病的缓急，运动损伤还可分为急性损伤和慢性损伤；根据病因，又可分为原发性损伤和继发性损伤等。

二、运动损伤发生的原因

造成运动损伤的原因是多方面的，可分为直接原因和诱因。直接原因又可分为内部原因和外部原因；诱因可分为各项技术特点和解剖生理学特点。

（一）直接原因

1. 内部原因

1）身体条件

（1）技能：技术不熟练的锻炼者更易发生损伤。

（2）年龄：青少年期骨骼发育尚未成熟，因此对外力的抵抗防御能力较弱。发育中的骨和软骨与成人相比也显得弱。骨的长径生长与骨周围肌腱发育相比，前者显得较慢，所以在骨的突起部、肌肉肌腱附着部都容易发生损伤。在韧带受暴力损伤时，骨和软骨往往先出现损伤。年龄偏大的人脊柱和关节的柔韧性降低，加之维持稳定的力量下降，因此，运动损伤并不少见。青少年运动损伤最多的是骨折，其次是扭挫伤。

（3）体格：体内脂肪多、体重大的人肌肉发达度减小，尤其在抵御造成创伤的暴力时，体重大的人处于不利地位。屈肌群与伸肌群肌力之比是一个很重要的因素，很多情况下会造成肌肉撕裂伤。

（4）性别及其他：男女性别不同，身体脂肪含量不同，运动损伤的发生概率和部位不同。另外，在身体状况不良（慢性疲劳、贫血、感冒、痛经、睡眠不足等）的情况下，对意外事件缺乏敏锐的判断和快速准确的保护反应，就可能导致运动损伤。

2）心理素质

从事冲撞性较强的运动（如足球）时，如果注意力不集中或集中持续时间不长，发生损伤的危险性会增大。情绪不稳定、易急躁、急于求成，或在运动中因畏难、恐慌或害羞而犹豫不决的人，容易造成运动损伤。

2. 外部原因

1）方法的因素

（1）质：有些体育锻炼者由于不顾自身的条件而选择不适宜的运动项目，结果损伤的发生率提高。柔韧性练习时，韧带肌肉被动训练过度会造成肌肉撕脱。所以，体育锻炼要科学，并选择适合于自己身体条件的运动项目。

（2）量：运动时间过长、运动量过大、运动频率过高等极易导致过度训练，过度训练是运动损伤的主要原因之一。过度训练是由于锻炼者接受的负荷量太大，使机体未得到充分恢复所致，其症状表现为安静时心率加快、血压升高、睡眠不佳（失眠、多梦、易惊醒等）、食欲下降、体重减轻、无训练欲望、心情烦躁、易激怒、记忆力下降等。过度训练如不及时纠正，就会使人体免疫机能下降，这样增加了感染和慢性疲劳的发生率。

2）环境因素

（1）自然环境：雨后路滑、光线不足、气温过高、过低或过于潮湿等，也能引起运动损伤。

（2）人工环境：锻炼者使用劣质器械，锻炼服装和鞋子不合适，缺乏必要的防护器具（如护膝、护踝、护腿等），运动场地不平坦或有小碎石或杂物，器械安装不牢固，器械的高低、大小与轻重不符合锻炼者的年龄、性别和训练水平的特点等，这些都能成为受伤的原因。

（二）诱因

诱因即诱发因素，它必须在直接原因（如局部负担量过大，技术动作发生错误）的同时作用下，才可成为致伤的因素。

（1）各项运动技术的特点：由于各项运动项目都有自己的技术特点，人体各部位的负担量不尽相同，因此，各运动项目导致人体的易伤部位也不同。例如，网球运动易使锻炼者造成“网球肘”，长跑运动会导致锻炼者膝外侧疼痛症候群等。

（2）解剖生理学特点：某些组织所处的特殊解剖位置在运动中易与周围组织发生摩擦和挤压，如肩袖。综上所述，由于各项运动都有其自身特殊的技术要求，加之解剖生理学的特点，在直接原因的作用下，各项运动中所发生的运动损伤都具有一定的特点和规律。了解这些特点和规律，对于预防、诊断和治疗运动损伤有着重要的意义。

常见体育运动损伤及发病规律（腹侧）：①肩锁关节损伤（体操、摔跤）；②肘内侧韧带伤（投掷、体操）；③三角软骨盘损伤（体操）；④跟腱炎（跳高、篮排球）；⑤胫腓骨疲劳骨膜炎及骨折（中长跑、体操、跑项）；⑥跖骨疲劳骨折；⑦锁骨骨折（自行车、摩托车、摔跤）；⑧肩袖损伤（吊环、高低杠、标枪、手榴弹、蝶泳、乒乓球）；⑨网球肘（网球、羽毛球、乒乓球）；⑩腹肌拉伤（体操）；⑪股四头肌拉伤（足球）；⑫髌骨软骨病（铁饼、篮排球）；⑬半月板损伤（铁饼、篮排球）；⑭足球踝（足球、体操）。

常见体育运动损伤及发病规律（背侧）：①斜方肌拉伤（链球）；②肱三头肌断裂（摔跤、体操）；③棘突骨膜炎（体操、跳水、举重）；④腘绳肌起点伤（跨栏）；⑤半腱、半膜、股二头肌拉伤（跨栏、跑跳）；⑥小腿肌肉损伤（跑、跳、体操）；⑦跟腱炎（跑、体操、跳）；⑧腰脊肌肉筋膜炎（体操、举重）；⑨肘骨关节病（标枪、体操、举重、垒球）；⑩伸腕肌腱腱鞘炎（体操）；⑪膝外侧疼痛症候群（马拉松、竞走、篮球）；⑫肌腱鞘炎（跑、体操）；⑬足跟挫伤（三级跳、体操）。

第二节 运动损伤的预防与处理

随着社会经济的不断发展，生活水平的不断提高，人们越来越认识到体育锻炼对增进健康、防治疾病、延年益寿的重要作用。但是，运动不当，也会造成运动损伤以及其他运动性疾病，甚至运动性猝死。因此，锻炼者要认真学习与掌握科学锻炼的知识和方法，预防运动损伤的发生。本节将着重研究运动损伤的起因和预防，以及运动康复训练等问题，以指导科学而有效的锻炼。

一、运动损伤的原因

所谓运动损伤，是指在体育锻炼过程中，不管是直接的还是间接的身体损伤，统称为运动损伤。造成运动损伤的原因是非常复杂的、多方面的。据国内外大量综合研究分析，可以分为以下几方面的原因。

（1）思想麻痹大意。这是造成运动损伤最主要的因素，特别是一些青少年缺乏运动经验，好胜好奇，盲目或冒失地进行锻炼而导致伤害，也有的因急于求成造成身体某一部位的损伤。

（2）准备活动不当。运动前缺乏必要的准备活动或准备活动量过小，机体尚未达到较高的运动状态；或者准备活动量过大，时间过长，机体已经处在疲劳状态，再去锻炼；也有的因准备活动不当缺乏针对性等。

（3）技术上的缺点和错误。例如，传接排球时，不正确的手形引起手指扭伤；举重时身体过度后仰，跳水时两腿过度后摆，都可造成腰部受伤。

（4）运动量过大或过于剧烈。例如运动时间过长，内容过多，特别是身体局部重复练习次数多，超过了生理负荷承受能力，最易发生运动损伤。

（5）身体机能状态和心理状态低下。身体机能低下，固然容易发生运动损伤，但心理状态低下，同样会造成伤害事故，甚至是更严重的运动损伤。例如，精神上受到某种刺激或者受到慢性病的困扰，又缺乏自我保护能力，此时参加锻炼最易致伤。

（6）教学组织不当，缺乏科学和严密的组织，以及运动场地、设施布局不合理，都可能引发运动损伤。气温过高时容易发生中暑，引起肌肉僵硬，身体不协调，也可能引起运动损伤。

二、运动损伤的预防

预防运动损伤的方法是多方面的，主要应当学会和牢记以下方法。

（1）克服麻痹思想。锻炼者要重视提高预防运动损伤的意识，遵守体育锻炼的原则，切不可随心所欲。同时要有团结互助精神，发扬良好的体育道德作风。

（2）做好准备活动。要根据个人的机体情况和运动特点，有针对性地做好准备活动，既要做好身体方面的准备，更要做好心理方面的准备，方可参加运动。

（3）加强保护与自我保护，提高自我保护能力。如摔倒时，要顺势做好屈膝、弯腰、低头、含胸、团身滚动，切不可用直臂或肘部撑地。平时要加强跳跃、滚翻等动作练习，以提高身体的灵敏和应变能力。

（4）合理的组织。在教学、训练、比赛中，要根据学生的年龄、性别、健康状况和运动技术水平，做好严格的预防措施。

（5）重视科学锻炼，包括五个要素，即全面性、个别性、渐进性、量力性以及医务监督。特别当身体出现不良反应时，要分析原因，采取必要的保健措施。必要时须经医生诊治后确定是否参加锻炼和施行多大运动量。

（6）要创造安全、适宜的锻炼环境。具体包括运动场地平坦、运动器材设备坚固、安全，以及个人衣着适宜等。

三、常见的运动损伤与处置

1. 肌肉拉伤

1）发生的机制与症状

肌肉拉伤通常是由于肌肉猛烈收缩或用力拉伸时超过肌肉本身承受的能力所引起的，分为主动拉伤和被动拉伤两种。主要与准备活动不足，动作不协调有关，或者由于肌肉的韧性和弹性较差更易被拉伤。损伤后伤处肿胀，有压痛，肌肉痉挛，严重时可出现肌肉撕裂，产生剧烈疼痛。

2）处置和预防

处置：即刻停止运动，冷敷，局部加压包扎，抬高患肢，24 小时后可施行按摩或理疗。如果肌肉已大部分或完全撕裂，在加压包扎后应立即送往医院手术治疗。预防：主要针对发生的原因进行，特别是要做好运动前的准备活动，防止运动量过大和过度疲劳，注意提高身体的协调性和动作技巧。

2. 肌肉挫伤

1）发生机制与症状

练习者与器械发生碰撞，或练习者之间发生冲撞而造成肌肉挫伤。单纯挫伤在损伤处出现红肿、皮下出血，并有疼痛。严重者会造成内脏器官损伤，并可出现头晕、脸色苍白、心慌气短、出虚汗、四肢发凉、烦躁不安，甚至休克。

2）处置与预防

处置：立即实行冷敷后加压包扎，抬高患肢，以防止继续出血。24 小时后可施行按摩或理疗，也可用热敷，活血消肿。如果怀疑内脏损伤，则送医院作进一步诊治。预防：练习者要控制好适量的运动量，避免在过于疲劳状况下继续进行锻炼，锻炼时要注意身体的协调性、机灵性，避免不必要的冲撞，特别要提高自我保护能力。

3. 肌肉痉挛

1)发生机制与症状

肌肉痉挛,俗称抽筋,是一种常见的运动损伤,肌肉痉挛是肌肉不自主地强直收缩所致。在运动中常发生痉挛的肌肉有小腿腓肠肌、足屈拇肌和屈趾肌。在运动时,由于肌肉的快速连续收缩、放松,导致收缩与放松协调关系的破坏,从而发生肌肉痉挛;局部肌肉疲劳,在受到寒冷刺激的情况下容易发生肌肉痉挛。现代运动科学发现,因情绪过分紧张引起肌肉痉挛者,占非常高的比例。肌肉发生痉挛时,局部肌肉坚硬或隆起,疼痛难忍,不易缓解。

2)处置与预防

处置:对痉挛部位的肌肉实行牵引,使之伸长和松弛。例如腓肠肌痉挛时,即强直性伸直膝关节,并将脚掌和脚趾缓慢地向上扳起。若屈拇肌或屈趾肌痉挛,同样将脚趾上扳,但切忌施以暴力。预防:锻炼前要做好准备活动,精神放松,对容易发生痉挛的肌肉可事先做好按摩。冬季室外锻炼时注意保暖,夏季锻炼时要适当补充淡盐水及维生素 B_1,特别是在游泳前先用冷水淋浴,游泳时在水中停留时间不要太长,疲劳时不要进行剧烈运动等。

4. 韧带扭伤

1)发生机制和症状

韧带有较强的韧性,以保护关节的正常活动,防止关节出现异常。但如果外力使关节活动超越韧带所能承受的范围,就会发生韧带损伤。韧带轻度损伤,只是产生轻微的疼痛或局部水肿,关节功能也不会有明显的影响严重时,会造成韧带撕裂,并丧失其功能。其主要症状,表现为伤处疼痛、肿胀和皮下淤血。

2)处置与预防

处置:受伤后,应立即冷敷,加压包扎抬高伤肢。24 小时后对伤部热敷或按摩重度损伤乃至韧带撕裂时,可用绷带固定伤肢后立即送医院治疗。预防:韧带扭伤易发部位是踝关节、腕关节和膝关节,所以平时要加强这些易伤关节周围韧带、肌肉的练习。对曾经发生扭伤的部位,锻炼时可采用护踝、护膝、护腕等保护措施。

5. 腰扭伤

1)发生的机制与症状

人体的腰椎是由 5 个脊椎骨连接起来的。连接膜椎骨有很多条韧带和细小肌肉群,腰部活动就是靠这些韧带、肌肉收缩牵动来进行的。如果人体运动超越了肌肉韧带的伸展限度,或收缩不协调,就会造成腰部扭伤。腰部扭伤后,当场疼痛,有时会听到瞬间“咯咯”响声,有时出现肌肉痉挛,活动受阻。

2)处置与预防

处置:发生腰扭伤后,立即停止运动,让患者平卧,一般不应扶动。如果疼痛剧烈,则应送医院诊治。处理后,应卧硬板床,腰下可垫个薄软枕头,以放松腰部肌肉减轻疼痛。腰扭伤 24 小时后,可采用热敷和外敷伤药,也可施行按摩、针灸。预防:运动前要做好全身性准备活动,特别是腰部准备活动。如前后弯腰,左右转身,身体绕环,上伸下蹲等,运动时注意姿势的正确性、动作的协调性,用力要得当。平时要加强腰部肌肉力量的锻炼。

6. 骨折

1）发生的机制与症状

造成骨折的原因有两种：一种是受直接暴力撞击（如足球练习或比赛时，小腿直接被踢，造成胫骨骨折；高处跳下或奔跑时跪倒，引起髌骨骨折）；另一种是间接暴力（如从单杠上摔下，用手撑地，发生尺骨、桡骨骨折，足球守门员扑球摔倒时锁骨骨折等）。

骨折可分为完全性骨折和不完全断裂，骨折后的症状一般都比较严重，主要表现为疼痛、肿胀、皮下淤血、功能丧失、肌肉痉挛，有时在骨折部位出现畸形，移动时可听到摩擦声。严重时，伴有出血，神经损伤、发烧、口渴，直至休克。

2）处置与预防

处置：骨折发生后，立即停止运动，并进行急救。如果患者有休克症状，应先进行点按人中穴，必要时进行对口人工呼吸或心脏胸外挤压，如伴有伤口出血时，应同时实施止血和包扎。骨折后切忌移动患肢，应用夹板或其他代用品固定伤肢，随后护送至医院诊治。预防：运动前要做好充分的准备活动，运动时要提高动作的协调性和机体的灵敏，并尽量减少冲撞性动作。

7. 脑震荡

1）发生的机制与症状

脑震荡是脑部损伤中最轻的而又多见的一种，系指头部受到外力打击后神经细胞和神经纤维受到震荡后所引起的意识和机能的一时性障碍。例如在体育运动中，头部直接被足球、棒垒球打击，或者从高处摔下，头部撞地等，都可发生脑震荡，其症状表现如下。①意识障碍。一般有轻度意识障碍，严重者可发生一时性意识丧失，直至昏迷时间短则几秒钟，长则几分钟至 20~30 分钟不等。在意识丧失时，呼吸表浅，脉搏徐缓，肌肉松弛，瞳孔稍大，但对称，神经反射减弱或消失。②逆行性健忘。意识恢复后不能回忆起受伤时的情境。③自觉症状有头痛、头晕、恶心、呕吐（轻重不一）。④此外还可出现情绪不稳定，易激动，不耐烦，注意力不集中，耳鸣、心悸、多汗、失眠等一系列植物性神经功能紊乱症状。

2）处置与预防

处置：立即让患者安静、平卧，头部冷敷，身上保暖。若有昏迷，可指压人中、内关穴；若呼吸发生障碍，立即施行人工呼吸。若昏迷时间较长，两瞳孔放大且不对称，或耳鼻口内出血，表明情况严重，进行一般处理后，应立即送医院诊治。在运送途中，要让患者半卧，头部固定，避免颠簸。脑震荡一般都可自愈，无须住院治疗。但要注意休息和必要的药物治疗，保持情绪安定，减少脑力劳动。

四、运动损伤的急救

（一）急救的意义和原则

急救是指在运动中对突然发生的损伤，进行紧急和合理的处理，并为转送医院进一步诊治创造条件。正确和有效的处置，对减轻患者的痛苦，预防并发症和感染乃至挽救生命，都具有十分重要的意义。急救是一项时间紧、技术性和判断性强、分秒必争的紧急措施，因此必须遵循以下原则。

1. 抓住主要矛盾进行急救

现场急救比较复杂,有时会同时出现多种损伤,此时急救者必须抓住主要矛盾进行急救。如患者休克,急救者应先采取抗休克措施(如针刺人中、内关穴);如患者有出血症状,急救者更应同时进行止血,然后再做其他损伤处理。

2. 准确判断

急救者要准确地判断损伤的性质、部位和程度,并运用正确的抢救技术。

3. 分工明确,临危不惧

急救人员既要有熟练的技术、丰富的临场经验高度的责任感和救死扶伤的崇高品德又要临危不惧、分工明确、有条不紊地进行抢救。

4. 快抢、快救、快运送

急救必须分秒必争,当机立断,切勿延误时机。在得到初步处理后,尽快转送医院作进一步治疗。在运送途中,要确保患者的平稳安静,消除紧张情绪,并随时观察病情变化,必要时继续进行人工呼吸。

(二)急救方法

1. 止血法(冷敷法)

这种止血法常用于急性闭合性软组织损伤。最简便的方法是用冷水冲洗或将冷毛巾敷于伤处。冷敷可以使血管收缩,减少局部充血,降低组织温度,抑制神经感觉,从而有止血、止痛和减轻局部肿胀的作用。

2. 抬高伤肢法

抬高伤肢可以降低出血部位的血压,以减少出血。如果已采用加压包扎,仍应抬高伤肢。

3. 压迫法

压迫法可以分为指压法、止血带法、包扎法等。

(1)指压法:常用于动脉出血。方法是在出血部位盖上消毒纱布后,用手指腹压迫出血部位,也可指压出血部位的上端动脉血管,以阻断局部血流。

(2)止血带法:常用止血带有布条、皮带、皮管、毛巾等。进行时先将伤肢抬高,然后在患处上方缚扎止血,缚扎时最好在伤处加垫,以防肢体组织坏死。

(3)包扎法:主要用绷带包扎,并根据不同部位和伤势采用不同的包扎方法,如环形包扎、螺丝形包扎、反折螺旋形包扎等。

3. 人工呼吸法

人工呼吸法有举臂压胸法、仰卧心脏胸外挤压法、口对口呼吸法等,其中仰卧心脏胸外挤压法和口对口呼吸法效果最好。

仰卧心脏胸外挤压法:将患者仰卧,急救者两手上下重叠,用掌根置于患者的胸骨下半段处,借助体重和肩臂力量,均匀而有节奏地向下施加压力,将胸骨下压 3~4 厘米为度,然后迅速将手轻轻提起,胸骨也自然地弹回,如此反复进行,每分钟以 60~80 次的频率进行,直至恢复心脏跳动为止。

口对口人工呼吸法:将患者仰卧,头部后仰,托住下颌,捏住鼻孔,压住环状软骨(即食道管),防止空气吹入胃里,急救者深吸气,两口相对,将大口气吹入患者口中,吹气后将捏鼻子的手松开，如此反复进行，吹气频率每分钟 16~18 次，直至患者自主恢复呼吸为止。如患者牙关叩紧，则采取口对鼻吹气法。

4. 溺水及其急救

1）发病机制与症状

因技术错误或发生肌肉抽筋等各种原因，使身体坠入水下，随后水进入肺内而造成呼吸道阻塞。同时又因冷水或吸水的刺激引起咽喉痉挛而导致窒息；由于患者的不断挣扎，反使窒息加重，最终导致缺氧和昏迷。如果时间稍长，即会危及生命。窒息昏迷后，患者脸色苍白而肿胀，双眼充血，口鼻充满泡沫，肢体冰冷，又因胃内充水，而上腹部胀大，甚至出现呼吸、心跳停止。

2）处置步骤

第一步：立即就地抢救，清除口腔中分泌物和其他异物，并迅速消除呼吸道、肺内的水分。

第二步：心跳呼吸停止，应同时施行心脏胸外挤压法和人工呼吸法。急救者之间应相互协调配合，积极、耐心，直至自主恢复呼吸为止。

第三步：苏醒后，立即护送医院，做进一步检查和治疗。在运送途中，必要时继续进行人工呼吸。

预防：入水前应做好充分的准备活动，对最易发生痉挛的小腿加强预防练习，入水后运动量要循序渐进，在水中时间不要过长，切忌莽撞和冒险，初学者应在同伴看护下进行练习。

第三节　常见的运动性疾病与处置

一、运动性腹痛

1. 发病机制与症状

运动性腹痛常在中长跑和剧烈运动时出现。大量资料表明，运动前准备活动不充分，或者因运动前吃得过饱、饮水过多，或者腹部受凉，致使脏腑功能失调，引起腹痛。运动时间过长或过于剧烈，使下腔静脉压力上升，使血液回流受阻会引起腹痛。呼吸节奏紊乱，引起膈肌运动异常，或者肝脾积气瘀血，导致两肋部胀痛也会引起腹痛。

2. 处置与预防

处置：如果患者没有器质性疾病，一般采用减慢运动速度，进行腹式呼吸，按压疼痛部位等方法，短时间内即可减轻疼痛，直至消失。数分钟后，如果疼痛仍不减轻，甚至加重，就应停止运动。必要时可服十滴水或普鲁苯辛。如仍不见效，应送医院诊治。预防：运动前避免饮食或饮水过多，并做好准备活动（特别是腹部按摩），坚持循序渐进，注意呼吸节奏，夏季运动要适当补充盐分。

二、运动性贫血

1. 发病机制与症状

人体血液中红细胞数与血红蛋白量低于正常值，称为贫血。由于运动引起血红蛋白量降低,并低于正常值即称之为运动性贫血。运动性贫血,男性的血红蛋白低于12克/100毫升,女性低于10.5克/100毫升。在通常情况下,女性发病率高于男性。

导致运动性贫血的主要原因是:①运动时肌肉对蛋白质和铁的需求量增多,若摄入量不能满足需求,即可引起贫血;②红细胞抗震力较弱,运动时造成红细胞破坏增加,致使红细胞的新生与衰亡之间的平衡遭到破坏,导致红细胞低于正常值。运动性贫血发病后,主要表现为头晕、呕吐、心率加快、脸色苍白、体力下降。

2. 处置与预防

处置:出现上述症状时应适当减轻运动量,必要时进行休息。即刻饮服糖开水或口服硫酸亚铁,并同时服用维生素C和胃蛋白酶合剂,以利于铁的吸收。预防:运动前做好准备活动,并注意循序渐进,调整膳食结构,平时增加富含蛋白质和铁的食物。

三、运动性昏厥

1. 发病机制与症状

由于脑部突然供血不足或者因脑血管发生痉挛,而出现暂时性知觉丧失的现象,称为运动性昏厥。导致运动性昏厥的原因是长时间运动或剧烈运动,大量血液聚集在下肢,回心血流量减少,因而心血输出量也减少,致使脑部缺血而引起昏厥。在日常生活中,因长时间站立,过久下蹲后骤然起立,或者情绪过分紧张激动,可能发生类似昏厥的现象。昏厥前,患者感到全身软弱,头昏眼花,面色发白。昏倒后,面色苍白,手足发凉,出冷汗,脉搏减弱,血压下降,呼吸缓慢。

2. 处置与预防

处置:发病后,立即让病员平卧,松解衣领,抬高下肢,按压人中、合谷穴,并从小腿向心脏的方向作推摩和揉捏。如果有昏迷现象,可嗅氨水或静脉注射25%~50%葡萄糖40~60毫升。在知觉未恢复前,禁止喝饮料或其他药物。如有呕吐,应将患者的头偏向一侧。如停止呼吸,应立即进行人工呼吸。

预防:坚持经常性锻炼,以增强体质;剧烈运动后不要立即停下来或坐下,而应继续慢跑,并作深呼吸;在饥饿情况下不要参加剧烈运动。

四、运动中暑

1. 发病机制与症状

"中暑"是长时间受高温或热辐射引起的一种高温疾病。特别是在湿度高、通风不良或头部缺乏保护,被烈日直接照射等情况下,引起体温调节功能发生障碍而导致中暑。

症状:中暑早期可有头晕、头痛、呕吐,严重时体温升高,皮肤灼热干燥,甚至出现精神失常,虚脱、抽搐、心律失常、血压下降,直至昏迷危及生命。

2. 处置与预防

处置:将患者安静护送至阴凉、通风处平卧休息,并采取降温措施,如解开衣领,服饮清凉饮料或人丹、十滴水等,也可补充葡萄糖盐水。严重患者,经临时性处理后,即护送医院诊治。

预防:在高温炎热环境下锻炼时,应适当减少运动量和锻炼时间,要尽量避免在烈日下锻炼。夏天在室内锻炼时,注意良好的通风,并备有低糖含盐的饮料。室外锻炼时,应戴白色凉帽,穿宽松浅色运动服。

第四节 运动疲劳的自我监控和消除

一、运动疲劳的概念

在 1982 年举行的第 5 届国际运动生物化学会议上,运动性疲劳被定义为:“机体的生理过程不能持续将机能维持在特定水平或不能维持预定的运动强度。”运动性疲劳是运动导致的特有生理现象。这一疲劳定义的特点如下。

(1)把疲劳时体内组织、器官的机能水平和运动能力结合起来评定疲劳的发生和疲劳程度。

(2)有助于选择客观指标评定疲劳。比如:在某一特定水平工作时单一或同时使用心率、血乳酸、最大摄氧量和输出功率来评定疲劳。

运动性疲劳是运动本身引起的机体工作能力暂时降低,经过适当时间休息和调整可以恢复的生理现象,是一个极其复杂的身体变化综合反应过程。疲劳时工作能力下降,经过一段时间休息,工作能力又会恢复,只要不是过度疲劳,运动性疲劳并不损害人体的健康。所以,运动性疲劳是一种生理现象,对人体来说又是一种保护性机制。但是,如果人经常处于疲劳状态,前一次运动产生的疲劳还没来得及消除,而新的疲劳又产生了,疲劳就可能积累,久而久之就会产生过度疲劳,影响运动员的身体健康和运动能力。如果运动后能采取一些措施,就能及时消除疲劳,使体力很快得到恢复,消耗的能量物质得到及时补充甚至达到超量恢复,就有助于训练水平的不断提高。

二、对运动疲劳的监控内容

运动疲劳的自我监控是体育活动参加者在体育锻炼或训练过程中,对自己身体状况和运动状态进行自我观察、调节和控制的方法。自我监控可以直接评定对运动量和运动强度的承受能力,为制定运动负荷,及时发现过度疲劳,预防运动损伤提供依据。

(1)运动心情状况好:心情愉快,乐于运动。状况差:运动不感兴趣,表现冷淡和厌倦,情绪不稳定。

(2)不良感觉运动后出现肌肉酸痛,四肢无力,这是正常的。如有心悸、头昏、头痛、气喘、恶心甚至呕吐说明身体状况较差。

(3)睡眠状况好:入睡快、睡得沉,不做或少做梦。状况差:失眠、多梦、嗜睡、反复易醒。

(4)食欲正常:食欲正常,有饥饿感,想进食,随运动量增加食量增加。异常:食欲不振,食少。

(5)排汗量受许多因素制约,正常情况下,随运动量增加,出汗增多。但小运动量时出汗多,或大运动量时出汗少或皮肤出现盐迹,表示异常。

(6)脉搏(或心率)。基础脉搏(晨脉):清晨清醒状态下卧床时的脉搏。健康成人脉搏为 60~80 次/分。

基础脉搏受年龄、性别、机能状况、训练水平、身体姿势、体温等影响。

①正常情况下，晨脉波动不超过 3 次/分以上。

②数天内，如无紧张、失眠、饥饿、心理压力等原因，晨脉波动大则预示身体状态不好。

③运动量评定如下。

大运动量：休息 5~10 分钟后，脉搏比运动前增加 6~9 次/10 秒。

中运动量：休息 5~10 分钟后，脉搏比较运动前增加 2~5 次/10 秒。

小运动量：休息 5~10 分钟后，脉搏恢复到运动前水平。

④运动强度评定。

一般人在运动中脉搏达到 85%HR_{max}（最大心率）或以上时，可表示为大强度；在（70%~85%）HR_{max} 时，表示为中大强度；在（60%~70%）HR_{max} 时，表示为中等强度；在 60%HR_{max} 以下时，表示为小强度。

7. 体重

开始系统锻炼的第一个月，体重会有所下降，随后体重上升或保持不变，除非以减体重为目的，若体重出现“进行性下降”则表示身体状况异常。

三、运动疲劳的消除方法

（1）充足的睡眠。每天应保持有 8 小时的睡眠，大运动量运动和比赛期，睡眠时间应延长。少年运动员每天应有 10 小时以上的睡眠时间。

（2）温水浴和局部热敷。温水浴可促进全身血液循环和新陈代谢，加速代谢产物排除，有利于营养物质的运输。水温一般在（40 ± 2）摄氏度，每次 10~15 分钟，勿超过 20 分钟，浴后睡眠最合适，温水浴一天不要超过 2 次。局部热敷加快局部血液循环，对神经末梢有安抚作用，热敷温度 47~48 摄氏度，一般持续 5~10 分钟，运动前热敷可推迟疲劳出现，如持续比赛，则赛后温水浴时间和热敷时间应比平时短些。

（3）按摩。按摩是消除疲劳的重要手段，有加快血液循环，提高内啡肽效应，缓解肌肉僵硬状态的作用。

（4）积极性休息。积极性休息对因紧张比赛或大运动量训练后的精神疲劳有很好的缓解作用，有疗养、旅游、欣赏文艺、听音乐等方法。

（5）合理营养。大量的热能消耗，糖和蛋白质等能源物质消耗是疲劳产生的主要原因，赛后或大运动量训练后，加强糖、维生素 B、维生素 C 的补充。

（6）合理安排运动量。运动训练的结果就是超量恢复，如果运动量和训练节奏安排不合理，就会导致疲劳的积累，出现过度疲劳。

章节小结

本章介绍常见的运动损伤，如肌肉拉伤、肌肉挫伤、肌肉痉挛等。要掌握正确的处置方法，重点掌握人工呼吸法和溺水急救方法，了解运动性腹痛、运动性贫血、运动性昏厥、运动中暑等运动性疾病的发病原理，学习如何预防发病以及发病后的处理办法。本章旨在为大学生参加体育运动提供科学的知识保护，预防减少运动性损伤和疾病的发生，切实提高大学生体育锻炼的有效性和健康促进的实效性。

思考题

1. 导致腹痛的原因有哪些?

2. 体育运动中出现肌肉痉挛应当如何处理?

3. 在游泳活动中如何保证安全,避免发生溺水事故? 如果遇到溺水事故,我们应当如何处理?

（章节撰稿人:徐静）

第六章 体育保健班教学

第一节 体育保健班概述

保健课是针对有生理缺陷、体弱或有急、慢性疾病以及受伤导致长期不能参加正常体育课的学生，实施保健体育教学，进行恢复性功能锻炼，从而增强体质，提高健康水平，同时培养学生自我体育保健的能力与习惯的一门适应性体育教育课。课程主要以运动生理学、运动医学、康复学、心理学等运动人体学的知识为基础，以中国传统养生方法和西方体育疗法相结合作为康复手段，达到适应性体育教育的目的。通过体育保健课的学习，学生能提高心理承受能力，提高适应能力，同时学生能根据自身的健康状态制定科学的运动处方，从而达到提高心理素质，增强体质或疾病康复的目的。

一、体育保健班的教学对象

体育保健班的开设是因为部分大学生不能接受常规的体育课程学习。可以进入体育保健班的学生常常患有以下疾病。

（1）某种过敏性疾病，如紫外线过敏、支气管哮喘等。

（2）某些精神心理疾病，如神经衰弱、抑郁症、恐水症等。

（3）某些大手术后的患者，如骨和关节手术、内部器官手术等。

（4）某种代谢性疾病，如糖尿病、营养不良或过度肥胖等。

（5）某种器质性疾病，如先天性心脏病、心肌炎、高血压、重度贫血、肾脏病等。

患有肺结核、肝炎等传染性疾病的学生，均不宜进入保健班学习。

二、体育保健班的特点

（一）专业的混杂性

保健班的学生来自全校各学院各专业，因此学生组成比较复杂，性格及兴趣也大不相同，所以配合协作精神欠佳，组织纪律性也不够好。为上好保健班课程，体育教师和保健班学生必须严格要求和自觉配合，确保保健班课程质量。

（二）体质的差异性

保健班学生体质差异很大，所以在同一个班级里要进行截然不同的多种锻炼内容和形式，这需要教师的合理安排，更需要学生的积极配合。

（三）心理的多样性

体育保健班的学生，其心理出发点不尽一致。所以，保健班学生表现为运动积极性差别较大，保健班的教学效果差异也很大。如师生不努力，不配合，保健班就会流于形式，如果师生能够协调合作，克服消极的心理因素，保健班的教学效果就会显著提升。

三、保健班学生体育学习的注意事项

（一）锻炼项目

保健班学生首先要参加课上教师安排的有共性作用的体育锻炼项目。此外还要在教师指导下根据自身的状况、兴趣爱好与康复需要来选择平时的锻炼项目。保健班的学生可以选择有氧健身走、慢跑以及传统健身气功作为相应的锻炼项目。

（二）锻炼时间

每个人身体或心理的变化是有一定时间节律性的，叫作生物节律。在进行体育锻炼的时候，最好选取人体机能和心理状况最佳的时间段，这样更有利于发挥正常效应。一般来说，各人在一段时期中的锻炼最好能相对固定，以与身体机能吻合。

（三）运动负荷

合理的运动负荷是科学锻炼的基本保证。对于保健班的学生来说这一点尤为重要，因为这部分学生运动能力本身就受到一定限制。确定好运动负荷包括强度定量、持续时间定量、运动频度定量，这三方面应做到相对稳定。这样既能保证锻炼的有效性，又能保证锻炼的安全性。

（四）心理状态

健身锻炼一定要在轻松、自如的情绪下进行，身体锻炼一定要与心理状态相协调。这样有利于营造出一种理想的运动氛围，形成良性的心理环境，达到相互促进的目的。

第二节　保健班学生常见疾患的体育康复和锻炼方法

一、支气管哮喘

（一）导致支气管哮喘的常见原因

（1）遗传。哮喘是一种多基因遗传疾病。

（2）练习。对于许多哮喘患者来说，持续运动会导致哮喘，而剧烈的长跑最有可能促进潜在的哮喘发生。

（3）营养不良。饮食中长期缺少铁、锌等微量元素会导致免疫功能下降，从而诱发

哮喘。

（4）心理要素。振奋和脾气暴躁会促进哮喘的发生。一般来说，单个心理要素不会诱发哮喘，但哮喘也会导致心理障碍。这两者常常相互影响。

（二）症状及表现

支气管哮喘的症状很多，比较常见的一个症状就是咳嗽，其实很多疾病都会出现咳嗽的症状，而支气管哮喘所引起的咳嗽是比较严重的，在刚开始的时候一般是干咳，随着病情的不断发展，会出现咳嗽带痰的情况。支气管哮喘的病人还会出现气喘的症状，有些病人的气喘情况还会伴随胸闷，而且这种气喘在运动的时候是特别明显，也是比较剧烈的，严重的病人还会出现呼吸障碍。支气管哮喘最为典型的一个症状就是呼吸困难，当出现这种症状的时候，病情已经发展到比较严重的阶段，这时候一定要高度重视，积极地进行治疗控制，不然的话还会出现很多不良症状，给身体造成非常大的威胁，甚至还会让病人出现生命危险。

（三）支气管哮喘的体育康复和锻炼

（1）患有哮喘的患者在运动前（尤其在剧烈的跑步之前），有较久的暖身运动（最好 30 分钟），步行或体操至全身热起来或微微出汗，然后进行慢跑、登楼式游泳等练习，结束时应做放松运动，使心率逐步恢复。或是运动前适当地使用支气管扩张剂，以减少或减缓其发作的严重程度。

（2）运动强度以不引起哮喘发作为度，运动强度开始时宜较低，以后酌情提高。可进行间歇性运动，例如跑 10 秒休息 30 秒，或跑 20 秒休息 60 秒，运动时的最高心率应控制在减年龄数字的水平。主观感觉以稍有气急，尚能言谈为宜。有条件时做分级负荷运动试验测定最高心率，以最高心率的 70%为运动心率，以后逐步提高到 85%~90%。

（3）运动类型可以选择慢跑、散步、打球、太极拳、气功、游泳等运动。为了增进心肺功能贮备，增强体质，宜在发作缓解期进行适当的耐力性运动练习，以改善有氧代谢能力。具体方法依体力情况而定。体力较差时进行散步、太极拳等低强度的运动练习；体力较好时练习较快的步行、慢跑、缓慢的登楼、游泳等。

（4）每次锻炼持续 30~45 分钟，体弱者可从 15 分钟开始，逐渐延长。易发生运动性哮喘者宜用间歇运动法，并于运动前适当用药最好。

（5）运动时吸入冷而干燥的空气可加重支气管痉挛，吸入暖和潮湿的空气可减轻支气管痉挛。因此，运动时最好在暖和温润的环境中进行。温水游泳对哮喘患者非常适宜。

二、心脑血管疾病

（一）心脑血管疾病的常见原因

1. 血脂升高

随着人们压力的增加，越来越多的人患有高脂血症。有的患者由于长期不运动，常吃油腻辛辣的食物，导致新陈代谢变慢，容易引起血脂升高，造成心脑血管疾病。

2. 吸烟

吸烟作为一种对人体危害极大的行为，会导致患者肾上腺素升高，细胞聚集，从而导致冠心病或脑血管病的发生。

3. 高血压

高血压患者容易出现动脉内壁增厚、血管变薄，因此血液循环量变少。当患者受到惊吓或压力时，血管会因血压升高而受损，例如破裂或出血。

4. 遗传因素

遗传因素是心脑血管疾病的重要诱因。如果家族中有大量患有这种疾病的患者，患者也会因染色体遗传而患有心脑血管疾病。

（二）症状及表现

心脑血管疾病的症状，包括心血管疾病的症状和脑血管疾病的症状。心血管疾病的症状是胸痛、胸闷、憋气、心慌，有时伴随大汗。少部分的心血管病会伴随上腹疼、颈部紧迫感、牙疼，这都是心血管疾病引起心脏缺血而出现的放射性改变。脑血管疾病主要脑血管缺血或者出血引起的，患者头晕、头胀，有时会出现活动障碍，有时也会出现语言障碍，感觉有一侧的肌力变化，有时会突然感觉一侧手脚无力，甚至昏迷。

（三）心脑血管疾病的体育康复与锻炼

心脑血管患者的运动方式以有氧锻炼为主。步行是最安全有效的运动之一。同时，患者也可根据自己的年龄、病情、体力、个人爱好选择其他一些适合的中低强度运动，包括打太极拳、做医疗体操、骑车、爬山、游泳、打乒乓球和羽毛球等。

运动前须做准备活动，运动强度以运动时稍出汗，轻度呼吸加快但不影响对话为佳，一般锻炼的时间为 10~30 分钟，每周锻炼 3~5 次就可以了。运动要注意循序渐进，不做鼓劲憋气、快速旋转、剧烈用力和深度低头的动作。需要注意的是，当在锻炼过程中出现身体不适、无力、气短时，应及时停止运动。

清晨起床后交感神经兴奋，心率加快，血黏度增高，是心脑血管意外的高发时间，且春天早晨气温较低，血管遇冷易收缩、变窄，易引发中风，所以在锻炼时间的选择上以早晨八九点钟太阳出来后或下午 4 点左右为宜。患者在锻炼后需要及时补充运动消耗的营养和能量，均衡膳食，必要时可通过补充维生素矿物质维持机体所需。

心脑血管疾病患者的运动该怎么做呢？对于心脑血管疾病患者来讲，最好不要参加一些剧烈的体育锻炼，一般比较低强度的锻炼就可以了，如慢跑、散步、打太极拳、骑车等。还有就是每次锻炼时间不要过长，不要让自己感到不适和劳累，还有就是早上不要起得过早去锻炼。

三、神经衰弱

（一）导致神经衰弱的常见原因

引发神经衰弱的原因主要是内因和外因，内因主要指自身个性上缺陷，甲肾上腺素和五羟色胺神经介质水平低下、低落等，外因主要指一些特殊状态，如自然灾害压力（如地震、本身升学工作压力、家庭变故等），也就是说生理和心理的共同作用，会引发神经衰弱。患者主要表现为抑郁、焦虑，常伴有情绪烦恼、睡眠障碍、肌肉紧张性疼痛等症状。

（二）症状及表现

神经衰弱称为植物神经功能紊乱，主要是精神压力大或者长期的情绪紧张，导致大脑功能出现轻度障碍的表现。神经衰弱的症状可以表现为各个脏器，比如中枢神经系统，大脑容易受到刺激，出现精神活动能力减弱，出现脑力容易疲劳，还伴有记忆力的下降、注意力不能够集中等。在睡眠方面，患者会出现入睡困难、睡后容易醒，同时还伴有自主神经功能的症状，比如容易出汗、焦虑等。在心血管脏器方面，患者会出现心慌、胸闷等。消化系统的病人会出现消化不良、腹胀。神经衰弱主要是植物神经功能紊乱导致的，所以可以涉及人体的各个器官。

（三）神经衰弱者的体育康复与锻炼

神经衰弱患者要想早日恢复健康的话，就要重视自己的病情，积极配合医生的治疗。除此之外，还有一个方面也非常重要，但容易让神经衰弱患者忽视的，就是日常生活中的锻炼。其实，药物治疗只是一个方面，平常的锻炼也会对病情的治疗有所帮助。

1. 自我按摩法

神经衰弱患者如有头痛的症状，可以擦摩颜面太阳穴；如有头晕症状，可以加用“鸣天鼓”手法；如果有失眠、心悸症状，可在睡前采用擦涌泉法。

2. 散步和旅行

根据实验研究，神经衰弱患者进行较长距离的散步（例如 2~3 千米），有助于调整大脑皮层的兴奋和抑制过程，减轻血管活动失调的症状（如头痛、两太阳穴跳痛等）。日常生活也有这样的经验，散步后精神较振作，心情较舒畅。

3. 冷水浴

冷水的刺激有助于强壮神经系统，增强体质。因此，神经衰弱患者适宜做冷水浴；在早晨起床后进行。早期先用温水擦身，经过一段时间锻炼，习惯以后改用冷水擦身，最后用冷水冲洗或淋浴，每次 30 秒到 1 分钟；从夏天起可以参加游泳，如能坚持到秋冬，效果更明显。

4. 其他运动

情绪较差、精神萎靡不振的患者适宜进行提高情绪的游戏或运动，如乒乓球、篮球、划船、跳绳、踢毽子等，也适合在户外做轻量劳动。

第三节　保健班常用保健项目

一、八段锦

八段锦功法口诀——双手托天理三焦，左右开弓似射雕，调理脾胃须单举，五劳七伤向后瞧，摇头摆尾去心火，两手盘足固肾腰，攥拳怒目增气力，背后七颠百病消。

(一)第一式 双手托天理三焦

直立,两足分开,与肩同宽。两臂自然松垂身侧,然后徐徐自左右两侧上举至头顶,两手手指交叉,翻掌,掌心朝上如托天状,同时顺势提踵,再将两臂放下复原,同时两脚跟轻轻着地。如此反复多遍。呼吸应注意上托时深吸气,复原时深呼气。

作用:拉长脊椎,强健肩部肌肉,调理气血,稳定情绪。

(二)第二式 左右开弓似射雕

直立,左足跨出一大步,身体下蹲作骑马式。两臂在胸前交叉,右臂在外,左臂在内,眼看左手,然后左手握拳,食指翘起向上,拇指伸直与食指成八字撑开。接着左臂向左推出并伸直,头随而左转,眼看左手食指,同时右手握拳,展臂向右平拉作拉弓状。动作复原后左右互换,反复进行数次。呼吸:展臂及拉弓时吸气,复原时呼气。

作用:可减轻胸闷与肩颈酸痛等症状。

(三)第三式 调理脾胃须单举

直立,两足分开,与肩同宽。右手翻掌上举,五指并紧,掌心向上,指尖向右,同时左手下按,掌心向下,指尖向前。动作复原后,两手交替反复进行,反复多遍。呼吸:上举下按时吸气,复原时呼气。

作用:增强脾胃功能,改善胃酸过多、手脚冰冷或四肢酸痛的症状。

(四)第四式 五劳七伤向后瞧

直立,两足分开,与肩同宽。两手掌心紧贴腿旁,然后头慢慢左顾右盼向后观望。呼吸:向后望时吸气,复原时呼气。

作用:缓解肩颈僵硬、落枕等症状,适合久坐办公室的人群。

(五)第五式 摇头摆尾去心火

两足分开,相距约三个足底的长度,屈膝半蹲成骑马势。两手张开,虎口向内,扶住大腿前部。头部及上体前俯,然后作圆环形转腰,转动数圈后再反方向转腰。在转腰的同时,适当摆动臀部。呼吸:在转腰时吸气,复原时呼气。

作用:去心火,避免长暗疮、暴发青春痘、流鼻血、情绪暴躁等情况的发生。

(六)第六式 两手盘足固肾腰

直立,并足,两膝挺伸、上身前俯,以两手攀握两足趾,头略昂起,然后恢复直立姿势,同时两手握拳,并抵于腰椎两侧,上身缓缓后仰,再恢复直立姿势。重复几遍。呼吸:本式采用自然呼吸。

作用:可使腹直肌以及脚内侧的经脉得以伸展,用手的热量对肾脏进行按摩。

（七）第七式 攥拳怒目增气力

两腿分开屈膝成骑马势，两手握拳放在腰旁，拳心向上。左拳向前方缓缓击出，右臂伸直，拳心向下，两眼睁大，向前虎视。然后收回左拳，如法击出右拳，左右交替进行。呼吸：击拳时呼气，收拳时吸气。

作用：积聚力量将体内浊气用力呼出，肩部肌肉自然跟着伸展，可增加气力。

（八）第八式 背后七颠百病消

直立，并足，两掌紧贴腿侧，两膝伸直，足跟并拢提起，离地数寸，同时昂首，作全身提举势，然后足跟轻轻着地复原，反复进行。呼吸：足跟提起时吸气，足跟着地时呼气。

作用：有提神醒脑的功能。

二、五禽戏

（一）第一式 熊戏

（1）右膝弯曲，左肩向前下晃动，手臂亦随之下沉；右肩则稍向后外舒展，右臂稍上抬。

（2）左膝弯曲，右肩向前下晃动，手臂亦随之下沉；左肩则稍向后外舒展，左臂稍上抬。如此反复晃动，次数不限。

练熊戏时要在沉稳中寓于轻灵，将其剽悍之性表现出来，本动作有健脾胃、助消化、活关节等功效。

（二）第二式 虎戏

（1）左动：自然站立，左脚向左跨步，右手向左上方划弧横于前额，呈虎爪形，掌心向下，距额一拳，左手横于后腰，掌心向上，距腰一拳，身向左扭动，眼看右足跟，同时抬头，强视片刻，形似寻食。

（2）右动：方向相反，动作相同。

练虎戏时要表现出威武勇猛的神态。本动作作用于华佗挟背穴和督脉，用于坐骨神经痛、腰背痛、脊柱炎和高血压等病。

（三）第三式 鹿戏

（1）左动：自然站立，左腿起步踢出，上体前倾，脚掌距地一拳，右腿微屈，成剪子步；右臂前伸，腕部弯曲，手呈鹿蹄形，指尖下垂与头平；左臂于后，距腰一拳，指尖向上，眼为斜视。

（2）右动：方向相反，动作相同。

练鹿戏时要体现其静谧怡然之态。本动作可强腰肾，活跃骨盆腔内的血液循环，并锻炼腿力。

（四）第四式 猿戏

（1）左动：自然站立，左腿迈出，足跟抬起，脚尖点地，右腿微屈提步；左臂紧贴乳下方，指尖下垂成猿爪形；右臂弯曲上抬，右手从右脑后绕于前额，拇指中指并拢，眼为动视。

（2）右动：方向相反，动作相同。

练猿戏时要仿效猿敏捷灵活之性。本动作有助于增强心肺功能，健壮肾腰。

（五）第五式 鸟戏

（1）左动：两脚平行站立，两臂自然下垂，左脚向前迈进一步，有脚随之跟进半步，右脚尖点地；同时两臂慢慢从身前抬起，掌心向上，与肩平时两臂向左右侧方举起，随之深吸气；两脚相并，两臂自侧方下落，掌心向下，同时下蹲，两臂在膝下相交，掌心向上，随之深呼气。

（2）右动：方向相反，动作相同。

练鸟戏时要表现其展翅凌云之势，方可融形神为一体；本戏又称鹤戏，即模仿鹤的形象，动作轻翔舒展，可调达气血，疏通经络，活动筋骨关节。

三、二十四式太极拳

（一）起势

两脚开立，两臂前举，屈膝按掌。

（二）野马分鬃

（1）收脚抱球，左转出步，弓步分手。

（2）后坐撇脚，跟步抱球，右转出步，弓步分手。

（3）后坐撇脚，跟步抱球，左转出步，弓步分手。

（三）白鹤亮翅

跟半步胸前抱球，后坐举臂，虚步分手。

（四）搂膝拗步

（1）左转落手，右转收脚举臂，出步屈肘，弓步搂推。

（2）后坐撇脚，跟步举臂，出步屈肘，弓步搂推。

（3）后坐撇脚，跟步举臂，出步屈肘，弓步搂推。

（五）手挥琵琶

跟步展手，后坐挑掌，虚步合臂。

（六）倒卷肱

两手展开，提膝屈肘，撤步错手，后坐推掌（重复四次）。

（七）左揽雀尾

右转收脚抱球，左转出步，弓步棚臂，左转随臂展掌，后坐右转下捋，左转出步搭腕，弓步前挤，后坐分手屈肘收掌，弓步按掌。

（八）右揽雀尾

后坐扣脚、右转分手，回体重收脚抱球，右转出步，弓步棚臂，右转随臂展掌，后坐左转下捋，右转出步搭手，弓步前挤，后坐分手屈肘收掌，弓步推掌。

（九）单鞭

左转扣脚，右转收脚展臂，出步勾手，弓步推举。

（十）云手

右转落手，左转云手，并步按掌，右转云手，出步按掌（重复三次）。

（十一）单鞭

斜落步右转举臂，出步勾手，弓步推掌。

（十二）高探马

跟步后坐展手，虚步推掌。

（十三）右蹬脚

收脚收手，左转出步，弓步划弧，合抱提膝，分手蹬脚。

（十四）双峰贯耳

收脚落手，出步收手，弓步贯拳。

（十五）转身左蹬脚

后坐扣脚，左转展手，回体重合抱提膝，分手蹬脚。

（十六）左下势独立

收脚勾手，蹲身仆步，穿掌下势，撇脚弓腿，扣脚转身，提膝挑掌。

（十七）右下势独立

落脚左转勾手，蹲身仆步，穿掌下势，撇脚弓腿，扣脚转身，提膝挑掌。

（十八）左右穿梭

落步落手，跟步抱球，右转出步，弓步推架。

后坐落手，跟步抱球，左转出步，弓步推架。

（十九）海底针

跟步落手，后坐提手，虚步插掌。

（二十）闪通臂

收脚举臂，出步翻掌，弓步推架。

（二十一）转身搬拦捶

后坐扣脚右转摆掌，收脚握拳，垫步搬捶，跟步旋臂，出步裹拳拦掌，弓步打拳。

（二十二）如封似闭

穿臂翻掌，后坐收掌，弓步推掌。

（二十三）十字手

后坐扣脚，右转撇脚分手，移重心扣脚画弧。

（二十四）收势

收脚合抱，旋臂分手，下落收势。

章节小结

因为保健班学生的病因具有多元化的特点，所以保健班学生在体育锻炼的过程中要根据自身的情况来选择锻炼项目与时间，并注意控制好运动负荷。经常练习本章提供的保健操、健身气功等项目，会有良好的康复和健身效果。

思考题

1. 申请进入保健班需要哪些条件？
2. 保健班进行体育学习的学生应该注意哪些方面的问题？
3. 神经衰弱学生应该选择哪些体育康复与锻炼方法？
4. 健身气功对身体有哪些益处？

（章节撰稿人：孙毅）

第七章　健康体育锻炼的设计

第一节　科学的体育锻炼

科学地进行健康体育锻炼，首先要知道健康的概念，了解和评估自己的身体健康状况。健康的标志是：

（1）精力充沛，能从容不迫地面对日常生活和繁重的工作；

（2）处世乐观，态度积极，乐于承担责任，不挑剔；

（3）善于休息，睡眠质量高；

（4）应变能力强，能适应外界环境中的各种变化；

（5）能够抵御一般性的感冒和传染病；

（6）体重适当，身体匀称，站立时头和肩位置协调；

（7）眼睛明亮，反应敏捷，眼睑不发炎；

（8）牙齿清洁，无龋齿，牙龈颜色正常，无出血现象；

（9）头发有光泽，无头屑；

（10）肌肉丰满，皮肤有弹性。

在校学生，可参照教育部、国家体育总局颁布的《国家学生体质健康标准》来判断自己的体质状况，该标准全面准确、方便实用，能促进学生体质健康发展、激励学生积极进行身体锻炼。

一、设定锻炼目标

健康体育锻炼的目标应该是短期、具体而现实的，这样才容易坚持下来，如果轻松达到，就可以为自己制定更高的目标。你可以把健身或锻炼的目标记在电脑屏幕上，设定动感的画面，这样休息时能看见自己的目标，以提醒自己。无论你将目标写在你的鞋边、日记里还是电脑屏幕上，每天看着这个目标都会让你对运动更上心，也能更积极地向着这个目标努力。甚至在寒冷的冬日，从温暖的被窝里爬起来本身就是一个目标。比如：使用“3×10”的锻炼规则，也就是每周三天、每天十分钟做运动目标，这个目标稳定实现后，再增加锻炼时间和每周锻炼次数。

二、寻找锻炼伙伴

跟朋友一起去参加体育锻炼，可以形成相互激励，有助于更好地执行锻炼计划。寻找一位或多为伙伴，共同制订锻炼计划，约定地点，相互提醒参加体育锻炼活动，这是一种朋辈间的相互监督，伙伴们相互支持、相互鼓励，更容易让个人在集体责任中受益，一起感受自己及伙伴们的进步，更能轻松体会到运动氛围。和朋友们来一场比赛，做一个游戏，团结起来面对挑战，无论成功失败都可以激励大家更加热衷于体育锻炼。加入俱乐部或团队一起进行健身锻炼也是一个很好的方式，无论你是加入自行车俱乐部、远足团、游泳队还是足球联盟，你肯定能从你的同伴身上获得激励，不用担心自己力量弱、速度慢或技术差，只要能坚持参加，就会成为团队不可或缺的一员。

三、增加锻炼项目

在固定的时间做固定的锻炼活动，已成习惯，固然很好。正常情况下，人对于某种健身的热情可能会消退，如果缺乏了热情，体育锻炼活动就容易终止。这时候可以换一种运动形式，或组合内容进行体育锻炼，丰富健康锻炼的内容，让体育活动内容更加多样化。比如：周一篮球、周二自行车、周三跑步、周四健美健身、周五游泳等，也可以使用不同的健身器械，如重量训练器械、自由式重量训练器械（杠铃、哑铃等）。一天之中，也可以将几种健身活动方式进行自由搭配，比如骑骑车、跳跳绳、听听音乐、跑跑步等，体育活动的内容丰富，趣味性增加，参加运动的自觉性就可以得到不断强化，有助于体育习惯的养成。

四、记录锻炼成效

经常参加体育运动有许多无形的好处，如精力旺盛、自信增强等。当你知道你能推举多大重量、休息时你的心率降低了多少次、一千米你跑了多长时间、你的体型有了哪些改变、你的技术有了哪些进步时，这些感受和定期健康测试结果可明确在一段时间健身锻炼后身体的准确变化，了解这段时间自己进步的程度，增加了坚持锻炼的动力，也有助于今后健身锻炼计划的调整，更有效地完成锻炼计划。在取得进步时奖赏自己，选择自己喜欢的方式奖赏自己，会使健身锻炼更有动力。可能刚开始锻炼的时候进步非常显著，后来就不太明显，但你已经从长期锻炼中获益，锻炼习惯已在无意中养成，坚持下去难度就小多了。

五、保持愉悦心情

让自己合理的欲望得到满足，就是让自己得到幸福和快乐。比如：让自己吃得好点，保证充足的营养。经常给自己买喜欢的东西吃，晚上早点睡觉。要记住，没有任何人任何事情，值得自己超过 11 点还不睡觉。如果每天都能睡个好觉，身体休息得好好的，就会精力充沛，浑身富有活力，心情自然愉悦无比。在体育锻炼中适当加些生活中的娱乐元素，呼吸新鲜的空气，感受和煦的阳光，运动变得更加轻松有趣，边听喜爱的音乐边跑步，一边锻炼一边看电视、听广播等，心情舒畅，自然愿意保持锻炼习惯。此外，避免惰性的形成，我们可以设定目标参加一些竞争性的比赛，对比赛充满期待，跃跃欲试，自然会变得认真。

第二节　提高运动能力的锻炼方法

体育锻炼方法是根据人体发展规律，运用各种身体练习和自然因素，以提高身体素质，达到体育锻炼的目的的途径和方式。

一、通用体育锻炼方法

（一）程序锻炼法

程序锻炼法是锻炼者按照锻炼过程的时序性和锻炼内容的系统性，将多种锻炼内容有序地、合乎逻辑地编制成锻炼程序，按照预定程序进行锻炼，并对锻炼过程实施科学控制的方法。

（二）分解锻炼法

分解锻炼法是将完整的技术动作或战术配合过程合理地分成若干个环节或部分，然后按照环节或部分分别进行锻炼或学习的锻炼方法。运用分解锻炼法可集中完成专门的锻炼任务，加强主要技术动作和战术配合环节的锻炼，有针对性地进行锻炼，从而获得更好的锻炼效果。

（三）完整锻炼法

完整锻炼法是从技术动作或战术配合的开始到结束，不分部分和环节，完整地进行练习的锻炼方法。运用完整锻炼法有利于锻炼者完整地掌握技术动作或战术配合，保持技术或战术配合的完整结构与各个部分之间的内在联系。

（四）单项重复锻炼法

单项重复锻炼法指锻炼者在相对固定条件下，按照计划和要求反复练习同一内容的锻炼方法。这种方法适用于：①运动负荷较小或用时较短的项目，如多组的跑的专项练习；②动作技术比较复杂的项目，如拳击的组合拳练习（一人固定防守练习）；③运动负荷安排较大，难以一次完成的练习，如用多组 400 米或 800 米跑来提高 300 米跑的能力。

（五）循环练习锻炼法

循环练习锻炼法是根据身体的需要，确定循环练习的各项练习内容，在一次练习中依次循环进行练习的锻炼方法。这种练习方法可以弥补单一练习对身体发展作用的不足，使各练习之间的作用互相补充，有利于身体的全面发展。此外，由于锻炼内容多样，因此它能够调动锻炼者的积极性。

（六）变换锻炼法

变换锻炼法指在改变锻炼内容、强度和环境的条件下进行锻炼的方法、如变换锻炼项目、提高或降低运动负荷、调整练习要素、变更练习地点等。运用变换锻炼法能够提高中枢神经系统的灵活性，发展身体的调节能力和适应能力；同时，对于完善锻炼计划，活跃锻炼气氛也具有一定意义。

二、运动能力提升方法

运动能力是人体进行体育活动的基础，而人体进行锻炼也是为了提高包括运动能力在内的各种身体机能。人体运动能力可表现在力量、速度、耐力、灵敏、柔韧等方面，如果要通过科学锻炼提高自身的生理机能，就必须了解影响人体运动能力的生理基础和发展机能的手段。

（一）力量及其锻炼方法

力量是人体肌肉收缩产生的张力。人体的大多数活动是由肌肉收缩克服阻力产生的。力量被认为是体育活动的基础。

1. 影响肌肉力量的生理基础

（1）肌肉体积。股肉体积可通过肌肉横断面积表示，横断面积越大，肌肉力量就越大。通过力量练习增加肌肉蛋白质含量是增大肌肉体积的重要手段。

（2）肌纤维类型。肌纤维分为红肌纤维和白肌纤维，白肌纤维收缩产生力量大，红肌纤维收缩产生力量小。肌肉中红肌纤维和白肌纤维比例主要由遗传因素决定。

（3）神经调节。神经作用肌肉收缩力量通过两种方式：一种是神经兴奋性，兴奋性越强，参与收缩的肌纤维数目越多，力量就越大；另一种是增加神经中枢发放神经冲动的频率增加肌肉力量，神经冲动频率越高，肌肉力量越大。神经对肌肉力量的调节作用可解释为什么有些人看上去肌肉体积并不大，而肌肉力量却较大的原因。

2. 提高力量的方法

提高肌肉力量的方法有很多，锻炼者可根据自己的实际情况选择力量练习方法。

1）动力性力量练习

肌肉收缩时肌纤维长度发生变化，同时产生张力克服外界阻力的力量练习，称为动力性练习。体育锻炼中多数力量练习属于动力性，如跳跃、举重等。动力性练习主要是通过增加外界阻力达到提高肌肉练习的效果。对于一般锻炼者来说，最好采用动力性练习。在动力性练习中，采用不同阻力提高肌肉力量效果也不同。一般来说，采用相当于本人最大力量80%的运动负荷，主要作用是发展肌肉力量和速度，使肌肉增粗，这种方法适用于青年健美爱好者；采用60%左右的最大负荷主要改善神经协调肌肉能力，使肌肉力量和肌肉耐力增加；采用40%的最大负荷练习虽然对提高肌肉力量不明显，但是可以改善肌肉的血液循环，增加肌肉中毛细血管数量，保持已有力量。

2）静力性力量练习

肌肉收缩时肌肉长度不变，而是维持某一特定位置的肌肉力量练习，称为静力性练习。静力性练习主要是发展特定位置的肌肉力量，如站桩。静力性练习比较安全，一般不会出现急性肌肉损伤，因此常用于肌肉康复练习。由于静力性练习时易造成肌肉缺氧，往往伴随憋气动作，因此，老人和儿童尽量少进行静力性力量练习。

3. 力量练习应注意的问题

负荷大小根据自己实际水平选择，不论采用何种负荷，都要遵循循序渐进原则避免突然增大负荷造成运动损伤。动作速度与负荷有关，阻力大速度慢，在选择适宜负荷时尽量加快速度。发展肌肉力量应隔日锻炼效果为好，但每次练习时应使肌肉有疲劳感。

（二）速度和速度耐力及其锻炼方法

1. 影响速度和速度耐力的生理因素

（1）速度可分为反应速度、动作速度和通过一段距离的位移速度。影响速度的主要生理因素是神经系统的反应能力、肌肉组织的兴奋性和肌纤维类型。神经系统的反应能力主要指感觉神经敏感程度或大脑对刺激做出快速反应的能力，大脑皮层对刺激做出反应的速度越快，表现为整体的反应速度越快。肌肉兴奋性高对外界环境变化反应的能力就强，表现为整体的反应速度就快。肌纤维中白肌纤维所占比例大，运动的速度就快。

（2）速度耐力指机体长时间快速运动的能力，也称无氧耐力。影响速度耐力的因素有糖酵解能力、机体缓冲乳酸能力和耐酸能力。在速度耐力性运动中，主要依靠糖酵解提供能量，因此机体糖酵解能力越强，速度耐力素质越好。糖酵解的中间产物是乳酸，乳酸在体内增加会造成机体疲劳，因此及时消除体内乳酸含量，可使肌肉快速工作时间延长。在耐力运动中，乳酸堆积使大脑工作能力下降，造成身体疲劳通过速度耐力锻炼的人，大脑耐受乳酸的能力明显增加。

2. 提高速度和速度耐力的方法

（1）反应速度的练习。该练习主要提高神经系统的灵活性和对刺激信号快速反应的能力。在练习时可采用不同信号刺激，如声音、光等，使机体接受刺激并迅速做出反应。

（2）动作速度练习。发展动作速度的关键是提高每个动作的熟练程度和各个动作之间的衔接速度。

（3）位移速度的练习。提高肌肉快速收缩能力和肌肉力量及柔韧性。

（4）速度耐力练习。速度耐力练习主要是无氧运动练习，其目的是提高机体的糖酵解功能能力、缓冲乳酸的能力和耐乳酸能力。锻炼时心率应保持 160 次/分以上，300~500 米的全速跑、间歇跑。

（三）有氧耐力及其锻炼方法

经常从事有氧运动可以有效降低慢性心脏病、肿瘤、糖尿病、骨质疏松、肥胖的发病风险，明显改善焦虑等不良心理现象，并且还常伴有高水平身体活动能力。所以，具备好的有氧能力是促进健康和增强体质的基础。

1. 影响有氧耐力的生理因素

有氧耐力指的是长时间从事有氧运动的能力，又称一般耐力。决定机体有氧耐力的生理因素主要是运动中氧气的供应因素和能源物质含量。

肺的通气功能：肺的通气量越大，吸入氧气量就越多，在体育锻炼中采用加深呼吸的方法可有效地提高呼吸效率。

血液的载氧能力：吸入的氧气通过血红蛋白运送到细胞，在生理范围内，血红蛋白含量高，运输氧气的能力就强。

肌肉的代谢能力：肌细胞有氧代谢能力是影响有氧能力的重要因素。有氧代谢酶活性高，利用氧气的能力强，肌细胞有氧代谢能力与肌纤维类型有关，红肌纤维含量高，有氧代谢能力就好。现在普遍认为,肌细胞有氧代谢能力是影响有氧耐力的最重要因素。

肌糖原含量:肌糖原是肌肉进行有氧代谢的主要能源物质,其供能特点是相对耗氧少,代谢效率高,代谢产物能及时排出体外,所以,肌肉中糖原含量高,有氧供能的潜力就大,虽然脂肪也参与有氧运动的供能,但由于脂肪氧化供能时氧气消耗多、代谢产物堆积等因素,容易使机体疲劳。

2. 提高有氧耐力练习方法

美国运动医学学会(ACSM)推荐的典型有氧运动模式为:每周3~4次,每次20~60分钟,采用60%~90%最大心率的强度进行(可以采用的运动形式包括快走、跑步、游泳、自行车、登山、跳绳、健身操等)。

(四)灵敏及其锻炼方法

灵敏是指人体迅速改变体位、转换动作和随机应变的能力。

1. 影响生理的因素

灵敏是人体各种能力在体育活动中的综合表现,多种因素都可以影响身体的灵敏能力,除了大脑皮层的灵活性、肌纤维的类型外,影响因素还包括以下几个。①年龄。在儿童到青年阶段,身体的灵敏性是自然增加的,到20岁左右,灵敏能力趋于稳定,老年后灵敏能力明显下降。②性别在青春期后,男孩的灵敏明显高于女孩。③体重。身体过大身体惯性增加,降低肌肉的收缩速度,表现为身体的灵敏性下降。④条件反射的巩固程度。运动技术掌握得越好,灵敏性越好。

2. 提高灵敏能力的练习方法

提高人体灵敏能力的方法主要有两种:一种是固定的转换体位的练习,如各种穿梭跑、8字跑和折返跑等,这是发展人体基本灵敏能力;另一种是给练习者突然信号,练习者迅速做出反应,这种方法主要是提高人体应用灵敏的能力。

(五)柔韧及其锻炼方法

柔韧性是健康体质的重要组成部分。它是人们完成日常工作、进行锻炼必备的能力。保持良好柔韧性对维护健康、提高锻炼效果是有益的。值得注意的是,随着现代社会不断进步,老年化和久坐行为日渐突出,造成软组织弹性和肌肉伸展性明显下降,致使人们活动效率大大降低,可能还会引发伤害事故。比如,困扰现代人的“腰背痛”就是因为腰背部和大腿后肌群伸展性不足,肌肉耐力差造成的。所以,良好柔韧性不仅为身体活动提供重要的保障,而且能降低疾病的威胁。但是,柔韧性发展过度,也会造成关节结构不稳,易引发运动损伤。

1. 影响柔韧性的因素

(1)两关节面积大小差别越大,关节活动幅度越大。

(2)关节周围组织越多,限制关节活动度的因素就越多。

(3)关节周围肌肉、肌腱、韧带的伸展性越好,柔韧性就越好,发展关节周围软组织伸展性是提高柔韧素质的主要途径。

提高神经系统对肌肉收缩和放松能力的调节,可以改善对抗肌肉的协调能力,从而使柔韧性提高。

2. 提高柔韧性的练习方法

提高柔韧性的主要方法是做牵拉练习。牵拉练习分为动力性和静力性两种。

（1）动力性练习。利用肌肉反复收缩使关节尽量伸展到最大活动范围，如踢腿。该方法尽管对发展柔韧素质很有效，但是，由于动作速度较快，肌肉张力较大，如果施加负荷或动作幅度过大，将会造成不必要的损伤。该练习不适合不经常锻炼的人群和中老年人群。

（2）静力性练习。采用缓慢的速度，逐渐拉长肌肉，使关节活动逐渐达到较大范围，并持续保持该姿势的一种练习，如压腿。练习时，不要产生明显的疼痛感（可有适度酸痛、紧张感）。练习时间一般保持 30 秒左右，重复练习数次。静力性练习一般不易拉伤软组织，还有利于肌肉放松，因此在准备活动和放松活动中做柔韧练习时一般以静力性方式进行。从事专门的柔韧性练习时，最好两种方法结合使用，但必须做到伸展练习前要充分热身，注意练习幅度和频率的循序渐进性。

第三节　身体状况的自我评估

在对自己身体体质健康状况准确诊断的基础上，根据兴趣选择了适合自己的健身项目，接下来就是如何执行的问题了。任何健身计划都必须考虑到锻炼者的兴趣爱好、身体状况、健身目的等因素，科学制订健身计划的第一步应是尽量选择适合你的运动类型。制订锻炼计划有以下几个步骤。

一、了解个人情况

了解自己的体能和健康情况是制订健身计划的基础和重要依据。根据年龄、性别、体力情况、生活习惯、运动习惯和经历、兴趣爱好、健康状况以及有无慢性病等，还应了解自己的运动能力、健身目的和场地设备条件等，这有助于锻炼者通过一定的方法和手段来改善体能方面的不足之处，有助于体现锻炼所带来的益处，从而树立自己坚持锻炼的信心，不能不顾这些因素和条件盲目制订健身计划。

二、身体状况评估

身体状况评估是制订健身计划必不可少的一项工作。如果体质较差且缺少运动经历或平时没有运动习惯，评估身体状况的重点应放在能否从事健身锻炼上。体育锻炼需要身体承受一定负荷，但是对人来说，承担一定负荷的运动有可能存在安全隐患。你如果身患疾病（高血压、心脏病或糖尿病等），则需要咨询医生或体育保健专家，这样才能科学地进行锻炼，否则体育锻炼不仅无益于健康，而且可能造成生命危险（表 7-1）。

表 7-1　开始锻炼前自我评估

序号	身体状况的自我评估
1	在运动时或运动后，是否有胸部疼痛或受压的感觉
2	在爬楼梯、迎冷风行走或从事任何体育活动时你是否有胸部不适感

续表

序号	身体状况的自我评估
3	心脏是否曾经不规则跳动或悸动或早搏
4	在无明显原因的情况下,是否曾经有过心律突然加快或减慢的经历
5	是否有规律地服用过药物
6	医生是否曾经告诉过你,你的心脏有问题
7	是否有哮喘这样的呼吸疾病,或在从事轻微体力活动时呼吸短促
8	是否有关节或背部的疾患,从而在运动时感到疼痛
9	是否存在下列心脏病隐患:(1)高血压;(2)血液中胆固醇含量过高;(3)超过标准体重30%以上;(4)长期吸烟;(5)近亲(父母亲、兄弟姐妹等)在55岁以前曾经有心脏病史

如果锻炼者对自己的健康状况有疑问,在参与体育锻炼之前就应去医院接受体检。如果锻炼者对表7-1中的任何一个问题做出了肯定的回答,那么在开始一项锻炼计划之前就应进行全面的体检。对自身健康状况基本了解的前提下,有的放矢地进行健身,既能避免盲目性,又能有效避免不合理锻炼的不利作用,真正达到科学健身的目的。

三、体力检查

体力检查也是制订健身计划的基本依据,目的是了解锻炼者的体能情况,找出其有效运动的上限和下限,根据检查的目的和锻炼者的个人特点,可选择合适的运动负荷实验,最好采用自行车功率计或活动跑台,在校大学生亦可采纳台阶试验方法,通过测定脉搏、血压、最大摄氧量等生理指标来评定受试者的生理功能和体力状况,身体健康、生理机能良好且体力较好者,还可进行12分钟跑测验,以检查其有氧运动能力和体力水平。目前我国大学生均要接受学生体质健康测试,测试结果可作为制订健身计划的参考。

四、制订健身计划

按实际情况,参考自身的性格、兴趣、条件等因素,制订出个初步的健身计划,按照这份计划,一般经过3~6个月的锻炼,在锻炼过程中可对计划进行适当的调整。锻炼一个阶段后,可再做体力检查,以便调整或确定一个比较稳定、更长时间或更高目标的健身计划。在按计划锻炼期间,可咨询有经验的老师、教练或医生,一段时间后应重复做一次上述检查,以检查健身效果,评定锻炼者的健康状况和体能状况,为后面调整健身计划提供必要的依据。

第四节 大学生锻炼计划的制订

一、大学生体育锻炼计划的内容

对于每一个锻炼者来说,制订一个合理的科学锻炼计划能有效地提高自己的健康和体能水平。体育锻炼计划应包括了解健康与体能现状、确定锻炼目标、选择锻炼模式、措施与要求四部分。

(一)了解健康和体能现状

在制订锻炼计划前,有必要了解自身的健康与体能状况,这有助于制订符合自身实际状况的锻炼计划,有的放矢地选择锻炼方法和手段来提高健康和体能水平。

(二)确定锻炼目标

确定锻炼目标是制订锻炼计划的重要环节,目标能促使你去实施锻炼方案,而达到目标后又能进一步提高你的自信心,激励你坚持体育锻炼。在设置个人的锻炼目标时,请遵循以下几点建议。

(1)设置目标要有针对性,针对自身健康和体能的薄弱环节设置锻炼目标。

(2)设置目标必须是现实的,即通过努力能达到的锻炼目标。

(3)目标设置应包括短期目标和长期目标。短期目标设置非常关键,因为短期目标比较容易实现。

(4)根据总的锻炼目标,还应设置锻炼过程各个阶段的目标,即起始阶段目标、渐进阶段目标、维持阶段目标,从而保证总目标顺利实现。

(三)选择锻炼模式

锻炼模式包括锻炼方式、频率、强度的持续时间等。

(1)每一位参加体育锻炼的人要选择适合于自己的运动项目作为锻炼的方式。

(2)锻炼频率指每周锻炼次数,一般来讲每周应锻炼 3~5 次。

(3)运动强度是指锻炼时人体承受的生理负荷量。运动强度应根据锻炼者自身健康和体能状况,以及所进行的不同运动类型来确定。锻炼持续时间是指每次锻炼用在主要锻炼内容的总时间。锻炼持续时间不包括准备活动和整理时间。锻炼过程划分为三个阶段,即起始阶段、渐进阶段、保持阶段。

(四)措施与要求

措施和要求主要是指保证锻炼计划顺利实施的措施和安全告诫。

二、制订大学生锻炼计划的依据

制订大学生体能锻炼计划必须树立科学的态度、必须依据科学的原理、必须符合体能锻炼和大学生身体发展的客观规律,将现实锻炼目标的需要与现有的各种条件有机地结合起来。

(一)体能锻炼的客观规律

体能锻炼的规律包括:体能锻炼生物适应的产生与变化规律、体能发展的规律、锻炼计划的连续性与阶段性、锻炼过程的多变性等。遵循体能锻炼过程的客观规律是科学化锻炼的本质特征。锻炼计划科学性的最主要表现就是遵循学生体能发展的客观规律,这也是保证体能锻炼效果的关键。

（二）大学生体能的起始状态

大学生体能的起始状态是确定锻炼目标的基础，是整个体能锻炼过程的出发点。为实现目标的变化而制订的锻炼计划，只有符合大学生体能的现实状态才能被他们所接受，达到提高他们体能的目的。

（三）客观条件的制约

大学生进行体能锻炼需要一定的载体，必要的物质基础是进行有效体能锻炼的重要条件。因此，制订大学生体能锻炼计划的时候应该将锻炼的场地、器材、仪器设备、营养条件及恢复条件等考虑进去。

三、体育锻炼负荷的设计

（一）锻炼负荷的概念及构成因素

所谓锻炼负荷，是指以身体练习或心理练习为基本手段的体能锻炼过程中，锻炼者机体所能完成的生理负荷。锻炼者机体对锻炼生理负荷的反应表现在生理和心理两方面，前者称为生理负荷，后者称为心理负荷。

负荷量是在身体练习活动时，所完成的总的工作量。所谓总的工作量就是单个动作或单位时间与负荷强度之积。负荷量亦可以理解为身体练习过程中的“总次数”“总组数总距离”和“总重量”，是通过练习的次数（整个练习的次数，或某个练习的重复次数），或练习时间、练习距离、练习总量等特征表现出来。

负荷强度可以通过练习的速度、练习的远度、练习的高度、负荷的重量、练习的密度及练习的难度表现出来。例如，走、跑等练习可用位移距离作为负荷量的一个指标。大学生在体能发展中承受一定的练习负荷刺激后，机体必然会产生相应的练习效应。但并非只要施加了负荷，就一定会产生良好的练习效应，只有适宜的负荷才能使机体的应激以及随之产生的一系列变化，都会保持在一个适度的范围内。负荷过小，则不能引起机体必要的应激反应，得不到良好的练习效应；而过度负荷，则会对机体产生不良的效应。所以，只有遵循刺激—适应的原则，循序渐进地增加运动负荷的量度，方会加快学生体能的提高。

练习负荷是练习对机体的刺激量度，适应是体能发展过程中的现象。机体对练习所给予的负荷由不适应—逐渐适应—增大负荷—又不适应—逐渐适应，反映了人体承受相应负荷能力的变化，体能的发展就是在由不平衡到平衡，再由不平衡到再平衡的过程中逐步提高的。青少年的健康是在体能不断提高的过程中逐步实现的。

（二）合理设计运动负荷

大学生参加体育锻炼，除了选择运动项目外，就是要考虑运动的“量”和“度”，在进行锻炼运动时，要注意将运动量和运动强度的关系处理得当，运动负荷的安排是否合理，直接影响锻炼效果，只有适量运动，才能收到最理想的健身效果。

锻炼强度是练习对身体刺激程度的计量，或理解为完成某一练习所需付出的努力程度。

以摄氧量度量，80%的最大摄氧量为较大强度，50%~60%的最大摄氧量为中等强度，40%以下为较小强度，如为了减肥就必须用中等强度，若为了提高心脏的功能，增强有氧工作能力，可以用 50%~80%的最大摄氧量强度。

一般来说，强度越大，量就应相应减少，大学生参加体育锻炼，重点应放在运动量方面，以下安排运动负荷的方法可作为参考。

1. 通过心率来控制

一般可采用心率百分法。个人的最高心率直接测量比较困难，一般用 220 减年龄来估算个人最高心率，以 20 岁大学生为例，体育锻炼过程的运动强度应控制心率为（220−20）×（70%~85%）=140~170 次/分的范围内，这是有氧锻炼的适宜负荷量。或者用接近极限强度的心率（一般假定为 200 次）减去安静心率（这里假定为 60 次）的 70%，再加上安静心率，即运动时的心率为（200−60）× 70%+60=98+60=158 次/分，这是对身体影响最佳的运动强度。

2. 通过精神状态来控制

锻炼后应该是精神饱满，精力充沛，没有疲劳困倦症状的，反之则说明运动负荷过大。

3. 通过锻炼后的饮食来控制

锻炼后如果食欲很好，食量略有增加，则表明负荷量较为恰当，反之则可能是负荷量过大。

4. 通过锻炼的出汗量来控制

一般来讲，健身锻炼达到微出汗或出小汗的程度较为合适，大汗淋漓可能是运动量过大。但对于年轻者，出汗量仅是参照。

5. 通过工作效率来控制

通过健身锻炼，体质增强，记忆力增强，学习与工作效率提高表明负荷量恰到好处，如果身体消瘦多病，学习与工作效率下降，说明负荷量掌握不太恰当，须及时调整。

（三）心肺功能锻炼的负荷设计

心肺功能是人体心脏泵血及肺部吸入氧气的能力，它对人的生活能力及身体活动能力均有重要的影响，尤其是能应付较长时间的身体活动。心肺功能水平主要取决于人的有氧代谢能力、体内能源物质的储备以及人的心理控制和对疲劳的耐受程度。提高心肺功能的主要锻炼方法为持续练习法和间歇练习法。持续练习法是指练习强度较低、持续时间较长且不间歇地进行练习。例如，采用越野跑 20~60 分钟，自行车骑行 30~60 分钟，游泳 1 000~2 000 米，登山、远足 40~60 分钟，滑冰、滑雪 30~60 分钟，跳绳、踢毽子 100~200 次等。采用持续练习法设计周锻炼计划负荷时，重点要考虑的是锻炼的频率（锻炼次数）、锻炼的强度、锻炼的持续时间，一般而言，心肺功能水平水平低者，锻炼时频率以隔天为宜，锻炼的强度以小强度为佳，锻炼的持续时间为 20~30 分钟。随着心肺功能水平的提高，练习负荷也应相应提高，具体的锻炼负荷设计可参考表 7-2。

表 7-2 心肺功能锻炼的负荷设计

负荷	心肺功能提升锻炼设计	锻炼目标设计
频率	3 天/ 周	3~6 天/ 周
强度	60%×(最大心率-安静心率)	(65%~85%)×(最大心率-安静心率)
时间	20~30 分钟	20~60 分钟

负荷设计间歇练习法是指全部练习负荷分为若干小段,每两段中间安排不充分的休息。由于间歇练习法对练习的距离、强度及每次练习的间歇时间有严格的规定,往往不等身体机能完全恢复就进行下一次练习,因此对机体机能要求较高,从而能引起机体结构、机能及生物化学等方面较深刻的变化,能使心血管系统得到明显的锻炼。间歇练习法运用的关键是要根据不同的锻炼水平及不同的练习项目,合理地安排练习距离、练习强度、练习量及间歇时间。

(四)减肥减脂锻炼负荷的设计

脂肪对于保证人体正常的生理功能起着重要作用,但体内脂肪积累过多,将引起肥胖。现代医学研究表明,肥胖易引发多种疾病,如冠心病、高血压、糖尿病及某些肿瘤等,严重危害人类健康。而引起单纯肥胖的根本原因是热量不平衡,即热量摄入量大于消耗量,多余的热量以脂肪的形式储存在体内,使体重超过正常值。此外,体力活动不足是形成肥胖的主要因素。利用运动锻炼进行减肥已成为当今重要的研究课题。

运用运动锻炼进行减肥取决于运动锻炼的方式和内容,以及锻炼负荷的控制,如走、跑、骑自行车、有氧舞蹈、长时间的球类活动等。锻炼负荷的控制,要根据个人情况,区别对待。首先要确定合适的运动量。运动量的确定主要考虑两个因素:一是运动强度,二是运动时间。

1. 确定运动强度

判断运动强度的基本方法是测定锻炼时的心率。对于身体健康的健身减肥人群来说,为了达到锻炼效果,锻炼时的心率应达到最大心率的60%~70%。

最大心率=220-年龄(岁)

以20岁的人为例:最大心率=220-20=200次/分钟。

20岁人群的运动强度:心率达到132~154次/分钟(最大心率的60%~70%)。

对于减肥锻炼的人来说,不需要在高心率水平上运动,轻松愉快的锻炼能收到更好的减肥效果。在减肥锻炼的开始阶段,达到心率的下限强度就可以了,最好采用低强度长时间的锻炼方式。

2. 确定运动时间

一般来说,要达到减肥效果,以适中的强度运动最少需要30~40分钟(包括热身和放松活动),如果运动强度较小,运动时间要延长,一般要达到60分钟左右。每周可进行3~5次有规律的运动锻炼或者是每天进行一次锻炼。总体锻炼负荷的特征是:低强度、长时间的有氧运动。有效减脂取决于运动锻炼和合理的饮食控制。具体方法可参考表7-3。

表 7-3 减肥减脂锻炼负荷设计

负荷	心肺功能水平提升锻炼设计		锻炼目标设计	
	锻炼	饮食	锻炼	饮食
频率	每天增加热量消耗为原则	长期坚持,减少过多热量摄取	每天进行	三餐正常
强度	中、低强度有氧运动	减 1 磅脂肪需要 3 500 卡的热量	中、低强度有氧运动,每周减少 1~2 磅脂肪	适当热量摄取,每周减重 1~2 磅
时间	不低于 30 分钟	正常饮食	30~60 分钟	正常饮食

(五)肌肉力量锻炼的负荷设计

肌肉力量是指人体肌肉工作时克服阻力的能力,它包括肌力、肌耐力、爆发力。肌力是指肌肉一次用力所能使出的最大力量。肌肉耐力是指在非最大阻力负荷下收缩的持续时间或反复次数。一般而言,肌耐力好的人,较能应付日常体力活动而免于肌肉疲劳和酸痛。爆发力是指单位时间内所做的功,换言之,就是肌肉在极短的时间内爆发出最大力量的能力,它包含了速度和肌力两个因素。发展肌肉力量锻炼的方法主要可采用动力性力量练习和静力性力量练习。所谓动力性力量练习,是指肌肉以等张收缩形式进行的抗阻力练习包括抗体重的专门练习和抗外部阻力的力量练习,它不仅能有效地发展肌肉力量,而且能改善神经肌肉的协调能力。所谓静力性力量练习,是指肌肉以等长收缩形式进行的抗阻力练习,它能有效地发展肌肉力量和静力耐力,尤其是对那些动力性力量练习中不易锻炼到的效果较为明显。因此,在力量锻炼过程中,可采用动力性力量练习和静力性力量练习相结合的办法,其中以动力性力量练习为主,静力性力量为辅。动力性力量练习的效果主要取决于安排力量练习的负荷、重复的次数、完成动作的速度以及动作的结构。一般来说,重复次数少且阻力大的力量练习,能有效地提高肌力;中等负荷强度且重复次数较多的力量练习,能有效地增大肌肉体积;重复次数多且阻力小的力量练习,能有效地发展肌耐力;重复次数少且强调完成动作速度快、负荷强度适宜的力量练习,能有效地发展爆发力。具体的力量锻炼负荷设计可参考表 7-4。

表 7-4 肌肉力量锻炼负荷设计

负荷	肌肉力量锻炼设计		锻炼目标设计	
	动力性力量练习	静力性力量练习	动力性力量练习	静力性力量练习
频率	3 天/周	3 天/周	4 天/周	5 天/周
强度	第一组:50% 第二组:75% 第三组:100%	60%~70%	80%~90%	90%~100%
时间	3 组 每组重复 3 次	1 组 每组重复 2~3 次 每次持续 2~5 秒	3 组 每组重复 3~6 次	1 组 每组重复 5~6 次 每次持续 5~8 秒

四、大学生坚持体育锻炼的做法

虽然短时间的锻炼也能对身体机能产生一定的影响，但体育锻炼一旦停止，这种良好影响会很快消失，一次性体育活动可以提高人体的免疫机能，增强人体的抗病能力，但这种作用在体育锻炼后的第二天或第三天就消失了，所以要想保持旺盛的体力和精力，就需要坚持参加体育锻炼。以减肥为主要目的的健身锻炼，就更应该坚持不懈，因为有了效果就停止锻炼，会使体重继续增加，体重过多地反复，会使体重出现"超量恢复"。

建议坚持不懈、持之以恒地进行体育锻炼，具体做法如下。

（1）健身锻炼应自觉坚持下去，活动的内容和项目可以变换，但锻炼不能停止。

（2）坚持不懈地健身锻炼并不是说无论什么情况都必须每天参加锻炼，锻炼者可根据自己的实际情况，合理安排健身计划，只要不是长期停止锻炼，就能保持健身效果。大学生可参照《国家学生体质健康测试标准》《国家体育锻炼标准》等判断自身体质状况。

（3）参加健身运动兴趣至关重要，兴趣又需要培养，培养健身运动的兴趣可从设定健身目标，找个合适的健身伙伴，让健身多样化，记录进步并学会奖赏自己，保持愉悦的心情，抽出健身时间，为体育比赛做好准备等方面入手。

（4）选择健身内容应尽量根据自己的性格、兴趣、身体状况，选择与自己工作或学习密切相关的健身项目，还须注意健身项目的搭配，科学制订锻炼计划，应了解个人资料、诊断身体状况、体力检查、制订计划检查重测并适当调整步骤。

（5）参加健身运动应掌握锻炼强度，把握锻炼时间，确定运动频率，避免过度疲劳，接受有效指导可帮你开始一项适合你健康状况的健身项目，实现健身目标，获得健身信息等。健身运动贵在坚持，持之以恒，也应遵循规律，掌握方法。

章节小结

了解健康的概念和健康锻炼的基础常识，了解提升运动能力的科学方法，重点学习力量素质和有氧耐力素质的提升方法，能够对自身的身体状况进行客观准确的评估，能为自己设计简单的体育健康锻炼计划，以此帮助学生建立体育锻炼的长效机制。

思考题

1. 体育锻炼前为什么要评估自己的身体状况？
2. 怎样才能保持对体育锻炼的热情？
3. 怎样才能养成坚持健身的生活习惯？
3. 你适合哪种健身项目，如何设计自己的体育锻炼计划？

（章节撰稿人：武传钟）

第三篇　专项运动篇

第八章　田径运动

第一节　田径运动概述

百余年来，世界田径运动从仅有几个比赛项目发展到数以百计，充分说明它在与时俱进。世界各国对田径运动的定义大同小异，对田径运动的称呼不尽一致，但是，田径运动的内容基本相同。随着田径运动的迅速发展和运动水平的不断提高，全球性竞赛日益增多，国际学术交流频繁，人们对田径运动的认识不断加深，世界田径运动需要权威性的田径竞赛规则，也需要明确、公认、有权威性的定义。《田径竞赛规则》（2010—2011）中对田径运动的表述："田径：包括径赛和田赛、公路跑、竞走、越野跑和山地赛跑。"

一、田径运动比赛项目的分类

现代田径运动的分类，可在径赛、田赛、公路跑、竞走、越野跑和山地赛跑这六大类之下，再按田径比赛项目进行细化分类。这个细化的分类也应按国际田联承认世界纪录的项目进行。此外，各国也可根据国情设立本国的比赛项目和纪录。

现代奥运会田径比赛项目有47项。

世界田径比赛项目有三个分类，即国际田联承认世界纪录的项目与分类；国际田联承认世界青年纪录的项目与分类；国际田联承认世界室内纪录的项目与分类。参照《田径竞赛规则》（2010—2011）第261条、262条和263条，共有187个田径比赛项目。2002—2003年《田径竞赛规则》中是166项，新增加的比赛项目主要是各种不同距离的公路跑和女子十项全能等。在187个项目中，属于跑和与跑有强相关的项目约占88%。

纵观奥运会，田径场是主赛场，田径场的直道、弯道、助跑道，投掷圈、栏架间，都有运动员在跑，跑是田径的灵魂，无数的体育运动项目中也都离不了它，它是人类朝气蓬勃的生命力的体现。可见，提高跑的能力多么重要。

国际田联设立了较多的世界纪录项目，为各国运动员提供了很多的比赛机会，有助于运动员进行多年、全年系统训练，提高训练质量，丰富比赛经验。特别是运动员参加相邻项目比赛也有助于提高专项训练水平和竞赛能力。

二、田径运动的项目特征

第一，走、跑、跳、投是人类生活的基本技能，是田径运动项目中最基本的运动形式。这些自然动作和技能对学习掌握田径运动各项技术有着十分密切的关系，这些自然动作规范，有助于正确地、较快地掌握田径运动技术。

第二，田径运动具有个体性，又具有广泛的群众性。田径运动除接力跑外，都是个人运动项目，团体成绩和名次大都是由个人成绩和名次及接力跑成绩和名次的计分相加决定的。

田径运动是体育运动中最大的一个项目,它包括六大类的很多单项,是任何大型运动会中比赛项目最多,参赛运动员最多的项目,经常参加田径运动的人也最多。

第三,参加田径运动很少受条件限制。男女老少都可在平原、田野、草地、小道公路、河滩、沙地、丘陵、山岗、公园等较宽敞安全的地带从事田径运动。田径比赛可从实际出发,因地制宜,任何坚固、匀质、可以承受跑鞋鞋钉的地面均可用于田径运动竞赛。使用简易的场地器材和设备也可举行基层田径运动会。

举行较高层次的田径比赛,田径场地、器材等设施设备都必须符合国际田联的田径竞赛规则的要求。国内外田径水平越来越高,对比赛条件的要求也越来越高。现代奥林匹克运动会田径赛、世界田径锦标赛、洲际田径赛、我国全运会的田径赛所用的场地、器材、设施、设备都不同程度地反映出当代较高的科技水平。

第四,田径运动中各单项和全能项目,对人体形态、机能、身体素质和心理素质等有不同的要求,运动员可从个人实际和特点出发,选择运动项目,掌握具有个人特点的先进、合理的运动技术。

第二节 田径运动的价值和意义

一、田径运动能有效地提高人体速度、力量、耐力等身体素质

第一,长时间竞走或慢跑,全身的肌肉都能参加工作,可加速物质代谢,增强心血管、呼吸和其他系统的活动能力,协调有机体各器官和系统的机能,能有效地发展耐久力和培养坚持不懈的意志。中速跑、快速跑时,要求进一步提高机体各系统器官的适应能力,身体全部肌肉群都参加运动,心血管、呼吸与其他系统活动也随着跑速的加快面更强烈,物质代谢速度也更快,能有效地发展速度、速度耐力、力量。

第二,跳跃项目是人体在短时间、高强度神经肌肉用力克服障碍的一类运动项目。诸如克服地心引力、身体重量、自身运动中的各种生理性和病理性的不协调不适应,以及克服运动环境、器械、心理、情绪等阻力。因此,跳跃练习能有效地发展弹跳力、力量、速度、灵敏协调性,培养大无畏精神。

第三,投掷项目是人体将专门器械推远或掷远的一类运动项目,经常练习能有效地发展臂部、肩带、躯干和腿部等肌肉力量。

第四,全能运动能更加全面地提高身体素质,更加全面地掌握田径运动技术,培养顽强的意志品质。

二、"田径运动是基础"

基础泛指事物发展的根本或起点。"田径运动是基础"表现在:田径运动是健康体魄的基础;田径运动是人培养生活、生产技能的基础;田径运动是各项运动员提高运动成绩的基础;田径运动是战士提高战斗力的基础。

田径运动是基础的重要意义并不是要求人们都要练习跨栏、掷标枪或链球,其实质是要求人们重视发展身体素质,增强体能。

运动实践表明，我国田径运动开展较好、成绩较好的省、区、市，也是体育运动开展较好、成绩较好的省、区、市。美国是世界上的田径大国、强国，也是体育大国、强国。牙买加国小，人少，但却是田径强国，也有成为体育强国的基础。我国领土大，人口多，要成为体育大国、体育强国，尚须进一步重视与积极开展学校体育教育工作，特别是要高度重视与积极开展田径运动。

三、"田径是体育运动之母"

"田径是体育运动之母"意味着很多体育项目如果没有通过田径运动的跑跳、投掷项目锻炼出来的良好身体素质，就难以发展和提高。跑，是田径的灵魂。短跑是田径运动之核心，100 米跑的胜利者是田径运动之星。

四、"得田径者得天下"

运动员在田径运动这个最大的比赛项目上，能获得大量的奖牌、冠军，就为获得综合赛事的全面胜利奠定了良好的基础。

田径运动在全国普及与提高，体育教育事业发展得好，全国人民身体素质普遍提高，体质增强，意志坚强，可以把伟大祖国建设得更好。

田径运动在部队操练中运用得好，战士们身体素质水平高，意志坚定，体魄健壮战无不胜，可以更好地为社会服务。

第三节　田径运动的历史发展

一、世界田径运动的发展

19 世纪中叶，英国、美国先后举行过田径冠军赛。至于现代田径运动形成于何时，难以确立严格、准确的界定。1896 年第 1 届现代奥林匹克运动会的田径赛，可认为是现代世界田径运动开始的标志。历届奥运会田径赛都能较集中地反映田径运动的发展、变化和水平等情况。

世界田径运动一百余年，经受过战争和重大政治事件的影响与考验，按其发展和提高，大致可分为七个阶段。

第一阶段：19 世纪末至 20 世纪初，是现代田径运动开始形成、发展，在较低水平上逐步提高阶段。在这个阶段，世界上有人开始用照相机拍摄单片或间隔时间连续拍摄照片，对田径技术进行研究和提出改进技术意见等。

第二阶段：1913—1920 年，受到第一次世界大战的影响，是世界田径运动成绩下降阶段。

第一次世界大战的爆发，使得第 6 届奥运会未能如期举行。1920 年第 7 届奥运会田径比赛成绩低于第 5 届，而且显著下降。美国获 7 枚金牌，芬兰获 6 枚金牌，英国获 3 枚金牌。美国实力削弱，芬兰实力增强。芬兰的投掷和长跑成绩为世界比赛中的强项。

第三阶段：20 世纪 30 年代（1921—1936 年）是世界田径运动迅速恢复发展与提高阶

段。第一次世界大战后的十多年里,许多国家田径运动都有所发展,参加奥运会田径赛的国家和运动员也增多,在迅速恢复战前水平后,第 8 至第 10 届奥运会田径成绩逐届提高。1936 年的第 11 届奥运会田径成绩已达到较高水平。在 1936 年第 11 届奥运会田径赛中,美国、芬兰、德国和英国实力较强。美国黑人男子运动员欧文斯获得 100 米、200 米、跳远和 4×100 米接力跑 4 枚金牌。

第四阶段:20 世纪 30 年代后期至 40 年代后期(1937—1948 年),受第二次世界大战的影响,是世界田径运动水平第二次下降阶段。第二次世界大战持续时间较长,许多国家遭受严重破坏,第 12、13 届奥运会未能举行,使世界田径运动的普及与提高都遭受严重影响。1948 年第 14 届奥运会田径成绩比 1936 年第 11 届奥运会田径成绩还低,除美国运动员获得较好成绩外,荷兰女运动员大显身手,获 4 枚金牌。

第五阶段:20 世纪 50 年代初至 90 年代初(1952—1991 年)的 40 年间,是世界田径运动稳定、持续发展、不断提高阶段。在这个阶段,世界田径运动发展和提高很快,很多国家和地区都更重视田径运动。

第六阶段:20 世纪 90 年代初至 20 世纪末(1992—2000 年)世界田径运动水平从下降走向回升。

第七阶段:21 世纪初期(2001 年始)是世界田径运动水平提高的良好开端。

世界田径运动中,赛跑项目越来越多,应该引起广泛关注和研究。

近百年来,世界上最优秀、最有影响力的田径运动员是美国 100 米、200 米、跳远和 4×100 米接力跑运动员欧文斯和刘易斯;牙买加 100 米、200 米、4×100 米接力跑运动员博尔特。

二、中国田径运动的发展

我国田径代表队参加过 7 届奥运会和多次世界田径赛。从历届全运会和参加奥运会田径比赛情况以及中国田径运动发展百年的历史来看,中国田径运动的发展大致可分以下几个阶段。

第一阶段:20 世纪初期至 40 年代末期(1910—1948 年)是中国田径运动的引进、初步开展和停滞不前的阶段。

第 1、2 届(1910 年、1914 年)全国运动会的组织、规程和规则的制定以及裁判员、工作人员等,大都由外籍教士包办。径赛距离和田赛成绩丈量采用英制单位,投掷器械重量以磅为单位。第 1、2 届全运会田径赛分别设有 11 和 13 个项目,参加的运动员仅有数十名,是中国田径运动的开端。

1930 年、1933 年第 4、5 届全国运动会田径赛是以省、特别市、特区、华侨团田径运动高级教程体为单位进行的,并开始设置了女子比赛项目(1930 年 6 项,1933 年 11 项)。男子短跑运动员刘长春在第 5 届运动会上创造了 100 米 10.7 秒的好成绩。这个时期中国田径运动中有两件事不可忘记。①中国田径界人士比较重视开展女子田径运动,1936 年奥运会田径赛中女子仅有 6 个项目。②中国短跑运动员刘长春反对日本帝国主义侵略中国,公开发表声明拒绝日本人要他代表伪“满洲国”参加奥运会的打算。经“中华体协”努力,张学良将军捐资,1932 年刘长春第一次代表中国参加了第 10 届奥运会的 100 米、200 米跑比赛,因成绩不佳被淘汰,但是,他热爱祖国、维护中华民族尊严的高尚情操,受到中外人士的敬佩。

1935 年第 6 届全国运动会田径赛成绩平平。男女 31 个项目的比赛中,半数项目稍有提高,半数项目则稍有下降。

1936—1948 年,中国人民先后经历抗日战争、解放战争。中国处于社会大动荡的战争年代。第 7 届全国运动会原定于 1937 年 7 月在南京召开,因七七事变,日本帝国主义侵略中国,未能如期举行。直至 1948 年 5 月,中国人民解放战争取得节节胜利,国民党反动派统治处于全面崩溃的前夕,他们为安定人心,在上海举办了第 7 届全国运动会,参加这届田径比赛的运动员虽比上届略有增加,但成绩仍然平平,无所建树。

在这个阶段,解放区的田径运动蓬勃发展,即使在艰苦的岁月里,各级人民政府对田径运动都很重视并积极地开展。每年举行较大规模的运动会,而且都有赛跑、跳跃和投掷等项目的比赛,以增强青少年和儿童体质。

第二阶段:1949—1965 年是中国田径运动迅速普及和提高的阶段。

中华人民共和国成立以后,随着国民经济的恢复和建设事业的发展,逐步增建田径场、田径馆,增设田径教学训练器材等。从 1952 年起,每年都举行较大规模的田径运动会,培养田径教学、训练、科学研究和管理人才,并开始了培养优秀田径运动员的工作。1957 年 11 月,中国优秀女子跳高运动员郑凤荣跳过 1.77 米横杆,打破了女子跳高世界纪录,轰动世界体坛。1958 年 7 月,优秀短跑运动员梁建勋以 10.6 秒的成绩打破 10.7 秒的男子 100 米跑全国纪录。中国田径运动员开始向世界田径运动高峰攀登。

1959 年第 1 届全运会田径赛,各项成绩都有了大幅提高。男子田径成绩与 1928 年第 9 届奥运会基本相同,差距约由原来的半个世纪缩短到 30 年;女子田径成绩与 1948 年奥运会基本相同,差距约为 10 年。

1965 年第 2 届全运会田径赛成绩又有全面的、大幅的提高。75 名运动员 80 次打破 21 项全国纪录,有 8 个项目的成绩达到了世界先进水平。男子田径成绩与 1948 年奥运会基本相同,将差距缩短至 15~20 年;女子田径成绩与 1956 年奥运会基本相同,差距为 8~9 年。已有 50 多名运动员的成绩达到了 1964 年第 19 届奥运会田径报名的标准。20 世纪 60 年代中期,中国田径运动有些项目的成绩达到或接近世界水平。

20 世纪 50 年代,中国引进出版了苏联、美国、日本等大量田径专著、杂志,也发表了我们自己的大量的田径专著、论文等。20 世纪 60 年代初,我国编写出版了第一部全国体育院系通用田径教材。田径运动的教学、训练和科学研究工作呈现出一派繁荣景象。

第三阶段: 1966—1976 年是中国田径运动遭受“文化大革命”影响、运动水平显著下降阶段。

1975 年第 3 届全运会田径赛只打破 3 项全国纪录,大多数项目的成绩低于 1965 年的第 2 届。在这 10 年中,世界田径运动在迅速发展与提高,致使中国与世界田径运动水平缩小了的差距又被拉大了,男女分别又落后约 25 年和 20 年。

第四阶段: 1977—2000 年是中国田径运动迅速发展,冲出亚洲,走向世界,向世界田径运动高峰攀登的阶段。

1979 年第 4 届全运会田径赛中打破 18 项全国纪录, 38 项比赛中有 34 项成绩超过了

1975 年第 3 届的水平。

20 世纪 80 年代，中国实行改革开放政策，田径运动员有机会参加较多国际性和世界性的比赛，运动成绩更加喜人。中国出现了一批具有世界先进水平的运动员：朱建华（跳高 2.32 米）、邹振先（三级跳远 17.34 米）、申毛毛（掷标枪 89.14 米）、刘玉煌（跳远 8.14 米）等。中国田径协会也从国际田联第三组跃为第一组会员国。

1993 年 9 月 8—13 日在北京举行的第 7 届全运会田径赛共设 44 个比赛项目（男 24，女 20）。其中女子二级跳远是新设项目，除男子 10 000 米跑和女子铅球的成绩稍低于上届全运会外，41 项比赛成绩均大幅度地提高。

第五阶段：2001 年 11 月即 21 世纪初，中国广州第 9 届全运会田径赛是田径运动发展、提高的新阶段。

2001 年 11 月中国第 9 届运动会的田径赛设置 46 个竞赛项目（男 24，女 22），其中女子链球是新增项目，设置了女子 20 千米竞走而未设置女子 10 千米竞走项目，打破了男子十项全能、女子三级跳远、女子链球 3 项全国纪录。

2005 年在南京举行全国第 10 届运动会田径赛，整体比赛成绩一般或稍有进展。刘翔 110 米栏 13.1 秒的成绩令人喜悦和关注。山东女运动员黄潇潇 400 米栏 54.18 秒也是较高成绩。

2009 年在济南举行中国第 11 届运动会田径赛，运动成绩可称与上届持平，有高有低。刘翔伤势并未痊愈，在 110 米栏比赛中，以 13.34 秒获冠军。河北运动员李延熙以 17.59 米的优异成绩创造了男子三级跳远新的全国纪录。原由邹振先在 1981 年 9 月 5 日第 3 届世界杯田径赛创造的 17.34 米的全国纪录得以改写。

2010 年 11 月在中国广州举行了第 16 届亚洲运动会田径赛。中国男子 100 米跑和男子 4×100 米接力队表现甚佳，创造了男子 4×100 米接力跑的全国纪录。刘翔在伤势尚未痊愈情况下，谨慎地参加 110 米栏的比赛，跑出 13.09 秒好成绩，获得冠军，史东鹏获亚军。刘翔跨栏的精湛技术和合理的战术，给人们留下了深刻的印象。孙海平科学训练又获新的成功，人们再次关注刘翔的成绩，期待刘翔新的成就。

就世界和中国田径运动发展变化总体情况而言，在和平、安定的社会环境里，田径运动水平容易提高；在战争、动乱的社会环境中，田径运动水平容易下降。当然，各项运动成绩的变化还受许多具体因素的影响与制约。

第四节 短跑

一、短跑技术

短跑技术主要包括起跑、起跑后的加速跑、途中跑和终点跑技术。弯道跑技术也是短跑技术的组成部分。短跑成绩是由起跑的反应速度、起跑后的加速跑能力、保持最高跑速的时间和距离，以及各部分的技术完成质量决定的。

（一）起跑

短跑起跑时必须采用使用起跑器的蹲踞式。一般将从“各就位”姿势到完成“起跑步”

称作短跑的起跑。起跑的任务是:使人体摆脱静止状态,获得最大的起动初速度,为起跑后加速跑创造有利的条件(图 8-1)。

图 8-1　起跑技术动作示意图

起跑器的安装,前起跑器抵足板与起跑线后沿的距离,前后起跑器抵足板的距离,以及前后起跑器抵足板与地面的夹角,对起跑效果都会产生一定的影响。现代短跑运动员多采用“普通式”或“拉长式”的起跑器安装方法。

短跑的起跑过程包括“各就位”“预备”和鸣枪三个阶段。

当听到“各就位”口令时,运动员应轻快地走到起跑器前,两手撑地,两脚依次踏在前、后起跑器的抵足板上,后膝跪地,然后两手收回,两臂伸直,两手间距离比肩稍宽,手指成拱形(四指并拢与拇指相对成“八”字形)紧靠起跑线后沿做弹性支撑。躯干略微拱起,颈部放松,身体重心投影点落在两手、前脚和后膝关节之间。

听到“预备”口令后,运动员应平稳地抬起臀部,臀部与肩同高或稍高于肩。然后,躯干适当前移,使肩部稍超出起跑线,双手用指尖的掌侧撑地,双臂略向后用力。双腿膝关节形成适宜的用力角度,使背部肌肉绷紧并略呈弓形,整个身体犹如压紧了的弹簧那样具有一定的张力,颈部自然放松。在做上述动作的同时,应深吸一口气和呼出半口气,然后“闭气”,集中注意力于听发令枪声。在“预备”姿势中,双腿膝关节的角度具有重要意义,适当增大膝关节角度,有利于蹬伸;但是,角度过大也会减弱蹬伸的力量。研究表明,此时前腿膝关节成 90°~100°、后腿膝关节成 110°~130° 最佳。

鸣枪时,运动员两手应迅速离开地面并有力地屈肘前后摆动,两腿依次有力地蹬踏起跑器抵足板,使身体向前上方运动。后腿在快速蹬离起跑器后,便迅速屈膝向前上方摆出(后腿前摆时脚掌不应离地过高,以利于摆动腿迅速着地和过渡到下一步),同时前腿有力地蹬伸形成“起跑步”姿势。此时,前腿后蹬角为 42°~45°,躯干与地面成 15°~20° 的前倾角。

(二)起跑后的加速跑

起跑后的加速跑是指从“起跑步”到转入途中跑姿势的一个疾跑段,其任务是充分利用起跑所获得的初速度，通过持续加速跑，使人体奔跑速度尽快地接近或达到自己的最高跑速。

起跑后加速跑的第一步从“起跑步”开始，此时，摆动腿前摆与支撑腿间的夹角稍大于90°。第一步的关键是摆动腿积极下压，以前脚掌着地，着地点在身体重心投影点的后方，并迅速过渡到有力的后蹬；同时，以双臂有力的大幅度前后摆动作为配合。这一动作越快，越有利于下一步的快速有力地完成蹬地技术。向前摆臂时，肘关节稍小于90°；向后摆臂时，肘关节稍大于90°。

从起跑后加速跑的第一步起，步长应逐渐增加。第一步的步长为三脚半到四脚掌长，第二步为四脚到四脚半长，以后的步长逐步增大，直到进入途中跑的步长。正确和积极地完成起跑后的最初几步动作，取决于躯干适宜的前倾角度以及运动员的腿部力量和加速跑能力。

起跑后的加速跑阶段，身体前倾角度是随着速度的增大而逐渐增大，最后达到途中跑的姿势。在起跑后的加速跑阶段，支撑腿脚掌着地位置，是由身体重心投影点的后方逐步移向身体重心投影点的前方。一般是前2~3步脚掌着地点位于身体重心投影点的后面；随着跑速的逐步增加和躯干的逐渐抬起，随后几步，脚掌在身体重心投影点上着地，并逐步过渡到在身体重心投影点前面着地。最初几步的支撑阶段中，支撑点处在身体重心投影点的后面，由于后踏角较小，增大了后踏水平分力的比重，使后踏的大部分支撑反作用力作用于水平方向，有利于迅速提高跑速。另外，随着跑速的逐步增加，两脚着地点间的距离也由稍宽于肩，向中线逐渐靠拢。

起跑后加速跑阶段，除了前3步外，随后的每一单步的总时间相对稳定，而支撑时间与腾空时间的比例关系却有很大变化。在起跑后的开始几步，支撑时间明显大于腾空时间，随着跑速的增加，腾空时间逐渐增长，支撑时间逐渐缩短。经过10~12步过渡到途中跑阶段。

起跑后加速跑阶段的两臂有力地前后摆动具有很大的意义。由于人体躯干处于前倾姿态，跑动中必须加大摆臂幅度以保持身体的平衡，而且，下肢的迅猛蹬地动作也必须有上肢快速有力地摆动来配合，因此，起跑后的加速跑阶段更应强调有力地大幅度摆臂。

在起跑后的加速跑阶段，从摆脱静止状态到迅速增加奔跑速度，人体运动器官做功大，消耗能量也大，因此要特别注意上、下肢动作的配合和下肢蹬、摆动作的协调用力，避免肌肉的过分紧张。

一般在起跑后的第3~4秒，运动员可达到自己最高速度的92%~95%。此时，人体跑动姿势已接近途中跑。在进入途中跑阶段之前，运动员应自然放松跑2~4步，以消除肌肉的过分紧张和疲劳，并适时调整跑动的姿势。

（三）自然放松跑

所谓“自然放松跑”是指人体在保持已有跑速的前提下，使运动器官相对放松的一种跑动方法，也有人称之为“惯性放松跑”“惯性跑”。实际上是人体运动器官只对克服阻力和重力做功，而不做超出阻力和重力的功以增加跑速，只保持原有跑速的一种比较自然放松的跑动方法。当然，要使人体做功刚好与阻力和重力之和相等是相当困难的，所以，自然放松跑技术是短跑技术中十分重要的一项技术，也是衡量运动员运动水平的一个标志。

自然放松跑一般用于衔接两个技术特点不同的跑段，其主要作用是：在人体高速跑动中，使人体运动器官获得短暂休息，摆脱前段跑动技术的动力定型记忆和肌体的疲劳；调整技术动作姿势，为后段跑动做好准备。它起着承上启下的不可忽略的作用。

在短跑两个不同跑段之间应安排 2~4 步自然放松跑。自然放松跑的动作特点是：在人体原有运动状态的惯性作用下，保持身体重心的高度，减小下肢后蹬的力量，稍稍缩短步长，以减小着地缓冲阶段的前支撑阻力；两大腿积极"剪绞"，步频略微增加；各运动器官自然放松，动作协调、柔和。切勿认为自然放松跑是要减速，切忌身体重心下降。

（四）途中跑

途中跑是短跑全程中距离最长、速度最快的跑段，也是最重要的跑段。其任务是继续提高跑速和尽可能较长距离地保持最高跑速。

根据跑的周期划分，以下按后蹬与前摆、腾空、着地缓冲三部分来叙述。

1. 后蹬与前摆阶段

在垂直支撑时相，身体重心投影点与支撑腿脚掌（人体重力支点）重叠。此时，身体重心在跑的周期中处在最低点，支撑腿的髋、膝、踝关节屈曲，膝关节成 136°~142°，踝背屈角成 85°~90°；摆动腿大小腿折叠角一般在 28° 左右，处于最小状态，脚跟几乎触及臀部。垂直支撑时，伸肌群处于拉长压紧待发状态，为支撑腿的后蹬和摆动腿的前摆做好了准备。

当身体重心移过人体重力支点时，就进入了支撑腿的后蹬和摆动腿的前摆阶段。此时，支撑腿和摆动腿同时做相向运动（两大腿"剪绞"动作的延续），即摆动腿同侧骨盆向前送髓，带动摆动腿迅速有力地屈膝向前上方摆出，摆至大腿面与水平面成 15°~20°，或摆至与水平面平行；与此同时，支撑腿快速有力地伸展髋、膝、踝关节推动身体重心向前运动。这是人体向前跑动的动力。后蹬动作完成时，两大腿之间的夹角为 100°~110°，脚掌（支点）至髋关节连线与地平面的后蹬角成 56°~60°，膝关节角在 150°~156° 之间（图 8-2）。

图 8-2　后蹬与前摆技术动作示意图

支撑腿的后蹬和摆动腿的前摆，也就是两大腿“剪绞”动作的后半程，蹬与摆动作既相辅相成，又相互制约，因此，蹬与摆的相互配合和快速、协调用力是后蹬与前摆阶段的技术关键。

2. 腾空阶段

途中跑的腾空阶段是指后蹬腿的脚离地至摆动腿的脚着地的动作阶段。

支撑腿的脚蹬离地面瞬间，两大腿即开始了新一轮的“剪绞”动作。此时，小腿随着蹬地后的惯性和大腿的前摆，迅速向大腿靠拢，形成大小腿边折叠、边前摆的动作，与此同时，摆动腿以髋关节为轴积极下压，膝关节放松，小腿随摆动腿下压的惯性自然向前下方伸展（即小腿的鞭打动作），准备着地。

在腾空阶段要强调加快两大腿的相向运动，即强调两大腿在空中应积极进行“剪绞”运动，这不仅有利于缩短腾空时间，提高步频，而且能使摆动腿脚掌更加接近身体重心的投影点，使脚掌的“扒”地动作更加积极有力，这有利于减小着地时前支撑阶段的冲量。着地前踝关节应背屈约成 100°。

3. 着地缓冲阶段

从摆动腿前脚掌着地瞬间起，即进入着地缓冲阶段。当人体做垂直支撑动作时，着地缓冲阶段结束。随后进入新一轮的后蹬与前摆阶段。

由于在着地瞬间，支撑腿脚掌在身体重心投影点前方，不可避免地会产生一定的水平阻力。但是，此时水平速度的损失与水平阻力无关，而是与其冲量密切相关。因此，缩短着地缓冲的时间是减少水平速度损失的有效方法。

为此，在腾空阶段后期，强调摆动腿大腿积极下压带动小腿前伸，积极下扒着地，使前脚掌着地点不要过多超过身体重心的投影点。其着地点依各人身高和下肢力量而不同，一般在身体重心投影点前 1~2 个脚长，即 30~60 厘米，着地角为 65°~68°。此时，在后蹬与前摆阶段所说的摆动腿成为支撑腿。

支撑腿前脚掌着地后应积极展髋、屈膝、屈踝，以减缓前撑制动，同时，应在腾空阶段两大腿“剪绞”动作的惯性作用下，继续积极扒地，“拉”动身体重心迅速前移，尽力缩短着地缓冲阶段的时间，尽快使身体进入垂直支撑阶段。

在支撑腿进行着地缓冲的同时，摆动腿以大小腿折叠姿势迅速向前摆动，与支撑腿做相向运动。为了减少支撑腿的缓冲支撑时间，摆动腿应加快摆动速度，积极配合支撑腿完成“剪绞”动作。

进行途中跑时，要求头部位置正直，下颌微收；身体基本正直或略有前倾，含胸收腹。两臂以肩关节为轴前后有力地摆动。摆臂具有两个作用：一是可以调节腿部的动作速率；二是可以维持身体在运动时的平衡。摆臂时，自然伸掌或半握拳，向前摆臂时稍向内收、手掌略高过下颌，并伴随同侧肩前送和异侧肩后引的动作，屈肘成 90° 或略小于 90°；向后摆臂时肘关节稍朝外，且肘关节角度随摆臂惯性而增大，摆至体后最远点时，肘关节角度一般不超过 130°。

近些年来，在世界田径大赛中，很多优秀短跑运动员采用伸直手掌的摆臂姿势。从理论上分析，伸直手掌摆臂能加强伸肌群的工作，同时使屈指肌得到伸张，从而使摆臂时的肩关节更放松，有利于增大摆臂幅度和力量。但是，由于摆臂是以肩关节为转动轴，伸直手掌摆臂会使手臂的转动力矩略有加长，使转动惯量加大，这就要求运动员的肩关节屈肌和伸肌也要相应地加强，以增加摆臂的效果。

途中跑是人体的全身性运动。在下肢积极地进行摆动、缓冲、蹬伸动作的同时，上肢、肩带及躯干也必须进行相应的配合动作，从而合理而有效地完成跑的动作。因此，不仅要注意每一个动作环节的质量，还要注意各动作环节的衔接和完整技术动作的整体结构。肌肉放松能力的提高，可以促进途中跑技术动作的力量、动作的速度和频率，使途中跑技术动作更加经济而有效。

（五）终点跑

终点跑是指从接近终点线至终点线的最后一段跑段，是途中跑段的延续。终点跑的任务，是尽力保持途中跑过程已经获得的跑速和采用合理的撞线动作跑过终点线。

终点跑的技术基本上与途中跑相同，只是由于体能下降，运动员为了增大后蹬力量，应尽量保持身体前倾角度或略增大前倾角度，同时，加大摆臂的幅度和力量；在增大步幅的同时，尽量保持步频，更加积极地、竭尽全力地冲向终点线。当跑到距终点线 1~2 步时，身体快速、柔和地再次增大前倾角度，用胸部或肩部撞向终点线（带）的垂直面。跑过终点线后才逐步减慢跑速。

（六）弯道起跑和弯道跑

200 米和 400 米跑，都是在弯道上起跑的，其途中跑有一半以上的距离是在弯道上跑的。

1. 弯道起跑和起跑后的加速跑

为了便于在弯道起跑之后能有一段直线距离进行加速跑，应将起跑器安装在弯道的右侧，使起跑器的纵轴延长线与前方 15 米左右的跑道内侧分道线相切。

“各就位”时，运动员的右手撑在起跑线后沿与右侧分道线相交处，左手撑在距起跑线后沿 5~10 厘米处，使身体正对着弯道的切点。听到“预备”口令和鸣枪信号时其技术动作要求与直道起跑一样。

起跑后的前几步加速跑与直道上的起跑后加速跑动作要求一样，只是跑过起跑器纵轴延长线与跑道内侧分道线的切点后，就进入了弯道加速跑。在进入弯道加速跑时，尽可能地沿着跑道的内侧跑，身体应及时地向内倾斜。

2. 弯道跑

弯道途中跑简称为弯道跑。从直道进入弯道跑时，由于要沿着弯道做圆周运动，必须有一个向心力来克服圆周运动所产生的离心力。这个向心力就是人体重力与支撑反作用力的合力。因此，身体应有意识地向内倾斜，加大右腿的蹬地力量和摆动幅度，同时右臂亦相应地加大摆动的力量和幅度，以利于人体沿着弯道前进。

在弯道跑时，身体向圆心方向倾斜的程度应根据奔跑的速度和所处的道次来决定，跑速快时，倾斜度大些，反之则小些；跑内道时，倾斜度大些，跑外道时倾斜度小些。身体的倾斜不能只是躯干的倾斜，而是整个身体在一个斜面上的倾斜。后蹬时，右脚前脚掌内侧用力，左脚前脚掌外侧用力。大腿前摆时，右膝关节稍向内，同时摆动的幅度比左膝大，左腿前摆时膝关节稍向外。右臂摆动的幅度大于左臂,前摆时稍向左前方,后摆时右肘关节偏外,左臂稍离躯干做前后摆动。弯道跑时的蹬地与摆动方向都应与身体向圆心方向的倾斜程度趋于一致。

从弯道跑进直道时,身体应在弯道的最后几米处逐渐减小内倾程度,借助弯道跑产生的离心力,顺势自然跑 2~4 步,以获得短暂休息和调整姿势,然后转入直道途中跑。

二、短跑的战术

短跑的战术,实际上是短跑的全程节奏变化与体能分配的方法,不过其节奏变化的幅度不如中长跑那么明显。另外,短跑比赛的赛次多,由于每一赛次的比赛目标不同,运动员要面临体能分配问题。例如,本赛次的目标是达到一定的等级标准,或者是为了破纪录,运动员则在本赛次中全力以赴;比赛目标是要在决赛中取得好的成绩,运动员则在预、次、复赛中并不全力以赴,仅以取得下一个赛次的比赛资格为目标,以便集中全力参与决赛。不过,由于短跑运动是最大强度的周期性运动项目,因此,能够不受任何干扰地完全按自己设定的并反复练习过的全程节奏,以最快速度跑完全程反而是最佳战术。

(一)100 米跑的战术

研究表明,不管受试者年龄和训练程度如何,起跑后加速跑达到最高跑速所需要的时间都在 6 秒左右。这是由于人体肌肉内储存的 ATP(三磷酸腺苷)非常有限,在剧烈的奔跑中 6~7 秒钟就消耗殆尽。一般来说,起跑后的第一秒钟能达到最高跑速的 55%,第二秒钟为 76%,第三秒钟为 91%,第四秒钟为 95%,第五秒钟才可能达到最高跑速的 99%~100%。而且,达到最高跑速后,人体保持最高跑速的时间一般也只有 2 秒左右,随后跑速开始逐渐下降。

优秀运动员大多数都是在距起跑线 60 米左右处达到最高跑速的,而一般运动员大约在距起跑线 50 米处就达到了最高跑速,但二者所用时间均在 6 秒左右。100 米跑的全程节奏安排可分为 5 段。第一段为起跑和起跑后的加速跑段,距离为 30 米左右,既要尽快提高跑速,又要注意动作适度放松,避免因加速跑技术动作过分紧张而消耗过多能量。第二段为自然放松跑段,在保持已获得的跑速前提下,自然放松跑 2~4 步(4~8 米),一边调整技术动作姿态,一边使运动器官得到短暂放松。第三段为途中跑段,距离为 30 米左右,继续提高跑速,直至达到最高跑速并保持最高跑速。第四段为自然放松跑段,在尽可能保持最高跑速的前提下,自然放松跑 2~4 步(5~10 米),做冲刺前的调整。第五段是终点冲刺跑段,距离 15~20 米,尽力减小跑速的下降幅度,直至做撞线动作并跑过终点线。

起跑的快慢对 100 米成绩固然会产生一定影响,但是,通过对世锦赛百米决赛运动员起跑反应时的测量结果来看,参赛运动员的起跑反应时间为 0.123~0.145 秒极差仅在 0.02 秒左右。因此,一起跑就甩开对手不仅不可能,而且容易造成抢跑犯规,或者破坏了自己全程跑的节奏。特别是忽略了全程跑的节奏面采用竭尽全力地从起点一直加速跑到终点的做法,不仅在客观上是不可能的,而且加速了肌肉和中枢神经系统的疲劳,使人体机能下降阶段提前出现,影响水平的发挥。

按一定节奏跑 100 米时,并不是说不竭尽全力奔跑,而是要通过两次自然放松跑,在不损失已获得的跑速前提下，使疲劳得以短暂的缓和，以推迟人体机能下降阶段出现的时间。所以，掌握 100 米跑的战术基础是掌握自然放松跑技术。

（二）200 米跑的战术

200 米跑几乎完全是以无氧供能方式进行的，因而采用最高跑速跑完全程是根本不可能的。所以，体能分配问题至关重要。

200 米跑的体能分配，一般采用前后半程平均分配体能的方案，即用次最大跑速（低于个人 100 米跑最好成绩 0.2~0.3 秒）跑前一个 100 米，然后，尽力保持次最大跑速至终点，使后一个 100 米的成绩等于或优于前一个 100 米的成绩。

200 米跑的全程节奏可划分为 6 段。第一段为变道起跑和起跑后的加速跑段，距离为 35 米左右；第二段为自然放松跑段，距离为 10 米左右；第三段为弯道途中跑段，距离为 40 米左右；第四段为下弯道加速跑段，距离为 35 米左右；第五段为自然放松跑段，距离为 10 米左右；第六段为尽力保持已有跑速和终点冲刺跑段，距离为 70 米左右。200 米跑的全程节奏变化应小到肉眼难以观察的程度为好。其中，下弯道加速跑段尤为重要，要充分利用离心力进行自然放松跑，为最后 70 米左右的直道跑奠定速度基础。

（三）400 米跑的战术

400 米跑主要是以无氧供能方式进行的，跑动距离较长，因而合理的体能分配是获得 400 米良好成绩的重要因素。目前，400 米跑的运动员多采用“匀速跑”的方法，即不能让前半程损失过多的时间，又不能因过早地出现疲劳而使后半程减速过于明显。一般来说，后 200 米的成绩比前 200 米的慢 1~3 秒。

400 米跑的全程节奏较为明显。全程节奏可划分为 9 段。第一段为弯道起跑和起跑后的加速跑段，距离为 50~60 米；第二段为自然放松跑段，距离为 10 米左右；第三段为下弯道加速跑段，距离为 40~50 米；第四段为第一个直道途中跑段，距离为 60~70 米；第五段为加速上弯道跑段，距离为 20~30 米；第六段为弯道途中跑段，距离为 60~70 米；第七段为下弯道加速跑段，距离为 30~40 米；第八段为自然放松跑段，距离为 10~20 米；第九段为尽力保持已有跑速和终点冲刺跑段，距离为 60~70 米。当然，除了起跑和起跑后的加速跑段有明显的加速跑外，其他各段的跑速变化不应过大。

第五节　长跑

长跑属于大强度的运动项目。长跑的有氧代谢占绝对优势，有氧代谢和无氧代谢的比例，5 000 米为 84%：21%，10 000 米为 99%：11%。长跑运动员具有很大的通气量（吸入空气 120~180 升/分钟）和高水平的最大摄氧量（80 毫升/千克·分），呼吸周期（吸气、呼气和间歇）可达 70~110 次 1 分。长跑运动员必须具有很强的心血管系统和呼吸系统的机能。

长跑是以耐力为主的田径项目，但随着运动水平的接近和竞争的激烈，对速度的要求越来越高。男子 5 000 米、10 000 米世界纪录，平均 100 米用时 15.2~15.8 秒。王军霞创造女子 10 000 米世界纪录时，100 米平均速度为 17.6 秒，最后 3 000 米加速时，每 100 米平均速度为 16.6 秒。谁的平均速度快和冲刺能力强，谁才有可能在比赛中获得胜利。

长跑的时间和距离都比较长，消耗的能量也比较大。为了取得优异的运动成绩，必须尽量减少能量消耗，提高跑的技术的经济性，以有限的能量来提高跑的速度。因此，长跑运动员必须具备适时放松的能力。

一、基本技术

对长跑的技术要求基本上与中跑相同，但在发力程度、动作的速度和幅度等方面低于中跑，而在经济地使用能量和在跑的全程始终保持正确技术等方面的要求又高于中跑。

途中跑时，脚着地缓冲是长跑的重要技术环节。其目的是尽量减小着地时产生的阻力，减少水平速度的损失。

呼吸的节奏取决于个人的特点和跑的速度。在正常跑速时，三步一呼，三步一吸；随着跑速的增加和疲劳的出现，可改为两步一呼，两步一吸；在终点冲刺时，有的运动员采用一步一呼，一步一吸。呼吸应与跑的节奏相配合。

运动员根据自己身体条件和身体素质的特点确定个人的技术和风格；注意跑的动作的向前性，减少阻力，多余动作，跑的动作自然、放松；减少体能消耗；在合理步长的基础上，加快步频。

积极的蹬摆是长跑技术的关键环节，后蹬时关节充分伸展，前摆时以膝领先，主要向前摆，带动骨盆前送，以减小后蹬角，加大后蹬和摆的效果。脚着地前，大腿积极下压，着地点距重心投影线近。缓冲效果好，身体重心平稳，保持跑的节奏，用力与放松交替效果好，全程始终保持正确技术。

随着长跑运动水平的迅速提高，参赛运动员实力的接近，赛场上竞争十分激烈，因而制定比赛的战术是十分必要的。长跑的战术是战胜对手、夺取冠军和取得优异成绩的比赛方案，也是运动员训练水平和比赛能力的综合体现。

二、基本战术

领先变速跑的战术，是指运动员在比赛时，主动领先跑，不断改变跑的速度和节奏，一会儿快跑，一会儿慢跑，破坏对手跑的节奏和心理状态，增加对手的能量消耗和紧张程度，从而达到夺取冠军的目的。

采用这种战术的运动员多是自己的最后冲刺能力差，试图在中途把对手拖垮、甩开，如果比赛中途甩不开对手，那么只有最后加长冲刺距离和对手一决雌雄。

领先变速跑是较为困难的跑法，在平时训练中就应经常进行反复快速冲跑和加长冲刺距离的训练。如果准备不足，比赛时很可能自己是领先冲跑的牺牲品。在跑的中途最适宜的冲跑时机是在对手加速结束或对手被拉开的距离已经缩短并赶了上来，此时对手可能再无力加速。

领先变速跑的典型事例，是苏联弗·库兹和英国格·皮里的争夺战。在奥运会前一个月比赛中，皮里采用跟随跑战术最后冲刺战胜库兹，并创造了 5 000 米世界纪录。库兹吸取这次教训，在第 16 届奥运会 10 000 米比赛中，皮里如法炮制还想利用跟随跑取胜，库兹则采用了变速跑的战术，皮里为了紧跟，被打乱节奏，被库兹拖垮。库兹夺得 10 000 米冠军，而皮里却未在前 6 名之内。几天后的 5 000 米比赛，不管库兹如何变速，皮里坚持匀速跑战术，结果库兹夺得冠军，皮里获得亚军。

比赛战术选择得合理，运用得当，是取得优异成绩冠的重要因素。不论采用哪种战术，运动员都应当在平时进行有计划的训练，养成每次训练中都要用最快速度跑最后一段距离的习惯，并在各种比赛中进行检验，不断完善战术方案，这样才能在重大比赛中显示战术的重要作用。

第六节　跳跃

一、跳远技术

跳远的完整技术动作是由助跑、起跳、空中动作和落地四部分组成的。它们对跳远距离的影响虽有不同，但却是相互联系的统一体。因此，准确完成跳远技术的各部分动作并实现各部分动作的有机结合是完善跳远技术的关键。

（一）助跑

跳远的助跑速度和技术对跳远成绩具有决定意义。跳远助跑的任务就是获得更快的水平速度，并为准确踏板和快而有力的起跳做准备。

优秀跳远运动员的助跑加速方式有两种，即平稳加速和积极加速方式。

1. 平稳加速方式

平稳加速的跑法与加速跑相同，特点是开始阶段步频较慢，然后在逐渐加大步长和保持步长的基础上提高步频，助跑最后几步保持步长、提高步频。平移加速方式的加速时间较长，加速过程是逐渐、均匀而平稳地进行的，因此动作轻松、自然。许多优秀运动员都采用这种方式。

2. 积极加速方式

积极加速助跑的特点是步频始终保持在较高水平，能够较早地摆脱静止状态并获得较高的助跑速度。积极加速的跑法是助跑开始几步的步长较短；身体前倾度较大。这种助跑方式适合绝对速度较快的运动员，掌握正确的助跑方法是准确踏板的基础。助跑的准确性取决于整个助跑和最后几步的稳定性。而这种稳定性与运动员对变化的外界条件和个体心理机能状态的正确估量与判断有直接关系。

助跑的距离与运动员的能力有关。运动员跑的能力强，其助跑距离较长，因为他们的最高速度出现较晚。据研究统计，100 米成绩为 12 秒的女运动员的最高速度约在 355 米出现，而优秀男运动品 100 米最高速度则约在 50 米出现。跳远运动员的助跑最高速度，由于受起跳板等条件影响，很难达到本人 100 米的最高速度，一般为本人最高速度的 95%左右。因此，100 米跑 12 秒的女运动员，助跑距离约为 35 米，优秀男运动员的助跑距离为 40~50 米。鲍威尔的助跑距离为 50.64 米（22 步），刘易斯的助跑距离为 51.3 米（23 步）。

跳远的助跑距离并不是固定不变的，它会因比赛时外界条件的变化及身体状态的不同而有所改变。

（二）起跳

起跳时，运动员应充分利用助跑所获得的速度，在较短的时间内，创造尽可能大的腾起初速度和适宜的腾起角。

起跳技术分为起跳脚的着地、缓冲和蹬伸三个动作阶段。

起跳脚应积极、主动地着地，这既可减小着地时的冲撞力，又可为着地后快速前移身体做准备。起跳脚着地时，足跟与足掌同时接触地面。着地瞬间，身体角度为 90°~107°，小腿与地面夹角约为 65°，膝关节为 175°~178°。

蹬伸阶段是由起跳腿膝关节最大弯曲时开始，至起跳腿蹬离地面瞬间止。起跳蹬伸时，整个身体快速向前伸展，起跳腿的髋、膝、踝关节要充分伸展。身体和头部保持正直，稍后仰，摆动腿大腿摆至水平或高于水平位置，小腿自然下垂。双臂前后用力摆起，肩、腰向上提起。优秀运动员的蹬地角在 75° 左右。

（三）腾空

起跳离地时，身体向空中腾起，并在空中完成各种动作的过程为空中动作阶段。

由于跳远起跳时产生使身体向前的旋转力，空中动作就是要抵消身体向前旋转。保持身体在空中的平衡，最大限度地利用身体重心抛物线轨迹，把两腿充分地向前伸出，为合理地落地做好准备。

起跳后产生的身体向前的旋转力，不仅与起跳脚着地的制动力有密切关系，而且因起跳腾空后不同的空中动作而有所差异。据研究计算，蹲踞式姿势旋转力矩为 4.312 牛·米，挺身式为 11.76 牛·米，走步式为 17.64 牛·米。因此，优秀男子运动员大都采用走步式，优秀女子运动员大都采用挺身式。

1. 挺身式

起跳腾空后，摆动腿的大腿积极下放，小腿随之向下、向后方摆动。留在体后的起跳腿与向前的摆动腿靠拢。当达到腾空最高点时，身体充分伸展，形成“挺胸展髋”姿势。两臂上举或后摆。然后收腹举腿，双腿前伸，完成落地动作（图 8-3）。

图 8-3　挺身式跳远动作示意图

挺身式跳远能较充分地拉长体前肌群，有利于完成收腹举腿和落地时前伸双腿的动作。在腾空后，旋转力矩也较大，易于保持身体的平衡。但空中动作的形式和用力特点与助跑起跳动作之间的衔接不紧密。

2. 走步式

走步式跳远的空中动作有两步半和三步半两种。优秀男运动员大都采用三步半的空中动作(图 8-4)。

图 8-4　走步式跳远动作示意图

起跳腾空后,摆动腿下落并向后摆动,同时,起跳腿屈膝前摆,在空中完成一个自然的换步动作,成为起跳腿在前、摆动腿在后的空中动作。

(四)落地

从起跳脚离地后,运动员身体重心的移动轨迹就已确定。良好的空中动作是合理落地的基础。落地前,双臂快速向后方摆动,这有利于双腿向上抬起并向前方伸出。着地前尽量减小双腿与地面的夹角,增加跳跃的距离。双足着地以后,应及时屈膝缓冲,髋部迅速向前移动,双臂快速前摆,使身体特别是将臀部迅速移过落地点。

二、背越式跳高

背越式跳高技术的优越性在于利用助跑速度提高跳跃的效果。这种技术在其发展过程中,逐步形成了不同的类型:速度型、幅度型(力量型)和介于两者之间的中间型。但从技术发展趋势来看,其已趋于速度与幅度、速度与力量的统一。具体表现在助跑速度的进一步加快,即跳前身体重心有所降低。摆动腿蹬伸幅度加大,以及快速地完成起跳和过杆动作,使背越式成为一种独特结构的跳高技术。

(一)助跑技术

助跑的任务是获得必要的水平速度,在起跳前及时地调整动作结构和节奏,并取得合理的身体内倾姿势,为起跳和顺利地越过横杆创造条件。背越式跳高采用弧线助跑。由于沿着弧线跑进,身体必须内倾,这对背越式跳高有着十分重要的意义(图 8-5)。

图 8-5 背越式跳高技术动作示意图

最后 3 步或 5 步的节奏应自然加快，最后 1 步最快。同时，要特别注意每一步支撑阶段身体重心前移的幅度和速度，以及身体的相对稳定，以便顺利地过渡到起跳，并在起跳时使身体重心迅速地移向起跳点的上方。

（二）助跑与起跳结合技术

助跑与起跳结合技术是跳高技术中十分重要的环节，在背越式跳高技术中尤为重要。助跑与起跳结合技术一般是指助跑的倒数第 2 步摆动腿支撑过渡技术，它起着承上启下的作用，同时对正确地完成起跳动作，提高跳跃效果有直接的影响。

总之，为了使助跑与起跳紧密地衔接起来，应特别强调保持倒数第 2 步跑进的积极性和发挥摆动腿在推动身体重心快速前移过程中的积极作用。有专家形象地称它为“双动力”起跳。这是背越式跳高技术，由助跑过渡到起跳这一关键技术环节的重要特征。许多有经验的教练员，还对倒数第 2 步摆动腿支撑阶段的动作，用“牢固支撑”的这一技术概念来要求运动员。它包含有两个十分重要的技术要点：依靠摆动腿的牢固支撑，防止身体过早地竖直和倒向横杆；要依靠摆动腿主动的蹬伸，使身体重心快速大幅度前移，防止出现臀部下坐和摆动腿支撑无力的现象。为此，准确地完成摆动腿支撑阶段的动作，使助跑与起跳紧密地衔接起来，可为起跳创造良好的条件。

（三）起跳技术

起跳是跳高技术的关键环节。起跳的任务是迅速改变人体的运动方向，并获得尽可能大的垂直速度，同时还要产生一定的旋转动力，保证过杆动作的顺利完成。由于助跑最后 1 步有一个腾空过程（是十分短暂的），起跳脚着地支撑才产生力的作用，因此从起跳脚着地至蹬伸离地，可视为整个起跳过程。

在起跳过程中，摆动腿和两臂应协调配合摆动。腿臂摆动相对于支撑点（起跳脚）的位置是不断变化的：加速靠近支撑点、加速离开支撑点和减速离开支撑点。它们分别产生减压、加压和减压的动作效应，这一效应，可以使身体获得更大的垂直速度。因此，在起跳过程中，运动员应该根据这一规律，准确地完成腿臂的摆动。

（四）过杆与落地技术

过杆是最终决定跳跃效果的重要环节。为了提高过杆的效果，运动员必须运用合理的杆上姿势，缩短身体重心与横杆之间的距离，利用补偿动作，使身体各部分依次顺利地越过横杆。

过杆应连贯和富有节奏感。起跳离地之后，保持伸展的姿势向上腾起，并在摆动腿和同侧臂的带动下，加速围绕身体纵轴旋转。采取较伸展的身体盗热，有助于减慢身体旋转的速度，防止身体过早倾向横杆，随后以摆动腿的同侧臂为先导，顺着身体重心的运动方向攻上横杆，同时借助摆动腿上摆的力量，提高髋部的位置。

过杆的全过程，躯干和肢体尽可能靠近身体重心的运动轨迹。根据身体各环节与横杆相对位置的变化，依次快速地越过横杆。此时，任何多余动作都会增加碰杆风险，导致过杆失败。此外，运动员应根据自己助跑速度和起跳后相对于横杆位移的速度，确定适宜的背弓程度。通常背弓越大，完成动作的时间越长。因此，过杆速度较快的运动员，不宜采用过大背弓的过杆方法，而应采用高摆腿和积极倒肩的方法，这样能取得更好的过杆效果。

落地技术比较简单，在向后上方用腿之后，保持着屈髋伸膝的姿势下落，最后以背部或上背部先着垫，并做好缓冲。为了防止损伤，不能做过大的屈膝屈髋，避免两腿撞击脸部。

第七节　投掷

一、推铅球

推铅球是一个以力量为基础、以速度为核心的速度力量性运动项目。现代推铅球技术有两种，即背向滑步推铅球和旋转推铅球。完整的背向滑步推球技术可分为握球持球、滑步、转换、最后用力和维持身体平衡五部分。

1. 持球（以右手投掷为例）

五指自然分开，将球放在食指、中指、无名指的指根部，拇指和小指贴在球的两侧，以保持球的稳定。握好球后，将球放到锁骨内端上方，贴近颈部，头部略向右转，掌心向内，右肘抬起，右上臂与躯干约成 90°。躯干保持正直。

2. 滑步技术

滑步技术包括预备姿势、团身、滑步三个环节。滑步的主要任务是使身体和铅球摆脱静止状态，获得一定的向投掷方向运动的速度，为顺利完成后续动作做好准备。

3. 转换（过渡）技术

转换技术是指从运动员回收右小腿结束到左脚落地，与此同时左腿外旋插向抵趾板，以前脚掌内侧着地。上体保持适宜后倾,左臂内扣,头部不要主动左转。右脚着地时,体重大部分落在右腿上。左脚着地时,身体重心移至两腿之间偏右腿的位置。

4. 最后用力

最后用力阶段是从左脚落地到铅球出手,它是推铅球技术中最重要的阶段,铅球出手速度约 80%的速度将在这个阶段获得。

5. 维持身体平衡

铅球出手后,运动员通常采用两腿交换并降低身体重心方式来减缓向前冲力,以维持身体平衡,避免犯规。

二、掷标枪

掷标枪是田径运动中技术比较复杂的快速力量性项目。合理的掷标枪技术,要求运动员在快速助跑中充分发挥人体的力量,以正确的动作将标枪掷出。为了便于分析,我们将掷标枪技术分为握枪和持枪、助跑、最后用力、维持平衡四部分。下面以右手掷标枪为例进行分析。

掷标枪时,投掷者必须单手握在标枪把手处,合理的握枪方法能较好地控制标枪,使最后用力的方向通过标枪纵轴,同时又能最大限度地发挥投掷臂和手腕、手指的力量。为了将人体助跑和用力时产生的速度和力量有效地传递和作用于标枪上,握枪时,既要握牢,又要保持投掷臂和手部肌肉相对放松,以便快速鞭打用力。

(一)握枪

现代标枪运动员握枪主要有现代式握法和普通式握法两种方法。

1. 现代式握法

目前世界优秀标枪运动员中多数人采用现代式握法。这种握法是标枪斜放在右手掌心,用右手拇指和中指末端握住标枪把手后端边缘,其余手指自然扶握在枪把手上面(图 8-6)。

①　　②

图 8-6　掷标枪持枪动作示意图

现代式握法的优点较多:第一,可以利用中指较长而且力量较大的特点,在投枪时增加用力距离并发挥较大力量;第二,可以使标枪在出手瞬间产生绕其纵轴更强地旋转,以增强标枪在空中飞行时的稳定性;第三,有利于最后用力前腕部的放松。

2. 普通式握法

这种握法是将标枪斜放在右手掌心，用右手拇指和食指末端握住标枪把手后端边缘，其余手指自然弯曲握在把手上面。

（二）持 枪

持枪是指在预跑过程中携带标枪。持枪主要有肩上持枪和肩下持枪两种方法。

1. 肩上持枪

右手持枪于右肩上方，持枪手靠近头部，高度与头顶齐平或稍高于头，枪身与地面平行或枪尖略低于枪尾。目前多数运动员采用肩上持枪的方法，这种方法动作简单，能使运动员助跑时平稳地进行引枪，持枪手的手腕比较放松，便于控制标枪（图 8-7）。

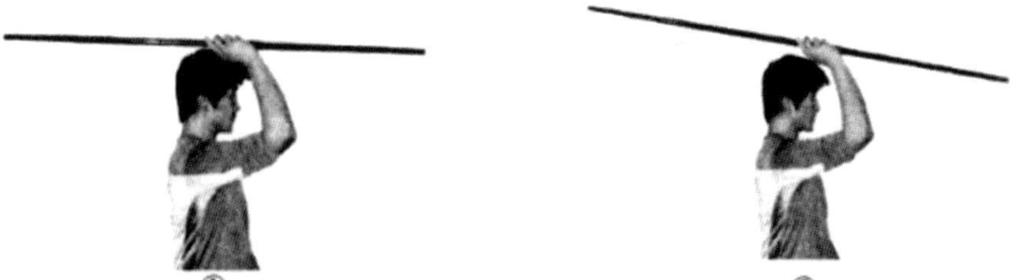
①　②

图 8-7　肩上枪持枪动作示意图

2. 肩下持枪

运动员在预备姿势和助跑的前半段，持枪臂下垂于髋侧或腰间，两臂随跑动动作前后自然摆动，预跑一段距离后持枪臂上举成肩上持枪姿势。肩下持枪时，在上举标枪前肩部比较放松，但由于上举标枪过程是在助跑中完成的，增加了助跑时控制枪的难度。

（三）助 跑

掷标枪最后用力前，运动员手持标枪跑过一段距离，使人体和标枪获得一定的预先速度，在助跑过程中形成合理的身体姿势，为最后用力做好准备。优秀运动员投掷标枪时，标枪出手速度中约 30%来自助跑；优秀运动员助跑掷的成绩可以比原地掷提高 20~30 米。因此，助跑的作用十分重要。

掷标枪时应采用直线助跑，距离一般为 25~35 米，助跑动作要自然、流畅，节奏鲜明，在整个助跑过程中要控制好标枪，清晰地完成预期动作和保持枪的运行平稳。助跑全程 14~18 步，分为预跑和投掷步两个阶段。

1. 预跑阶段

预跑是从开始助跑时起至开始引枪时止。这一阶段，运动员通常采用的是助跑动作，跑 10~14 步，其任务是获得适宜的水平速度，为引枪做好准备。

助跑的速度应逐渐加快，通常在预跑段结束时达到最大速度，可达到 6~8 米/秒。助跑的最高速度要与个人的身体素质和专项技术水平相适应。优秀运动员的助跑速度通常相当于本人最大平跑速度的 75%左右。助跑速度超出个人的承受范围，可能会影响投掷步和最后用力动作。提高助跑速度应在不断熟练技术的基础上逐步实现。

2. 投掷步阶段

当预跑结束时开始进入投掷步阶段,此时左脚的落地位置应在第二标志物的延长线附近。投掷步阶段通常从右腿前迈开始,到最后一步左脚触地结束。这一阶段的任务是在尽量减小预跑速度损失的基础上,完成引枪和超越器械动作,做好最后用力前的准备,连贯地进入最后用力。完成投掷步通常有跳跃式投掷步、跑步式投掷步、混合式投掷步三种形式。

(四)最后用力

最后用力是标枪加速的主要阶段。器械在此阶段获得的速度约占出手速度的70%。最后用力的任务是充分利用助跑的速度,在一定的工作距离内将最大的力作用于标枪纵轴,使标枪在出手瞬间达到最高速度。

交叉步右脚着地后,身体随惯性前移,当身体重心移过右脚支撑点上方而左脚尚未落地之前,右腿蹬伸用力。这时右腿主动蹬地,使髋部加速前移,髋轴向投掷方向转动,进一步扭紧和拉长了躯干肌群。小腿与地面保持较小夹角,以防止重心过早上移。与此同时,左臂向左前上方摆动(图8-8)。

图8-8 掷标枪最后用力技术动作示意图

"满弓"后,左腿在小幅度地屈膝缓冲后积极踏伸,胸部快速前振,以胸部和右肩带动投掷臂向前,上臂、前臂、手腕和手指相继快速挥动,完成"鞭打"动作,将标枪掷出。最后用力的顺序为腿—髋—躯干—肩—肘—腕和手指。"鞭打"用力要通过标枪的纵轴,控制标枪于最佳的出手角度出手(最佳出手角度在32°左右)。手指在标枪出手瞬间的拨枪动作可以使标枪沿自身纵轴按顺时针方向自转,提高标枪在空中飞行的稳定性。优秀运动员最后用力的时间(从左脚着地至标枪出手)为0.10~0.12秒,对标枪的用力距离可达2.10~2.30米。

"鞭打"是掷标枪用力的重要动作特征,是发挥人体生物力学优势的核心。以髋关节为轴的躯干"鞭打"动作和以肩关节为轴的投掷臂"鞭打"动作与左腿有力的支撑动作相配合,构成一个完整的人体运动链。在最后用力的过程中,首先是腿部蹬伸用力和髋部的加速,然后是这个运动链上的各环节从下到上依次实现加速—制动—减速—动量传递的过程,最后传递给器械,使标枪的初速度达到最大,从而飞得较远。

最后用力过程中，运动员鞭打动作的用力方向应通过标枪的纵轴。

（五）维持平衡（缓冲）

标枪出手后，运动员必须迅速阻止身体继续向前运动，以防止犯规。标枪出手后，右腿及时跨出一大步，降低身体重心，同时上体前倾，两臂自然摆动，以维持平衡。有时还要再继续跳 1~2 小步，才能使身体向前运动完全停止。

章节小结

体育运动中有些项目互为相关，田径运动员也要适当采用其他运动项目练习提高身体素质和改善技术。“田径运动是基础”“田径是体育运动之母”等通俗、概括的名言，肯定了田径运动对增强人类体质，对竞技运动都具有积极意义。其含义都是强调田径在体育运动中的重要性，都是告诫人们要重视和采用田径练习发展速度、力量、耐力等身体素质，达到增强体质和提高专项成绩的目的。因此，田径运动理论知识是田径运动发展和提高运动成绩的重要组成部分。

思考题

1. 田径运动的项目分类有哪些？
2. 简述田径运动的价值和意义。
3. 短跑技术由哪几个技术环节组成？
4. 简述跳远运动的技术组成及其动作要点。

（章节撰稿人：石鑫）

第九章　球类运动

第一节　篮球

一、项目概述

（一）项目起源

1891年，马萨诸塞州斯普林菲尔德青年基督教学校的体育教师詹姆斯·奈·史密斯博士受到当地民间儿童摘桃子过程中，向筐内投射皮球游戏的启发，进而发明了篮球运动。最初，篮筐筐有底，每次投中篮后，都需要有人将球取出，很耽误时间。筐口改为铁制的圆圈，挂上线网，并将网线剪开，篮筐成为现在的样子。

为了完善篮球运动，1892年史密斯博士制定了13条规则，推动了篮球运动的发展和传播。1892年，篮球运动首先从美国传入墨西哥，并很快在墨西哥各地得到开展。而后，陆续在世界范围内得到普及。伴随着篮球运动的广泛传播与发展，篮球规则也不断发展完善。1893年在原始规则13条的基础上增加了8条规则，规则规定了参赛的人数及场地规格。1894年的规则确定了中圈跳球的比赛开始方式。1897年规则取消了前锋、后卫不得越区攻防的规定，促进了运动员技术的全面发展，也为战术配合的发展奠定了基础。

尽管篮球规则在不断修改与完善，但在当时还没有统一的规则，这对篮球运动的发展阻碍很大。1915年，美国有了统一的篮球规则。1932年成立的“国际业余篮球联合会”对美国大学生的规则，略加修改，正式出版了第一本《国际篮球规则》。随着篮球规则的统一，篮球运动本身也取得了迅速发展。1936年第11届奥运会将男子篮球列为正式比赛项目。1946年，美国出现职业篮球联赛，并发展为目前的NBA（美国职业篮球赛），运动员们以精湛的技术把篮球运动的发展推向一个更高的层次。1948年国际篮联在伦敦召开代表大会，决定于1950年在阿根廷举行首届男子篮球锦标赛。女子篮球运动到20世纪初才开展起来。1953年在智利举行了第1届世界女子篮球锦标赛。在1976年第21届奥运会上，女子篮球被列为正式比赛项目。

1895年，美国人莱会里博士受北美青年会的派遣到中国天津筹建城市青年会，他将篮球运动介绍并传入中国。在1910年首届全国运动会上，篮球首次被列为表演项目。1914年，篮球被列为我国国内正式比赛项目。篮球自1951年起一直是亚运会的正式比赛项目。

（二）项目特点

篮球项目是运动员在特定的条件下，在规则的制约下展开的空间和地面的争夺。这种争夺表现在速度（时间）和高度（空间）上。在篮球比赛中抢篮板球、补篮、扣篮、投篮、盖帽等技术都需要空间的优势。尤其是三秒限制区的空间争夺更为激烈。为了取得空间优势，世界各国队员的身材高度普遍提高，身体素质（特别是跑跳能力）和技术也在飞速发展。

篮球竞赛规则虽然不断地做了增改，但始终如一的提倡攻防快速。篮球规则中的5秒、8秒、24秒规则的制定其目的都是为了加快比赛的速度。目前世界篮球运动又向着高速度、高对抗发展。只有快速有效地抢占有利的时间和空间，才能把握战机，争取主动和优势，实现战术灵活多变。

1. 篮球的技术动作特征

篮球技术动作是人以手直接持球、控球并与全身协调配合组成的专门动作。篮球技术动作大多数是平动与转动的复合动作。它既包含周期性运动，又包含非周期性运动。由于篮球比赛是在攻防转换的对抗中进行，在实际运用中，运动员必须随着比赛情况的变化及时果断、快速地采取行动。为了争取主动，制约对手，通过观察进行分析判断，做出行之有效的技术动作去完成具体的攻防任务。这些决定了篮球技术动作和动作组合是多种多样的。从运动结构而言，篮球技术中有许多动作是相对固定的，如投篮最后的拨指压腕等。为了更好地控制球的运行，对这些动作环节要求是严格的。但在实际运用中，队员技术动作又表现出很多不固定的成分，主要是指完成动作条件的不同（原地、跑动、跳起等）和动作组合及顺序、数量的灵活变化。固定与不固定成分的结合方式是以比赛情况变化为转移的。由于篮球技术动作结构的多元性特点，因此在相同条件下，队员的动作组合往往是不同的。当条件不利时，那些训练有素或水平较高的运动员，不仅在复杂对抗条件下或是在失去平衡的情况下也能完成动作，而且能够随机应变，常常会创造出新的、巧妙的动作来。

2. 篮球的竞赛规则特征

篮球规则特别指出：胜利的取得必须符合体育道德精神，要有良好的比赛作风，不允许队员、教练员有不正当行为或使用任何粗野动作。违反上述精神应视为技术犯规或侵人犯规，并进行有关条款的处罚。一场比赛对个人犯规及全队犯规的次数也是有限定的。超过规定的次数将分别予以退出比赛、罚球、掷界外球的严格制约，这些正是篮球运动竞技公平性和文明性的体现。

篮球比赛是以球命中篮圈得分的多少来决定胜负的。球进圈得分在球类运动项目中是独一无二的。篮圈离地面3.05米，且与地面平行，直径仅有0.45米，既高又小。队员投篮必须使球从上而下的进入篮圈方为有效。篮球体积较大，直径大于篮圈的半径，又是充满气的弹性球体，所以，投篮要将球投向空中并准确地与篮圈构成约定的入射角，才有进圈的可能，这就对投篮技术的构成提出了要求。

篮球比赛场地规格为28米 ×15米，双方上场队员各5名。从队员平均活动范围来看也不算小。但在实际比赛中，几乎10名队员大部分时间都比较密集在靠端线的篮下范围内展开激烈的对抗。特别是篮球运动员的体型高大化的今天，篮下的空间显得更小。篮球规则中对时间与空间有较多的限定。除整个比赛时间有规定外，什么时候停表、开表、用什么信号都有严格的规定，特别是对队员在比赛中的行动空间有限定，如在场地上有各种线、区的空间界限。队员必须熟悉这些规则，既要遵守又要充分加以利用。

3. 篮球的能量代谢特征

一场篮球比赛总时长在 90 分钟左右，这段时间包括了节间的休息、暂停、换人、鸣哨停表等。篮球比赛时间为 40 分钟，10 分钟为 1 节，分 4 节比赛。在这 4 节比赛中，运动员要跑 3 500 米左右，从这些数字来看，90 分钟里跑完 3 500 米，平均每分钟跑完 40 米左右。整个篮球竞赛是在紧张激烈对抗条件下和高速度情况中进行的，从抢到后场篮板球或发后场球开始，记录台就开始进行计时，规则规定进攻方必须在 8 秒之内把球从后场推进到前场，同时运动员持球时间不能超过 5 秒，而且进攻方必须在 24 秒之内完成一次有效进攻。防守方利用这种竞赛规则，积极紧逼防守、夹击、抢断。进攻方为了不出现违例，通常会发动快攻，快攻完成的时间都在 4~5 秒。如果快攻没有得手，进攻方会在防守立足未稳之际发起第二次抢攻，这些都是在短时间、大强度、激烈对抗情况下进行的。从篮球技术动作分析、跳投、突破、上篮、冲抢篮板球、变向跑、滑步、盖帽、扣篮、卡位等，都是在快速和突然性状态下完成的动作。

篮球运动是充满激烈对抗的开放性体育活动。对于任何一个运动项目来说，人体不可能有绝对的无氧，也不可能有绝对的有氧。有氧代谢是一切代谢的基础，高度的有氧能力不仅有助于有效进行氧化过程，最快地消除无氧代谢过程中积累的乳酸，而且能有效地提高肌肉中能源的贮存量，为无氧提供更多的能源。在篮球比赛中，由于篮球运动受场地和时间的限制，以及攻守的迅速变化，往往出现持续在 10 秒以内的运动状况。如比赛中的快攻和快速回防、突破投篮、冲抢篮板球、摆脱防守等，完成这些动作大都在 10 秒以内，而且强度较大，从时间和动作要求上看，这些动作都是由 ATP-CP（磷酸原系统）供能，它是篮球运动短时间内快速发力的主要供能方式。随着篮球运动的发展，攻防转换速度的加快，以及 8 秒、24 秒规则的限制，比赛常常出现一系列连续的攻防动作和几个回合的快速攻防变化。如进攻方投篮—二次进攻—防守快攻，防守方抢篮板—快攻反击等，这一系列连续的攻防变化不是在十几秒内就可以完成的。因此，单凭 ATP-CP 供能是不可能的，因为它只能给人体提供 3~5 秒极限运动的能量，而且 ATP-CP 在人体内的储量很少，通过短时间的场上休息又不能恢复到原来的水平，因此运动员在比赛中要维持大强度较长时间的运动就必须依靠糖酵解供能，此时糖酵解供能系统所提供能量的比例逐渐增大。研究表明，在运动员 85%比赛时间处于无氧供能状态，在另外 15%的时间处于有氧供能状态。国内外大量研究结果证实，篮球运动的基本供能方式是无氧供能形式，结合有氧训练可以提高篮球运动员的基本技术动作、柔韧性和肌肉力量，提高心血管功能，使年轻运动员在激烈的比赛中通过短暂的休息迅速恢复体力，为攻防创造有利的身体条件。

二、基本技术

（一）移动

移动是运动员在篮球比赛中，为了保持身体平衡、改变位置、方向、速度和争取高度、空间所采用的各种脚步动作方法的通称。移动是篮球技术的基础。在进攻中运用移动的目的是选择位置、摆脱防守、切入或衔接传接球、运球、突破等技术。在防守中运用移动的目的是保持或抢占有利位置、堵截对手、追防、协防或及时而果断地抢、打、断球及抢篮板球。篮球运动中常用的移动步法有以下几种:起动、跑、跳、急停、转身、滑步和交叉步等。

(二)传接球

传接球技术是篮球运动中的主要技术之一,是篮球比赛中进攻队员之间有目的地支配球、转移球的方法,是进攻队员在场上相互联系和组织进攻战术的纽带,也是实现战术配合的具体手段。巧妙地利用球的转移调动防守,可打乱对方的防守阵型,创造良好的进攻机会。

1. 双手胸前传球

双手胸前传球是篮球比赛中最基本、最常用的一种传球方法,具有传球快速有力、准确性高、容易控制,便于结合运用投篮、突破等动作的优点。

动作要领:双手持球于胸腹之间,两肘自然弯曲于体侧,身体成基本站立姿势,眼睛平视传球目标。传球时后脚蹬地发力,身体重心前移,两臂前伸,两手腕随之内旋,食、中指用力拨球并将球传出。持球手法正确,用力协调连贯,食指、中指用力拨球。球出手后,迅速调整成基本站立姿势。

2. 单手肩上传球

单手肩上传球是单手传球中一种最基本的方法。这种传球的力量大,球飞行速度快,常用于中、远距离传球。

动作要领:(以右手传球为例)双手持球于胸前,两脚平行开立。传球时,左脚向传球方向迈出半步,同时将球引至右肩上方,肘部外展,上臂与地面近似平行,手腕后仰。右手托球,左肩对着传球方向,重心落在右脚上,右脚蹬地,转体,前臂迅速向前挥摆,手腕前屈,通过食指、中指拨球,将球传出。转体挥臂,扣腕,自下而上发力。球出手后,随着身体重心前移,右脚向前迈出半步保持基本站立姿势。

3. 接球

接球是篮球运动中的主要技术之一,是获得球的动作,是抢篮板球和断球的基础。在激烈对抗的比赛中,采用正确的动作稳固地接球,对减少传球失误、弥补传球不足等都是非常重要的。

动作要领:接球有双手接球和单手接球两种,不论是哪种,接球时眼睛要注视球,肩、臂放松,手臂要迎球伸出,手指自然分开。当手指触球时,屈肘,臂后引,缓冲来球的力量,两手握球,保持身体平衡,以便衔接下一个动作。

(三)运球

运球是持球队员在原地或移动中,用手连续拍按由地面反弹起来的球的动作。运球是篮球比赛中个人进攻的重要技术,它不仅是个人摆脱防守进行攻击的有力手段,而且是组织全队进攻战术配合的重要桥梁。借助运球技巧和脚步动作超越对手的行动被称为运球突破。运球突破能力是衡量运球技术质量的一个显著标志,而运球突破的核心在于运球速度、节奏和方向变化的突然性。运球及运球突破是评价球性熟练程度的重要指标之一。

运球技术的关键在于手对球的控制能力,脚步移动的熟练程度以及手、脚及身体等之间的协调配合。运球时,运动员既要让移动速度和运球速度协调一致,又要保持合理的动作节奏。由于比赛情况千变万化,运球的方法也不同。运球时,五指分开以扩大控球面积,手指和指根以及手掌的外缘接触球,掌心空出。拍按球时,手应随球上下迎送,尽量延长控制球的时间,这样有利于保护球、改变动作和观察场上情况。拍按球的部位是由运球的方向和速度来决定的,因为拍按球的部位不同,运球的入射角和球反弹起来的反射角也不同,球从地面反弹的高度和速度也不同。原地运球时,拍按球的上方。向前运球时,拍按球的后上方。

依据运球时球的反弹高度,运球可分为高运球和低运球。依据运球时球行进的路线和方向变化,运球可分为直线运球、曲线运球、运球变速、运球变向等。依据运球变向时球与身体的位置关系,运球变向可分为体前变向、背后变向、胯下变向和转身。

1. 高运球

运球时,两腿微屈,双目平视,手用力向前下方推按球,球的落点在身体侧前方,使球反弹的高度在胸腹之间,手脚协调配合,使球有节奏地向前运行。这种运球身体重心高、速度快,便于观察场上情况。

动作要领:手脚的配合协调,推按球的后上方。

2. 低运球

当受到对方紧逼时,运动员常用这种运球摆脱防守。运球时遇到防守时,两腿应迅速弯曲,重心下降,身体前倾,用身体和腿保护球。同时,手短促地拍按球,使球从地面向上反弹的高度在膝部以下,以便更好地控制球和摆脱防守。

动作要领:降低重心,手急促地拍按球。

3. 运球急停急起

在对手防守较紧的情况下,运球向前推进时,可利用急停摆脱对手。还有以一种类似急停急起的变速运球摆脱紧逼防守的方法,即在行进间高运球中,在接近防守时,立即改为低运球,减慢运球速度,然后再改为高运球,加身体协调配合,控制好重心。

动作要领:急停稳,起动快。人和球速度步调一致,上体前倾和腿、脚的蹬地协调配合。

4. 运球后转身

当对手逼近,不能用直线运球或提前变向运球突破时,可用此方法摆脱防守。以右手运球为例,变向时,用左脚在前为轴,左后转身的同时,右手将球拉至身体的后侧方并按拍球,使球落在身体的外侧方,然后换左手运球,加速前进。

动作要领:中枢脚脚跟提起,用力蹬转,与后转身动作协调一致,重心在同一水平面上。

(四)投篮

投篮是进攻队员将球投入对方球篮而采用的各种专门动作方法的总称。投篮是篮球比赛中得分的唯一手段,是一切技术、战术运用的最终目的和全部攻守矛盾的焦点,是整个篮球技术体系的核心。投篮的能力和水平是制胜的关键因素。正确掌握并熟练运用投篮技术,不断提高投篮命中率,对于学习篮球运动技术技能具有十分重要的作用。

1. 原地单手肩上投篮

原地单手肩上投篮是比赛中运用比较广泛的一种投篮方法,是行进间单手肩上投篮和跳起单手肩上投篮的基础。它具有出手点高,不易被防守,便于结合传球、运球和突破等技术动作的优点,能够适应不同的投篮距离和位置。

动作要领:以右手投篮为例,右手持球于肩上,左手扶球的左侧,右臂屈肘,前臂与地面接近垂直。两脚左右开立或前后开立,两膝微屈,重心落在两脚上。投篮时,全身协调用力,下肢蹬地发力,右臂向前上方伸直,手腕前屈,食指、中指用力拨球,通过指端将球投出。球出手时,身体随投篮方向向上伸展,脚跟微微提起。

2. 原地跳起单手肩上投篮

跳起投篮又称跳投,具有突然性强、出手点高和不易防守的优点,多与传接、运球突破和其他技术动作结合运用,可原地、行进间急停和转身后完成跳起投篮。

动作要领:以右手投篮为例,两手持球于胸前,两脚前后或前后开立,两腿微屈,重心在两脚上,起跳时两腿迅速屈膝,脚掌用力蹬地向上起跳,双手举球至肩上,右手托球,左手扶球的左侧方。当身体接近最高点时,左手离球,右臂向上方伸直,手腕前屈,食指、中指拨球,通过指端将球投出。落地时,屈膝缓冲,准备下一个动作。

3. 行进间单手高手上篮

行进间投篮,俗称跑动中投篮,是比赛中广泛应用的一种投篮方法,一般在快攻或切入篮下时运用,也可以在中、近距离运用。行进间单手高手上篮是在比赛切入到篮下时常用的一种投篮方法。优点是出手点高,易用身体保护球。

动作要领:以右手投篮为例,右脚跨出一大步的同时接球,接着左脚跨出一小步并用力蹬地起跳,举球于肩上,当身体接近最高点时右臂向前上方伸直,手腕前屈,食指、中指用力拨球,通过指端投出。跨步的同时接球,第一步大、第二步小、第三步膝盖向上抬。手臂动作是接球、举球、投篮,掌握好上篮的角度和距离,手、脚配合协调。

4. 行进间单手低手上篮

行进间单手低手上篮是在快速移动中超越对手后到篮下或在空中探身超越对手后最常用的一种投篮方法,具有起跳点远,伸展距离长,动作速度快的优点,多在快攻或强行突破时应用。

动作要领(以右手投篮为例):右脚跨出一大步的同时接球,左脚接着跨出一小步并用力蹬地起跳,右腿屈膝上提,双手向前上方举球。当身体接近最高点时,左手离球,右手外旋,掌心向上,托球,并充分向球篮的上方伸直,接着屈腕,食指、中指用力拨球,通过指端将球投出。出手后掌心向上对篮,球向前旋转,腕、指上挑动作要协调、柔和。

(五)持球突破

持球突破是持球队员运用脚步动作和运球技术快速超越对手的一项攻击性很强的技术。掌握良好的突破技术,既能直接切入篮下得分,打乱对方的防守部署,创造更多的攻击机会,又能增加对手的犯规,从而获得更多的罚球,给对方造成很大的威胁。

1. 交叉步持球突破

防守队员距离较近时采用此方法。交叉步持球突破容易保护球,也可避免走步,故初学者运用较多。

动作要领(以右脚做中枢脚为例):两脚左右开立,两膝微屈,身体重心降低,持球于胸腹之间。突破时,左脚前脚掌内侧迅速蹬地,身体稍向右转,左肩向前下压,重心向右前方移动,左脚向右侧前方跨出,拉着运球,中枢脚蹬地向前跨出迅速超越防守。第一步要快,步幅适中，重心前移，蹬跨、转体探肩、推压护球动作以及加速动作要连贯。

2. 同侧步持球突破

防守队员较近时，利用防守队员失去重心，尤其是防守队员向进攻队员的中枢脚一侧失去重心时，运用效果最好。

动作要领（以左脚做中枢脚为例）：准备姿势和突破前的动作要求与交叉步相同。突破时，右脚向右前方跨出一步，向右转体探肩，重心前移，右手运球，左脚前脚掌迅速蹬地，向右前方跨出，突破防守。转体探肩动作要迅速，蹬地要用力，重心要保持好，做好护球动作。

（六）抢篮板球

比赛中双方队员争抢因投篮未中，而从篮板或篮圈反弹出的球，统称为抢篮板球。进攻方争抢的篮板球称为抢进攻篮板球，防守方争抢的篮板球称为抢防守篮板球。

篮板球的争夺是获得控制球权的重要来源之一，是篮球比赛中攻守转换的标志和核心。进攻篮板球不仅可以增加进攻次数和篮下直接得分的机会，而且容易造成防守犯规，造成强有力的杀伤，同时减少对方发动快攻的机会。防守篮板球不仅能够转守为攻，为发动快攻创造有利条件，而且能加重进攻队员投篮的心理压力。控制好篮板球意味着终结对手的攻击或自己又一轮进攻的开始。因此，一个队员抢篮板球技术掌握的好坏，对能否夺得主动权甚至比赛的胜负起着很重要的作用。

身体条件、拼抢意识和争夺技巧等是影响篮板球争夺能力的主要因素。传统上，抢篮板球分为判断抢位、起跳、抢球和得球后衔接动作等几个环节。抢位：就要依据投篮者出手的位置、角度、力量等具体情况，迅速抢占最佳位置。起跳：单、双脚跳，原地、行进间跳、冲跳等。得球后动作：在保护好球的前提下第一时间发动一传或快速二次进攻。

三、基本战术

篮球战术是篮球比赛中队员所运用的攻守方法的总称，是队员个人技术的合理运用和队员之间相互协同配合的组织形式。篮球战术可分为战术基础配合、全队进攻战术、全队防守战术。

（一）战术基础配合

战术基础配合，是两三人之间有目的、有组织、合作行动的方法。它包括进攻与防守两部分，是组成全队攻守战术的基础，也是培养运动员篮球意识的重要手段。只有熟练地掌握与运用战术基础配合，才能使全队战术配合更加灵活多变，更加有效地发挥作用。

1. 进攻战术基础配合

进攻战术基础配合包括传切、突分、掩护和策应等配合。

1）传切配合

传切配合是队员之间利用传球和切入技术所组成的简单配合。

配合要点：合理选择进攻位置，队形要拉开；切入队员要掌握切入时机，利用假动作迷惑对手，切入要果断迅速，并注意接同伴的传球；持球队员运用投篮和突破等假动作，吸引对手，以便及时把球传给切入的同伴。

2）突分配合

突分配合是持球队员运用突破打乱防守部署或吸引防守，并及时将球传给同伴，使同伴获得进攻机会的配合方法。

配合要点：在突破过程中，要随时观察场上队员的行动和位置变化，既要做好投篮的准备，又要准备及时准确地传球给同伴。

3）掩护配合

掩护配合是运动员采用合理的行动，用自己的身体挡住同伴的防守者的移动路线，使同伴摆脱防守，或利用同伴的身体和位置使自己摆脱防守的配合方法。其主要分为前掩护、侧掩护、后掩护、反掩护等。

配合要点：掩护队员要站在同伴防守队员的移动路线上；掩护配合行动要突然、快速，运用假动作给防守队员造成错觉，同时掌握配合动作的时间来完成掩护配合；当防守队员交换防守时，掩护队员运用掩护后的第二动作，突然转身切入篮下或寻找其他的进攻机会。

4）策应配合

策应配合是指在内线的队员背对或侧对篮板接球后，以他为枢纽，通过多种传球方式与其他队员的空切、绕切结合，从而摆脱防守，创造进攻机会的一种配合方法。

配合要点：策应队员要突然起动，摆脱对手，占据有利位置，接球时两脚开立，两膝弯曲，两肘外展，用身体保护球，同时观察场上攻、防的变化，及时把球传给进攻机会最好的同伴进攻；外围传球队员要根据策应者的位置和机会，及时、准确地传给策应队员，做到人到球到，传球后迅速摆脱，切入篮下，创造进攻机会。

2. 防守战术基础配合

防守战术基础配合是指在篮球竞赛中，两三名防守队员为破坏对方进行配合，或当同伴防守出现困难时，及时互相协作行动的方法，它是组成全队整体防守战术配合的基础（包括挤过、穿过、交换、关门等）。

1）挤过配合

挤过配合是指对方进行掩护时，防守队员在掩护队员接近自己的一刹那，迅速抢前横跨一步贴近自己的对手，并从两个进攻队员之间侧身挤过去，继续防守自己对手的配合方法。

2）穿过配合

穿过配合是指当对方进行掩护时，防守掩护者的队员及时提醒同伴，并主动后撤一步，让同伴及时从自己和掩护队员之间穿过去，继续防守自己对手的配合方法。

3）交换配合

交换配合是指进攻队员进行掩护时，防守掩护者的队员与防守被掩护者的队员及时主动地交换自己所防守对手的配合方法。

4）关门配合

关门配合是当进攻持球突破时，防守突破的队员向侧后滑步。同时，临近突破一侧的防守队员迅速向进攻队员的突破路线滑动，与防守突破的队员靠拢，像两扇门一样地关起来，堵住持球突破队员的一种配合。

（二）全队进攻战术

全队进攻战术是根据对方的防守战术而采用的针对性的进攻战术。

1. 快攻战术

快攻是由防守转入进攻时，以最快的速度，最短的时间，在对方尚未部署好防守之前，创造人数上、位置上的优势，果断而合理地进行攻击的一种快速的进攻战术。全队要有积极的快攻意识，掌握快攻的发动时机。由守转攻时，每个队员积极行动，发动接应、快下要协同配合进行，并保持纵深分散队形，展开迅速的攻击。持球球队员，要敏锐地观察同伴的行动，要先远后近，传好第一传。在快攻中，应以传球为主，结合运球突破，加快进攻的速度。快攻结束时，不要降低速度，要果断进行攻篮和跟进抢篮板球。

2. 人盯人防守时的进攻战术

人盯人防守时的进攻战术分为单中锋进攻、双中锋进攻、机动中锋策应进攻。

3. 区域联防时的进攻战术

应首先采用快攻突击，对方联防布阵之后，则要针对防守阵形的薄弱环节决定进攻落位阵形，采用快速而有节奏的传球、破坏防守阵形，利用其漏洞，创造机会进行投篮。

（三）全队防守战术

全队防守战术是指从有利于破坏对方进攻战术而确定的针对性防守战术。

1. 防守快攻

运动员必须具有积极主动的思想、顽强的精神、沉着冷静的头脑，合理地应用封、夹、抢、断球等技术，努力破坏或延缓对方发动快攻。退守要前后照应，后线防守队员一定要迅速退守，前线防守队员在控制对方发动快攻后也要快退，同时还要提高后场以少防多的能力，尽力降低对方的命中率，在此基础上迅速组织阵地防守战术。尽可能提高进攻成功率，拼抢进攻篮板球，减少对方可能发动快攻的次数；堵截发动快攻的第一传和接应第一传；防堵进攻队快下的队员；提高以少防多的能力。

2. 半场人盯人防守

由攻转守时，每个队员都要迅速退回后场，找到对手，形成集体防守。根据对手、球、球篮，选择有利位置。有球紧，无球松；近球紧，远球松；近篮紧，远篮松。积极移动，控制对手。做到球、人、区兼顾，与同伴协助，破坏对方进攻配合，加强防守的集体性。

3. 区域联防

按一定阵形落位，每人明确分工防守一个区域，同时又进行联合防守。每个队员必须认真负责自己的防区，积极阻挠进入该防区的进攻队员的行动，并联合进行防守。要以防球为重点，随球的转移而经常调整位置，做到人球兼顾，不让持球队员突破或传球给内线防区。对进入罚球区附近或者穿过罚球区的进攻队员，必须严加防守，切断其接球路线，不让其轻易接球、传球或投篮，加强拦下区域防守。每个防守队员要彼此呼应，随时准备协防、换位、越区、“护送”等，相互帮助，加强防守的整体性。远离球的后线防守队员，要起指挥防守的作用。

四、篮球竞赛规则

篮球比赛由两个队参加，每队出场5名队员。每队的目标是在对方球篮得分，并阻止对方得分。在比赛时间结束时得分较多的队，即是比赛的胜者。

比赛场地应是一块平坦、坚实且无障碍物的表面。篮球比赛场地所有的线应用白色画出，并清晰可见，线宽为5厘米。比赛由4节组成，每节比赛时间为10分钟。在第1节和第2节（第一半时）之间、第3节和第4节（第二半时）之间以及每一决胜期前应有2分钟的比赛休息时间。第一半时和第二半时之间休息时间为15分钟。如果第4节比赛时间终了时双方比分相等，为打破平局，双方需要一个或多个决胜期来继续比赛，直到分出胜负为止。每个决胜期的比赛时间为5分钟。当球已进入对方的球篮，对投篮的队按如下计得分。一次罚球中篮计1分；从2分投篮区域中篮计2分；从3分投篮区域中篮计3分。每次暂停应持续1分钟。在第一半时的任何时间每队可请求2次暂停；在第二半时的任何时间可请求3次暂停，以及每一决胜期的任何时间可请求1次暂停。未用过的暂停不得留给下一个半时或决胜期。

在比赛中，球只能用手来打，并且可向任何方向传球、投篮、拍打、滚动或运球。带球跑，故意踢或用腿的任何部分阻挡球或用拳击球是违例。然而，球偶然地接触到腿的任何部分，或腿的任何部分偶然触及球，不是违例。

（一）违例

违例的定义是违犯规则。每当发生一起违例时，对应裁判员将球判给对方球员从最靠近发生违例的地点掷球入界，但正好在篮板后面的地点除外，除非规则另有规定。

（1）普通违例：如带球走、两次运球、脚踢球或拳击球。

（2）跳球违例：除了跳球球员以外的人不可在跳球者触到球之前进入中央跳球区触球。

（3）24秒钟规则：进攻球队在场上控球时必须在24秒钟内投篮出手并触及球篮。

（4）8秒钟规则：一名球员从后场控制活球开始，在掷球入界中，球触及后场的任何球员或者被后场的任何队员合法触及，掷球入界队员所在队仍拥有在后场的球权。该队必须在8秒钟内使球进入前场（对方的后场）。

（5）5秒钟规则：持球后，球员必须在5秒钟之内掷界外球出手，（FIBA国际篮球联合会）规则规定罚球也必须在5秒钟内出手。

（6）3秒钟规则：当某队在前场控制活球并且比赛计时钟正在运行时，该队的队员不得停留在对方队的限制区内超过持续的3秒钟。

（7）队员出界：当队员身体的任何部分接触界线上，界线上方或界线外的除队员以外的地面或任何物体时，即是队员出界。

（8）干扰球：投篮的球向篮下落时，双方队员都不得触球。当球在球篮里的时候，防守队员不得触球。球碰板后对方不得碰球，直到球下落。

（二）犯规

犯规是对规则的违犯，含有与对方球员的非法身体接触和/或违反体育运动精神的举止。可宣判一个队任何数量的犯规,不管罚则是什么,都要登记犯规者的每一次犯规,记入记录表并且根据这些规则进行处罚。

(1)侵人犯规:无论在活球或是死球的情况下,攻守双方队员发生身体接触而产生的犯规行为。

(2)技术犯规:技术犯规是没有身体接触的犯规,例如队员或教练员因表现恶劣而被判犯规,比如与裁判发生争执等情况。

(3)违反体育道德的犯规:一名队员不是在规则的精神和意图的范围内试图合法地去直接抢球而发生的接触犯规行为。

(4)取消比赛资格的犯规:队员、替补队员、出局的队员、教练员、助理教练员或随队人员的任何恶劣的违反体育道德的行为。

(5)队员5次犯规:无论是侵人犯规,还是技术犯规,一名球员犯规共5次(NBA为6次)必须立即离开球场,不得再进行比赛。

(6)全队犯规处罚状态:某队在一节中已累计4次犯规时,该队即处于全队犯规处罚状态。当处于全队犯规处罚状态后,再次对未做投篮动作的队员发生侵人犯规,应由被侵犯的队员执行2次罚球。

章节小结

本章介绍了篮球运动的概况,包括项目起源、特征和发展趋势,重点介绍了篮球项目的各项基本技术,篮球比赛中基本的进攻和防守战术。

思考题

1. 中国男、女篮球队在世界杯、奥运会取得的最好名次是什么?
2. 篮球运动的基本特征有哪些?
3. 简述篮球运动中个人基本技术。
4. 列举篮球比赛中常见的违例和犯规类型。

(章节撰稿人:曹玉超)

第二节　排球

一、项目概述

(一)项目起源

1895年美国马萨诸塞州霍利沃克城基督教青年会干事威廉·G.摩根认为篮球运动过于激烈,于是创造了一种比较温和的、老少皆宜的室内游戏。1896年,美国普林菲尔德市立学校的艾特哈尔斯戴特博士把摩根游戏起名为“volleyball”(排球),并沿用至今。1896年在斯普林费尔德体育专科学校举行了世界上最早的排球比赛。最初的排球比赛没有人数规定，上场人数可在赛前由双方临时商定，原则上只要双方人数相等就行。1897 年，摩根制定了排球比赛规则，它有力地推动了排球运动的发展。排球运动在美国问世以后，由美国的传教士和参加战争的美国军官和士兵带到了世界各地。

排球 1900 年传入加拿大，1905 年传入中国，1906 年被一名美国军官约克把排球带到了古巴，1908 年传到日本，1910 年传入菲律宾，1912 年传入乌拉圭，1914 年传入墨西哥，1917 年传入法国，以后才传入苏联、捷克斯洛伐克、波兰等国家。亚洲最早的排球比赛是在 1913 年在菲律宾马尼拉举行的。1947 年，排球运动世界性组织——国际排球联合会成立。随着技术水平的不断提高，规则也逐步完善。1964 年排球被列为奥运会正式比赛项目。

（二）项目特点

排球运动是两队各 6 名队员在长 18 米、宽 9 米的场地上，从中间隔开的球网（男子网高 2.43 米，女子网高 2.24 米）。根据以上规则的规定，排球是运动员运用各种击球技术进行集体的攻防对抗，将球击过球网，落在对方场区的地面，使球不在本方落地的一种球类运动项目。排球运动的规则和形式决定了排球运动具有团队的协作性、攻防的连贯性、技术的全面性等一般特征。排球运动是所有集体项目中球星作用发挥最小的项目，所有技术动作中除发球外都是在集体配合中完成。在一场 5 回合大约 90 分钟的比赛中，每个运动员需起跳 150 多次，完成短距离的快速移动和各种击球动作，这种全力快速的技术动作特点，说明排球运动是一项以爆发力为主的体育项目。美国知名体育学者乔纳森·里泽认为：排球运动主要是通过 ATP-CP 系统和糖酵解产生能量，供肌肉爆发性收缩的需要。运动员要经历多个高强度的比赛回合，但同时也有机会从比赛间隙中得到恢复，所以运动员应具备快速合成能量的能力和快速恢复的能力。

1. 排球的运动素质特征

优秀排球运动员应当具备的运动素质特征有爆发力好、弹跳力，迅捷的反应速度、快速的步法移动、良好的弹跳能力和腰腹力量，运动竞赛中表现为：击球点高、力量大、速度快、旋转强等。优秀排球运动员拥有较强的助跑弹跳、原地弹跳、起动速度、低姿变向移动速度、手臂挥动速度、各种转体动作速度、爆发力、灵活性等专项运动素质。排球运动员专项身体素质内容主要有：①力量包括腰、腹力量，腿、踝部力量，手臂、手指、手腕力量等；②速度包括反应速度、移动速度、起跳速度、挥臂速度等；③弹跳力包括原地弹跳力、助跑弹跳力、连续弹跳力等；④耐力包括移动耐力、弹跳耐力、速度耐力、比赛耐力等。

2. 排球的运动技术特征

排球技术分无球技术和有球技术，无球技术包括准备姿势、移动，有球技术包括发球、垫球、传球、扣球、拦网。本节讲排球运动的技术特点，主要指有球技术。下面将分别从发球、垫球、传球、扣球和拦网五大技术来讨论排球运动的技术特点。

（1）发球技术速度化。苏联排球专家研究表明："发出的球速度超过 17 米/秒以上，会对接发球效果产生极大的影响"。现代排球飘球的速度平均为 16 米/秒以上，各种大力发旋转球的速度平均为 17 米/秒以上，跳发旋转球的速度平均为 19 米/秒以上，高速度的发球使得分率大大提高。

（2）垫球技术实效化。现代排球高质量防守和进攻的关键在于准确到位的垫球，在防守发球或扣球上，力求实效，故要求运动员反应快、起动早、卡位好、拼得狠，能用各种高难防守动作和手法完成大范围的有效防守，以此为进攻创造良好条件。

（3）传球技术短平化。世界诸强队的高水平二传手多采用单、双手的跳传技术，升高击球点，将传球时间提前 0.1 ~ 0.2 秒，或利用手指手腕发力使球速加快，传球弧度低，缩短了球在空中飞行的时间，加快进攻节奏，从而有效地实施进攻。

（4）扣球技术力量化。纵观世界排坛诸强队的扣球手具有出类拔萃的爆发力和弹跳力，加上强劲有力的扣杀能力占据着网上优势。在扣球技巧上，轻重结合、长短结合、强快结合、直斜结合，能使得扣出的球力量大、速度快、变化多，难以防守。

（5）拦网技术高强化。拦网技术是防御技术，也是得分手段。高水平球队比赛，拦网得分占总得分的 30%左右，在防守反击中，拦网成功率在 40%左右。移动更快，起跳更高，滞空能力更强，空中手型变化更加熟练实用，才符合实战排球的需要。

3. 排球的运动战术特征

现代排球进攻战术向三维空间“双活点”立体化发展：进攻战术都是快攻牵制，由平面到立体，具有进攻点多、战术变化多、灵活性高、牵制力强、杀伤力大，对一传压力小的优点，是世界排球进攻战术的发展趋势。

防守战术表现为“前高位化”、自由人灵活专人化的特点，强化了前后排队员的配合，限制了对方拦网的威胁，解放自由人使之成为接发球和后排防守的核心。此外，排球运动战术特点还有如：战术思想“快速化”，战术行动“多变化”，专项制胜因素表现为“高、全、快、变”的特点，进攻范围不断拓展，战术运用趋向合理、简练和实用等。

（三）我国排球运动的发展

体育历史学家一致认为排球运动是 1905 年传入我国的。1913 年 2 月在马尼拉举行的第一届东远会上，东道主临时决定增设排球比赛，但报名的只有东道主一家。为了完成计划，东道主执意邀请中国队参加。中国队在毫无准备的情况下，从田径和足球队员中挑选出队员组成排球队，在听取了东道主介绍比赛规则之后就上场比赛。第一届远东会后，比赛归来的广东选手就在广州推广排球运动。我国女子排球是 1921 年在广东省运动会上开始的排球运动。

1905—1919 年，我国排球比赛采用 16 人制。16 名队员分成 4 排，每排 4 人，位置固定不轮转，当时水平很低，打法也比较简单。后来发展到由前两排中间的队员打高远球进攻，但尚未出现拦网技术。

1919—1927 年，我国排球比赛采用 12 人制。12 名队员分为 3 排，每排 4 人，位置固定不轮换。技术发展到采用上手发球，并且出现了单人拦网和倒地救球。进攻从中间转为两侧队员扣球。

1927—1951 年，排球比赛采用 9 人制，9 人制在我国经历了 24 年之久。9 名队员分成 3 排，每排 3 人，位置固定，不轮转。

中华人民共和国成立后,排球运动和其他运动一样,有了较快的发展。1951 年根据国际规则,结合国内情况制定了我国 6 人制排球规则,经中华全国体育总会筹委会审定通过并在全国试行。同年举行全国篮、排球比赛大会,正式采用 6 人制排球比赛。我国 6 人制排球的发展分为七个阶段。

第一阶段:继承学习阶段(1951—1956 年)。这一阶段主要继承我国 9 人制排球的上手传球,勾手大力发球,正面及勾手扣球,快球和拦网等技术,以及快球掩护进攻和集体拦网等战术。学习苏联和东欧先进技术,并逐步推广 6 人制排球。

第二阶段:摸索发展阶段(1956—1966 年)。这一阶段各省区市根据各自的特点,开始摸索发展各自不同的风格和打法。周总理邀请大松博文带领当时的世界冠军日本女排访华。明确地提出"三从一大"的训练原则对当时排球运动的发展起了很大的推动作用,在走自己技术发展的道路方面,迈出了可喜的一步。

第三阶段:低潮阶段(1966—1972 年)。正处于上升时期的排球运动受到了严重的干扰。

第四阶段:恢复阶段(1972—1980 年):1972 年召开三大球训练工作会议,总结过去的经验教训,明确了技战术指导思想,制定了五年排球发展规划建立了排球训练基地,有计划地每年组织集训。

第五阶段:高峰阶段(1981—1986 年):这个阶段中国女排取得世界大赛五连冠。男排获第五名的佳绩,均属历史最好成绩。

第六阶段:反复阶段(1986—2002 年)。中国女排上升下降几经反复男排下降后还没赶上 20 世纪 70 年代末 80 年代初的水平。

第七阶段:回升阶段(2003 年至今)。2003 年世界杯和 2004 年雅典奥运会女排两夺世界冠军,男排正努力奋斗,力争实现历史的突破。

二、基本技术

(一)准备姿势和移动

1. 准备姿势

两脚左右开立稍比肩宽,一脚在前(站在左半场时,左脚在前;站在右半场时,右脚在前;站在场中央时,两脚平行),前脚脚跟和后脚脚尖保持在一条线上,两脚尖稍内收,两脚跟提 起,两膝弯曲成半蹲;两臂放松自然弯曲,双手置于腹前;两手心相对,手指自然张开;两眼注视来球,注意力高度集中;身体前倾,两肩的垂直面超出膝部,膝部的垂直面超出脚尖。身体重心的着力点在前脚掌。全身保持"静中待动状态"。

2. 移动步法

移动的目的是调整好人与球之间的位置,做好接球前的准备,便于击球。因 此,要尽快地移动到位。通常移动步法有以下几种:并步与滑步法、跨步与跨跳 步法、交叉步法、跑步法、后退步法、综合步法。

（二）垫球

垫球手型，有抱拳式、叠掌式、互靠式，如图 9-1 所示。

图 9-1　排球垫球手型示意图

垫球部位为手腕下部前臂中上部，如图 9-2 所示。

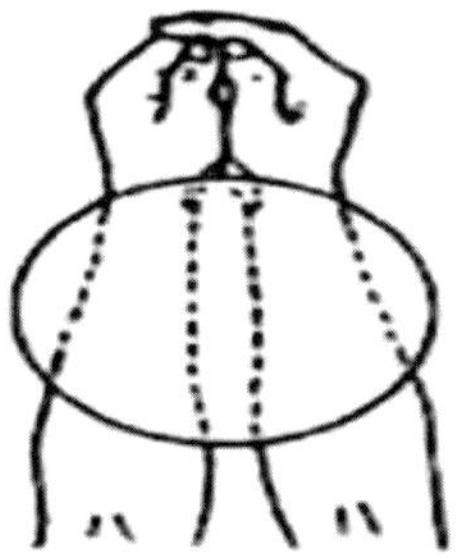

图 9-2　排球垫球部位示意图

击球角度：根据垫球距离和入射角等于反射角的原理，适当调整两手臂的角度以控制球的方向、弧度和落点。

常用垫球技术有正面双手垫球、体侧垫球、正面低姿势垫球、背垫球、单手垫球、前扑垫球、侧卧垫球、滚翻垫球、挡球和救球等，正面双手垫球是各项垫球技术的基础，是运用最多的一种技术，下面介绍正面双手垫球。

1. 正面双手垫球

正面双手垫球击球时，手臂迅速插入球的下方，含胸收肩，压胞抬臂，伸膝提腰，身体和两臂要自然随球前送，重在控制球的落点和方向。对于球速快、力量大的来球，手臂应顺势后撤缓冲，使球速得以缓冲而垫出。

动作要领图 9-3：判断、移动正面对准来球，两脚开立（左右、前后）稍宽于肩，脚尖内收或朝前，脚跟稍提起，两膝弯曲稍内扣，身体稍前倾，重心靠前，落于前脚掌，两臂微屈置于腹前，两肘稍向内收，两眼注视来球；击球时两手互握，手腕下压，两前臂外展；击球点在腹前；触球时，配合蹬地，收腹的全身协调动作，用提肩、抬臂前送的力量，将球垫出。

图 9-3　正面双手垫球技术连贯动作示意图

2. 跨步垫球

当来球离身体一步左右，但速度较快或部位较低，来不及移动对正时，队员迅速向前或向侧跨一步垫球的动作叫跨步垫球。跨步垫球在接发球和接扣球中广泛运用。它是滚翻倒地等低姿垫球的基础。

动作要领（图 9-4）：看准来球落点，及时向前或向侧跨出一步，屈膝制动，重心落在跨出腿上，上体前倾，臀部下降，后腿自然伸直或随重心前移而跟着上步，两臂前伸插入球下，用前臂击球的后下部。

图 9-4　排球跨步垫球技术示意图

（三）发球

发球有正面下手发球、侧面下手发球、侧面勾手飘球、侧面大力勾手发球、正面上手发球、正面上手发飘球、跳发球等技术。这里重点讲解正面下手发球和正面上手发球技术。

1. 正面下手发球（以右手发球为例）

准备姿势：面对球网，两脚前后开立，左脚在前，两膝微屈，身体前倾，重心偏后脚，左手持球于腹前，右臂自然下垂。

抛球：左手将球平稳地向上托送竖直抛起，抛球高度为 30 厘米左右

挥臂：右手臂直臂向后摆动，右腿蹬地，身体重心随着右臂的直臂前摆而前移。

击球：用虎口、掌根或手掌击球的后下部，重心随击球动作前移。

动作要领：以右脚蹬地，右臂伸直，以肩为轴，向腹前挥臂摆动，身体重心随之前移，在体前右侧以全掌或掌根击球的后下方。击球后，迅速进场比赛。排球正面下手发球技术动作

如图 9-5 所示。

图 9-5　排球正面下手发球技术连贯动作示意图

2. 正面上手发球(以右手发球为例)

准备姿势:面对球网,两脚前后开立,左脚在前,两膝微屈,身体前倾,重心偏后脚,左手持球。注意观察对手的接发球站位和布局,并选定自己要攻击的目标,以求直接得分或破坏对方的进攻技术。

抛球:左手将球平稳地将球向右肩的前上方抛起,高度适中。

挥臂:抛球的同时,右臂抬起,并肘后引,肘与肩平齐,手掌自然张开,抬头、挺胸展腹。后脚蹬地,带动身体向左转动,同时迅速收腹,以蹬地转体之力带动手臂向前挥动,在右肩的上方准备击球。

击球:以全掌或掌根击球的中下部,击球后,迅速进场进行比赛。

上手发球技术动作要领:将球平稳抛在右肩前上方,高约 50 厘米。利用上体转动、收腹带动手臂挥动做弧线加速度。以全手掌击球的后中部,手触球时,手腕有向前推压动作,使球上旋飞行。排球正面上手发球技术连贯动作如图 9-6 所示。

图 9-6　排球正面上手发球技术连贯动作示意图

（四）传球

排球传球技术有：正面双手传球、跳传球、背传球、侧传球等。这里重点学习正面双手传球和跳传球技术。

1. 正面双手传球

准备姿势：两脚左右开立，与肩同宽，两膝微屈，重心落于两脚之间。躯干、上体稍前倾，两肩放松，注视来球。上肢两臂屈肘举起，手的高度在脸前。手腕稍后仰，十指张开成半球形，手腕后仰，小指在前，拇指相对成八字形置于额前。

击球点：两手应在前额的正前上方约一个球的位置击球。在这一位置触球，肘关节便于继续伸臂用力。击球时手指触球的部位：手指触球时，应在击球前手型的基础上，以手指的不同部位触及球体，利用蹬地、伸膝和伸臂的动作，通过球压在手指上的反弹力，以拇指、食指、中指和手腕协调发力，将球传出，用力一定要协调一致（图 9-7）。

图 9-7　排球传球手型示意图

动作要领：迎球从下肢开始发力。伸膝、伸髋，重心上升，接着是屈踝、伸肘，迎向来球并在正确的击球点击球。击球动作：依靠全脚蹬地和手指手腕的用力将球传出。击球后，手腕由于用力后的惯性动作而适当随球前屈。排球正面双手传球技术连贯动作如图 9-8 所示。

图 9-8　排球正面双手传球技术连贯动作示意图

2. 跳传球技术

运动员利用助跑或原地起跳，在空中进行单、双手的传球叫跳传。跳起后，在身体接近最高点时用抬臂和伸肘的动作去迎击球，当身体上升到最高点时恰好触及球，这样可以借助身体最后的上升力量来加大传球力量。击球的手型、击球点手指、手腕动作与原地正面传球相同。

（4）扣球（以右手扣球为例）

准备姿势：两脚开立，两膝微屈，身体稍前倾，眼睛注视来球，观察二传来球。

判断：判断一传、二传的情况，根据二传的传球方向、弧度、速度和落点来确定起跳的地点和时间。

助跑起跳：根据来球的方向、弧度速度和落点，选择起跳地点和时间。确定助跑的方向速度和步数。助跑的步法一般有两步、三步。以两步助跑为例，左脚自然放松跨出一步，接着右脚跨出大步，以脚跟先着地，两臂摆至体后下方，右脚由脚后跟过渡到全脚掌着地，左脚并上在右脚稍前。两膝弯曲内扣，眼睛注视来球，准备起跳。起跳时，两脚迅速有力踏跳，同时快速展腹，带动身体腾空而起。

挥臂击球：起跳后，两臂向体前上方挥摆。在空中，上体要挺胸展腹，稍向右转，右臂屈时抬起，以迅速转体收腹动作带动手臂猛烈挥击击球时，手臂要伸直，用全手掌击球的中上部。

落地：完成击球动作后，以前脚掌落地过渡到全脚掌着地，屈膝缓冲，立即准备做下一动作。

排球扣球技术连贯动作如图 9-9 所示。

图 9-9 排球扣球技术连贯动作示意图

（五）拦网

拦网分为单人拦网和集体拦网，其个人技术是相同的，集体拦网时，要注意队员相互间的配合。

1. 准备姿势与起跳

面对球网，密切注视着对方动向，两脚平行开立，约同肩宽，两膝稍图，两手自然弯曲置于胸前，眼睛注视球和对方扣球队员的移动，随时准备起跳和迅速向两侧移动。拦网时，两腿同时充分屈膝下蹲，掌握好起跳时机，两臂在体侧划小弧前程力上摆，

2. 空中击球动作

起跳后稍收腹，控制平衡。同时，两手从额前贴近并向上沿前带动身体向上垂直起跳。两臂伸直，两肩尽量上提。拦击时，两手尽量伸向对方上空，接近球，两手自然张开，两手之间的间隙要小于球，不能让球从两手间漏过。手指要充分张开，保持一定的紧张。拦击时根据对方扣球线路变化，两手在空中向球变线方向伸出，对侧手掌心在拦击时内度。当手触球时，手压腕，用力捂盖球前上方，以防止被打手出界。如对方击球点高，不能接近球进行拦网，可以采用手腕后仰的方法，堵截扣球路线，以便将球向上拦起

3. 落地

如已将球拦回，则可面对对方，以双脚前脚掌着地屈膝缓冲。如未拦回球，则下落时要随球转头转体，立即准备做好下一动作。

三、基本战术

排球战术是指运动员在比赛中根据排球运动的规律，双方的具体情况和临场的变化，合理地运用技术及采取有组织、有目的和有预见的一种配合行动。

（一）接发球站位

接发球站位是为了合理有效地接起对方的发球并组织一攻的战术。根据对方发球的特点，采取不同的阵形。接发球的站位阵形，接发球的人数不同有：5 人接发球、4 人接发球、3 人接发球、2 人接发球等 4 种站位形式。通常多采用 5 人接发球和 4 人接发球。

五人接发球站位阵形，主要有“一三二”站位即“W”形，如图 9-10 所示。

除 1 名二传站在网前或从后排插上准备二传不接发球外，其余 5 名队员都担负传球任务的接发球站位阵形。其优点是队员均衡分布，每人接发球的范围较小；接发球时，已站成了基本的进攻阵形，组织进攻比较方便，适合接发球水平不太高的球队。其缺点是队员之间地带较多，配合不默契时，容易出现前后排互相干扰的现象。

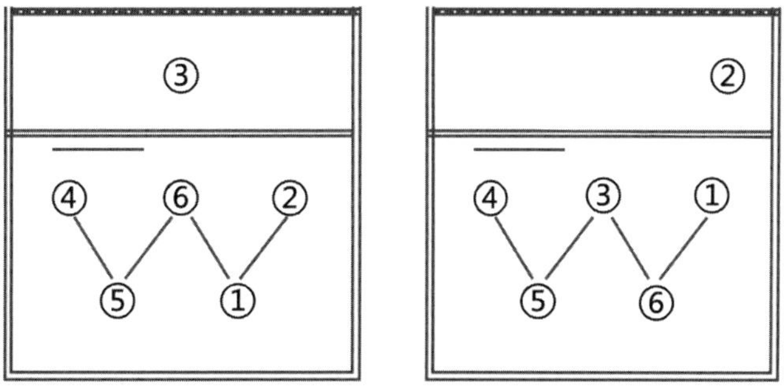

图 9-10　接发球“一三二”站位即“W”形站位阵型示意图

(二)阵容配备

目的是合理使用队员,充分发挥特长。有“四二”“五一”配备等阵容配备。

“四二”配备由 4 名进攻队员和 2 名二传组成。特点:便于组织进攻。

“五一”配备由 5 名进攻队员和 1 名二传组成。副攻主攻队员位置的站立与“四二”配备基本相同,只是要有一名同二传对角队员作为接应二传,这样可以加强拦网和进攻力量,如图 9-11 所示。

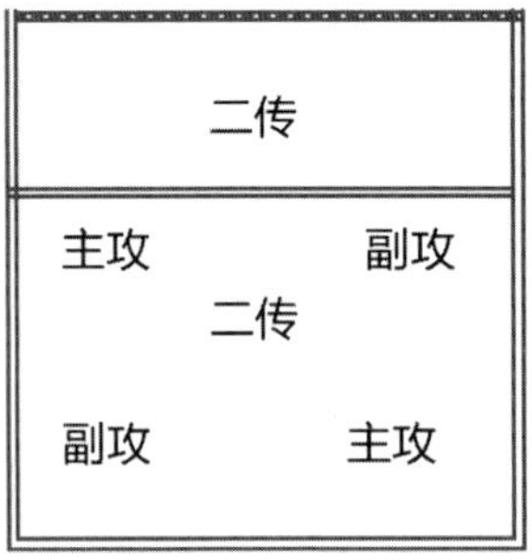

图 9-11 排球“五一”配备阵容示意图

(三)进攻战术

排球常用进攻战术有:“中一二”“边一二”“插上”“二次球”“后排进攻”五种。这里重点介绍“中一二”和“边一二”进攻战术。

1.“中一二”进攻

由 3 号位队员作二传,将球传给 2 或 4 号位队员组成进攻的配合形式称为“中一二”进攻。“中一二”进攻战术是进攻战术之一,在进攻、反攻中都常采用。“中一二”进攻战术容易组织,比较简单,是初学者常用的进攻阵式,如图 9-12 所示

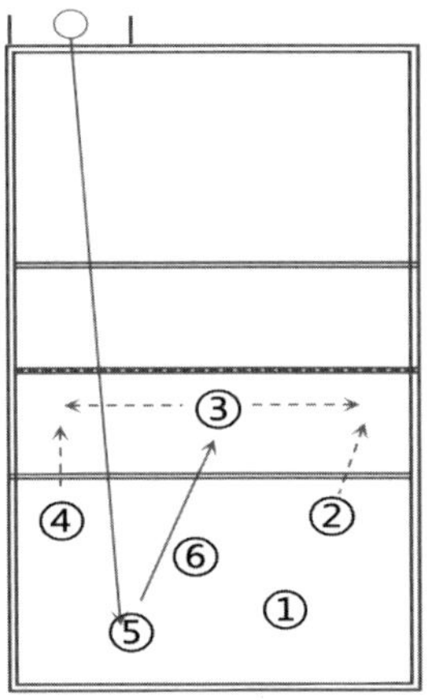

图 9-12 “中一二”进攻战术示意图

练习要求:熟悉位置和跑动路线,接发球后,全队组织“中一二”进攻,完成进攻后,立即

后撤再次接从对方场内抛来的球,完成二次“中一二”进攻战术。双方组织接发球后的“中一二”进攻,可以增加对方拦网提高实战性的练习。

2.“边一二”进攻

阵式由前排 2 号(或 4 号)位队员作二传,把球传给 3 或 4 号(或 2 号位队员进攻,这种进攻的组织形式就叫“边一二”进攻(图 9-13)。边一二”进攻的优点是右手扣球者在 3 或 4 号位扣球都比较顺手,战术变化也较“中一二”多。

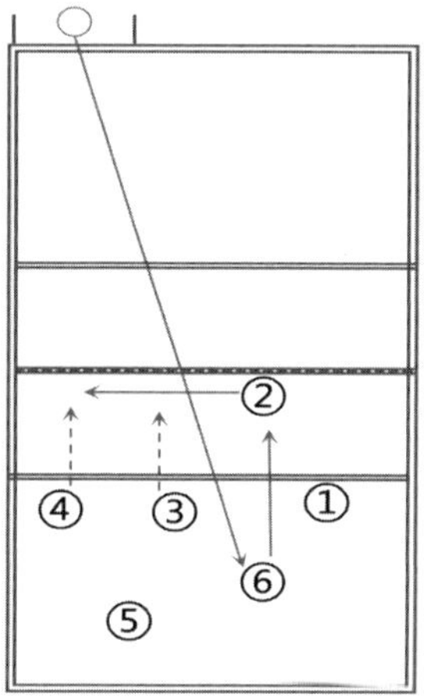

图 9-13 “边一二”进攻战术示意图

练习要求:熟悉球路和位置。注重发、垫、传、扣的整体配合,增加队员拦网的整体配合。在防守的基础上运用“边一二”进攻战术的练习。由场外抛球式扣球,双方在防守后,组织“边一二”进攻。若失误,则继续由场外抛球或扣球进场,在对抗中提高运用能力。

(四)防守技术

集体防守技术包括“无人拦网防守技术”“单人拦网防守技术”“双人拦网防守技术”“集体拦网防守技术”四种。这里主要介绍“双人拦网防守技术。

双人拦网防守“边跟进”与“心跟进”技术:一般在对方进攻威力较大,为了加强本方防守反攻的情况下采用。如对方 4 号位队员进攻(与从 2 号位进攻原理相同),本方由 2 号位和 3 号位队员组织双人拦网, 4 号位队员后撤参加后排防守,四个防守队员形成面对进攻方向的弧形防线(边跟进马蹄心防守)。这种防守方式的缺点是拦网和防守队员之间的空隙较大,形成“中空”,如果对方突然改变进攻方式,用吊球或轻扣至“中空”地区,就给防守造成很大的困难。为了解决“中空”的问题,通常是明确规定 1 号位队员随时跟进,担负保护拦网和防吊球任务。1 号位队员要根据对方扣球的特点,二传的情况和我方拦网的情况做出判断,机动灵活地跟进。“跟进”的方向和地点,要根据临场的情况来选择。

当 1 号位队员“跟进”后 6 号位队员应注意弥补 1 号位的空当。4 号位队员由防守转入反攻,需要快速完成连续动作。还有采用 6 号位专职保护拦网和防吊球的阵式(心跟进)。其要点是后区有空当区,可用加强拦网及 5 号队员加强判断来弥补。

练习要求如下。

（1）六个队员在场上站在1至6号位上，教师在对方场区2或4号位持球。当教师在4号位持球时，2和3号位队员立即移动拦网，其他队员迅速组织“双人拦网防守”徒手跑动变换到位。

（2）教师在2或4号位高台上扣球结合吊球，队员做“双人拦网防守”和组织反攻战术练习。

（3）结合教学比赛，提高在实战中运用防反战术的能力。

四、排球竞赛规则

排球比赛是在长18米、宽9米的长方形场地进行（图9-14），男子比赛网高2.43米，女子比赛网高2.24米，场地的所有界线均宽5厘米，场地的长和宽包括界线，压线球为界内球。距中线3米处有一条进攻线，以限制后排队员在前排进行进攻性击球，中线和进攻线视为无限延长；每队上场6人站成两排自左向右前排4、3、2号位，后排5、6、1号位。

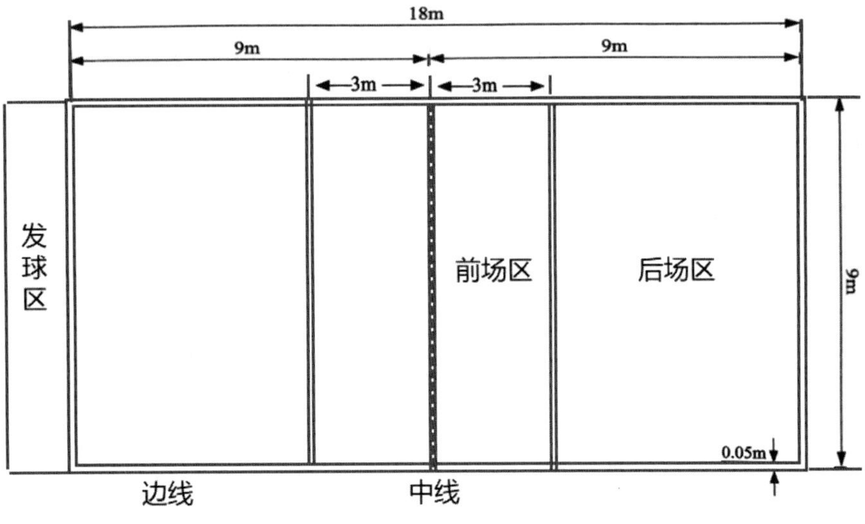

图9-14 排球比赛场地示意图

发球时队员须按顺时针方向转换到1号位，球未发出前，双方队员左右前后不得错位，否则将被判失分，接发球可接触球三次（拦网触球除外）。

正式比赛采取五局三胜制和每球得分制，即攻防任何一方失误均由对方得分并发球。每局25分并比对方至少多得2分为胜一局。当双方比分24平时，应继续比赛至某队多领先2分为止，某队先胜三局即取得该比赛胜利。如双方前四局出现2∶2平局时，第五局为决胜局。在该局比赛中，只要一方先得8分应交换场地，位置不变继续比赛。当比分14∶14时，此时无最高分限，超过对手2分的获胜。比赛一至四局中，每局分别有两次暂停机会，另有两次技术暂停，每当领先队达到8分和16分时自动执行，决胜局（第五局）没有技术暂停。每局比赛只准换6人次，开赛队员只能退出比赛一次，再上场时只准换替换他的队员。每队可以有一名或两名自由防守队员。

参赛队员对裁判员、对方、同伴或观众的不良行为，按程度分为三类。

粗鲁行为:违背道德准则或文明举止,或有任何轻蔑的表示。

冒犯行为:诽谤或侮辱的言语或形态侵犯行为:人身攻击、侵犯或威吓行为对不良行为的处罚与红黄牌使用。

警告:口头警告;出示黄牌。

判罚:出示红牌(失1分)。

判罚出场:单手出示红牌+黄牌。

取消比赛资格:双手分别出示红牌+黄牌。

章节小结

本章介绍了排球运动的起源和传播发展,重点介绍排球基本技术垫球、传球、发球、扣球技术,拦网技术,排球基本阵容配合,排球常用技战术“中一二”和“边一二”进攻战术,排球基本竞赛规则。

思考题

1. 排球运动的特点有哪些?
2. 排球运动的价值有哪些?
3. 准备姿势和移动在排球基本技术中的重要性。
4. 排球竞赛规则在排球比赛中的作用。

(章节撰稿人:武传钟)

第三节　足球

一、项目概述

(一)足球起源

足球项目的起源最早可追溯到中国古代的球类游戏蹴鞠,蹴鞠最初的名字叫做“蹋鞠”,蹴鞠一词最早出现在《史记·扁鹊仓公列传》中,而蹴鞠则被称为中国古代的足球。西汉时期,文学家刘向、刘歆父子曾先后在个人著作《别录》《七略》中记述道:“蹴鞠者,传言黄帝所作。”到了唐宋时期,蹴鞠活动已十分盛行,成为宫廷之中的高雅活动。这一球类游戏之后经波斯、埃及、意大利辗转传播到英国。在1985年,国际足联第七任主席若昂·阿维兰热曾在中国致辞时说道:“足球运动起源于这里,并且有2 000多年的历史,这是无可争议的。”2001年,国际足联第八任主席约瑟夫·布拉特在亚洲足联举办的教练员训练班上所作的《国际足球发展史报告》中,再一次强调:“足球发源于中国。”2005年,在国际足联成立百年庆典的闭幕式中,中国山东临淄被正式宣布为世界足球起源地。

（二）足球运动的特点

1. 整体性

足球运动的整体性特征是其竞技性质和比赛要求所决定的。足球比赛是以每队 11 人上场参赛的集体球类项目，场上 11 人虽位置、职责、分工不同，但必须按照既定的战术策略和要求协同一致，形成一个严密的整体，做到目标、思想、行动“三统一”，攻则全动，守则全防，只有形成整体的攻守，队伍才有战斗力，才能取得比赛的主动权。

2. 对抗性

技术、战术、身体、心理等因素的综合对抗和全面较量是现今足球比赛的显著特征。以控球权的争夺为焦点，足球比赛始终贯穿着进攻与防守、制约与反制约、限制与反限制的激烈对抗。据统计，一场高水平足球比赛双方，攻守转换接近 300 次，一半以上的技术动作是在强对抗条件下运用或完成的，冲撞抢位、贴身紧逼、倒地铲断、高空争顶等各种形式的对抗越来越多，越来越激烈。

3. 多变性

技术多样、战术多变、胜负难料是当今足球运动另一特点。全面型足球理论的问世，打破了运动员职责范围的局限性，运动员技战术能力的单一性被全面性所替代，成了比赛场上的多面手，既能攻，又能守，技术的全面化导致了战术的多变性。现今足球比赛，攻守转换快速而频繁，运动员位置和职责随着比赛进程的变化而变化，技术能力的全面提高和多变的战术打法，使比赛充满活力和悬念。

4. 艰辛性

现代足球“高速度，强对抗”的比赛特征要求运动员必须具备承受大运动负荷的身体能力。研究表明，一场激烈的足球比赛，运动员活动距离高达 9 000~14 000 米，快速冲刺距离在 2 500 米以上，完成技术动作百余次，运动员心率在 180 次/分以上时间约有 32 分钟，氧消耗超过 300 升，能量消耗达 1 500~2 000 千卡，体重下降 2~5 千克。

5. 易行性

足球竞赛规则比较简单，器材设备要求也不高。一般性足球比赛的时间、参赛人数、场地和器材也不受严格限制，因而是全民健身中一项十分易于开展的群众性的体育运动项目。

（三）足球运动的历史发展

欧洲中世纪时期之前，希腊人和罗马人开始从事了一种足球游戏，希腊人和罗马人在一个长方形场地上，将球放在中间的白线上，用脚把球踢滚到对方场地上，当时称这种游戏为“哈巴斯托姆”。

1863 年 10 月 26 日，几名足球爱好者在英国伦敦女王大街的弗雷马森酒店聚会，讨论并成立了英格兰足球总会，这是世界足球历史上成立的第一所足球协会，它的成立标志着现代足球的诞生，在此之后，人们把 1863 年 10 月 26 日称为“现代足球日”。

1870 年，苏格兰创造了“六锋四卫”式阵形。在此之后，英国人又创造了“1+2+3+4+5”塔式阵形。这对当时世界足球运动的发展影响很大，因为该阵型体现了攻守力量的基本平衡。

1872 年，英格兰与苏格兰之间进行了世界足球史上第一次足协间的正式足球比赛。

1882 年 12 月 6 日，英联邦的四个足协（英格兰、苏格兰、威尔士、北爱尔兰）的代表在曼彻斯特，通过了统一的足球竞赛规则，在此之后的几年里，又对规则进行了多次的修改。

1885 年 6 月 20 日，足球在 1881 年前后发生职业化倾向，英足总于该年承认职业足球的合法地位。

1888 年，英足总宣布英格兰足球甲级联赛成立，这是世界足球历史上第一个全国性的足球职业联赛，而首届英甲联赛冠军由普雷斯顿足球俱乐部夺得。

1890 年，英格兰首次举办了正式的女子足球比赛，该场比赛吸引了上万名观众观看。

1894 年，英国成立了普雷斯顿迪克俱乐部。从此女子足球运动在英国不断深入开展，并进一步影响和带动了欧洲其他国家女足运动的开展。

1900 年，在巴黎举行的第二届夏季奥林匹克运动会中，足球被列为正式比赛项目，但当时没有受到人们的重视，虽然是正式比赛，但更多的则是表演性质，且代表队不是由国家队组成的。

1904 年 5 月 21 日，为了适应足球运动发展的需要，法国、比利时、丹麦、荷兰、西班牙、瑞典、瑞士等国在法国巴黎发起成立了世界足球最高组织机构国际足球联合会，总部设在瑞士苏黎世。

1908 年，在英国伦敦举行的第四届夏季奥运会中，足球比赛参赛队开始以国家队组成。

1926 年，在西班牙巴塞罗那举行的国际足联会上，国际足联决定 1930 年在乌拉圭举行第一届国际足联世界杯。大会决定第一届世界杯有 4 个欧洲国家和 9 个美洲国家共 13 个队参赛，在此之后每四年举办一次世界杯。

二、基本技术

（一）颠球技术

1. 双脚脚背颠球

脚向前上方摆动，用脚背击球，击球时踝关节固定，击球的下部。两脚可交替击球，也可一只脚支撑，另一只脚连续击球。击球时用力均匀，使球始终控制在身体周围。

2. 双脚内侧、外侧颠球

抬腿屈膝，用脚的内侧或外侧上下摆动，击球的下部，两脚内侧或外侧交替击球。

3. 大腿颠球

抬腿屈膝，用大腿的中前部位向上击球的下部，两腿可交替击球，也可一只脚支撑，用另一侧的大腿连续击球。

（二）运球技术

1. 脚背外侧运球

脚背外侧运球通常用于直线、弧线变向运球，其特点是易于掌握运球方向和发挥运球人的奔跑速度，还具有保护球的作用，多在快速奔跑和向外改变方向时使用（图 9-15）。

图 9-15 脚背外侧运球技术示意图

动作要领:跑动时身体自然放松,身体稍前倾,两臂自然摆动,步幅要小些。运球脚提起时,膝关节弯曲,脚跟提起,脚尖稍内转,在迈步前伸脚着地。用脚背外侧向前推拨球,使球直线运行。向前侧推拨球,使球曲线或弧线运行。

2. 脚背内侧运球

图 9-16 脚背内侧运球技术示意图

这项足球技术多在改变方向并需要用身体掩护球的情况下使用。此动作幅度较大,速度较慢,常在需要用身体倚住对方时采用(图 9-16)。

动作要领:跑动时身体稍侧转并自然放松,上体稍前倾向运球方向转动,两臂自然摆动,步幅可小些。运球脚提起时,膝关节弯屈,脚跟提起,脚尖稍外转,在迈步前伸脚着地。用脚背内侧向前侧推拨球,球向前侧曲线或弧线运行。

3. 脚背正面运球

脚背正面运球多用于直线快速运球。一般运球人在前方无人阻挡而又需要长距离运球,如突破对手后,从对方身后接球形成单刀面对进攻方向的情况下,常使用此方法运球。

动作要领:跑动时,身体自然放松,身体稍前倾,两臂自然摆动,步幅不宜过大。运球脚提起时,膝关节弯屈,脚跟提起,脚尖下指,在迈步前伸脚着地。用脚背正面向前推拨球。

4. 脚内侧运球

脚内侧运球是速度最慢的一种运球方法。当运球接近对手需要用身体护球时采用此方法运球比较有效。

动作要领:运球时,支撑脚稍向前跨,踏在球的前侧方,膝关节稍弯曲,身体前倾并向里转。随着身体的向前移动,运球脚提起,用脚内侧推球的中后部。

(三)踢球技术

1. 脚内侧踢球

脚内侧踢球又称脚弓踢球,即使用脚内侧部位踢球的一种方法。其特点是脚与球的接触面比较大,出球准确平稳,且较易掌握。但由于踢球时,需要大腿前摆至一定程度时再外展且屈膝,因此,大小腿的摆动都受到限制,故用脚内侧踢出的球的力量相对较小。

技术动作要领:直线助跑,支撑前的最后一步要稍微大一些,支撑脚着地,着地后站在球的侧面 15 厘米处,脚尖指向出球方向,支撑腿膝关节微屈。在支撑腿助跑完成最后一步时,踢球腿大腿带动小腿由后向前积极摆动,在向前摆动的过程中大腿外展,当膝关节的摆动接近球的正上方时小腿做急速的爆发式摆动,在触球前迅速将脚跟向前送出使脚内侧部位所形成的平面与出球方向垂直，踢球脚脚底与地面平行，脚尖微微翘起，踝关节功能性地紧张使脚型固定，触球后身体中心随球前移，髓关节向前送（图 9-17）。

图 9-17　脚内侧踢球技术示意图

2. 脚背内侧踢球

脚背内侧踢球又称内脚背踢球。这是一种用脚背内侧部位触球的踢球方法。其技术结构与脚背正面踢球方法基本相同，只是在技术细节上有所区别。

技术动作要领：斜线助跑，助跑方向与出球方向约成 45°，支撑前的最后一步要稍微大一些，脚尖朝向出球方向，距球内侧靠后 20~25 厘米，膝关节微屈。踢球腿在支撑脚助跑迈出最后一步时顺势向后摆起的，小腿弯曲。在支撑腿助跑完成最后一步时，踢球腿以髋关节为轴，大腿带动小腿由后向前积极摆动，当大腿摆至与支撑腿接近同一平面时，小腿做爆发式摆动，与此同时脚尖外旋、绷直脚背，用脚背内侧部位踢触球，触球后踢球腿及身体重心继续随球前移（图 9-18）。

图 9-18　脚背内侧踢球技术示意图

3. 脚背正面踢球

脚背正面踢球又称正脚背踢球。由于采用该技术踢球时踢球腿的摆动幅度相对较大，并且用脚背正面踢球可以使脚与球的接触面相对较大，因此踢球力量大，准确性也较强。

技术动作要领：直线助跑，支撑前的最后一步要稍微大一些，在球的侧面 10~12 厘米处，脚尖指向出球方向，膝关节微屈，踢球腿在支撑脚助跑迈出最后一步时顺势向后摆起，以髋关节为轴，大腿带动小腿由后向前积极摆动，当膝关节摆至接近球的正上方时，小腿迅速做爆发式的摆动，脚趾屈，以脚背正面部位击球的中后部，触球后身体重心和踢球腿跟随球前移（图 9-19）。

图 9-19 脚背正面踢球技术示意图

(四)接球技术

1. 脚内侧接球

脚内侧接球是用脚内侧部位接球的一种技术。该技术由于触球面积大,动作简单,较易掌握。比赛中用于接各种地滚球、平球、反弹球、空中球。

1)接地滚球

支撑脚脚尖正对来球,膝关节微屈,同侧肩正对来球。接球腿提膝大腿外展,脚尖微翘,脚底基本与地面平行,脚内侧正对来球并前迎,当脚内侧与球接触的瞬间迅速后撤,将球接在脚下。若要将球接在侧面,支撑脚脚尖应向同侧斜指,脚内侧与来球方向成一定角度触球,同时支撑脚提踵,以前脚掌为轴做适当转动,身体移动。当来球力量不大时,脚只须提到一定的高度,并使脚内侧与地面形成锐角而轻触球。也可在触球时用下切动作使球前进之力部分转变为旋转力,而将球接在脚下。

2)接反弹球

根据来球的落点,身体及时移动到位,支撑脚在球落点的侧前方,支撑腿的膝关节微屈,身体向接球后球运行的方向偏移。抬起接球腿,小腿地放松,脚尖微翘,脚内侧对着接球后球运行的方向并与地面成一锐角,当球落地反弹刚离地面时,大腿向接球后球运行的方向摆动,用脚内侧部位轻推球的中上部。用这种方法接球时,也可在触球时使球产生旋转以达到接好球的目的,但应注意球的旋转并及时加以调整。

3)接空中球

根据来球的速度及运行轨迹,及时移动到位。应根据临场的实际情况选择适当高度的接球点,将接球腿抬起,脚内侧部位对准来球的方向并前迎,脚在接触球的瞬间后撤,并将球接在所需的位置上。

2. 脚背正面接球

这种方法多用于接有较大抛物线的来球。根据球的落点,及时移动到位,脚背正面上迎下落的球,在球与脚面接触的瞬间,接球脚与球下落的速度同步下撤,此时大腿膝关节、踝关节、脚趾均保持适度的紧张,脚尖微翘将球接到需要的地方。脚背正面接高空落下的球时,也可以将脚微抬起,并适度弯曲,当球接触脚背的瞬间,踝关节放松将球接到身体附近。

3. 脚底接球

1)接地滚球

练习者身体正对来球方向,移动前迎,支撑脚站在球的侧面或前后均可,脚尖正对来球方向，膝关节微屈。同时接球腿提起，膝关节微屈，脚背屈，使脚底与地面约小于45°，一般以前脚掌接触球的上部为宜。在触球瞬间接球脚可微屈（前脚掌下点）将球停住，也可根据需要在接球同时将球推向前方或拉向身后。

2）接反弹球

根据来球落点，及时前移迎球，支撑脚站在落点侧后方，脚尖正对来球方向，球落地瞬间，用前脚掌去触球的中上部，微仰膝，用脚掌将球接在体前。若需接在身后则应在触球瞬间继续屈膝，将球回拉，并以前脚掌为轴旋转90°以上。

（五）头顶球技术

1. 原地头顶球

身体正对来球方向，眼睛注视运动中的球，两脚左右开立或前后开立，膝关节微屈，重心置于两脚间的支撑面上或后脚上，两臂自然张开，当球运行到将垂直于地面时，两腿用力蹬地，迅速向前摆体，微收下颌，在触球瞬间做爆发式振摆，用前额正面击球中部，上体随着前摆（图9-20）。

图9-20　原地头顶球技术示意图

2. 原地跳起头顶球

这种技术用在本方传来或对方传来高球时运用。两膝微屈，重心下降，然后两脚用力蹬地起跳，同时两臂屈肘上摆，在身体上升阶段展腹挺胸，两臂自然张开，眼睛注视来球，身体自然弯曲成背弓。当球至身体额状面时，迅速收腹，上体前摆，触球瞬间颈部做爆发性振摆，用前额正面将球顶出；同时两腿向前做振摆球顶出后两腿屈膝落地动作（图9-21）。

图9-21　原地跳起头顶球技术示意图

3. 跑动跳起头顶球

助跑跳起顶球一般使用单脚起跳。根据来球的速度、运行轨迹，选好起跳位置，及时跑到起跳点，起跳前一步稍大些，起跳脚用力蹬地跳起，同时另一腿屈膝上摆，两臂屈肘自然上提。其余各环节与原地跳起头顶球相同（图 9-22）。

图 9-22　跑动跳起头顶球技术示意图

（六）抢截球技术

1. 正面跨步堵抢

抢球者两脚前后开立，迎着运球者而站，两膝微屈，身体重心下降并置于两脚间，当运球者与抢球者间的距离缩小到一定范围（即抢球者上前跨一大步可能触及球）时，运球者脚触球后即将落地或刚刚落地时，抢球者后脚用力蹬地并跨步向前，以脚内侧去堵截球，当已堵住球时，另一只脚应迅速上步。当抢球脚堵住球，两位对手也堵住球时，抢球者应将另一只脚迅速前移做支撑脚，抢球脚在不脱离球的情况下迅速向上提起，使球从对手脚面滚过，身体重心也迅速跟上并将球控制好（图 9-23）。

图 9-23　正面跨步堵抢技术示意图

2. 合理冲撞抢球

当防守并肩与运球者跑动追球时，防守者重心稍下降，靠近对手一侧的手臂紧贴身体，利用对方同侧脚离地的过程，用肘关节以上部位适当冲撞对手同样部位，使对手身体失去平衡，乘机将球控制住（图 9-24）。

图 9-24 合理冲撞抢球技术示意图

3. 异侧脚铲球

当双方都不能用正常的动作触球时(指跑动中),防守者应根据与球的距离,同侧脚用力蹬地使身体跃出,异侧脚向前沿地面对着球滑出,脚底将球铲出,然后小腿外侧、大腿外侧、手依次着地。铲出球后身体向铲球腿一侧翻转,手撑地后立即起身,使身体恢复到与下一动作衔接的状态和位置(图 9-25)。

图 9-25 技术示意图

三、基本战术

(一)比赛阵型

比赛阵型是指比赛场上队员的位置排列、攻守力量搭配和职责分工的形式。阵型是比赛战术的组成部分,它使队员和全队在进攻和防守中能更充分地发挥自己的特长,用以克敌制胜。作为一项团队运动,足球不仅仅是单靠球员的个人能力,更多的还是要依靠战术的执行。而基本的足球战术阵型分为 4 种:4-3-3 阵型、4-4-2 阵型、5-3-2 阵型以及 4-2-3-1 阵型。

1. 4-3-3 阵型

4-3-3 阵型是一种攻守兼顾的阵型,同时该阵型也是 4 后卫阵型中攻击力最强的一种,通常采用边路突破来撕开对方的防守(图 9-26)。

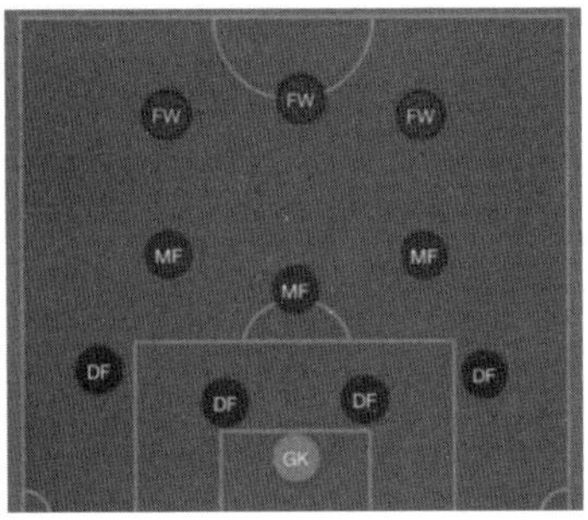

图 9-26 “4-3-3”阵型战术示意图

2. 4-4-2 阵型

4-4-2 阵型相对来说比较稳定,是进攻和防守最平衡的阵型。同时,阵型可变性强,能合理利用边路的突破和防守来减轻中场的压力(图 9-27)。

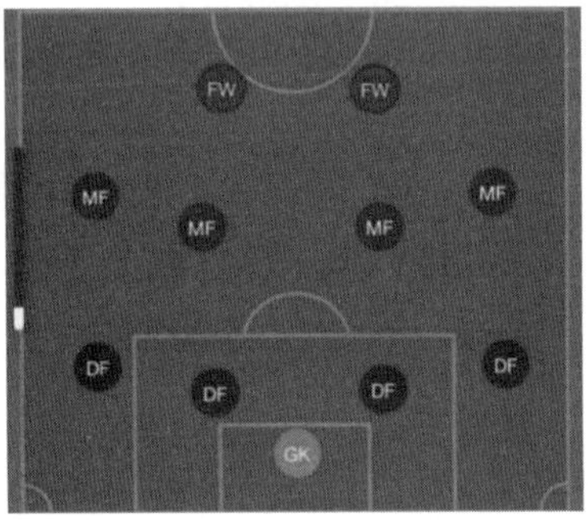

图 9-27 4-4-2 阵型战术示意图

3. 5-3-2 阵型

5-3-2 阵型是一种典型的防守反击的阵型,防守能力超强。在重视防守的同时,该阵型减弱了中场的控制力,主要依靠两名前锋之间的配合创造进球的机会,对于前锋的控球能力要求很高(图 9-28)。

图 9-28 “5-3-2”阵型战术示意图

4. 4-2-3-1 阵型

4-2-3-1 阵型是典型的密集型防守反击阵型。这种阵型安排 4 名球员在后场，5 名球员在中场,只留一个前锋在前场。不论是强队还是弱队，4-2-3-1 阵型都是当今世界足球比赛比较流行的打法。5 名球员安插在中场,在稳固防守的基础上,还可以积极地参与进攻(图 9-29)。

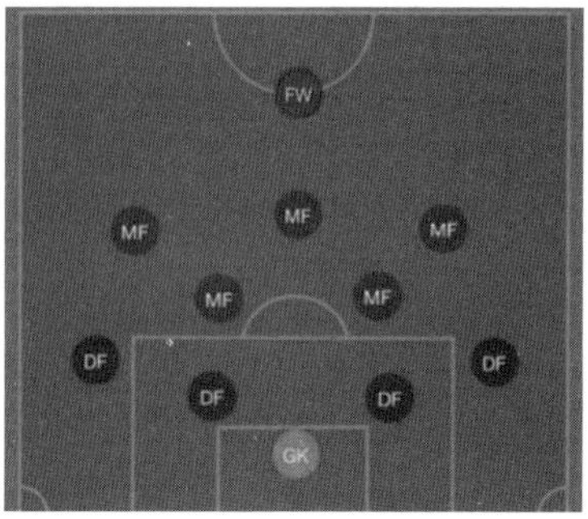

图 9-29 “4-2-3-1”阵型战术示意图

(二)比赛战术原则

1. 创造优势,争取主动原则

足球比赛是攻守双方综合实力的较量,但这不是绝对的,双方都力图通过限制和反限制,扬长避短,变劣势为优势,变被动为主动,从而在一场比赛中改变双方实力对比。战术运用得当,以弱胜强的例子屡见不鲜。

2. 快攻快守,掌握节奏原则

当代足球比赛的实质是争夺时间、抢占空间,而快攻与快守是掌握节奏的主要因素,是争夺时间、抢占空间的主要战术手段。在一场高水平的足球比赛中,在双方都想快攻,同时又都想防止对方快攻的情况下,快攻的次数总是有限的。足球比赛的规律表明,快与慢是客观存在的。如何在快的前提下做到当快则快,当慢则慢,有机结合,合理转换是掌握攻防节奏原则的难点所在。

3. 即兴发挥原则

即兴发挥原则是指在进攻中合理随意创造射门机会和抢时机射门,其最终目的在于射门得分。

就该原则战术思想而言,每一队员都应尽可能多地创造射门机会并伺机射门,否则,必然是华而不实,劳而无功。总之,最终能够完成射门就是合理的。在逼抢激烈的争夺中,战术的有效性更依赖于队员对环境的深刻理解和即兴创造力。因此,直觉、应变思维、临场经验、本能反应等战术素养和个人天赋,就成为参战队员的必备条件。

4. 灵活原则

灵活原则是指在进攻中被对方盯防时所采取的机智协调有球和无球的行动。该原则表现为在有球时向一侧运球为同伴创造另一侧跑位切入的空当;向前方运球在身后创造空当。无球活动则主要体现在有意识的穿插跑位,为无法和持球同伴拉开空当以及利用有球队员战术移动所扯开的空当切入,创造传球机会。在执行灵活原则时,身体素质方面的特殊要求是较快的起动速度。因为摆脱盯人以及切入空当,需要快速起动。后卫插上和中场策应,仍需要爆发性速度。进攻队员必须具备上述技、战术及身体素质方面能力并能正确合理地执行灵活原则,方能瓦解对方密集防守布局,打乱防守阵脚,从而成功运用前场进攻战术。

5. 安全、冒险原则

一个成熟的球队在比赛中要善于处理好安全与冒险的关系。要根据不同场区选择不同的战略战术。在后场 30 米内要坚持安全第一,不允许冒险。不让对手在这个区域自由活动,形成突破、威胁甚至射门。在后场处理球不果断,盲目运球、横传球,都容易使对方有机可乘。相反,在进攻前场 30 米内要提倡大胆突破,敢于拼射,这些看来是冒险的行动,但往往能捕捉到稍纵即逝的战机。在中场有进攻的机会也应坚决冒险,或者通过有组织的行动寻找进攻的机会。

(三)战术分析

1. 个人战术

1)跑位

跑位是指在比赛中无球进攻队员有目的、有意识的跑动方法。足球比赛中的无球跑动是场上队员战术意识的体现,无球跑动的核心是在运动中围绕持球人的变化而始终保持相邻位置三角形的传球角度,有利于传球配合。跑位是整体进攻战术的基础,是进攻队员为了获得球的战术性行动,也是拉开对方防线,创造传球空当的重要手段。根据跑位的目的和开始跑位的状态如下。

①摆脱跑位:在防守队员紧逼的情况下跑到空当位置的方法。

②切入跑位:在摆脱对手的情况下切入到有利位置的方法。

③牵制跑位:有意识地拉开防守位置距离,制造空当的跑位方法。

2)选位

选位是指防守队员为占据合理的防守位置以及限制进攻队员所采取的行动方法,其目的是重新控制球或破坏对方的进攻。

防守队员应占据有利于抢截球和切断对方通向本方球门的位置。该位置一般应在本方球门与对方之间的直线上,在向本方球门后撤收缩时,应沿该线回防,做到人球兼顾,并随时根据球和对手位置的变化调整自己的防守位置,使自己始终处在有利的位置上。但是,当球处于球场另一侧时,防守队员应向内收缩,以便能及时协防。

3)盯人

盯人是现代足球比赛中广泛采用的防守方法,有效的盯人防守是遏制与瓦解对方进攻,重新获得球权的重要手段。盯人分紧逼盯人和松动盯人两种。紧逼盯人是贴近对手,不给对手从容得球和处理球的机会。松动盯人是以区域站位为主,既盯住对手又保护同伴。

(1)盯人的位置。防守队员一般应在对手与本方球门的连线上,离本方球门越近,越应紧逼。盯人的选位原则是向前可以断球,断不了可以抢球或不给对方处理球的机会;向后可抢先于进攻队员得球或把球破坏。

(2)盯人的动作。对接球的对方队员,先力争断球,不能断则紧逼,不让其轻易转身。对于面对进攻方向的进攻队员,要判断其进攻意图,占据有利位置,运用假动作伺机抢球。对传球后切入企图再次得球或空切的队员一定要紧盯不舍。

防守控球队员应注意尽量缩小其传球角度，从而减少传球配合的目标，便于其他同伴进行控制其传球区域的行动。

2. 整体战术

1）边路进攻

边路进攻是指在场地两侧地区发动的进攻。现代足球比赛，各队在防守时都力争以多防少，中路地区防守队员密集，而边路地区防守队员较少。边路进攻主要目的是充分利用场地的宽度，拉扯对方的防线，制造中路空隙，创造中路破门得分的机会（图 9-30）。

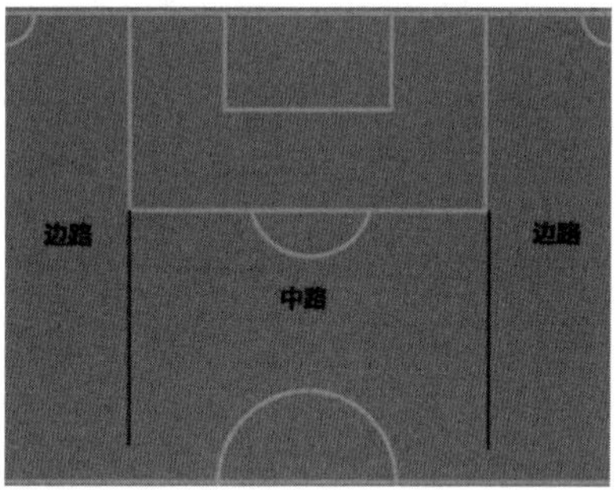

图 9-30　边路进攻战术示意图

2）中路进攻

中路进攻是指在球场中间地带发动的进攻。中路是防守重地，因而进攻难度大，但是中路射门角度大、进球机会多，这又突出了中路进攻的重要作用。所以，攻守双方在中路地区布置的队员既多且强，形成了争夺的焦点。

（四）基本战术教学

1. 个人战术练习方法

技术是战术的基础，是为战术服务的。各种技术的合理运用反映了个人战术能力的水平。个人战术的训练应该贯穿于各种技术练习中，根据技术掌握的熟练程度，提出不同的战术要求。

示例 1：摆脱接球练习，如图 9-31 所示。6 用各种方法摆脱 2 的防守并去接 8 的传球，2 则尽力阻止其接球，接到球后回传给 8，反复进行练习。

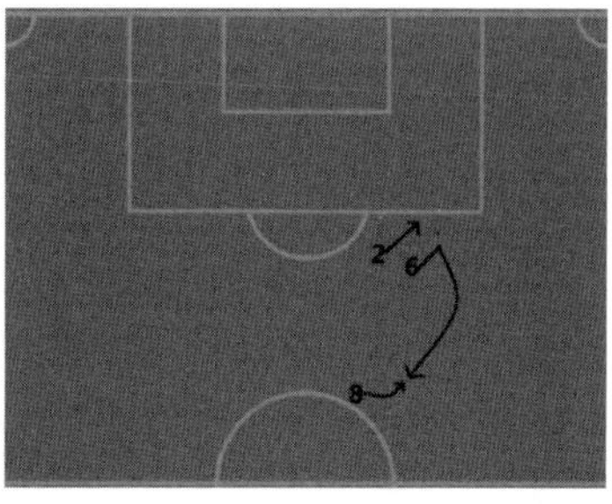

图 9-31　传球与跑位练习示意图

示例 2:前后移动传球练习。2 人 1 组,面对面站立,相距 8~10 米,一人向前移动传球,另一人后退回传球,由一侧端线到另一侧端线,反复练习。

示例 3:跑动传球练习,如图 9-32 所示,1 与 2 相距 10 米左右,向前跑动连续传球直至射门。

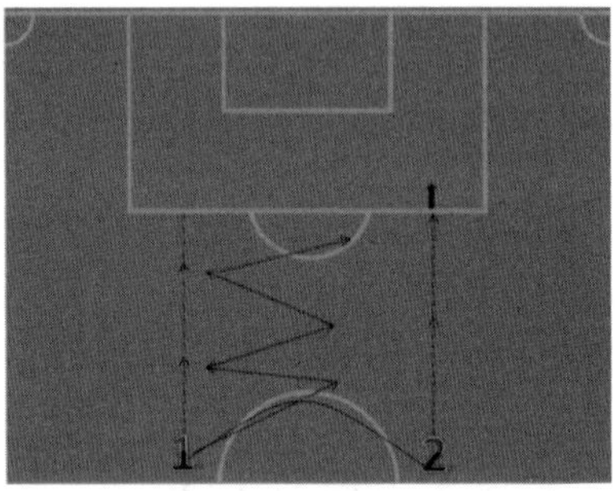

图 9-32 跑动传球练习示意图

2. 整体攻守练习方法

示例 1:▲传球给 8,所有队员按防守原则向 8 移动和保护。8 回传给▲,所有防守队员向▲移动,▲传向另一侧的 10,所有防守队员按防守原则向 10 移动和保护,如此反复练习(图 9-33)。

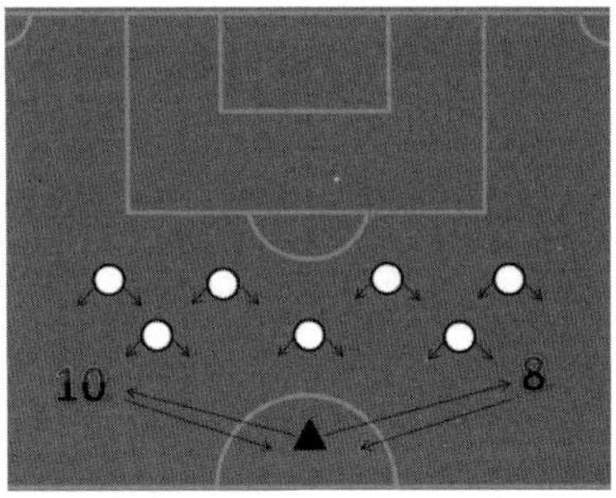

图 9-33 整体攻守练习示意图(一)

示例 2:站位方法如图 9-34 所示。进攻增加一名中锋,训练两中卫的盯、补、替换及全队的协同防守。▲传球给 10,4 从 1 跑到 2 位置,1 不跟过去,要 2 盯 4,1 保护 2,10 传球给▲,▲再传给 8,4 从 2 的位置跑到 1 位接应。2 不跟过去,由 1 盯 4,2 保护 1。

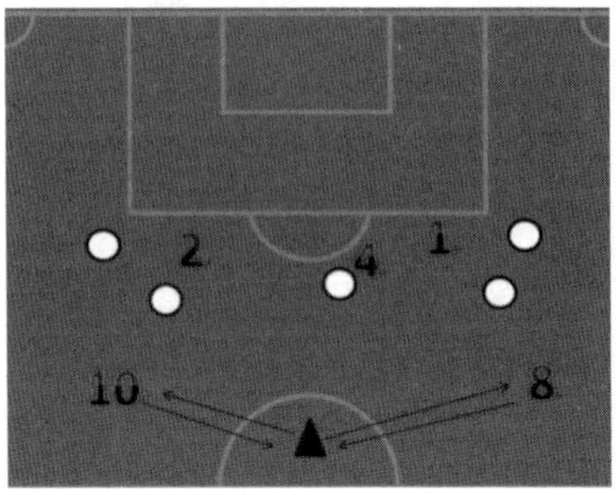

图 9-34 整体攻守练习示意图(二)

(五)竞赛规则

1. 球

所用比赛用球必须是圆形,由合适的材料制成,周长为 68 厘米到 70 厘米,重量在比赛开始时为 410 克到 450 克,气压处于 0.6~1.1 个海平面大气压力。

2. 比赛场地

比赛场地必须为长方形,使用不具危险性的连续标线标示,两条较长的边界线为边线,两条较短的边界线为球门线,边线必须长于球门线。

3. 比赛时间

一场比赛分为上下两个半场,各 45 分钟,队员中场休息时间不得超过 15 分钟,加时赛中场阶段可以进行短暂补水,时间不超过 1 分钟。

4. 队员

每场比赛由两支队伍参加,每队最多可以上场 11 名队员,其中 1 名必须为守门员。如任何一队场上队员人数少于 7 人,则比赛不能继续开始或者继续。

5. 裁判员

每场比赛由一名裁判员掌控,裁判员拥有足球场上的一切权利去对比赛进行判罚,裁判员要依据足球的竞赛规则以及比赛精神等情况去做出认为最合适的判罚。

6. 比赛开始与恢复

每场比赛各半场、进球后及加时赛各半场均已开球恢复比赛。当裁判员暂停比赛,而规则未明确以上任何一种方式恢复比赛时,则以坠球的方式恢复比赛。

7. 任意球

当场上队员、替补队员、以判罚出场的队员或球队官员违规时,裁判可判罚由对方球队罚直接任意球或间接任意球。

8. 罚球点球

队员在本方罚球区内,或如在已明确的整场比赛移动中离开比赛场地后,犯有可判罚直接任意球的犯规,则判罚球点球。罚球点球可直接射入球门得分。

9. 掷界外球

当整个球从地面或空中越过边线时,由最后触球队员的对方掷界外球。当球掷入比赛场地内,即为恢复比赛。

10. 越位

如果队员头、躯干或脚的任何部分处在对方半场(不包含中线),且头、躯干或脚的任何部分较球和对方倒数第二名队员更接近对方球门线,则该队员处于越位位置。

11. 进球

当球的整体从球门柱间及横梁下越过球门线,而此前也未违反竞赛规则,即为进球得分。有时候比赛中会看到球打到横梁后落地又弹回场内,这种情况裁判员可以根据自己的观察来确认是否球已经越过球门线。

12. 计胜方法

足球比赛分组循环赛间的积分为胜一场积 3 分,平一场积 1 分,负一场积 0 分,最终以积分多少决定小组排名。如积分相等,则根据赛前规程确定的不同名次判定标准来排定名次。

章节小结

足球是一项重要的体育运动类型,在高校教育工作中足球教学是其中重要的组成部分,本节较详细地介绍了足球的起源发展、基本技术、战术以及竞赛规则。

思考题

1. 足球运动有哪些特点与价值?
2. 足球技术在比赛中的作用与意义是什么?
3. 比赛战术原则包括哪几方面?
4. 如何判断越位球?

(章节撰稿人:孙毅)

第四节 乒乓球

一、项目概述

(一)乒乓球运动的起源

乒乓球作为一种游戏起源于英国,被称为"桌上网球(Table Tennis)"。由此可知,它是从网球运动发展而来的。在18世纪末19世纪初,当时英国民众非常喜欢网球运动,但因为天气和场地的限制,所以一些大学生从网球运动中得到启示,将网球移到室内。他们在室内以餐桌为球台,用书本作球网,用羊皮纸贴面作拍子,用橡胶或软木作球,在餐桌上推来挡去,这种游戏在当时大受欢迎,慢慢地在欧洲盛行起来。

当时,球台大小和球网高低都没有统一规定,民众在室内的任意桌子上都可以进行这项游戏。并且每局计分也没有统一规定,在当时有每局记分以10分、20分或50分为一局,还有以100分为一局的。

1890年,英格兰越野跑运动员J.吉布从美国带来了一些作为玩具的赛璐珞球。由于这种球打起来会发出"pingpong"的声音,所以有人将这项运动称为"乒乓球"。

1904年,乒乓球由日本传入中国。上海一家文具店的老板从日本购进了一批乒乓球器材并带回上海,从此中国就开始有了乒乓球活动。

(二)乒乓球运动的发展

由于乒乓球运动在世界范围内的快速发展,在第一次世界大战之后,许多欧洲国家十分喜爱乒乓球运动,因此各国先后成立了乒乓球协会,并且各国之间的乒乓球竞赛和交流活动日益增多。这些竞赛和交流活动不仅推动了乒乓球运动的快速发展，还为后来国际乒联的成立打下了一定的基础。

1926 年 1 月，恰逢柏林国际乒乓球邀请赛，欧洲多国乒乓球运动爱好者奔赴柏林参加比赛。在德国勒赫曼博士的倡议下，在柏林网球俱乐部召开了一次关于成立乒乓球国际组织的座谈会。根据会上各国代表的意见，会议决定成立临时国际乒联，并委托英国乒协举办第一届欧洲乒乓球锦标赛。

同年 12 月，第一届欧洲乒乓球锦标赛在英国伦敦举行。受邀参加比赛的有：德国、匈牙利、威尔士、英国、奥地利、瑞典、捷克斯洛伐克、印度和丹麦 9 支队伍。其中，印度属于亚洲，因此国际乒联将此次锦标赛更名为第一届世界乒乓球锦标赛，并决定以后每年举办一届锦标赛。由于参加该届比赛的女子运动员一共只有 16 名，因此第一届世界乒乓球锦标赛中的比赛项目只有 6 个比赛项目，分别是：男子团体、男子单打、女子单打、男子单打、混合双打和男子安慰赛，没有设置女子团体和女子双打比赛项目。

比赛期间，各国乒协代表在蒙塔古的母亲斯韦思林女士的图书馆，举行了国际乒联的第一次全体会议，会议讨论并通过了国际乒联章程和乒乓球竞赛规则草案，推选英国乒协的负责人伊沃·蒙塔古为国际乒联第一任主席。

由于当时第二届世界乒乓球锦标赛的举办国经济困难，因此该赛事没能在第二年如期举办，而是被推迟至 1928 年在瑞典举办。这届比赛增加了女子双打比赛项目，而女子团体比赛则是在 1934 年第八届世界乒乓球锦标赛中才增加的。

在 1940—1946 年间，世界乒乓球锦标赛因第二次世界大战而中断。从 1957 年第 24 届世乒赛后，世乒赛改为每两年举办一届。从 2003 年第 47 届世界乒乓球锦标赛开始，单项比赛于单数年举办，团体赛在双数年举办。

国际乒联的成立、乒乓球比赛规则的确立和国际赛事的出现标志着乒乓球成为正式竞技运动项目。在这几十年里，随着各国的不断发展，运动员们的乒乓球技术也在不断提高，世界乒乓球运动也经历了几个重大发展阶段。

第一发展阶段：欧洲全盛期（1926—1951 年）。

由于一开始的乒乓球器材的特点和限制，运动员使用木制球拍所击出的球速度较慢，旋转也不强，因此进攻威胁较弱，打法单一。在比赛时，运动员们也只是将球挡来挡去，尽量保证自己不失误。后来胶皮出现了，使用胶皮拍可以加大球拍与球之间的摩擦力，使球产生一定的旋转，于是运动员的技术打法多了起来，其中最具代表性的就是下旋削球技术。这种打法是欧洲乒乓球运动员重要技术创新，因此这种打法也在欧洲风靡一时，不少运动员采用这种打法获得世界冠军。在 1926—1951 年举办的 18 届世界乒乓球锦标赛，在 7 个比赛项目中，总共有 117 名冠军，除美国乒乓球选手取得 8 个冠军外，其余 109 个冠军全部为欧洲选手获得，其中匈牙利乒乓球选手成绩最为突出，而削球打法的代表国家就是匈牙利。这个时期被称为欧洲的全盛时期，也是削球打法的主导时期。

欧洲国家乒乓球运动员多数采用削球打法主要是因为他们在比赛中的指导思想是减少失误，防守多于进攻，让对方先失误，从而取得比赛的胜利。当时运动员所使用的胶皮拍和乒乓球材质较软，更适合防守打法而不适合进攻，并且当时所使用的比赛器材规格也更利于削球打法运动员在比赛时的发挥。但是由于这种打法的运动员在比赛中，都是保证自己不失误，等待对方失误，从而得分取胜，同时比赛规则对于比赛时间没有限制，因此当时经常会出现“马拉松”式比赛。国际乒联根据比赛中所出现的这些问题，对比赛规则做出了修改，限制了比赛时间，将球台增宽至152.2厘米，网高降至15.25厘米，比赛使用硬球等。这些赛事改革对于削球打法只守不攻的战术产生了一定的限制，同时也推动了攻球打法和削中反攻打法的发展。

第二发展阶段：日本震动乒坛（1952—1959年）。

在1952—1959年所举办的7届世界乒乓球锦标赛中，日本乒乓球运动员共获得了24枚金牌，其中在1959年第25届比赛中日本乒乓球运动员共获得了6枚金牌。日本乒协其实早在1928年就加入了国际乒联，但直到1952年才第一次参加世界乒乓球锦标赛。日本运动员在参加第19届世界锦标赛中主要采用的是中远台长抽打法，还结合了快速的步法移动，在比赛中进攻多于防守，压制了欧洲国家的削球打法，击败多名削球名将，从而取得比赛胜利获得金牌，在这一时期称霸乒坛。从此，世界乒乓球技术的优势开始由欧洲的削球转为亚洲的攻球，上旋打法开始在比赛中占有优势。

日本队的崛起除了得益于其中远台长抽打法以外，还得益于的革新，海绵球拍的使用。这种海绵拍是在1951年由奥地利人发明的，海绵拍与胶皮拍材质的不同，有效提高了击球速度与力量。其中，加大击球力量，是在比赛中压制用胶皮制造的下旋削球打法的关键因素，也为日本队取胜提供了有力支持，动摇了当时欧洲乒乓球运动员在世界乒坛的垄断地位。

1957年日本人对于乒乓球拍进行了革新，在海绵拍的基础之上发明了正胶、反胶海绵拍，使日本乒乓球运动员的中远台长抽进一步提高，也为日本队在1959年第25届世界乒乓球锦标赛上获得6项比赛项目冠军，提供了有力的技术支持。海绵拍和海绵胶皮拍的出现，提高了运动员的击球速度与力量，增加了比赛中进攻取胜的可能性，促进了进攻型打法的快速发展，使得乒乓球运动进入了重视进攻速度和力量的时期。同时，海绵胶皮拍的革新也让其他国家在思考，该如何利用其材质特性来提高运动员的技术水平，获得比赛的胜利。

第三发展阶段：中国队崛起，朝鲜队崭露头角（1960—1969年）

1960—1969年，国际乒联共举办了5届世界乒乓球锦标赛，而中国队仅参加了1961—1966年的3届世界乒乓球锦标赛，共获得了11个冠军。其中，在1965年第28届世界乒乓球锦标赛中，中国队乒乓球运动员获得了5枚金牌，取得了非常优异的成绩。这表明，20世纪50年代末是日本队称霸世界乒坛，处于巅峰状态。但在20世纪60年代，中国乒乓球的技术打法更为先进，在比赛中有着更多的技术优势，因此中国队也开始在世界乒坛中慢慢崛起。在20世纪60年代后期，中国乒乓球队没有参加第29、30届世界乒乓球锦标赛。在第29届比赛中，朝鲜队崭露头角，男队夺得团体亚军，女队也成为亚洲强队。

中国队在参加前几届世界乒乓球锦标赛时，一直在赛场上观察各国选手，研究各国的技术打法，总结本国与其他各国的正反两面经验教训，不断革新自己的技术打法。中国乒乓球队在技术上保留了快和狠的特点，加强基本功训练，提高了击球的准确性和变化性，形成了近台快攻打法。虽然中国队的近台快攻打法和日本队的中远台长抽打法都属于进攻型打法，但是日本队站在中远台进行长抽进攻，击球速度较慢，且正反手技术不平衡，主要靠正手进攻；而中国队则是站在近台进行快攻，击球速度较快，且正反手技术较为平衡，两面都能进行快攻。这说明在技术打法上中国队要比日本队先进,因此中国队能够在 20 世纪 60 年代的世界乒乓球锦标赛中获得多个冠军,这个时期也被称为近台快攻打法主导时期。

中国乒乓球队在世界乒坛中的崛起基于对乒乓球实践规律的不断总结。中国乒乓球队总结了欧洲削球打法和日本队中远台单面长抽打法的优缺点,根据自身的技术优势,形成了站在近台,以左推右攻和两面进攻为主的近台快攻打法。这种打法充分发挥了正胶海绵拍快速击球的特点,其进攻速度要快于中远台长抽,同时这种打法也较好地解决了中远台长抽打法中反手技术的缺陷,让反手位也能进行快攻。这种“快、准、狠、变”独特风格的近台快攻打法,不仅是中国乒乓球运动发展史上的一项重要的技术革新,也一直影响着乒乓球技术发展,还把世界乒乓球运动推向了一个新的发展阶段。

第四发展阶段:欧洲复兴与欧亚对抗(1971—1987 年)

在 20 世纪 60 年代初,日本大学生中西义治创造了一种新的乒乓球技术——弧圈球。这种技术旋转比较强烈,弧线高,球速慢,和当时所流行的技术截然不同。又因为这项技术还处于初级阶段,所以没能显现出其应有的威力。但是,这项技术却对世界乒乓球技术的发展起到了极大的促进作用。

在日本和中国乒乓球运动不断发展和崛起的同时,欧洲国家的乒乓球运动员也一直在总结日本队、中国队和自己的经验教训,不断完善技术打法,他们经过近 20 年的努力探索出了一条新的技术发展道路。他们学习并发展了日本的弧圈球技术,吸取了中国近台快攻打法的优点,创造了适合他们的以弧圈球结合快攻和以快攻结合弧圈球这两种先进打法。前一种打法以匈牙利的克兰帕尔、约尼尔为代表,后一种打法以瑞典的本格森、捷克的奥洛夫斯基、波兰的格鲁巴为代表。上述两种打法的特点都是旋转较强,速度快且正反手都能拉弧圈球,回球威胁性较大。他们把旋转与速度紧密地结合起来,把乒乓球技术又推到了一个新的水平,也让欧洲国家重新走上了复兴之路。第 31 届世界乒乓球锦标赛, 19 岁的瑞典乒乓球选手本格森连续战胜中国队和日本队运动员,一举夺得男单冠军。第 32 届世界乒乓球锦标赛,瑞典又夺得了欧洲暌违 20 年之久的男子团体冠军。第 33 届世界乒乓球锦标赛的男单冠军又是由欧洲选手约尼尔获得。第 35 届世界乒乓球锦标赛,匈牙利夺得了男子团体冠军。

在这个阶段,中国乒乓球队也在不停地探索和研究,中国队在保留了近台快攻原有的技术特点的基础上,形成了新近台快攻打法。这种新近台快攻打法主要针对弧圈球技术形成的一种新的打法。新快攻打法包括两种:一种是在传统正胶球拍近台快攻打法的基础上,提高了处理回击弧圈球技术的能力;另一种是采用反胶海绵拍,学习弧圈球进攻技术,把正手的拉和打,与反手推挡结合起来,形成和完善了直拍用反胶海绵拍打近台快攻的打法。除此之外,我国还创新了正、反手高抛发球、加力推、减力挡和正手快带弧圈球等新技术,这些新技术也让我国选手在世界乒乓球锦标赛中有着较大的技术优势和威胁。在第 31~39 届的 9 届世界乒乓球锦标赛中,中国乒乓球队共获得了 42 项比赛项目的冠军。

由此,我们可以看出,在这个阶段欧洲的弧圈球进攻打法和中国队新近台快攻打法相互抗衡。随着世界乒乓球技术的发展和创新,人们对于其内涵有了新的认识,也带来了新的发展,使得乒乓球技术逐渐步入速度和旋转结合的时代。

第五发展阶段:进入奥运时代,弧圈球进攻打法主导时期(1988 年至今)

1988 年,乒乓球被列为奥林匹克运动会的正式比赛项目,这大大推动了世界乒乓球运动进一步发展。世界各国都更加重视乒乓球的普及和提高。乒乓球运动进入奥运时代,意味着欧亚竞争将更加激烈。瑞典乒乓球队在第 40、41 、42 届世界乒乓球锦标赛中,连续获得三届团体冠军,还获得了第 40 和 41 届两届男单冠军。而中国乒乓球队的正胶近台快攻打法运动员在 1988 年的第 24 届奥运会乒乓球比赛上中接连失利。在 20 世纪 80 年代末到 90 年代初,以瑞典为代表的欧洲乒乓球队都是以弧圈球进攻打法为主,在世界乒乓球锦标赛和奥运会中取得了十分优异的成绩,所以弧圈球进攻打法无疑成为这个时期的统治性打法。

中国乒乓球队虽然在 20 世纪 80 年代末到 90 年代中期进入低谷,但是中国队并没有气馁,而是在技术和打法上不断进行学习和创新,总结失败的经验教训,寻找技术的突破点。在 1995 年第 43 届世界乒乓球锦标赛中,中国乒乓球队重新夺得男子团体和男子单打冠军,继续保持中国乒乓球队在世界乒坛中的优势地位。

(三)乒乓球运动技术知识

乒乓球技术知识是指在乒乓球运动实践过程中,形成的有关乒乓球运动技术运用以及提高的系统化的认识。乒乓球技术知识包含两方面:一是乒乓球运动技术的理论知识;二是乒乓球运动技术的经验知识。

弧线、速度、旋转、力量和落点是乒乓球击球技术的五要素,这 5 个方面的要素对于理解和提高乒乓球击球技术意义重大,所以这 5 个要素也是乒乓球运动技术中非常重要的理论知识。

(1)弧线:由于乒乓球击球时必须要越过球网装置,因此乒乓球在击球过程中会产生一定的弧线。在乒乓球运动中,一般认为,击球所产生的弧线,是为了保证击球的命中率。

(2)速度:球速快是乒乓球比赛中的制胜法宝之一,所以如何提高球速也是日常训练和教学的重点问题。

(3)旋转:在比赛中,不仅可以通过加强的旋转与变化得分,还可以通过球的旋转来提高球速与准确性。因此,旋转也是乒乓球的关键技术。

(4)力量:击球力量的大小主要取决于击球时挥拍加速度的大小,在乒乓球比赛中,击球力量大,球速就快,在战术上就容易取得主动,从而获得更多的进攻机会。

(5)落点:乒乓球的落点是指球落在球台上的位置。击球点到落点之间所形成的线,叫击球线路。乒乓球击球落点和击球线路的好坏,决定着击球的质量。

乒乓球运动技术的经验知识主要就是指乒乓球运动技术术语,乒乓球运动技术术语随着乒乓球运动技术的不断发展而变得十分丰富。

(1)站位:指运动员击球时,身体与球台的相对位置和距离。有近台(身体离台 30~50 厘米)、中近台(离台 50~70 厘米)、远台(离台 1 米以上)等。

(2)选位:指在比赛和训练中,击球时身体所处的不同位置。三种基本选位有:正手位、反手位和侧身位。

(3)击球时间:指对方击来球在本方台面弹起后,球上升再下落至触及地面的全过程,大致可分为上升前期、上升后期、高点期、下降前期和下降后期。

（4）拍面角度：指拍面与球台水平面的倾斜角度，分为前倾、稍前倾、垂直、稍后仰、后仰。

（5）击球路线：指球体在台面上空飞行的俯视角度的投影线，按击球位置可分左方斜线、左方直线、中路直线、右方直线和右方斜线。

（6）击球部位：指球拍击球时触及球体的某一部位，分为上部、中上部、中部、中下部、下部等五个部位。

四、基本技术

（一）准备姿势

要求：两脚开立，与肩同宽或稍宽，身体重心在两脚之间。两膝微屈提踵，上体略前倾，两前脚掌受力。持拍手自然弯曲，置于身体右侧，手腕适当放松，非持拍手自然弯曲置于腹前（图 9-35）。

图 9-35 乒乓球准备姿势

（二）握拍技术

乒乓球握拍包括横握拍和直握拍两种。握拍方法对技术动作的合理程度会产生巨大的影响，因此在学习乒乓球技术时，一定要注意正确的握拍方法，错误握拍动作不利于正确掌握乒乓球技术动作。

1. 直握拍法

用拇指第一指节和食指第二指节握住球拍拍柄与拍面的结合部位，其中拇指的第一指节压住球拍的左肩，食指的第二指节压住球拍的右肩，其他三指自然弯曲斜形重叠，以中指第一指节托于球拍背面 1/3 上端（图 9-36）。

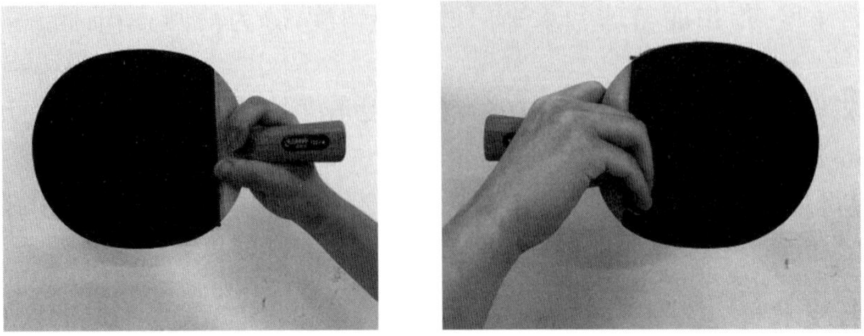

图 9-36　直拍握法（正面和反面）

2. 横握拍法

用虎口正中央贴在拍柄正侧面，中指、无名指和小指自然握住拍柄，拇指在球拍正面，食指自然伸直斜放于球拍背面（图 9-37）。

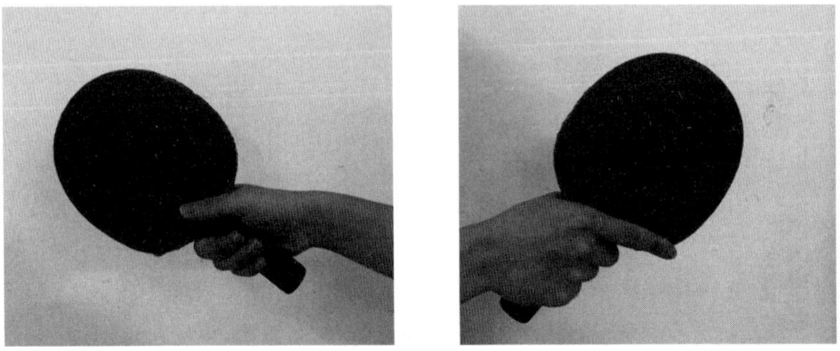

图 9-37　横拍握法（正面和反面）

（三）单一技术

1. 攻球技术

1）正手攻球技术

首先判断来球，选好站位。在引拍时，重心向右脚移，向后侧方引拍，引至腰侧，球拍不要低于球台，右肩随转腰略下沉。球拍稍前倾，当来球跳至上升期或高点期时，击球的中上部，向左前上方挥拍，身体重心由右脚移至左脚。击球后注意还原。

技术动作关键点：引拍动作不要过大，固定好拍形，注意运用腰的转动（图 9-38）。

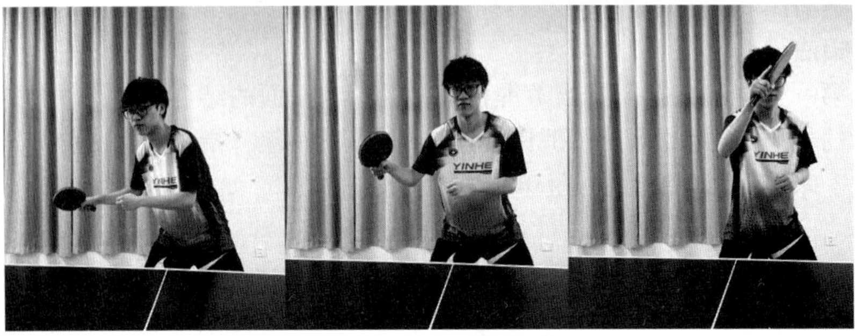

图 9-38　正手攻球技术动作

2）反手攻球动作

靠近球台站好，右脚略向前站。向后方引拍，引至腹前偏左的位置，球拍与手臂基本保持在一条线上，转体同时沉右肩。击球时球拍略前倾，当来球跳至上升期时，前臂旋外带动球拍击球的中上部，向前上方挥拍，转腰时重心转至右脚，随挥动作结束后迅速还原。

技术动作关键点：站位时不要站得过近；击球时拍形不要下压；注意肘关节不要抬起（图 9-39）。

图 9-39　反手攻球技术动作

2. 直拍推挡技术

首先判断来球，选好站位，左脚稍向前站。屈肘向后稍引拍，引至身体前方或偏左的位置，肘关节靠近胸腹侧。球拍稍前倾，当来球跳至上升期或高点期时，向前方偏上方挥拍，击球的中上部，随挥动作结束后迅速还原。

技术动作关键点：食指用力控制拍面角度；肘关节靠近胸腹侧，便于发力；利用肘关节快速展开帮助手腕发力（图 9-40）。

图 9-40　直拍推挡技术动作

3. 弧圈球技术

弧圈球技术是乒乓球技术中非常重要的进攻技术之一，是比赛中有效的得分手段。按照摩擦球所产生的旋转强弱，将弧圈球技术可分为加转弧圈球和前冲弧圈球，这两种技术都可以用正手和反手弧圈球动作完成（图 9-41、图 9-42）。

1）加转弧圈球技术

首先判断来球，确定站位。击球前降低身体重心，身体向右转动，重心在右脚。将球拍向后下方引拍，引至靠近臀部的位置。当来球跳至下降后期时，向前上方挥拍，摩擦球的中上部，触球瞬间手腕加力摩擦，重心由右脚转移到左脚。随挥动作结束后迅速还原。

技术动作关键点：拍面角度稍向前倾；手腕发力加强摩擦；充分利用腿部蹬伸的力量。

2）前冲弧圈球技术

判断来球，确定站位与拉球时间，左脚稍前。前臂带动球拍向后下方引拍，右肩下沉，重心在右脚。当来球跳至下降前期时，拍面稍前倾，以肩为轴，用前臂带动球拍向前上方挥拍击球，触球瞬间加力摩擦。击球后，手臂顺势向左前上方挥动，并迅速还原。

技术动作关键点：重心转换；转体与手臂协调用力；控制拍形。

图 9-41　正手弧圈球技术动作

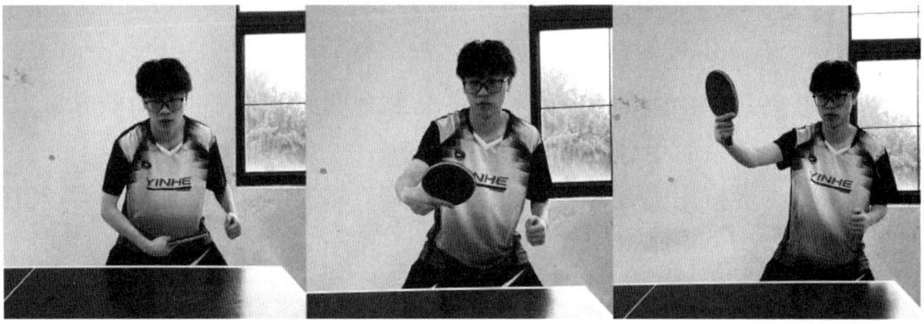

图 9-42　反手弧圈球技术动作

4. 搓球技术

1）正手搓球技术

左脚在前，前臂带动球拍向后上方引拍，引至身体右前上方，球拍稍后仰。当来球跳至下降期时，前臂和手腕带动球拍向左前下方挥动，摩擦球的中下部。击球后随势挥拍，再迅速还原至准备姿势。

技术动作关键点：注意拍面角度；身体前迎便于发力摩擦；触球时手腕快速发力摩擦球（图 9-43）。

图 9-43　正手搓球技术动作

2)反手搓球技术

首先判断来球,选好站位。手臂自然弯曲,前臂带动球拍向左上方引拍,引至胸腹前,拍面稍后仰。当来球跳至下降期时,前臂和手腕带动球拍向右前下方挥拍,击球时手腕发力摩擦球的中下部。随势挥拍动作尽可能缩短,便于还原。

技术动作关键点:注意借力发力;摩擦球的力量要集中(图 9-44)。

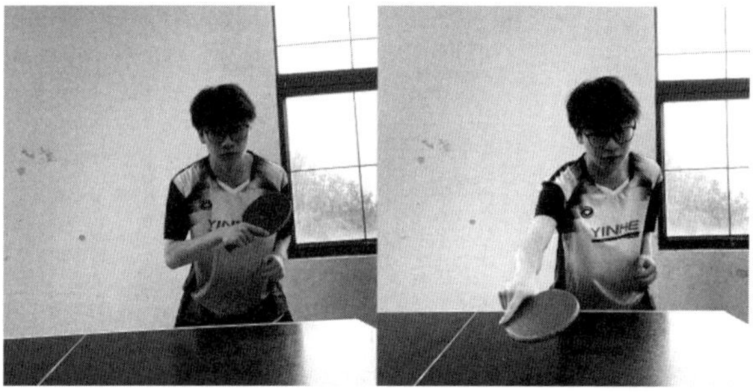

图 9-44　反手搓球技术动作

5. 发球技术

1)平击发球

身体离球台约 40 厘米,两脚开立,略宽于肩,左脚在前,身体略向右转。左手托球,发球抛球时,向后侧方引拍,拍面稍前倾。等球下落时,球拍向前方挥动,击球中上部,击球后迅速还原。

技术动作关键点:抛球和引拍的时机要准确;力量不要过大(图 9-45、图 9-46)。

图 9-45　正手平击发球动作

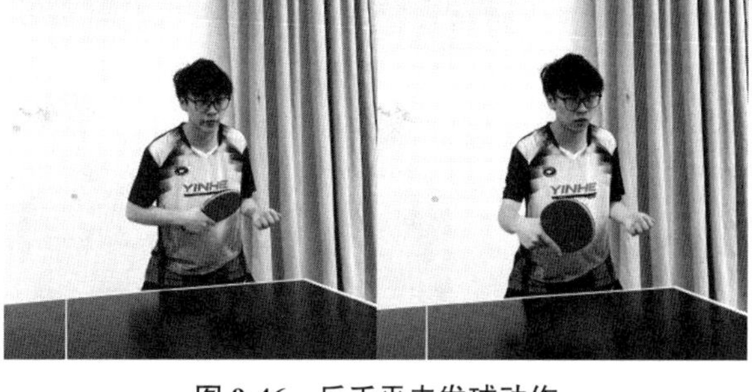

图 9-46　反手平击发球动作

2)转和不转球

(1)正手发转与不转球。

左脚在前右脚在侧后,以便于发挥腰的力量。左手托球,然后将球垂直地向上抛起。腰向后转,同时球拍向后上方引拍,拍面稍后仰。当球开始下落时,用腰带动前臂向前下方挥动。发转球触球时,用球拍下半部偏前的部分摩擦球的中下部;发不转球时,用拍的上半部摩擦球的中下部。发球后,迅速还原。

技术动作关键点:摩擦球的部位;手腕的正确发力(图9-47、图9-48)。

图9-47 正手发转球

图9-48 正手发不转球

(2)反手发转与不转球。

站在球台中间或偏左的位置,降低重心。左手托球,抛球时,持拍手向后上方引拍,拍面后仰,同时稍向向左侧转体,重心在右脚。当球下落时,手臂带动球拍向前下方挥动,发转球时,用球拍的前半部去摩擦球的中下部,手腕用力摩擦;发不转球时,用球拍的后半部去摩擦球的中下部。发球后,迅速还原。

技术动作关键点:触球时多靠手腕发力摩擦;控制好拍形(图9-49、图9-50)。

图9-49 反手发转球

图 9-50　反手发不转球

3）侧上、侧下旋发球

（1）正手发侧上、侧下旋球。

左脚在前右脚在侧后，身体侧对球台。左手托球，将球垂直抛起的同时，手臂带动球拍向后上方引拍，并向后转腰。当球下落时，球拍向前下方挥动，腿和腰腹用力带动手臂，球拍触球瞬间，手臂和手腕发力。侧上旋发球的拍面略微立起，球拍横向挥动，摩擦球的中部；侧下旋发球时拍面略后仰，用球拍向侧下方挥动，摩擦球的中下部。发球结束，迅速还原。

技术动作关键点：引拍要充分；控制好拍面角度；分清两种发球的触球部位（图 9-51、图 9-52）。

图 9-51　正手发侧上旋球

图 9-52　正手发侧下旋球

（2）反手发侧上、侧下旋球。

两脚平行或右脚稍向前站。抛球时，手臂带动球拍向后上方引拍，同时向后转腰，重心移至右脚，球拍拍面稍后仰。发侧上旋球时，球拍触球瞬间，手腕向右上方转动，使球拍击球的中部并向右上方摩擦球，击球后顺势向右上方挥拍；发侧下球时，球拍触球瞬间，手腕向右下方转动，使球拍击球的中部并向右下方摩擦球。顺势挥拍后，迅速还原。

技术动作关键点：注意两种发球的击球点；控制好拍面角度；利用手腕发力摩擦。

（四）步法技术

1. 单步移动技术

以一脚为轴，并用前脚掌内侧用力蹬地，另一只脚向左、右、前、后不同的方向移动，身体重心在摆动脚上，同时挥臂击球（图 9-53）。

图 9-53 单步移动技术

2. 跨步移动技术

一脚前脚掌内侧蹬地，另一脚向来球的前、后、左、右跨出一大步，向来球方向移动时，另一只脚也迅速滑动半步，身体重心转移到跨步脚上（图 9-54）。

图 9-54 跨步移动技术

3. 跳步移动技术

用来球异侧方的脚用力蹬地，两脚同时离地，向左、右、前、后移动。当移步完成时，身体重心也随之落在持拍手侧的脚上（图 9-55）。

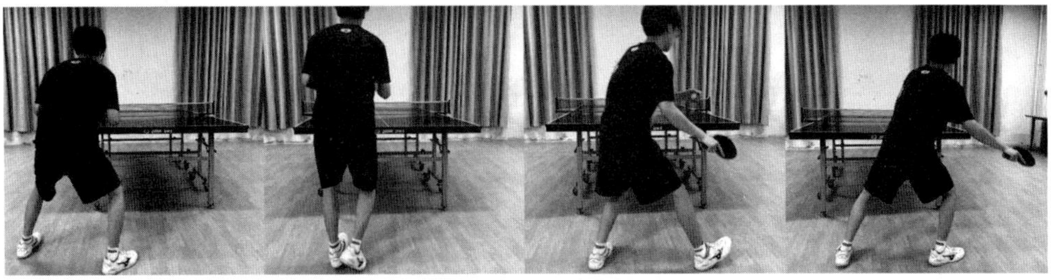

图 9-55 跳步移动技术

4. 并步移动技术

发力脚向另一脚方向并半步或一小步，另一脚在并步脚落地后向来球方向跨出一步，身体重心不要起伏过大（图 9-56）。

图 9-56　并步移动技术

5. 交叉步移动技术

以靠近来球方向的脚蹬地，使身体重心向来球方向移动，另一只脚在体前交叉，向来球方向跨出一大步，身体随之向来球方向转动，支撑脚向来球方向再迈一步。

6. 小碎步移动技术

用两脚前脚掌内侧蹬地，并尽量靠近地面，在身体重心起伏不大的情况下，向左右前后移动。

（五）结合技术

将两种或两种以上的乒乓球单项技术有机地结合起来，称为结合技术。一般在练习结合技术时，应特别强调手上动作与脚下步法的结合。

1. 正、反手技术的结合技术

将正、反手技术结合，也是将左半台与右半台技术的结合，是提高运动员相持能力的一种基本练习，包括左推右攻、两面攻、两面拉弧圈球等技术内容。

动作要点：从正手位到反手位或从反手位到正手位时，须先移动脚步，一般可使用并步或滑跳步。下肢移步结束，手上就应该完成引拍动作，身体站稳以后方可挥拍击球。在这个过程中，应重视手法与步法协调配合，身体重心也应跟着脚步的移动进行转换。

技术关键点：击球点位置在身前；手法与步法协调配合；步法跑动迅速到位；身体重心及时跟进。

2. 推挡（拨）结合侧身攻技术

这项结合技术是提高左半台进攻能力的有效手段，可突出正手进攻效果，增强进攻的威力，也是目前世界乒乓球的技术发展趋势，故该项结合技术的意义是不能低估的。

动作要点：侧身前，反手推或拨的这一板应增加力量将球击出，同时加大击球路线的角度或向中路击球，增加对方回球的难度，为侧身制造机会，为下一拍攻球做好充足的准备。侧身时，可用并步或滑跳步，边侧身边引拍，等身体站稳后，挥拍击球。如果来球角度较大，侧身时可用后交叉步，加快侧身速度，迅速为攻球做准备。

技术关键点：明确侧身的最佳时间；找准击球点；侧身要充分，留有充足的击球空间；手脚要协调配合。

3. 推侧扑结合技术

推侧扑技术是指在推挡（拨）后侧身正手攻一板，然后扑向正手位击球，这项结合技术是提高正手全台进攻能力的一项必不可少的内容，经常练习这一结合技术，可有效提高比赛时运动员跑动能力，防止正手位出现空当，还可以提高侧身攻的使用率。

动作要点：推侧的跑动和技术要求与推挡（拨）结合侧身攻技术一样，在侧身攻后，如果来球角度不大时，可采用滑跳步；如果来球角度较大，则用前交叉步扑到正手位击球，首先右脚稍向前移一小步，这时重心在右脚，然后左脚迅速向右跨一大步，左脚落地时挥拍击球，随后右脚向右移一步，这时身体重心应随挥拍方向向左前方倾。

技术关键点：手脚协调配合；明确击球时期；步法跑动到位，重心转换。

4. 搓中突击技术

搓中突击技术是搓球和攻球（或拉球）的结合技术，通过搓球为自身提供进攻机会，打破对方的旋转控制，争取主动进攻。

动作要点：搓球是搓中突击技术的基础，搓球就是为下一板的进攻制造机会，所以要控制旋转、弧度与落点，不给对方起板的机会。有了攻球机会后，若来球不转，最好在上升后期接近最高点时突击击球，靠身体和腰的转动来带动手臂向前击球；若对方来球下旋旋转较强，应在来球的最高点或下降前期击球，在向前击球的同时，手腕应加力向上摩擦球。

技术关键点：搓球的旋转和落点；不同旋转的击球时期；击球后下一板的连续性。

5. 削中反攻技术

削中反攻是削球与攻球（包括拉弧圈球）的结合技术，是提高削球运动员反攻能力与攻削结合能力的一项重要结合技术。

动作要点：削球一般在下降期击球，攻球一般多在高点期击球，故由削球转攻时应上前移步，而由攻转削时则应向后退步让位。在移动时应注意攻与削这两项技术在身体重心上的不同变化。削球时，身体重心的变化是先随着引拍转体而升高，然后向下挥拍削球时会降低，最后在还原时会稍升高。攻球时，身体重心的变化是先随着引拍由后稍下，然后挥拍击球时向前略上。拉弧圈球时，身体的重心变化是先随着转体引拍后移降低，然后挥拍摩擦球时向前升高，最后还原时稍降低。

技术关键点：明确削球和攻球不同的击球时间和站位；身体重心的变化；手脚的协调配合。

（六）基本战术

战术主要是指在比赛中根据对方的技术特点及打法类型，而采用不同技术的原则和方法。在比赛中运用战术应做到扬长避短。战术是多个技术的组合，所以技术的熟练掌握是战术灵活运用的基础，没有技术就没有战术，因此在学习战术前一定要熟练掌握各项技术。

1. 发球抢攻战术

发球抢攻战术是乒乓球运动员的重要战术之一。运动员可根据自己的技术特点，选择发球技术，从而获得为抢攻创造机会，获得比赛的主动性。在使用这一战术时，应注意提高发球的质量、发球与抢攻之间的配合以及抢攻的准确性和稳定性，减少无谓失误。

具体的发球抢攻战术,有以下几种。

1)正手发转、不转及奔球后抢攻战术

当对方运动员站在球台左半侧时,正手位的空当较大,这时用正手向对方正手位发转、不转及奔球。一般以发至对方中路或右方短球为主,以控制对方不能抢攻或抢拉,再配合左路长球做好抢攻准备,亦可适当发些长球到其正手位,若能发到似出台又未出台的落点,则效果更好。抢攻时,可以加大击球力量或角度,增加对方的跑动范围,让对方不好处理来球。

2)正手侧上旋、下旋发球后抢攻战术

发侧上旋、下旋球时,应尽可能靠近球台,这样发出的球又急又长。当对方正手进攻能力较强,或站位离台面较远的时候,则可以发短球为主,来限制对方的进攻,然后长短落点结合,迫使对方在移动中接球,为自己进攻创造机会。发侧上、下旋到对方的反手或正手近台,由于球从台面跳起后会向侧面拐弯,使得对方移动步伐调整击球位置,然后再回球到对方的正、反手位底线,让对方措手不及,从而增加对方的跑动范围,为自己进攻创造机会;发侧上、下旋到对方的中路短球,对方会先上步接球,增加对方前后移动的范围,易于造成对方球拍击球点部位的偏离,然后再回球到对方的正、反手位底线,为自己进攻创造机会。

3)反手侧上旋、下旋发球后抢攻战术

反手侧上旋、下旋发球与正手的侧旋发球特点类似,不同的是旋转方向正好相反。反手侧上旋、下旋发球一般都站在球台的中间稍偏左的位置,这样可以兼顾正、反手的进攻。在发球时,可根据对方的站位来调整自己的发球战术。当对方的站位靠近球台的左半侧,正手位空当较大时,可以发正手位的短球或长球,通过利用球的旋转来增大对方的跑动范围,然后回球到对方的反手底线,为自己进攻创造机会;当对方的站位靠近球台的中间偏左的位置时,可以发近台中路短球结合两个大角度的长球,前后调动对方。

2. 接发球战术

接发球战术在乒乓球比赛中有着至关重要的作用,对于进攻型选手而言,如果接发球处理不当,很容易被对方发球抢攻而陷于被动,甚至导致全局失利。因此,在比赛中要积极主动,最大限度地控制对方的发球抢攻,尽量为自己的下一板球创造进攻的机会。如果没能控制住对方,让对方抢先上手进攻,那么就要做好相应的防守准备,避免无谓失误,等待进攻机会的出现。

1)接发球抢攻战术

这种接发球战术最为积极主动,能够迅速掌握比赛中的主动权,也是比赛中十分有效的得分手段。当对方发短球时,可以用快点技术,打乱对方的比赛节奏;当对方发长球或半出台球时,可用抢攻或抢拉的技术,增加比赛中的主动性。在运用此战术时,一定要能对每一球迅速做出反应,判断清楚对方发球的旋转和落点,然后迅速移动步法,保证击球的质量和准确性,还要保持击球的稳定性,减少无谓失误,尽量创造有利的进攻机会。

2)摆短和劈长战术

搓球在比赛中是一种过渡性技术,当对方发强烈下旋或侧下旋短球以及突然发底线长球不利于自己进攻时,可以用慢搓来球控制球的落点,将球摆短不出台,控制对方进攻的手段;还可以采用劈长技术,将来球劈向两大角底线长球,增大对方跑动范围,给对方接球增加难度,自己可以等待进攻机会。另外,在接对方发的近网小球时,还可运用撇一板的方法。

在运用搓球技术前要先判断来球的旋转，当对方发侧上或不转球时，不宜用搓球技术回接，以免接过去的回球过高球被对方抢攻。

3）推（拨）战术

推（拨）是接上旋球和不转球的有效控制手段，这种接发球手段主要是借力发力，接过去的球速度较快，具有一定的突然性，落点和线路变化都比较大。一般站在球台偏左的位置，身体离台较近，右脚稍偏后或与左脚平行。判断清楚来球后，迅速移动调整击球位置，在来球的上升期击球的中上部，击球后手臂要继续向前运动，但是距离要短，速度要快，并迅速还原。推（拨）的速度快，因此在线路变化上要比搓球具有更大的优势，可以根据对方的站位来变换回球的线路。当对方站位靠球台中间时，可以考虑推对方的反手位大角和中路。大部分运动员反手位的进攻能力相对要比正手位弱，再加上大范围的移动，可以降低对方的回球质量；当对方站位靠球台偏左时，可以进行变线和压大角，如果对方正手位空当较大或正手实力较弱，可以推（拨）其正手。

3. 左推右攻战术

当两名进攻型运动员在赛场中相遇时，常常会形成对攻的局面，这个时候可以采用此战术。左推右攻战术一般是站在近台，以速度为主，线路多变，为进攻创造机会。

1）压对方左右两个大角战术

当对方的步伐移动较慢时，可以主动变直线，然后突然将其调回反手位，迫使对方在跑动中击球，降低击球质量，伺机侧身抢攻。使用此战术时应该注意，变线的速度一定要快，角度一定要大，这样对方跑动中难于发力，可以为自己抢攻创造机会。

2）压左调右战术

这项战术可用于当对方的反手强于自己的情况，主动变线，不让对方一直用反手；当对方侧身抢攻意识较强时，可运用变直线的方法压制对方的侧身进攻意图，还可以偷袭其正手的空当；当对方步法移动较慢或正手进攻不够强时，可反复进行压左调右变线，令其出现空当或失误；当对方的反手比其正手进攻弱的时候，压住其反手位，伺机变正手或侧身进攻。在变线时应特别注意，回球一定要有质量，应加力将球推到对方正手位底线，这样对方跑过去难于发力，利于自己侧身抢攻。同时，变线一定要主动变线，切记不能被动变线，否则会给对方抢攻的机会。

3）调右压左战术

这项战术可用于对方左半台进攻能力较强，或正手位进攻能力较弱的情况，，先打对方正手，将其调到正手位并被迫离台后，再突然变线打其反手位，为自己创造进攻机会。调正手位的这板球要凶，质量要高，角度要大，速度要快，否则会给对方进攻机会。

4）压中路配合压两角战术

这种战术适用于对手不擅长侧身进攻，为两面攻或两面拉打法的情况，可以压其中路，然后突然变线压对方两个大角，增加对方的跑动范围，降低其进攻强度，等待反攻的机会。压中路时，最好将落点长短结合，让对方前后移动，压制其进攻意图。还可以将击球力量加减力结合，先加力将球击往底线让对方向后移动，再减力回一个近网小球，为自己的进攻创造条件。

5）全台正手抢攻战术

这项战术适用于自身正手进攻能力较强的情况，可以在比赛中充分运用正手攻球的优势，侧身也用正手进攻，争取全台都用正手进攻。此战术进攻威胁大，能充分掌握主动权，令对方处于被动，但是对步法和击球质量要求非常高，所以要在日常训练中多多练习正手进攻技术，提高击球的准确性和稳定性。

4. 搓攻战术

1）搓球抢攻战术

将球搓向对方进攻的薄弱环节，压制对方的进攻意图，自己抢先进攻。可以运用摆短、劈长、控制对方进攻优势等，调动对方，增加其进攻难度。当对方的反手不擅长进攻时，先将球搓向对方的反手位，发现其准备侧身或将注意力都放在反手后，立马变线或抢拉直线至其正手；当对方不擅长左右移动或移动较慢时，可以向正、反手位一边搓一板，分散对方的注意力，等待合适的抢攻时机；当对方不擅长前后移动或移动较慢时，可以使用长短结合搓球，分散注意力，伺机抢攻。运用这个战术时，要注意落点和旋转的变化，尽量少搓，积极主动抢攻。

2）搓中突击战术

这项战术主要适用于直板正胶快攻选手，在来球旋转不强时，通过搓球转与不转的变化，控制住对方的进攻，为自己的突击或快点创造机会，由此而转入连续进攻。须注意，搓球过程中的旋转变化必须结合落点控制，这样才能充分发挥该项战术的作用。

五、乒乓球比赛及规则

（一）基本概念

（1）比赛台面：球台的上层表面，叫比赛台面。长 2.74 米，宽 1.525 米，离地高 76 厘米。沿每个 2.74 米的比赛台面边缘各有一条 2 厘米宽的白线，叫边线；沿每个 1.525 米的比赛台面边缘各有一条 2 厘米宽的白线，叫端线。一条与边线平行将球台划分为两个相等“半区”的 3 毫米宽的白线，叫中线。

（2）赛区空间：不少于 14 米长、7 米宽、5 米高，且赛区应由 75 厘米高的颜色相同的深色挡板围起，并与相邻的赛区及观众隔开；残疾人轮椅组的比赛场地不得小于 8 米长、6 米宽、5 米高。

（3）回合：球处于比赛状态的一段时间。

（4）比赛状态：从球被抛起前静止状态的最后一瞬间起，球即处于比赛状态，直到这个回合被判为重发球或得 1 分。

（5）重发球：不予判分的回合。

（6）1 分：判分的回合。

（7）执拍手：握着球拍的手。

（8）不执拍手：未握着球拍的手。

（9）击球：用握在手中的球拍或执拍手手腕以下部分触球。

（10）发球方：在一个回合中，首先击球的运动员。

（11）接发球方：在一个回合中，第二个击球的运动员。

（二）合法发球

发球开始时，运动员要将球自然地置于不执拍手的手掌上，手掌张开，保持静止。在发球时，运动员须将球垂直向上抛起，不得使球旋转，并使球在离开手掌之后上升不少于 16 厘米，球下降到被击出前不能碰到任何物体。当球从抛起的最高点下降时，发球员方可击球，使球首先触及本方台区然后越过或绕过球网装置，再触及接发球员的台区。从发球开始，到球被击出，球要始终在比赛台面的水平面以上和发球员的端线以外，而且不能被发球方或其双打同伴的身体或他们所穿戴（带）的任何物品挡住。

（三）合法还击

对方发球或还击后，本方运动员必须击球，使球直接越过或绕过球网装置，或触及球网装置后，再触及对方台区。

（四）比赛次序

（1）在单打比赛中，先由发球方合法发球，再由接发球方合法还击，然后两者交替合法还击。

（2）在双打比赛中，先由发球方运动员合法发球，再由接发球方运动员合法还击，然后由发球方的同伴合法还击，再由接发球方的同伴合法还击，此后，运动员按此次序轮流合法还击。

（五）重发球

（1）发球方发出的球，在越过或绕过球网装置时，触及球网装置，此后成为合法发球或被接发球员或其同伴阻挡。

（2）接发球方或同伴未准备好时，球已发出，而且接发球方或其同伴均没有企图击球。

（3）由于发生了运动员无法控制的干扰，而使运动员未能合法发球、合法还击或遵守规则。

（六）得 1 分

除被判重发球的回合，下列情况运动员得 1 分。

（1）对方运动员未能合法发球或未能合法击球。

（2）对方运动员击出的球已越过本方端线或比赛台面，且始终没有触及本方台区。

（3）对方故意连击。

（4）对方运动员不执拍手触及比赛台面。

（5）双打比赛中，对方运动员击球次序错误。

（七）赛制与计分方法

（1）乒乓球比赛一般为三局两胜制、五局三胜制和七局四胜制。

（2）在一局比赛中，先得 11 分的一方为胜方。10 平后，先多得两分的一方为胜方。

(3)在决胜局中,一方运动员比分到达 5 分,需要先交换方位,再继续进行比赛。

四、乒乓球比赛欣赏

1901 年乒乓球传入中国,因为那个时候人们对乒乓球运动并不了解,所以也就没有加以重视,在民国时期乒乓球都不在中国讨论“国球”的范畴之内。1959 年,容国团获得第 25 届世乒赛男单冠军。这不仅是中华人民共和国成立以来,我国运动员获得的第一枚世界乒乓球比赛冠军奖牌,也是我国在竞技体育项目中获得的第一个世界冠军。所以,容国团获得冠军激起了我国对于乒乓球运动的热情。随后,我国又获得第 26 届、27 届和 28 届世乒赛多个项目的冠军,其中庄则栋蝉联三届男单冠军。至此,竞技乒乓球运动在国际乒坛中逐渐崛起,也在我国迅速地发展了起来,许多民众都开始学习乒乓球。60 多年来,中国乒乓球队在乒乓球运动三大赛事中屡创佳绩,使得我国乒乓球在国际乒坛处于压倒性领先的局面,一直稳坐霸主地位。

乒乓球运动三大赛事是指:世界乒乓球锦标赛、乒乓球世界杯和奥运会,这三大赛事的含金量都极高。世界乒乓球锦标赛从 2003 年第 47 届开始,单项比赛于单数年举办,团体赛在双数年举办,比赛共设置了七个比赛项目(男女团体、男女单打、男女双打和混双)。乒乓球世界杯,是乒乓球运动中的顶级赛事,首届女乒世界杯于 1996 年在中国香港举行,该项赛事保持一年一度的举办传统,只在 1999 年因赞助商原因停办过一次,共设置了四个比赛项目(男女团体和男女单打)。1988 年,乒乓球被列为奥运会的正式比赛项目,自举办以来,这一项目的大部分金牌被中国乒乓球队收入囊中。截止到 2022 年,中国乒乓球队共获得了 147 个世界乒乓球锦标赛的冠军,72 个乒乓球 WTT 世界杯比赛的冠军,34 个奥运会冠军。

中国乒乓球队每一次在国际赛场上获得冠军,都会在赛场的颁奖仪式上奏响中国国歌。这不仅能够激励运动员在比赛中顽强拼搏,为国争光,还能振奋民族精神。这些辉煌的比赛成绩,使乒乓球运动在大众体育中迅速地发展了起来,平民百姓们也成了乒乓球运动的爱好者。上海市作为乒乓球传入中国后第一个接触这项运动的城市,在 1959 年有将近 30 万群众自愿参加了以乒乓球运动为主的冬季锻炼。同年,北京在西城区组织了一场职工乒乓球比赛,共有 18 000 余人参与。隔年,北京市开始在学校中推广乒乓球运动,有 26 万余中小学生参与到乒乓球运动中来,推动了乒乓球的快速发展。时至今日,乒乓球运动在中国依然拥有极高的国民度和影响力,也拥有极其深厚的群众基础。各个年龄层次,各种工作行业里都有喜欢乒乓球运动的人群,由此可见,乒乓球运动在我国推广和发展的效果非常好。

章节小结

乒乓球运动是智能、技能、体能三者兼容的隔网对抗的运动项目,集健身、竞技、娱乐于一体。本节主要介绍乒乓球运动的基本理论知识,基本技术动作和竞赛规则。

思考题

1. 简述乒乓球运动的起源与发展。

2. 乒乓球的握拍方式有哪些?
3. 乒乓球的单一技术有哪些?
4. 在乒乓球比赛时,什么时候需要实行"五分交换方位"这一规则?

(章节撰稿人:曾雨璇)

第五节 羽毛球

一、项目概述

(一)羽毛球运动的起源

相传羽毛球最早出现于 14 至 15 世纪时的日本,球拍是木制的,球用樱桃核插上羽毛制成。在 18 世纪时,印度的普那出现了一种与早年日本的羽毛球极相似的游戏,球用直径约 6 厘米的圆形硬纸板,中间插羽毛球制成(类似我国的毽子),板是木质的,玩法是两人相对站着,手执木板来回击球。现代羽毛球运动诞生于英国, 1873 年,英国公爵鲍弗特在格拉斯哥郡伯明顿镇的庄园里进行了一次羽毛球游戏表演。从此,羽毛球运动便逐渐开展起来,"伯明顿"即成了羽毛球的名字,英文的写法是"Badminton"。

(二)世界羽毛球运动的历史

羽毛球运动诞生之后,迅速就在世界范围内发展起来。1875 年,印度的普那编撰出世界上第一部羽毛球比赛规则。1878 年,英国对于羽毛球规则进行了统一与完善,当时编撰的规则与现在所使用的规则没有太多变化。1983 年,应该成立了英国羽毛球协会,这是世界上最早的羽毛球协会,并在 1899 年,举行了第 1 届全英羽毛球锦标赛。1903 年,在都柏林举行了世界最早的羽毛球国际比赛,参赛国家(地区)有爱尔兰和英格兰。

1934 年,由加拿大、丹麦、英格兰、法国、爱尔兰、荷兰、新西兰、苏格兰和威尔士创立了国际羽毛球联合会,总部设在了伦敦。国际羽毛球联合会成立后,国际羽毛球赛事也日益增多。

国际羽联第一任主席汤姆斯爵士捐资制作了一座奖杯,该奖杯作为世界羽毛球男子团体赛的流动奖杯颁发,所以世界羽毛球男子团体赛又称汤姆斯杯赛。1948 年,举行了第 1 届比赛,每 3 年举行一次,每场比赛有 5 场单打、4 场双打,共 9 场比赛,比赛 2 天完成。1984 年改为每逢偶数年举行,并将 9 场制的比赛改为 5 场制,分别是 3 场单打,2 场双打。

1956 年,由世界著名羽毛球运动员尤伯夫人捐赠的奖杯,作为世界羽毛球女子团体赛的流动奖杯。1956 年举行第 1 届尤伯杯赛,每场比赛由 3 场单打、4 场双打,共 7 场比赛组成。1984 年改为与汤姆斯杯同时同地举行,采用同样的 5 场制比赛方法。

1977 年,在瑞典的马尔摩举行了首届世界羽毛球锦标赛,设置了 5 个单项比赛,原为每逢奇数年举行,现改为每年举行一届。

1989 年,在印尼举行第 1 届苏迪曼杯比赛。印度尼西亚向国际羽联捐赠了以印度尼西亚人苏迪曼名字命名的奖杯,作为世界羽毛球男女混合团体赛的流动奖杯。苏迪曼杯赛由男、女单打，男、女双打和混合双打 5 场比赛组成。

国际羽毛球联合会每年组织的世界羽毛球系列大奖赛总决赛始于 1983 年。前 3 届只设男女单打 2 个比赛项目，1986 年开始设男女单打、男女双打和混合双打 5 个比赛项目。该项大奖赛分成若干站，在不同的国家或地区举行。根据赞助商提供比赛奖金的数额，将比赛分成 6 个星级。国际羽毛球联合会根据参赛者各站比赛累计的成绩积分作为每站比赛选手的参赛依据。自 2001 年起，总决赛停办。

2006 年，国际羽毛球联合会正式更名为羽毛球世界联合会，简称世界羽联。

（三）中国近现代羽毛球的发展

1.20 世纪 50 年代的起步

近现代羽毛球运动大约于 1910 年传入中国，最早在上海，随后在广州、天津、北京、成都等城市的基督教青年会和学校中有所开展。所以在中华人民共和国成立前，只有少数几个沿海城市会举办羽毛球活动和小型比赛，但技术水平都比较低。1954 年，一批赤子回国准备报效祖国，并带回了先进的羽毛球技术和战术，我国的羽毛球运动水平得到了长足的进步，同时我国还组建了国家集训队。继而，我国东南沿海几个主要大城市也成立了以归国华侨青年为骨干的羽毛球队。1956 年在天津举行了第一次全国羽毛球比赛，来自 11 个城市的男运动员（49 人）和女运动员（29 人）参加了该项赛事。

2.20 世纪六七十年代世界羽坛的“无冕之王”

第 1 届全运会后，一批优秀羽毛球青年选手相继回国。我国羽毛球教练员、运动员总结了国内外羽毛球运动的经验教训和技术资料，结合自己的运动实践进行了探索，敢于创新，提出了“以我为主、以快为主、以攻为主”的积极打法。后来，又经过不断的总结和完善，中国羽毛球运动形成了特有的“快、狠、准、活”技术风格，还吸取了国外的一些先进的运动训练方法，运动技术水平得到了进一步提高。

但由于政治上的原因，当时我国未加入国际羽联，故未参加世界性锦标赛。但是在国际相互的交流中，中国羽毛球队多次与当时的世界强队进行较量，都取得了优异的成绩。1963 年，中国羽毛球队、青年队和一些省队与连获两届世界男子团体冠军的印尼羽毛球队进行对抗赛，并获得了胜利。1964 年，印尼队在蝉联三届汤姆斯杯冠军后再次访问我国，又铩羽而归。1965 年，中国羽毛球队出访丹麦和瑞典，中国羽毛球运动员取得 34 场比赛全胜的辉煌战绩。因此，欧洲报纸舆论评价中国羽毛球队为世界羽坛的“无冕之王”。

3.20 世纪 80 年代一枝独秀

1981 年 5 月，世界羽毛球联合会与国际羽毛球联合会宣告合并，仍沿用国际羽联的名称。国际羽联恢复我国在国际羽联的合法席位，实现了我国羽毛球运动员多年来参加世界比赛的愿望。1981 年 7 月，在美国圣克拉拉举行了第 1 届世界运动会羽毛球比赛，这是我国羽毛球运动员在世界性羽毛球比赛中的首次亮相，中国运动员一举夺得男子单打、男子双打、女子单打和女子双打共 4 枚金牌。1982 年，中国男子羽毛球队首次参加汤姆斯杯赛，经过艰苦奋战，最后以 5∶4 击败劲敌印尼队，夺得冠军。1984 年中国女子羽毛球队把世界女子羽毛球团体赛的奖杯尤伯杯又揽入怀中，1986 年中国男、女羽毛球队在印尼首都雅加达分别举起汤姆斯杯和尤伯杯。1987 年，在中国北京举行的第 5 届世界羽毛球锦标赛的 5 个单项比赛中，中国羽毛球运动员囊括了全部冠军。

4.20 世纪 90 年代再创辉煌

当羽毛球项目刚被列为奥林匹克运动的正式比赛项目时，中国的羽毛球水平却跌至低谷，中国羽毛球运动员极少获得世界大奖赛的冠军。在第 25 届奥运会的羽毛球比赛中，中国羽毛球运动员就未得到一枚金牌。1992 年，中国男子羽毛球队在汤姆斯杯半决赛不敌马来西亚队，未能进入决赛，此后参加的连续三届汤姆斯杯也都未能进入决赛。中国女子羽毛球队也在 1994 年和 1996 年的尤伯杯赛中两度被印尼队夺去奖杯。中国羽毛球队不停在反思和总结失败经验教训，并采取了一系列措施。在 1996 年亚特兰大奥运会中，中国羽毛球队获得了女子双打金牌和男子单打银牌的好成绩。1998 年中国女子羽毛球队夺回尤伯杯，同时中国羽毛球队实现了苏迪曼杯比赛 1995 年、1997 年、1999 年的三连冠，2000 年中国女子羽毛球队蝉联尤伯杯冠军，男子队也得了亚军。

5.21 世纪初称霸羽坛

2005 年 5 月，苏迪曼杯再次回到中国，这已经是中国队第 5 次夺取此杯。2006 年，中国羽毛球队获得了汤姆斯杯和尤伯杯，成为首个在一个赛季里独享三杯的球队。2007 年，中国羽毛球队再次捧起苏迪曼杯，同年世锦赛，中国队夺得三金。在全英羽毛球公开赛中，中国队又得四金。2008 年中国队再次包揽汤姆斯杯和尤伯杯，又于 8 月举办的北京奥运会中，夺得男子单打、女子单打和女子双打 3 枚金牌。

（四）羽毛球场地与器材

1. 羽毛球拍

羽毛球拍由拍头、拍杆、拍柄、拍弦面以及拍杆与拍头的接头（连接喉）构成。球拍总长度不超过 68 厘米，宽不超过 23 厘米，球拍重量为 95~120 克（不包括拍弦）。

2. 羽毛球

羽毛球是一个近似锥形体的“球”，由球托和羽毛两部分组成。球托直径 2.5~2.8 厘米，底部为圆形。在球托部固定了 16 根羽毛，每根羽毛长 6.4~7.0 厘米，羽毛顶端围成圆形，直径为 5.8~6.8 厘米。整个球的高度为 8.7 厘米，标准球重为 4.74~5.50 克。

3. 球场

羽毛球场地球场呈长方形，球场长为 13.40 米，单打球场宽 5.18 米，双打球场宽 6.10 米。场地线的颜色最好是白色、黄色或其他容易辨别的颜色。

二、基本技术

（一）基本站位

双脚分开与肩同宽，平行或者稍前后站立，双膝微屈。身体重心放在双脚的前脚掌上。双臂弯曲，上臂置于体侧。持拍手手臂的肘关节位于身体前面，拍头大约位于胸部的高度。眼睛注视前方，观察来球。

（二）握拍技术

1. 正手握拍法

用左手握住拍杆，右手张开呈握手状，握住拍柄，使虎口对准拍柄斜棱上的第2条棱线，拇指和食指贴在拍柄两侧的宽面上，其余的三指自然握住拍柄。注意掌心不要紧贴拍柄，应留有空隙，有利于手腕和手指力量的发力及灵活运用。

2. 反手握拍法

在正手握拍的基础上，球拍拍柄稍向外转，拇指内侧贴在拍柄第一斜棱旁的宽面上，其余四指并拢。为了便于发力，掌心与拍柄之间要留有充分的空隙。

（三）发球技术

1. 发高远球

站在靠中线的位置，身体左肩侧对球网，左脚在前，右脚在后，距前发球线约1米处。两脚分开与肩同宽，身体重心放在右脚上。左手持球，自然伸臂平举于胸前，右手持拍，自然屈肘于身体右侧。引拍时，右臂随着肘关节向右后方举起，将球拍后引至一定高度。发球时，左手将球自然放下，身体由右向左转，重心前移。同时，前臂带动手腕由下向前上方挥动，并用手腕爆发力面上方将球击出。击球后，球拍顺势向左上方挥动，随后迅速还原。

2. 发网前球

站在接近前发球线，右脚在前，左脚在后且脚后跟抬起，身体稍前倾，重心放在右脚上。用左手拇指和食指轻轻捏住球的羽毛处，球托朝下，将球置于腹前腰部以下位置。右臂屈肘稍向上提起，反手握拍将球拍持于腹前，并使球托对准拍面。左手松开使球自然下落的瞬间，前臂迅速带动手腕向前“切送”。发小球时，球拍由后向前横切推送，用切击的力量使球以略高于网顶的弧线飞行，通过拍面的切削动作使球落到对方场区的前发球线附近。

（四）接发球技术

接发球时，左脚在前，右脚在后，稍侧身对网，收腹含胸，双膝微屈，两脚自然开立，双脚后跟稍稍提起，重心放在前脚，举拍于身前高于肩部，约与球网齐高，拍头稍抬，两眼注视前方，集中精力，保持警惕。双打接发球准备姿势同单打基本一样，站在靠前发球线，因需要注意网前来球，所以可以正对球网站立，但重心要低于单打接发球姿势，握拍高举过头顶，争取高的击球点。

（五）击球技术

1. 正手击高远球技术

先判断来球方向和落点，然后选好站位，身体侧对球网，左脚在前，右脚在后，两脚分开与肩同宽，重心放在右脚上。右手持拍手臂自然弯曲举至右肩上方，左手自然上举，眼睛注视前方，盯紧来球。引拍时，身体向右转体。击球时，上臂上举，肘关节上提明显高于肩部，球拍引至头后，然后蹬地转腰，以肩为轴，用上臂带动前臂快速向前上方甩腕，在手臂伸直的最高点击球。随后球拍顺惯性往前下方挥动并收拍与体前，还原成握拍姿势。

2. 正手吊球技术

准备动作和引拍动作均与正手击高远球相同。吊球的击球点要比高球稍靠前一些，在右肩前上方，拍面正面向内倾斜。吊斜线时，前臂外旋利用手腕的力量使拍面向朝左前下方挥拍切击球托的右斜侧面；吊直线时，拍面正对来球，前臂旋内利用手腕的力量使拍面向前下方挥拍切击球托的左斜侧面。击球后，球拍随击球惯性挥拍，然后收拍至体前。

3. 正手杀球技术

准备姿势和击球动作与正手击高远球动作基本相同，不同的是最后发力的方向朝下。杀球前身体后仰收腹发力，这样可以利用全身的力量。杀球瞬间，紧握球拍，利用手臂和手腕的爆发力形成鞭打发力，击球后立即还原成准备姿势。

4. 挑球技术

侧身对网前，右脚在前向网前跨出一大步，双膝微屈，前脚掌着地，重心落在右脚上，右手握拍于体前。在正手挑球时，持拍手前伸，前臂外旋带动手腕伸展下放，球拍向右下方做半弧形引拍动作。在拍面击球的瞬间，前臂迅速内旋带动手腕向前上方发力击球。在反手挑球时，前臂内旋并向下做小回环，球拍向左下方引拍，击球时瞬间发力击球托底部。击球后，身体重心即刻还原成准备姿势。

5. 搓球技术

搓球准备动作与正手挑球动作基本相同。先朝来球方向前跨一步，前臂往前上方举起，球拍前伸，拍面稍上仰斜对球网，争取高的击球点。在正手搓球时前臂稍外旋，带动手指和手腕动作搓切来球的右下底部；在反手搓球时，前臂前伸外旋，手腕由内收至外展形成合力，搓击球的右侧底部，使球旋转翻滚过网。

6. 勾球技术

勾球的准备动作和引拍动作与搓球动作基本相同。在正手击球时，肘部适应回拉带动前臂内旋往左拉收，手腕向内收腕挥拍拨击球托的右侧下部。在反手击球时，肘部下压，前臂外旋，手腕先稍屈后伸，食指和拇指协调用力转动拍柄，其他手指握紧拍柄，拨击球托的左侧面，使球沿着对角飞行。击球后，球拍回收至胸前，迅速还原。

7. 平抽技术

两脚分开与肩同宽，侧身对网，双腿屈膝，脚掌触地，脚跟提起。在正手击球时，右臂屈肘举拍于右肩上方，以肩为轴，利用前臂向后经外旋回环带动手腕伸展引拍。击球时，前臂向前内旋带动腕部发力，向前推压抽击球托后部。在反手平抽球时，右臂屈肘举拍于左肩上方。击球时，前臂外旋，手腕由展到收迅速发力，用拇指的顶力推压抽击球托后部。击球后，球拍由右下回举至前上方，准备下一次击球。

（六）步法技术

1. 上网步法

上网前，站在场地的中心位置，两脚左右开立与肩同宽，两膝微屈，前脚掌着地，后脚跟稍提起，身体稍前倾，右手持拍于体前，两眼注视来球。上网可采用两步或三步跨步移动的方法，也可采用垫一步再跨一大步移动的方法。

2. 两侧移动步法

两侧移动步法是指从中心位置向左、右两侧边线移动的步法。多用于接对方的扣杀球和半场低平球。其移动前的准备姿势及站位与上网步法基本相同。

1）向右侧移动步法

以左脚前脚掌为轴，左脚掌内侧用力蹬起，同时身体向右转，当如离中心位置较近时用右脚向右蹬跨一大步到位击球，如离中心位置较远，则垫一小步后右脚再跨一步。

2）向左侧移动步法

与向右侧移动法相同，如离中心位置较近，左脚跨一步则可，如距中心位置较远，则左脚先移一小步，再向左转体，右脚跨一大步到位击球。

3. 后退移动步法

1）正手后退步法

先判断准来球方向，然后右脚蹬地迅速向右后撤一小步，同时上体右转，左肩对网，左脚用并步靠近右脚（或从右脚后交叉撤一步），右脚再向后移至来球位置。

2）头顶后退步法

头顶后退步法一般用于左后场区，判断来球后，右脚蹬地向左后方撤一步，同时髋关节及身体向右后方转动。然后，左脚用并步或交叉步后撤，右脚退至来球位置击球。击球后，迅速回到中心位置。

3）反手后退步法

反手后退时，一般根据离球距离调整步子。离球较近时，采用两步反手后退步法。先将左脚向左后方撤一步，接着上体向左转，右脚向左后方跨一步，右肩对网作反手击球；离球较远时，可采用三步或五步反手后退步法。用三步后退时，先将右脚向左脚并一步，左脚再向左后方撤一步，同时上体左转，看脚再向左后方跨一步至来球位置，背对球网，做反手击球。如果用三步移动还未到来球位置，则左脚右脚各向后移动一步即成五步移动步法。

（七）基本战术

战术是在有效的比赛规则框架下有目的地利用运动项目特殊的技术形式的行为。在比赛中，战术能否成功运用是决定比赛胜负的重要因素，在比赛中运用战术要做到扬长避短，多发挥自己的技术优势，因此运动员应该熟悉羽毛球战术的基本技术与原则。

1. 单打战术

1）发球抢攻战术

发球是比赛过程中组织进攻的开始，在比赛中非常重要。在采用发球抢攻战术时，应用余光时刻注意对方的情况，找出对手的弱点。可以统一发各种球的准备姿势和动作，迷惑对手，给对方的判断制造困难。发球后应立即做好击球准备，根据情况及时调整自己的位置，两脚开立，身体重心居中，脚下不要踩得太死，方便身体迅速启动。在发出不同类型球之后，抢攻战术也有所不同。发前场区球主要是想限制对方并立即进行攻击，如果组织和发动快速有力的抢攻，可直接得分或获得第二次攻击的机会；发平高球，飞出的球速度快弧线低，对方必须退到后场才能还击，所以回球质量会受到一定的影响，这时，我方就能掌握主动进攻权。

2)接发球抢攻战术

因为在比赛时,发球者发球只能发到对角线的接发球区内,而接发球者只需防守接发球区,然后将球还击到对方整个场区,所以对方在发球时会受到诸多的限制,使得所发出的球不能给接发球者带来直接的威胁,只要接发球者能处理好第一拍接发球,就可以将被动转为主动。当对方发球落点欠佳时,要迅速分析出对方发球欠佳的原因和目的,对方发球不到位是有意的还是发球控制不好造成的。如果是迷惑性发球,就要谨慎,控制好自己身体的重心,进攻后必须能控制全场,特别是前场区;如果是对方在发球时未控制好,则应果断大胆地抢攻。一旦决定抢攻,就要稳住重心,加快速度,加大角度,盯着对方的弱点进攻,完成一个组合的强攻战术。

2. 双打战术

1)基本站位

在双打中,一般会采用前后站位和平行站位两种打法。当混合双打或两名运动员中有一名水平较弱时,常用前后站位打法。让水平较弱的队员站在较前的位置,发球后立即举拍防守前场区,另一名球员则负责中场或后场的各种来球。前后站位法可进行后攻前扑,后场连续大力扣杀,前场积极防守;平行站位打法是指每个运动员分别负责由中线分开的一半场地。当对方发来或打来的平高球处于后场时,接球方可从前后站位立刻转换为左右站位,各自负责左右两个半场区的防守,以平抽、平打压住对方后场底线两角。在对方扣杀球时也能以平抽反击或挑高远球至两底角,造成对方回球困难,从而伺机进攻。

2)攻中路战术

攻中路战术主要是用来对付配合较差选手的有效战术。当对方平行站位一左一右分边站位时,尽可能把球攻到对方两人之间的空当区域,使对方因为争抢回击球而发生碰撞,或相互让球而出现漏接失误;当对方两人前后站位时,可将球回击到对方两人前后之间靠近边线位置的半场区域,造成对方抢接或漏接现象,这也可以称为攻半场战术,是攻中路战术的形式之一。

3)攻人战术

攻人战术指集中我方队伍中的技术优势盯住对方两人中的一人攻击,然后再突击其他空当,是比赛中的有效得分手段之一。先追着对方技术水平相对差的一方打,让对方变得被动,不让其有进攻的机会,直到得分为止。如果对方已经发现我方的战术意图,加强了对技术较弱者的保护,这时可先追着对方技术水平相对弱的一方打后,又突然改攻较强者,让对方来不及反应,这样进攻会收到很好的效果。也可以先集中力量对付对方较强的一员,不给其喘息的机会,消耗其体力,随即伺机进攻较弱的一员或突击其空当也能奏效。

4)后杀前封战术

后杀前封战术是指当在比赛中取得主动进攻权,进行强攻时,一人在后场大力杀球,另一人在网前防守,抓住对方有可能回球的线路,有意识、有目的地准备封网,是双打中最常见的进攻战术。在运用这种战术时,后场选手要注意进攻的落点和位置,提高攻球的质量。网前的封网选手应根据其同伴进攻的路线,积极地、有意识地主动出击,去封住对方的出球路线,切忌站在原地消极地等待。一般情况下,当后场选手杀大对角线、中路或小对角线时,前场封网选手都应将判断来球的重点放在对方回直线球的位置上。

5）守中反攻战术

守中反攻战术是指通过拉后场底线两角诱使对方在左右移动中进攻，我方通过防守伺机进行反攻。这种战术一般用于对付对方后场进攻能力较差选手，消耗对方的体力也可采用这种战术。但需要注意的是，要想使用这种战术得分，必须保证我方具备一定的防守能力，能防住对方的进攻，不然会使我方在比赛中一直处于被动。

三、羽毛球比赛及规则

（一）竞赛项目

羽毛球竞赛项目可分为单项比赛和团体比赛两大类。

1. 单项比赛

羽毛球单项比赛包括男子单打、女子单打、男子双打、女子双打和混合双打 5 个项目。

2. 团体比赛

团体赛包括男子团体、女子团体、男女混合团体 3 个项目。一场羽毛球团体赛由数场比赛组成，常见的赛制有以下几种。

（1）三场制：每队 2~4 人参加比赛，两名单打，一对双打（可由单打运动员兼）共进行 3 场比赛。第一场单打，第二场双打，第三场单打，一般采用三场两胜制。

（2）五场制：每队 4~9 人参加比赛，三名单打、两对双打（可由单打运动员兼）。混合团体赛为两名单打、三对双打（可由单打运动员兼），共进行 5 场比赛。第一、二场单打，第三、四场双打，第五场单打，采用五场三胜制，亦可赛完 5 场后以获胜场数多者为胜队。

（二）赛制与计分方法

羽毛球比赛为 21 分制实行每球得分制，所有单项的每局获胜分皆为 21 分，最高不超过 30 分。每场比赛采取三局两胜制，先到 21 分的一方赢得当局比赛。如果双方比分为 20 平，获胜一方须超过对手 2 分才算获胜；双方比分打成 29 平时，先得到第 30 分的一方获胜。首局获胜一方在接下来的一局比赛中先发球。

（三）交换场区

以下四种情况运动员应交换场区。

（1）在第一局比赛结束时，双方应交换场地。

（2）如果局数打成 1∶1，在第三局开始前双方应交换场地。

（3）在第三局比赛中，当领先的一方比分达到 11 分时，双方应交换场地。

（4）如果运动员未按规定交换场区时，裁判员也忘记了，一经发现应立即交换，已得分数有效。

（四）单打规定

（1）一局当中，发球员的分数为 0 或双数时，双方运动员均应在各自的右发球区发球或接发球。

（2）发球员的分数为单数时，双方运动员均应在各自的左发球区发球或接发球。

（3）球发出后，由发球员和接发球员交替从各自所在场区一边的任何位置击出，直至"违例"或"死球"。

（4）接发球员违例或因球触及接发球员场区内的地面而成死球，发球员就得一分。随后，发球员再从另一发球区发球。

（5）发球员违例或因球触及发球员场区内的地面而成死球，发球员即失去发球权，对方得一分。随后，接发球员成为发球员。

（五）双打规定

1. 首先是发球员从右发球区发球，其次是先由接发球员的同伴从左发球区发球，然后是首先发球员的同伴，接着是首先接发球员，再接着是首先发球员，以此类推。

2. 一局胜方的任一运动员可在下一局先发球，局负方的任一运动员可在下一局先接发球。

3. 运动员在比赛中不得有发球、接发球顺序错误或在一局比赛中连续两次接发球（发球区错误的情况除外）。

4. 一局当中，发球方的分数为0或双数时，发球方均应从右发球区发球。发球方的分数为单数时，发球方均应从左发球区发球。接发球员应是站在发球员斜对角发球区的运动员。发球方每得一分后，原发球员则变换发球区再发球。只有接发球员才能接发球。如果他的同伴去接球或被球触及，发球方得一分。

5. 接发球方违例或球触及接发球方场区内的地面而成死球，发球方得一分，原发球员换位后继续发球；发球方违例或球触及发球方场区内的地面而成死球，接球方得一分。

章节小结

羽毛球是一项灵活、多变、可快可慢、隔网对抗的运动。既是奥运会的正式比赛项目，又是老少皆宜、易于掌握的大众体育项目。本节主要介绍羽毛球运动的基本理论知识，基本技术动作和竞赛规则。

思考题

1. 羽毛球运动起源于哪一项古老游戏？
2. 羽毛球的发球方法有哪些？
3. 羽毛球比赛一般采取什么赛制？

（章节撰稿人：曾雨璇）

第六节　网球

一、网球运动概述

（一）网球运动的起源

网球运动起源于12—13世纪的法国，传教士们在教堂的回廊里进行用手掌击球的游戏，随后这项游戏开始在法国和英国的宫廷中盛行。最初这种游戏在宫廷中的大厅里进行，球以布裹着，再用绳子绑着，场地中间高架一绳，用两手当球拍，是皇室贵族男女的消遣活动。17世纪初，场地中间改成小方格网子，而球拍也改成了穿线的球拍。18世纪时，资产阶级兴起，网球运动不再是宫廷活动，逐渐在欧洲大陆流行起来，然后又在全世界范围内发展起来，成为一项深受人们喜爱的球类运动。19世纪后期，网球传入中国。先是在上海、广州等大城市的外国传教士和商人之间出现网球活动，后来一些教会学校发展网球运动，各个学校开始举办校际网球赛，促进了网球运动在中国的发展与传播。

（二）网球运动的发展

1858年，英国人哈利·梅姆在英国伯明翰一位朋友的草地上建造了一个"网球场"，促进了早期网球游戏的开展。1872年，他又创建莱明顿网球俱乐部，扩大网球游戏的影响，也促进了网球运动的形成。

1873年，会打古式网球的英国少校沃尔特·克洛普顿·温菲尔德，在羽毛球运动的启示下，把早期的网球打法进行了改进，设计了一种适用于户外且男女都可以从事的网球运动，叫作草地网球运动。这项活动的出现立马取代了板球运动，很快成了英国最流行的室外活动，温菲尔德也因此被称为是"近代网球之父"。1875年，英国的板球俱乐部制定了网球比赛规则。1877年，在英国伦敦郊外温布尔顿设置了几片草地网球总会，草地网球在英国得到了进一步的发展。同年7月，全英板球俱乐部更名全英板球和草地网球俱乐部，并举办了首届草地网球锦标赛，即温布尔顿第一届比赛。亨利·琼斯同另外两个人为这次比赛制定了全新的规则，他本人担任了比赛的裁判。当时的球场为长方形的长23.77米，宽8.23米，至今未变。采用古式室内网球的0、15、30、45每局计分法。发球线离网7.92米，网中央高度为0.99米。1884年，英国伦敦玛丽勒本板球俱乐部把球网中央高度改定为91.4厘米，现在网球比赛所采用的网球规则基本上是1877年7月温布尔顿第一届比赛的规则。

1874年，美国女运动员玛丽·尤因·奥特布里奇从英国陆军军官手里买了网球器材，然后带回了美国，并用这些器材在美国纽约斯塔腾岛板球和棒球俱乐部的场地内建立了第一个网球场，美国网球运动从此拉开序幕。1881年，世界上第一个全国性网球协会——美国全国草地网球协会（"全国"两字于1920年取消）成立了。同年，在罗得岛纽波特港举办了第一届美国草地网球的男子单打和男子双打锦标赛，采用了温布尔顿的比赛规则。

当时，爱好网球的人士绝大多数是富裕的资产阶级。他们有条件在自家的草坪上设置网球场，作为他们社交活动的场所。在19世纪90年代中期，网球进入了初步发展的阶段，许多国家和地区组织了网球协会,并定期举行比赛。1891 年,法国首次举行了男子单打和男子双打锦标赛,参加者限于法国公民。1896 年在雅典举行的第 1 届奥运会开始设网球项目,并且网球是奥运会八大比赛项目之一,也是唯一的球类比赛项目,随后一连 7 届都作为正式比赛项目。女子单打、女子双打直到 1900 年和 1920 年才分别被列为奥运会正式比赛项目。

1900 年,美国人戴维斯为促进网球运动员间的友谊,捐赠了一只黄金里衬的纯银大钵,并命名为“国际草地网球挑战杯”,现在通常称作“戴维斯杯”,它后来成为国际网坛上声誉最高的男子团体锦标赛的永久性流动杯,每年的冠军队及其队员的名字都会刻在杯上。1904 年,澳大利亚草地网球协会成立,并于 1905 年举办了第 1 届澳大利亚网球锦标赛,设立男子单打、男子双打两个比赛项目, 1922 年又增加了女子单打,女子双打和混合双打 3 个比赛项目。

1912 年 3 月 1 日,澳大利亚、美国、法国等 12 国的网球协会代表,在巴黎召开会议,成立了世界网球的最高组织——国际网球联合会(ITF),总部设在伦敦。其主要协调国际网球活动,安排全年比赛日程表,修订网球规则,并监督它的执行。1919 年,比赛抽签首次采用了“种子”制度。1945 年至 1960 年,网球趋向职业化, 1963 年第一次举办女子团体赛——联合会杯赛。1968 年,温布尔顿首先实行不区分业余选手和职业选手的参赛制度。1972 年,国际男子职业网球协会成立。1973 年,国际女子网球协会成立。

1896 年在雅典举行的现代第一届奥运会上,网球的男子单打与双打被列为正式比赛项目。后来,由于国际奥委会和国际网球联合会在“业余运动员”问题上有分歧,已经进行了连续七届的奥运会网球比赛项目被取消。直到 1984 年的洛杉矶奥运会上,网球才被列为表演项目。到 1988 年的汉城(现称首尔)奥运会上,网球重新被列为正式比赛项目。

约 1885 年,网球运动传入中国。中华人民共和国成立后,网球运动在起点低、基础差、交往少的困境下逐渐发展, 1953 年在天津首次举办了包括网球在内的 4 项球类运动会(篮、排、网、羽), 1956 年举行全国网球锦标赛,后来全国网球等级联赛定期举行,并实行升降级制度,还定期举办全国网球单项比赛、全国硬地网球冠军赛,全国青少年网球比赛,近年来又搞起了巡回赛。另外,老年网球赛、高校网球赛、少年网球赛也在蓬勃开展。这些竞赛对促进我国网球技术水平的提高起到了积极的推动作用。

20 世纪 80 年代以来,我国网球运动水平提高速度较快。1986 年亚洲运动会网球赛,我国的李心意获女子单打冠军。在雅典奥运会上我国女子双打选手李婷/孙甜甜获得双打金牌。我国网球选手李娜成为亚洲第一位大满贯女子单打冠军得主,也是亚洲女单世界排名最高选手:2008 年北京奥运会上,获得女子单打第四名;2011 年的澳大利亚网球公开赛上个人第一次打进大满贯单打决赛并夺得亚军;同年,法国网球公开赛女单比赛中登顶封后;2013 年, WTA(国际女子职业网联)年终总决赛中获得亚军; 2014 年,第三次跻身澳大利亚网球公开赛决赛并最终收获女单冠军。

二、基本技术和常识

（一）技术知识

1. 站位

站位是运动员开始击球前的基本位置，也是在场上打球根据需要选择合适的位置。一般来说，站位的选择要根据来球情况而定，如果对方站在右区向本方的右区发球时，那么本方右场区端线附近距边线 3 米左右的地方就是合适的站位；在单打比赛中，每击完一次球，必须跑回（特殊情况例外）中点附近，这就是合适的站位。总的来说，评价站位是否合适，就要看站位是否有利于还击对方击到本方球场上各个不同位置的来球，如果不利于，那么站位错误。

2. 球场的区分

以中点与中线的连线为界，可将球场分成左半场、右半场；没有中间界限叫全场；端线向前 3 米左右称为后场，球网向后 4 米左右称为前场，中间部分称为中场。

3. 击球点

击球点是一个空间位置，通常是将球拍击球时与球接触的那个点称为击球点。击球点包括三方面的内容：①这个点距击球者身体的前后距离；②这个点距击球者身体的左右距离；③这个点与地面的垂直高度。

在击球时，击球点选择得是否合适对击球的质量有直接的影响。击球点过前，则击出的球力量较小；击球点偏后，则球拍的前挥距离较短，没有主动击球的效果；击球点过高或过低则会使动作变形。选择正确的击球点能使合理的技术动作得以发挥，提高击球质量，能获得较好的击球效果。

4. 拍面角度和击球的部位

拍面角度，是指球拍击球时拍面与地面间的角度关系。击球部位是指击球瞬间，球体触及球拍上面的位置。拍面角度有垂直、前倾、后仰 3 种，击球部位有上、中、下、左、中和右等部分。不同的技术动作要求将球拍控制成不同的拍形，不同的拍形会使拍面接触球不同的部位。比如：平击球，拍面垂直，接触球的中部；削击球，拍面后仰，接触球的中下部，等等。由此可见，拍面控制情况是完成某一技术动作的重要因素。

5. 击球路线

击球的路线是指球被击出后所运行的水平方向。一般来说，有 9 条基本击球路线：右方斜线、右方直线、右方中路、左方斜线、左方直线、左方中路、中间斜线（两条）、中间直线。

6. 击球落点

击球落点是指球被击出后，落在对方场地内的位置。击球的落点能体现出击球的路线、击球的深浅场区和击球的角度，也是击球准确性和稳定性的表现。落点的作用是利用斜、直线和深、浅球扩大对方移动的范围，抓住对方的弱点进行连续攻击，增加对方进攻难度。

7. 击球弧线

击球弧线指球被击出后到落到对方场地上所运行的轨迹。任何一条弧线都包括弧线的长度、弧线的曲度、弧线的方向、打出距离。弧线的长度是指球从球拍飞出到落地或从落地到触及其他物件,球实际运行的轨迹的长度。弧线的曲度是该条弧线的弯曲程度。弧线的方向与球路一样,有斜、直线及中路之分。打出距离是指球拍触球点到落点的直线距离。弧线的作用是可以提高击球的稳定性。在比赛中也可利用忽高忽低、时长时短的弧线,提高球的进攻性和威胁性。

8. 甜点

甜点不是一个点,而是位于球拍网弦中心部位的一个区域。通常将球拍上能送出稳定、有力、向前预定方向飞行的球的区域称为"甜点"。在练习中,用球拍的甜点去击球,能达到最佳的击球效果,击球时的手感也能感到最舒服。

在甜点这个区域里有 3 个具体的点:①位于网拍中心的那个点是最佳手感点,球击在这个点上时,手臂感受到的震动极小;②在最佳手感点的下方(靠近拍柄端)有一个点是最强弹力点,球若击到这个点上飞出的速度最快;③在最佳手感点的上方有一个点是最大减震点,球击在这个点上震动力最小。总而言之,球击在这个区域里,无论是手的感觉,还是击球的效果都很好,因此有一种舒服、甜蜜的感觉。若击在这个区域以外,效果就会大打折扣。

(二)握拍法

1. 东方式握拍法

(1)东方式正手握拍法:握拍时,用右手掌根与拍柄右上斜面紧贴,拇指垫握住拍柄的左垂直面,紧握拍枘,食指下关节压住拍柄垂直面。

(2)东方式反手握拍法:按照东方式正手握拍法,将右手向左转动四分之一,使"V"虎口对准拍柄,手掌根贴在拍柄左上斜面,拍指贴在拍柄左垂直面上,食指关节压住拍柄右上斜面。

2. 大陆式握拍法

握拍时,虎口对准拍柄的上平面与左上斜面交界线处。大拇指包绕在左平面,食指第一指节贴在拍柄的右斜面上。

3. 西方式握拍法

握拍时,虎口对准拍柄右斜面上,大拇指伸直贴在拍柄上平面,食指下关节握住拍柄右上平面,与拍底平面对齐,大拇指与食指几乎成直角。

4. 双手式握拍法

右手是东方式反手握拍法,握在拍柄的下方;左手是东方式正手握拍法,握在拍柄的上方紧贴着右手,双手之间尽量不要有缝隙。

(三)准备姿势

两脚分开,比肩稍宽,双膝微屈放松。手放松握住球拍,双肘贴于腰部,拍头向上,眼睛盯住来球。

(四)发球技术

站在端线后,身体自然放松,两脚开立与肩同宽,左肩侧对发球方向,然后持球手上举将球垂直向上抛起,且球抛起过程中不能旋转。与此同时,持拍臂大弧度地环绕向后引拍,抬肘外展，双膝微屈，重心放在右脚，两臂动作协调而有节奏。挥拍时，使球拍向后引拍到位，屈膝屈体，当球在最高点刚开始下落瞬间，转动球拍，加速挥拍，持拍臂充分伸直击球。击球后，球拍继续做弧形运动，交叉经过身体的左侧，并且脚步随惯性自然跟进，来完成发球的随挥动作。随挥动作结束后，迅速还原。

（五）击球技术

1. 正手击落地球技术

双脚分开与肩同宽，双膝微屈，身体前倾，脚后跟稍微抬起，重心落在两前脚掌。两眼注视来球，保持注意力集中，迅速对来球作出判断。当判断球飞向正手时，左脚前踏，重心后移落在右脚上。肩向后转，持拍臂带动球拍后摆引拍，手臂保持放松，肘关节弯曲，拍头略高于手腕。向前挥拍时，球拍应不低于手腕的高度，拍面、手腕、手肘朝着打球的方向平行运动。当来球跳至腰部高度时，重心由右腿转移到左腿，以肩关节为轴，大臂带动小臂向前挥拍击球，用球拍的中点击球的后部，球拍触球时手腕要固定。击球后，球拍随惯性挥至左肩上方，然后迅速还原成准备姿势以便下一次击球。

2. 反手击落地球技术

面向球网，双脚分开与肩同宽，双膝微屈，脚后跟稍抬起使身体前倾，重心落在前脚掌，身体放松，两眼注视前方，观察来球当判断球飞向反手时，向左转肩，并将持拍手转换成东方式反手握拍式，同时将球拍向后摆动并保持球拍的稳定。击球前，降低拍头，重心下降，右脚向球网方向跨出一步。击球时，肘关节微屈并外展，固定手腕，身体前倾，当球跳至右髋稍前一些位置时挥拍击球。击球后，持拍臂继续向前上方伸展进行随挥，随挥结束迅速还原。

3. 正手截击球技术

站在中场或网前判断来球，双脚平行站立，与肩同宽，双膝微屈，重心在前脚掌，持拍手采用大陆式握拍，拍头竖起。当判断球飞向正手时，身体右转，重心移向右脚，持拍手将球拍向后引但不超过肩部。击球时，左脚向右前上跨步，右手挥拍迎击来球，拍头始终高于手腕，拍面对准来球，握紧拍柄，手腕固定。当球跳至身体右侧前方时，挥拍击球的后下部。击球后，利用肩部前推及身体重心的前移将球拍向击球的方向推送，前送动作要短。随挥动作结束后，迅速还原。

4. 反手截击球技术

准备姿势与正手截击球准备姿势相同。当判断球飞向反手，需要做反拍截击时，身体左转，重心移向左脚，向左转体，同时左手辅助拍颈将球拍向后拉动，拍头竖立，高于左肩。击球前，右腿向左前上方跨步，重心从左腿移至右腿，左手离开球拍，持拍手前臂带动球拍迎击来球。当来球跳至在身体左侧前上方时，手腕固定，拍头高于手腕，拍面略后仰，用肩和前臂带动球拍向来球后下方击球。击球后球拍沿击球方向跟进随挥，然后迅速还原。

5. 高压球技术

高压球技术是指在头上用扣压的动作完成的一种击球方法，与截击球技术密切相关，都属于上网击球技术。在使用高压球技术时，后脚起跳，手肘完全并将球拍后引高于头顶，重心放在前脚。球升空时，将球拍拍头落至投掷状，做好击球准备。击球时，左脚向右脚摆动呈剪刀状，手臂伸直上举，向前迎击来球，向前下方挥拍击球。击球后，先用左脚落地，然后随挥还原。

6. 挑高球技术

挑高球既是防守手段也是进攻手段,所以挑高球技术在网球基本技术中占据重要位置。双脚前后分立,与肩同宽,双膝微屈。持拍手采用东方式正手握拍法,拍面敞开,球拍向后摆引拍,左手指向来球,并保持身体平衡。击球时,保持头部稳定,眼睛注视来球,拍面略向后转以便将球拉高,但是后转角度不要太大,否则球会打得很短。

(六)基本步法

1. 滑步步法

常用于前后移动距离不太远的正反手击球。在进行滑步移动的同时,应提前做好引拍动作,最好能够做到保持向后引拍的姿势移动。向前移动蹬出右脚的同时,还要向前跨出左脚,连续向前即形成前滑步步法;向后移动时,左脚后蹬的同时,向后迈出右脚,连续移动形成后滑步步法。

2. 左右交叉步法

常用于击打两侧边线附近的来球。向右移动时,身体向右转,左脚先向右前方跨出,交叉于右脚外侧前方,再跨出右脚,继续跨出左脚于右脚外侧,反复向右方交叉移动,就是右交叉步步法。向左移动,方法与向右移动相同,左右脚方向相反,就是左交叉步步法。

3. 正手击球的步法

东方式正手击球要充分利用身体重心的前后移动来打球,因此一定要保持向前迈步击球的步法。一般常采用关闭式步法,侧身迎接来球。击球前重心在后脚,击球时重心移至前脚。

西方式正手击球,因为主要用转肩的力量来提拉上旋球,所以击球时重心落在后脚上,常采用开放式步法击球。

4. 反手击球的步法

单手反拍击球时,右脚要跨过左脚,保持背对来球,击球时重心在前脚。双手反拍击球,基本有两种站姿:一种是侧对来球站立;另一种是双脚对球网开放式站立。

5. 高压球的步法

高压球时一定要保持侧对来球,右脚与底线平行,左脚尖稍指向右网柱,常用的高压球步法有两种:一种是向后侧滑步法;另一种是侧后交叉移动步法。

6. 截击球的步法

针对三种不同的来球,有三种步法:第一种是在正手击球位置的来球,同正手击球步法一样,向前跨出左脚,侧对来球迎击;第二种是稍远离身体的来球,采用左脚跨过右脚的步法击球;第三种是直接奔向身体的来球,要迅速后撤右脚,再顶住右脚用重心前移来挡击球,反手截击球步法与正手截击球步法相同,只是左右脚相反运动即可。

(七)基本战术

1. 底线打法的常用战术

1)攻前后

攻前后战术就是让对手反方向移动后再吊网前球，可以先打一个稍短的对角球，对手想要接回这个球后必定要返回中线处，在对方往回跑的瞬间，立马攻一个网前球；也可以打深球迫使对方撤到底线后接球，再突然放一个网前小球，让对方前后跑动起来，消耗其体力。

在对攻中，如果对手不轻易出现失误或自己抵挡不住对手的攻击，可采用攻前后的战术。将对手从底线调动到网前，然后再进攻得分。现在选手普遍以打底线球为主，往往处理不好网前球，所以在遇到这种选手或仅凭底线打法找不到突破对方，就可以这种战术将对手从底线逼到网前。

2)攻左右

攻左右战术就是先打一个角度很大的后场球，迫使对方到场地外接球，再根据回球情况，将对方的回球打到某空当的位置上，让对方来不及跑到合适的位置击球。也就是通过击出有角度且难以回击的球，将对手逼出场外，为自己创造进攻机会，争取得分。

运用这种战术击球时，需要注意不要打对方中场的角度球。一旦打出中场球，特别是打到对方正手方向的中场球，就会扩大对手的反击范围，增加对方的进攻机会。在比赛时，想要一板打死对方是相当困难的而且还很容易造成失误。所以，应该通过合理的战术给自己的进攻和得分创造机会。

(3)打深球

打深球战术就是双方反手互拉强力上旋球时，本方抢先改变击球路线，迅速回到正手，然后用正手拉强力上旋球将球打到对方场地底线两边大角深处，控制对方的进攻，不给对方上网及底线起板的机会，然后寻找机会进攻。在运用这个战术，还要主要注意场上的情况，不仅要寻找突击机会，还注意正手侧的空当，随时做好击球的准备。

打深球是底线打法中非常重要且有效的一种战术。在比赛时，打一个深球，迫使对方在底线后面接球，所以对方很难击回一个质量很高的球，也就是说降低了对方回球的威力，可以增加自己的进攻机会。

4)打对角线球

在连续对抽时，如果对方突然打来一个浅球，一定要抓住机会，快速击出对角线球，把对手逼出场外。在对方跑动时，再将球打在对手空出的场地上，破坏对方的击球节奏和身体姿势。

2. 安全性底线击球战术

当对手将球击打到我方场地角落时，或当对手击球速度较快并将球击打到底线附近很深的位置时，可以使用安全性底线击球战术，将对手留在后场，压制对方的进攻，并诱使对手出现失误。

使用安全性底线击球战术时：击球方向为斜线，这样可以击打线路更长的回球，更好地回击对方的斜线球；击球长度要长，这样回过去的球就长，能够迫使对手待在后场；击球速度要快，回球的飞行轨迹高度要高，才能实现回球比较长、落点比较深的击球目标；击球角度要大，因为随着离开球网距离的缩短逐渐加大，对手就必须从场地中间向左侧或者向右侧跑动才能到达击球位置，增加对方的跑动距离。

在使用安全性底线击球战术时，需要注意以下几点：

(1)击球时，长球的落点与底线之间的距离不要小于 2 米，否则会有出界的危险，但是与发球线之间的距离至少要大于 2 米；

（2）击球速度不要太快，不然会打乱自己的击球节奏；

（3）击球要有高度和弧度，不能太平，否则球飞过网时离球网的距离就会太近；

（4）击球方向不能频繁改变，应该保持耐心，诱使对手出现失误。

3. 攻击性底线击球战术

当对方回球线路很短、落点很浅，对手移动速度比较慢或对方在反手位置或者正手位置的击球明显比较薄弱时，可以考虑采用球速较快的攻击性底线击球，进攻对方弱侧，使对手失去合适的击球位置，出现失误，直接得分。

使用攻击性底线击球战术时：击球速度应该尽量加快，使对手处于进攻压力之下，面临被动局面；击球方向可以以斜线球或者直线球的形式出现，趁对方不注意将球击打到场地角落，也可以将球击打到对方的弱侧，或者运用攻击性底线击球使对手身体重心起伏过大失去平衡，出现漏洞或失误；击球长度要长，落点也要，这样可以给对方回球制造困难。

在使用攻击性底线击球战术时，要注意以下几点：

（1）击球速度不能过快，要控制地提高球速；

（2）比赛时要保持耐心，不能急于得分，否则失误会增多；

（3）移动步幅不宜过大，过大容易错过合适的击球位置，降低自己的击球质量；

（4）注意力要集中，时刻关注赛场情况，及时应对来球，保护自己的场地，尽量不漏接任何一个球；

（5）击球时不能过于靠近底线，否则容易造成失误；

（6）在进行攻击性底线击球时，要胆大心细，不要犹豫，但也要根据来球情况使用战术，如果对方回球线路短、落点浅时就不宜使用攻击性底线击球战术。

三、网球比赛及规则

（一）计分方法

1. 胜一局

运动员每胜一球得一分，胜第一分记分 15，胜第二分记分 30，胜第三分记分 40，先得四分者胜一局。

如遇双方各得三分时，则为平分。平分后，一方先得分时，为该运动员占先。占先后再得一分，才算胜一局；如一方占先后，对方又得一分，则仍然为平分，依此类推，直至一方在平分后净胜两分结束该局。

2. 胜一盘

一方先胜六局为胜一盘。如双方各得五局时，一方必须净胜两局才算胜一盘。为控制比赛时间，目前比赛普遍采用平局决胜制，即当局数 6∶6 时，则再打一局来决胜负，先赢得七局者为该盘胜者。

（二）赛制

男子比赛一般采用五盘三胜制，即先胜三盘者为该场比赛胜者。女子采用三盘两胜制，即先胜两盘者为该场比赛胜者。

（三）基本规则

（1）发球前：发球员在发球前应站在端线后中点和边线的假定延长线之间的区域里，用手将球向空中抛起，在球接触地面之前，用球拍击球将球发出，球须从网上越过，落在对角的对方发球区或周围的线上。每局开始先从右边发球区发球，比分之和为单数时，在左边发球；为双数时，在右边发球。

（2）发球时：队员不得通过行走或跑动改变所站的位置，两脚只准站在规定位置，不得触及其他区域。

（3）发球失误：未击中球；发球员发球时，没有站在规定的位置；发出的球落地前触及固定物（球网、中心带、网边白布除外）均判为发球失误。

（4）发球无效：发球触网后仍落在对方发球区内；接发球队员未做好接发球准备，均应重新发球。

（5）发球次序：第一局比赛结束，接球员成为发球员，发球员成为接球员。每局比赛结束，均依次交换，直至比赛结束。

（6）交换场地：双方应在每盘第一、三、五等单数局结束后，以及每盘结束双方局数之和为单数时交换场地。

（7）失分：在球第二次着地前未能还击过网还击的球触及对方场区界线外的地面、固定物或其他物件；还击空中球失败；在比赛进行中，运动员故意用球拍拖带或接住球，或故意用球拍触球超过一次；"活球"期间，队员的身体、球拍或穿戴的其他物件触及球网、网柱等或对方场区以内地面；过网击球；抛拍击球；比赛中，队员故意改变其球拍形状，以上均判为失分。

（8）压线球：比赛中，落在线上的球都算界内球。

章节小结

网球运动被称为是高雅运动，可以自己调节运动量，安全性相对较高，可以改善人的运动系统和神经系统功能。本节主要介绍网球运动的基本理论知识、基本技术动作和竞赛规则。

思考题

1. 网球运动何时传入中国？
2. 正手截击空中球采用何种握拍方式？
3. 比赛中，何时需要交换比赛场地？

（章节撰稿人：曾雨璇）

第十章 塑身运动

第一节 广播体操

一、项目概述

广播体操是一种徒手操，不用器械，不限场地，人们通常跟随广播进行锻炼。广播体操在中小学当中是非常重要的健身方式，百万人同做广播体操的景象令一代又一代人难忘。从1951年中华人民共和国第一套成人广播体操推出开始，迄今为止我国已经先后推出了9套成人广播体操。广播体操的历史是中国群众体育运动的缩影，更蕴含着一代又一代中国人的青春记忆。其中，第九套广播体操经过生理和生化的测试，科学性更强。随着社会的发展，人民的体育活动正走向多样化、产业化的道路，广播体操逐渐成为一种传统。

（一）我国广播体操的起源与发展

广播体操是一项广为人知、练习者众多的体育运动。1951年，中华全国体育总会筹备委员会和中央广播事业局共同决定，在中央人民广播电台和各地人民广播电台举办广播体操节目，并在同年11月24日推出第一套成人广播体操。第一套广播体操推出两年多之后，在群众的要求下，1954年7月，国家又推出了第二套广播体操。第二套广播体操进行了重新编排和调整，增加了运动量和动作难度。

由于前两套体操有大量学习和借鉴苏联的内容，在1957年11月推出的第三套广播体操中，融入了很多中国传统武术的动作。这套广播体操中国特色更强，其特点也在后来的广播体操中得以延续。1963年4月15日第四套广播体操正式公布。广播体操配乐中有一个响亮的男声开头："中华人民共和国第四套广播体操——时代在召唤！"第四套广播体操第一次出现了少数民族语言版。在动作上前三套广播体操以简单好学为主，第四套便开始趋于成熟。1971年9月1日，国务院和中央军委发出通知，向全国人民公布了第五套广播体操。1981年9月1日，第六套广播体操正式与公众见面。其动作新颖、舒展，并首次搭配了两支富有民族风格的乐曲。1990年5月8日，国家体委又继续推出了第七套广播体操。1997年6月20日，国家体委公布了第八套广播体操，并得到了广泛的普及。

（二）第九套广播体操

国家体育总局于2011年8月8日（第三个全民健身日）正式发布第九套广播体操，4分钟的广播体操共分为9节，分别是：预备节，原地踏步和其他8节——伸展运动、扩胸运动、踢腿运动、体侧运动、体转运动、全身运动、跳跃运动、整理运动。

第九套广播体操由8节徒手体操组成，共计4分45秒。它以"科学简便、普及实用、因地制宜、健身趣味”为原则，在保持传统广播体操特点的同时，引入了武术、踢毽、游泳、保龄球及现代舞等时尚运动的基本动作，突出了“健康、欢乐、时代”的风格。广播体操对锻炼者产生 中等强度的运动刺激，对提高机体各关节的灵敏性，增强大肌肉群力量，促进循环系统、呼吸系统和精神传导系统功能改善具有积极的作用。

三、第九套广播体操基本内容

（一）预备节 原地踏步 8×2

预备姿势：立正。

当口令至“原地踏步”时，半握拳，拇指压于食指第二指节。

第 1 拍：左脚向下踏步，右腿抬起，膝盖向前，脚尖离地 10~15 厘米，同时左臂前摆身体中线，右臂后摆与左臂对称。

第 2 拍与第 1 拍动作相同，方向相反。原地踏步，左脚开始。最后拍还原成立正姿势（图 10-1）。

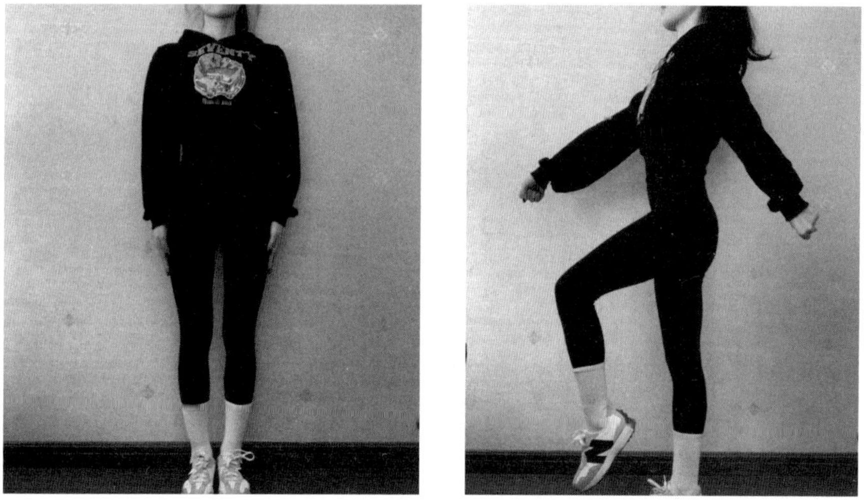

图 10-1　预备节 原地踏步

（二）第一节 伸展运动 8×4

预备姿势：立正。

第 1 拍：左脚向左一步与肩同宽，同时两臂侧平举（掌心向下），头左转 90°。

第 2 拍：右脚并于左脚，同时半蹲，双臂屈臂于胸前（拳心相对），含胸低头。

第 3 拍：两臂伸出至侧上举（掌心相对），抬头挺胸，眼看前上方。

第 4 拍：手臂落下还原成立正。

第 5 至 8 拍动作同 1 至 4 拍，方向相反（图 10-2）。

图 10-2　第一节 伸展运动

(三)第二节 扩胸运动 8×4

预备姿势:立正。

第 1 拍:左脚向前一步(小弓步),同时两臂经体前平举(握拳,拳心相对),后直臂扩胸至侧平举(拳心向前)。

第 2 拍:身体右转 90°,同时手臂经体前交叉后屈臂扩胸。

第 3 拍:身体左转 90°,同时手臂经体前交叉向后直臂扩胸。

第 4 拍:左脚收回还原立正,同时两臂经前平举落下。

第 5 至 8 拍动作同第 1 至 4 拍,方向相反(图 10-3)。

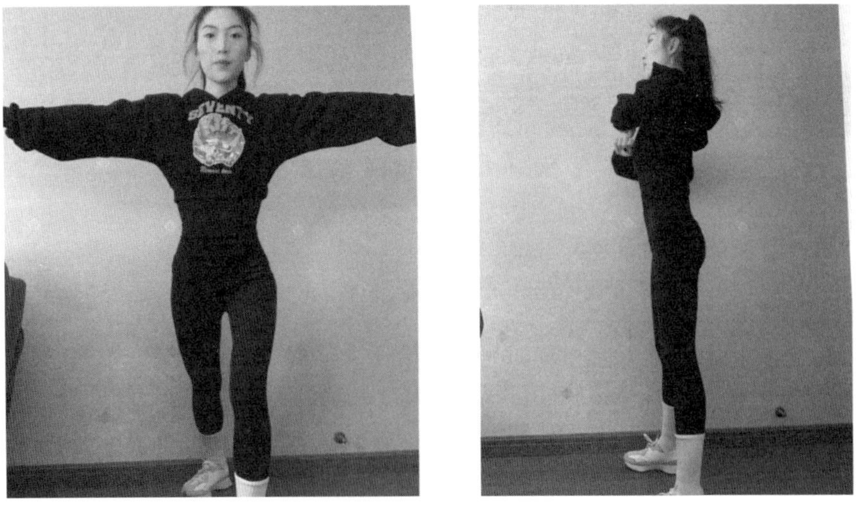

图 10-3　第二节 扩胸运动

（四）第三节 踢腿运动 8×4

预备姿势：立正。

第 1 拍：左脚向侧摆起 45°（腿直），同时两臂侧平举（掌心向下）。

第 2 拍：左脚收回与右脚并拢，屈膝半蹲，同时两臂还原至体侧。

第 3 拍：左腿向后踢起，离地 10~20 厘米，同时两臂经前摆至侧上举（掌心相对）。

第 4 拍：收手收脚还原成立正。

第 5 至 8 拍动作同第 1 至 4 拍，方向相反（图 10-4）。

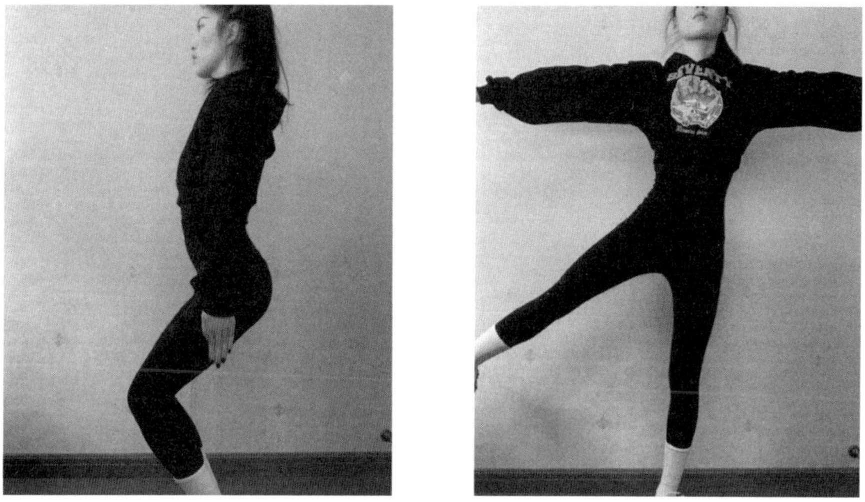

图 10-4　第三节 踢腿运动

（五）第四节 体侧运动 8×4

预备姿势：立正。

第 1 拍：左脚向侧迈出与肩稍宽，同时左臂侧平举（掌心向下），右臂胸前平屈（掌心向下）。

第 2 拍：下肢保持第 1 拍的姿势，同时上体侧屈 45°，左手叉腰（虎口向上），右手摆至上举（掌心向左）。

第 3 拍：左脚并于右脚半蹲，同时左臂上举（掌心向右），右臂贴于体侧。

第 4 拍：还原成立正，同时左臂经侧收至体侧。

第 5 至 8 拍动作同第 1 至 4 拍，方向相反（图 10-5）。

图 10-5 第四节 体侧运动

(六)第五节 体转运动 8×4

预备姿势:立正。

第 1 拍:左脚向侧一步与肩稍宽,同时两臂侧平举(掌心向下)。

第 2 拍:下肢保持第 1 拍的姿势,上体左转 90 度,同时双手体前击掌两次。

第 3 拍:上体右转 180 度,同时双臂伸直至侧上举(掌心相对)。

第 4 拍 左脚收回还原成立正,同时身体转正,两臂经体侧还原至体侧。

第 5 至 8 拍动作同第 1 至 4 拍,方向相反(图 10-6、图 10-7)。

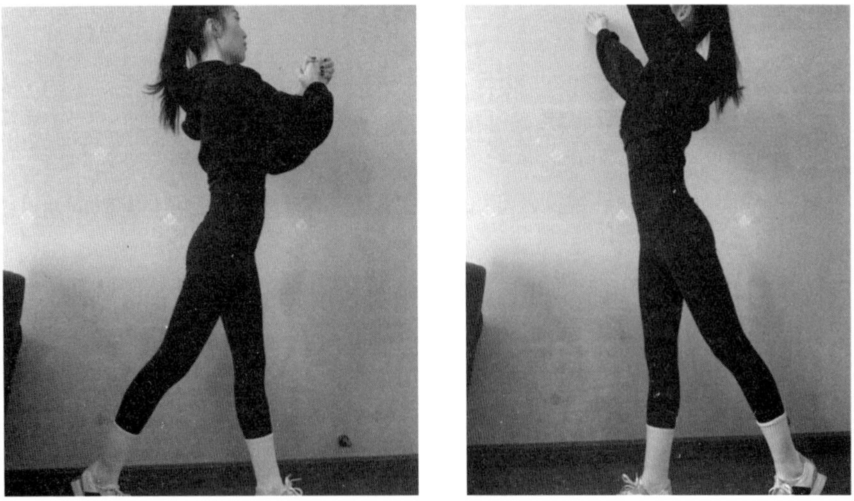

图 10-6 第五节 体转运动

图 10-7　第五节 体转运动(方向相反)

(七)第六节 全身运动 8×4

预备姿势:立正。

第 1 拍:左脚向左迈出,与肩稍宽,两臂侧摆至上举交叉,掌心向前,抬头看手。

第 2 拍:身体前屈(两腿伸直),双臂体前交叉,掌心向内,低头看手。

第 3 拍:收左脚成半蹲,同时双手扶膝,肘关节向外,五指向内,低头眼看前下方。

第 4 拍:还原成立正。

第 5 至 8 拍动作同第 1 至 4 拍,方向相反(图 10-8)。

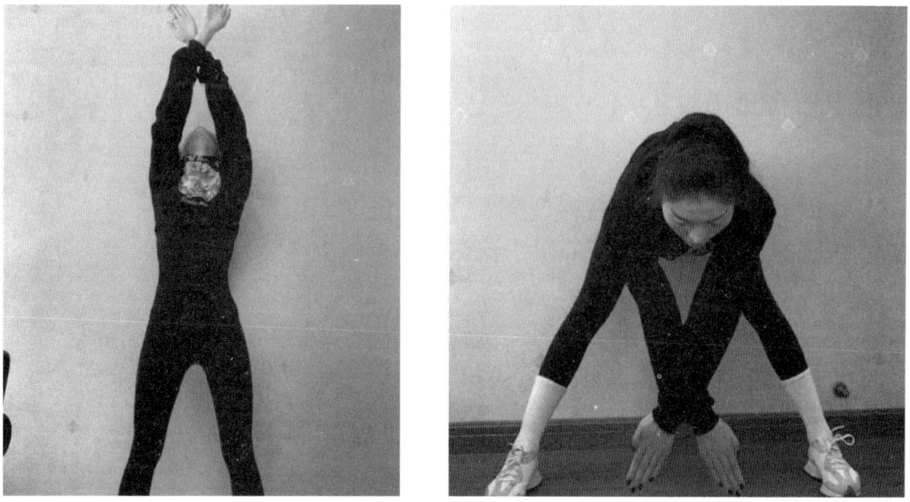

图 10-8　第六节 全身运动

(八)第七节 跳跃运动 8×4

预备姿势:立正。

第 1 拍:跳成左脚在前,右脚在后的(小)弓步,同时双手叉腰,虎口向上。

第 2 拍:跳成立正,双手叉腰。

第 3 拍:跳成右脚在前,左脚在后的(小)弓步,双手叉腰。

第 4 拍:跳成立正,两臂还原至体侧。

第 5 拍:跳成两脚左右开立(脚尖微微向外),同时两臂侧平举(掌心向下)。

第 6 拍:跳成立正姿势,两臂还原至体侧。

第 7、8 拍动作同第 5、6 拍(图 10-9)。

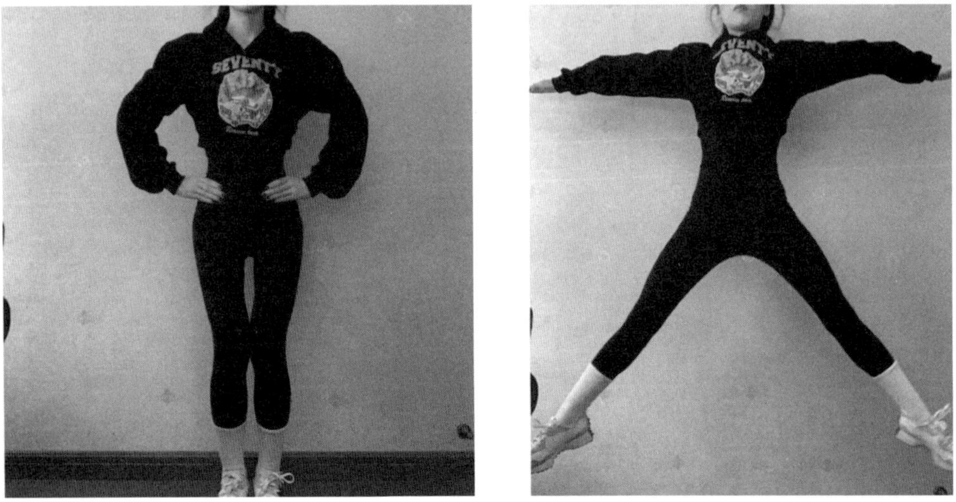

图 10-9 第七节 跳跃运动

(九)第八节 整理运动 8×4

预备姿势:立正。

第 1 至 4 拍:原地踏步 4 拍(先踏左脚),第 4 拍还原成立正姿势。

第 5、6 拍:左脚向侧迈出与肩稍宽,手臂侧摆起至侧上举(掌心相对),抬头 45°,眼看前上方。

第 7、8 拍:左脚收回,两臂经侧收至体侧,还原成立正姿势。

第 2 个 8 拍同第 1 个 8 拍动作,但方向相反(先踏右脚)(图 10-10)。

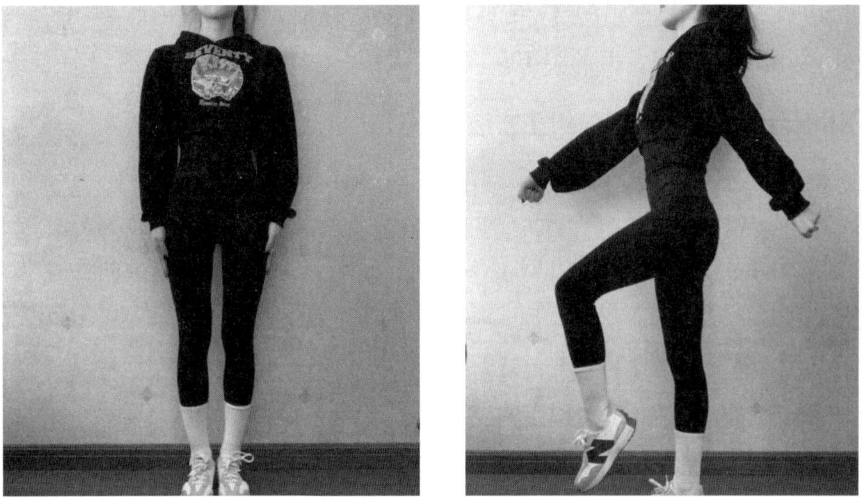

图 10-10　第八节 整理运动

四、第九套广播体操的易犯错误与纠正方法

(一)伸展运动的易犯错误与纠正方法

(1)易犯错误:半蹲不到位,屈臂不合理。

(2)纠正方法:对"蹲"做定义,人站立,挺胸时,微微屈膝,做低头动作,刚看不见脚定义为稍蹲;人站立,抬头挺胸,屈膝,直臂双手指间能触膝关节,定义为半蹲;人站立,抬头挺胸,屈膝,大腿和小腿成 90° 夹角,直臂手指尖能触地,定义为深蹲;人站立做屈膝,臀部离地最近,定义为全蹲。双手握拳内旋在胸前做握拳,拳心相对相靠,肘关节也相靠,大拇指并贴,小臂继续做屈肘动作向面部收,两拇指间靠在鼻孔处,接着按原路返回,至大臂与小臂成 90°,然后平行拉开,与肩同宽即可,反复练习。上举时,五指并拢。

(二)扩胸运动的易犯错误与纠正方法

(1)易犯错误:弓步不到位,扩胸无力,交叉手无顺序,跟不上节奏。

(2)纠正方法:强化弓步练习,人站立,抬头挺胸,迈步成弓步,做低头动作(该节操是不低头的)看不见脚尖即可;屈臂扩胸拳心向下用力点在肘关节处或直臂扩胸(拳心向前)在拳头而不在肩部,尽量向远处伸,手臂高度与肩同高;出左脚弓步,在交叉时,左手在上,出右脚弓步,在交叉时,右手在上。由于该节动作每拍都要完成两个动作,需要将全身贯以力量才能完成,转体要以脚尖为中心,而不是以脚后跟为中心;收脚时须用脚尖发力蹬地收回。

(三)踢腿运动的易犯错误与纠正方法

(1)易犯错误:平举时不平,后踢腿不高且屈腿。

(2)纠正方法:单脚站立较难掌握平衡,需要力贯全身。当侧踢时,要绷住脚尖,腰臀部有力,否则,身体就需要通过相反运动来控制平衡,侧平举时不到位,易形成一高一低;后踢腿时，要挺胸做后踢腿，同时要做外旋（外展），脚尖要绷直，臀部肌肉收紧；当然，前一拍的半蹲要做好，是接下来后踢发力的关键。

（四）体侧运动的易犯错误与纠正方法

（1）易犯错误：曲臂不合理，体侧不到位，上举屈肘。

（2）纠正方法：胸前平屈肘大臂与小臂夹角为90°，略低于肩或与肩同高，肘与同侧的肩部在同一个矢状面上。做单手直臂上举，保持下肢不动，并向对侧方向做额状面的侧屈（接近）45°，由于该节动作幅度大，手臂需要快速到位，那么必须贯以力量。还原成立正姿势只收上举手，对侧的手应保持不动。

（五）体转运动的易犯错误与纠正方法

（1）易犯错误：后跟提起，击掌混乱，侧上举不明确。

（2）纠正方法：两脚伸直不屈膝关节，只转动上体。在左方胸前击掌时，右手的食指、中指、无名指、小指并拢与拇指分开，稍屈指扣在左手虎口的食指侧面，即做击掌；在右方胸前击掌则相反。必须明确的是转体180°后身体上半部分是正对侧面的，身体下半部分是正对正前方，此时的侧上举是针对侧面来讲的，若从身体下半部分正对前方看动作时，只能看见近侧的手，因两只手在同一矢状面上。当还原成立正姿势时，身体必须要转正后再收。

（六）全身运动的易犯错误与纠正方法

（1）易犯错误：上下交叉不统一，蹲不到位。

（2）纠正方法：在做上下交叉时，两脚伸直，不能屈膝，两手都要做内旋，经体侧，手交叉点深度在桡骨的中间即可，不宜过大，最多不能超过肘关节，另外，下交叉时身体要充分前屈，但手指不能接触地面。直臂交叉幅度大，一拍到位就要贯以力量做到快速。不论是向左侧脚，还是向右侧脚，都用右手贴在左手的手背的一方，即左手在前。在做“蹲”动作时，统一要求做深蹲，即人站立，抬头挺胸，屈膝，大腿和小腿夹角成90°，直臂手指尖能触地，定义为深蹲。当体前屈的下交叉至深蹲时，身体不做抬躯干的动作，直接收腿，下压成深蹲，这样能充分锻炼下肢力量。

（七）跳跃运动的易犯错误与纠正方法

（1）易犯错误：弓步不到位，体侧有响声，开合跳僵直。

（2）纠正方法：弓步不到位的方法与扩胸运动同理；教学叉腰动作，虎口向上时，可以附加一句，小臂内旋，手心朝下，更利于理解。跳跃过程中手由侧平举至体侧时，要用力控制住，力达指尖，以手刚好接触身体为佳，不能击出声音。做开合跳，两脚开立，脚尖微微向外，膝盖向脚尖方向缓冲，即微微屈膝，使脚尖先着地；要跳成两脚合立，用脚尖发力蹬地，踝关节和膝关节配合做伸的动作。

（八）整理运动的易犯错误与纠正方法

（1）易犯错误：动作衔接不连贯。

（2）纠正方法：上一节跳跃运动完，马上就应该提左脚准备踏步，动作同预备节。

章节小结

广播体操对锻炼者产生中等强度的运动刺激，对提高机体各关节的灵敏性，增强大肌肉群力量，对改善循环系统、呼吸系统的功能具有积极的作用。本节系统地叙述了目前最新的第九套广播体操基本内容、基本动作要领、易犯错误以及纠正方法。

思考题

1. 迄今为止我国一共发布了几套广播体操？
2. 第九套广播体操的基本内容有哪些？
3. 第九套广播体操的易犯错误与纠正方法有哪些？

（章节撰写人：徐静）

第二节　啦啦操

一、项目简介

（一）啦啦操定义

啦啦操（英文名称 Cheerleading），是指在音乐伴奏下，通过运动员集体完成复杂、高难的基本手位动作与舞蹈动作、项目特征动作。啦啦操是充分展示团队高超的运动技能技巧，体现青春活力、积极向上的团队精神和努力追求团队荣誉感的一项体育运动。

（二）啦啦操的起源与发展

啦啦操是单项体育运动，同足球、篮球、排球等项目一样具备独立体育运动特征。啦啦操起源于美国，遍布美国的 NBA（美国男子职业篮球联赛）、橄榄球、棒球、游泳、田径、摔跤等比赛现场，已经有 100 多年的历史。它从最初的美式足球呐喊助威的活动发展成为世界范围内的一项体育运动，受到全世界人民的喜爱。球队的随行人员及亲友团的呐喊助威、进球之后的手舞足蹈、挥舞擦汗巾或衣服的庆祝等行为，就是啦啦操最初的表现形式。20 世纪 80 年代，美国在国内组织开展了正式的比赛，随后比赛活动速在全球蔓延。啦啦操经过 100 多年的发展终于演变成体育竞赛项目。

中国是 2001 年开始推广，截至目前，我国已经开展了全国锦标赛、冠军赛、全国联赛、系列赛、大奖赛、全国体育大会啦啦操比赛等赛事活动。在推广初期，广西、广东、四川等地区的高校啦啦操的竞技水平较高。经过十多年的普及推广，目前啦啦操在我国的发展已经相对成熟，同时各类比赛正逐步向表演化、竞技化、商业化三个方向发展。

（三）啦啦操的管理组织

1. 国际啦啦操组织管理机构

（1）美国全明星啦啦操协会（USASF）。

（2）英国啦啦操联合会（BCA）。

（3）国际啦啦操联合会（IFC）。

（4）国际全明星啦啦队联盟（IASF）。

（5）国际啦啦操联盟（ICU）。

2. 我国啦啦操运动组织管理机构

（1）大学生体育协会健美操与艺术体操分会。

（2）国家体育总局中国蹦床技巧协会。

（四）啦啦操项目特点

1. 健康活力美

啦啦操人体美的主要表现是健康，运动员健康的肤色，身体内部溢出的健康活力无不给人以美的感受。健康活力美带给了人们青春的喜悦和激情，鼓舞和激励人们更加热爱生活，努力学习，不断进取。

2. 运动形式美

在比赛或表演中，运动员通过科学、系统的训练所煅炼出的良好身体素质，以无声的形体语言展现出一个个动人的造型。它们可以表现为力量的，如各种支撑；可以表现为柔韧的，如横劈腿；可以是啦啦操中单个的手势造型，如“v”表示胜利、拳头表示力量等。啦啦操表现形式中包含了大量人体美的造型，技术动作特点也朝着“难、新、美”的方向发展，编排更是新颖独特，在整体形式美上表现出整齐、划一、均衡对称、节奏明快、多样统一的运动美。

3. 舞蹈风格美

风格美是体育运动中体现运动员或运动队的技术、战术的特点和特长之美，其实质是技术的个性之美。啦啦操舞蹈的风格表现十分丰富，按技术类别可分为舞蹈啦啦操和技巧啦啦操，就舞蹈风格的啦啦操来说，它融合了如古典舞、民族舞、现代舞、爵士舞、拉丁舞、街舞、踢踏舞等多种舞蹈风格。

4. 精神内涵美

在音乐的伴奏下，完成各种复杂的舞蹈和技巧动作并伴随着响亮统一的口号和色彩鲜明的道具，通过激情四射的表演、呐喊和助威传达了强大的集体主义观念和友好互助、团结进取的时代精神。

（五）啦啦操运动功能

1. 集中体现健康快乐、积极向上的精神

健康快乐是啦啦操运动带给人们的整体印象，啦啦操队员身上释放着无限的热情和魅力。啦啦操队员的外部形象和表演都折射出一种青春美丽、蓬勃向上的气息。这种健康和快乐是由内而外、发自内心的。比赛时啦啦操队员都会按照规定身穿专业服装,仪表整洁、大方、健康、美丽。生活中,啦啦操队员都会展现出清新、时尚的仪表,体现健康、阳光的时代感,展现良好的风貌,引领健康活力的新风尚。啦啦操运动代表着健康快乐、积极向上的精神,向社会展示着青春一代的风采。

2. 强调通力合作、集体至上的团队精神

协作精神、服务精神和大局意识三者集中体现着"团队精神"。啦啦操团队精神的核心是协同合作,基础是尊重个人的兴趣和成就,最高境界是全体成员的凝聚力、向心力。

3. 凸显奋斗进取、顽强拼搏的竞争精神

在啦啦操运动中,很多不同的手势分别代表着团结、力量、胜利、自信张扬、勇往直前等。奋斗与进取的精神也体现在各种不同风格的标语和口号中,这些代表着奋斗、进取精神的元素鼓励队员顽强拼搏,越战越勇。啦啦操运动能够培养啦啦操队员自身奋斗拼搏,积极进取的精神,同时他们的这种精神也会激励体育比赛中的每个队员不畏困难、勇往直前,最终取得比赛的胜利。

4. 培养个人综合能力,提升领导能力

啦啦操队员在观众面前欢呼雀跃,激起观众的热情,赢得观众的尊重。啦啦操队员是天然的领导者和指挥家,美国学校里的啦啦操队员有83%是学校主要的学生干部。在啦啦操运动发展早期,啦啦操队员的职责是在赛场外带领人群呐喊。能够成为一名勇敢的"啦啦操队员",是学生在学校生活中最有价值的经历之一。

二、啦啦操竞赛内容与要求

(一)啦啦操分类

啦啦操分类如图10-11所示。

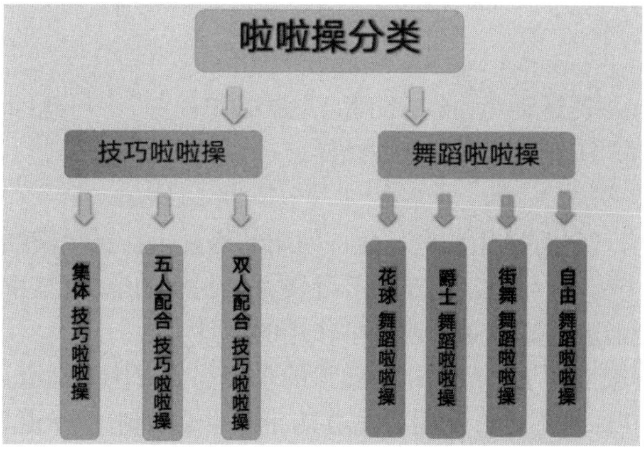

图10-11 啦啦操分类示意图

（二）啦啦操成套动作

1. 技巧啦啦操

集体技巧啦啦操 成套路时间为 2 分 15 秒至 2 分 30 秒。

双人、五人配合技巧 成套动作时间为 60~65 秒。

2. 舞蹈啦啦操

成套时间为 2 分 15 秒至 2 分 30 秒。

（三）啦啦操比赛场地

比赛场地选用专业此赛板，也可用体操板或地毯代替；舞蹈啦啦操比赛可使用赛台，赛台高 80~100 厘米，后面有背景遮挡，赛台不得小于 16 米 × 16 米；技巧啦啦操比赛禁止使用赛台。

（四）啦啦操服装发饰与道具

1. 服装

服装以弹性面料为主，款式不限，允许使用部分透明材质的面料。运动员必须穿着合适内衣，不得过于暴露。服装上禁止描绘战争、暴力、宗教信仰或性爱主题的元素。运动员在领奖时必须穿比赛服装。

2. 比赛鞋袜

技巧啦啦操：比赛用鞋要求着全白色且有牢固软胶底的运动鞋以及白色运动袜。禁止穿丝袜、舞蹈鞋、靴子、体操鞋（或类似）等。

舞蹈啦啦操：可穿啦啦操鞋、舞蹈鞋，颜色不限，不可赤脚。

3. 饰物

技巧啦啦操：不得佩戴任何首饰，包括耳环、手链、脚链、戒指、项链、手表等，但可使用平板夹、医用绷带。

舞蹈啦啦操：根据成套编排以及表演效果的要求，适当佩戴饰物，饰物必须是服装的一部分。

4. 发型

技巧啦啦操所有参赛运动员（除短发者）头发必须扎起，不可遮挡面部；舞蹈啦啦操为了配合成套，主题可适当放宽，但不得造型怪异。

5. 道具

技巧啦啦操：所有道具都必须安全。允许使用的道具包括：旗、横幅、标志牌、花球、扩音器。禁止使用伞、接力棒、金属、玻璃、塑料等硬质材料制成的道具，禁止使用多棱角的道具。禁止使用带有杆或类似能起支撑翻腾或托举作用的道具。

任何可以从比赛服上卸下来产生视觉效果的东西都会被认为是道具。

舞蹈啦啦操：除花球外不允许使用其他道具，但自由舞蹈啦啦操道具使用不受限制。

三、啦啦操动作技术

(一)啦啦操基本动作要求

(1)发力速度快、过程短、制动早、有控制。
(2)通过短暂加速、制动定位来实现啦啦操特有的力度感。
(3)手臂永远处于身体额状轴前方。
(4)动作开始与结束清晰,动作干净,落地缓慢。
(5)在运动过程中重心稳定、移动平稳,体控制精确、位置准确。

(二)啦啦操动作技巧要求

1. 技巧啦啦操

1)定义

技巧啦啦操是在音乐的伴奏下,以跳跃、翻腾、托举、地接、金字塔组合等技巧性难度动作为主要内容,配合啦啦操基本手位及舞蹈动作,充分展示运动员高超的技能技巧的团队竞赛项目。技巧啦啦操分为集体技巧啦啦操、五人配合技巧啦啦操、双人配合技巧啦啦操。

2)集体技巧啦啦操

成套动作必须包含30秒口号、个性舞蹈、翻腾、托举、抛接、金字塔等技术动作内容,同时结合各种跳步、啦啦操基本动作及其他舞蹈元素、道具等,充分利用多种空间转换、方向与队形变化,展示高超的团队技能和技巧及啦啦操的运动项目特征。

主要表现为肢体动作通过短暂加速、制动定位来实现技巧啦啦操特有的力度感;动作完成干净利落、运动过程重心稳定、移动平稳,身体控制精确、位置准确。

2. 舞蹈啦啦操

1)定义

在音乐伴奏下,运用多种舞蹈元素的动作组合结合转体、跳步、平衡与柔韧等难度动作以及舞蹈的过度连接技巧,通过空间、方向与队形变化表现出不同舞蹈风格与特点,强调速度、力量与运动负荷,展示运动舞蹈技能以及团队风采的竞赛项目。

2)分类

舞蹈啦啦操可分为花球啦啦操、爵士啦啦操、街舞啦啦操、自由舞蹈啦啦操。

(三)啦啦操基本动作技术

1. 基本手型

基本手型如图10-11所示。

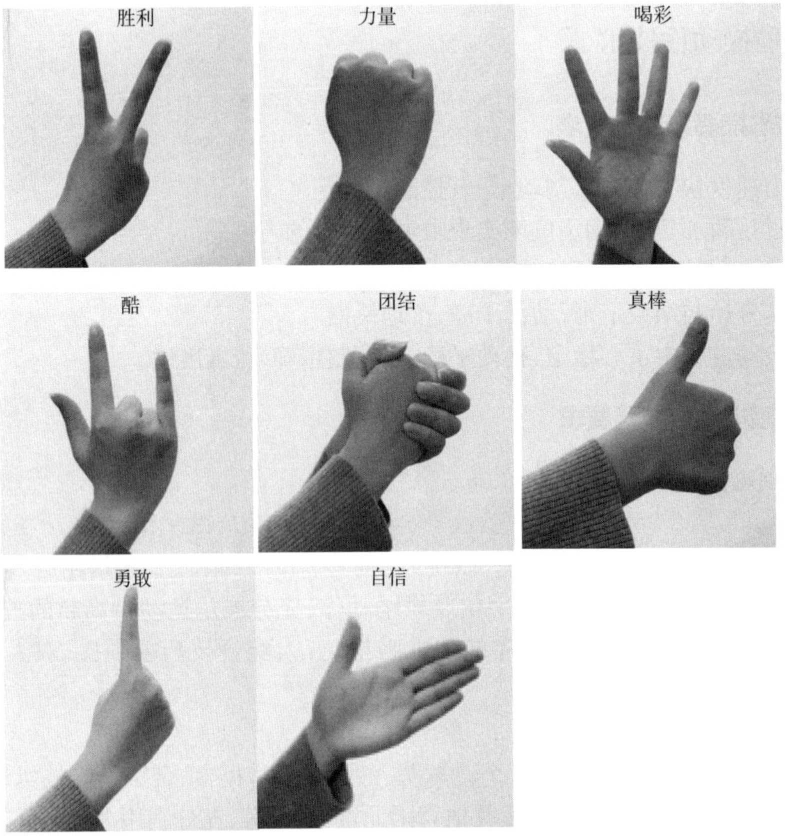

图 10-11　基本手型

2. 基本步伐

基本步伐如图 10-12 所示。

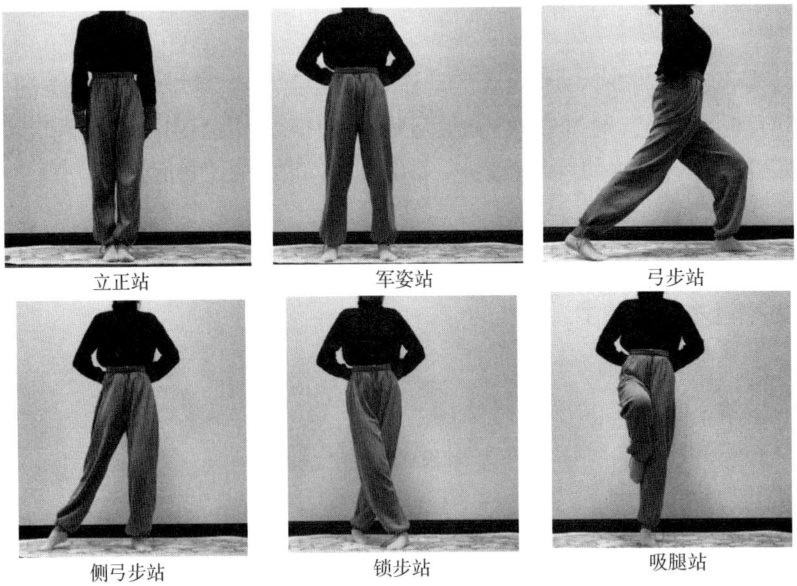

图 10-12　基本步伐

3. 基本手位（图片顺序从左至右）

基本手位如图 10-13 所示。

下 A

下 H

上 A

上 V

下 V

加油

大 T

短 T

W

上 L

下 L

大斜线

K

侧 K

大弓箭

小弓箭

短箭

斜上冲拳

斜下冲拳

侧上冲拳

高冲拳

侧下冲拳

R

上 M

下 M

屈臂 X

上 X

前 X

下 X

X

上 H

小 H

屈臂 H

后 M

前 H(拳心向下)

前 H(拳心相对)

图 10-13　基本手位

（四）啦啦操组合套路（图 10-14）

1. 组合一：第一个 4×8 拍（图 10-14）

预备姿势（图 10-14a）：双手呈“加油”手位，双腿并拢直立。

第一个 8 拍（图 10-14b、c、d）：“下 M”手位准备，1~2 拍“加油”手位，左脚提起紧贴右腿膝盖处；3~4 拍“加油”手位，双腿直立；5~6 拍“加油”手位，右脚提起紧贴左脚膝盖处；7~8 拍“加油”手位，双腿直立。

第二个 8 拍（图 10-14b、c、d）：同上。

第三个 8 拍（图 10-14e、f、g、h）：1~2 拍左手呈“短 T”手位，右手呈“下 M”手位；左腿提起，左脚贴靠至右膝处，右腿直立不动；3~4 拍左手呈“下 V”手位，右手呈“下 M”手位；右腿提起，右脚贴靠至左膝处，左腿直立不动；5~8 拍换方向再来一遍。

第四个 8 拍（图 10-14i）：1~8 拍上身弯腰成 90 度，双手埋于胸前，双腿小碎步踏步。

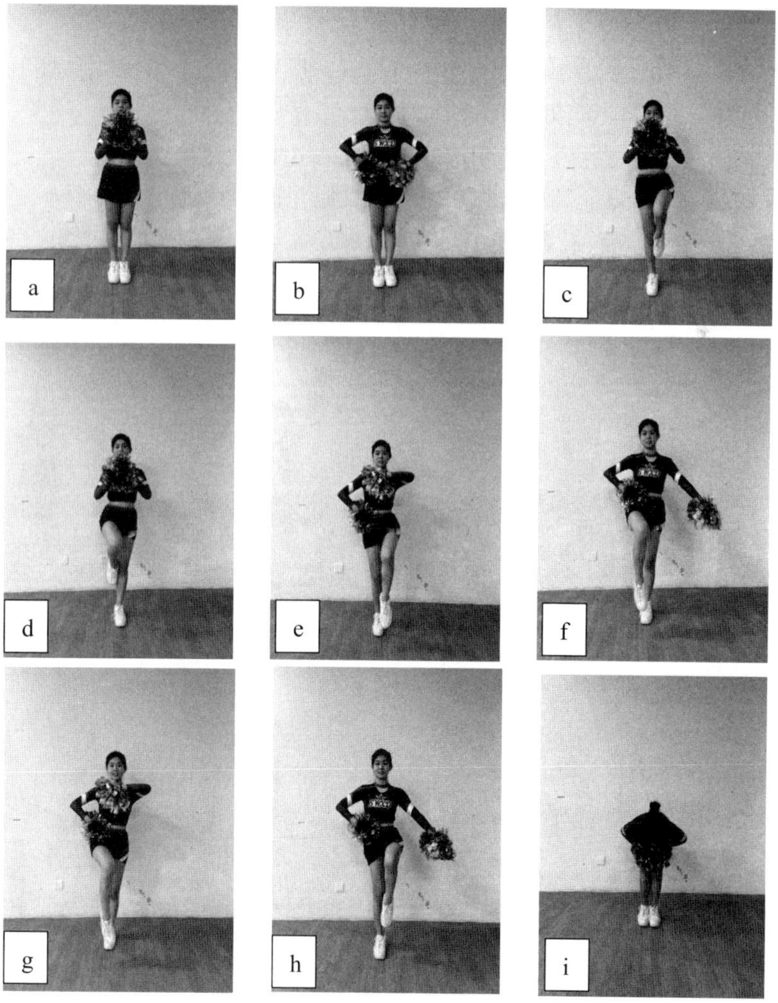

图 10-14　组合套路 1

2. 组合二:第二个 4×8 拍(图 10-15)

图 10-15　组织套路 2

第一个 8 拍(图 10-15a、b): 1~4 拍跳起来两腿打开比肩宽,双手呈“高冲拳”手位; 5~8 拍右腿微屈慢收回呈“加油”手位,双腿直立。

第二个 8 拍(图 10-15c): 1~4 拍左腿向右迈一步,双腿打开比肩宽,双手呈“上 V”手位;5~8 拍左腿收回,双腿直立,双手慢慢呈“加油”手位。

第三个 8 拍(图 10-15c):第二个 8 拍的动作向右边再做一遍。

第四个 8 拍(图 10-15d):呈“高冲拳”手位,双腿并拢弯膝跳起。

3. 组合三:第三个 4×8 拍(图 10-16)

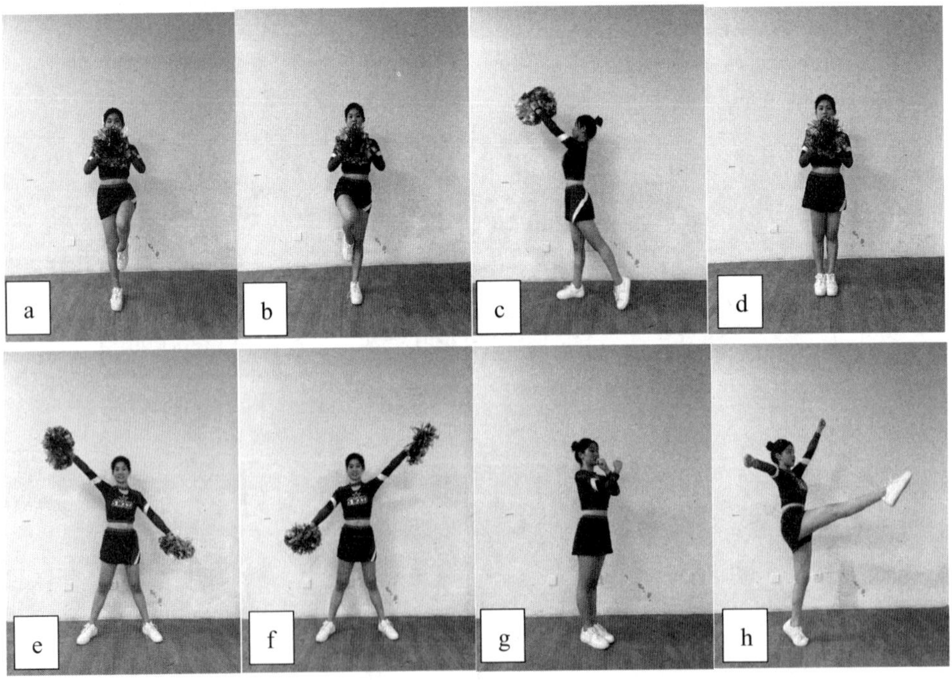

图 10-16　基本组合 3

第一个 8 拍(图 10-16a、b、c): 1~4 拍双手呈“加油”手位;左腿提起,左脚贴靠至右膝处;右腿直立不动。左腿放下,双手保持“加油”手位。双手呈“加油”手位;右腿提起,右脚贴靠至左膝处;左腿直立不动。右腿放下,双手呈“加油”手位; 4~8 拍侧身向右转,双手呈“上 A”手位;左腿后撤步,重心放右腿。然后恢复双手“加油”手位,双腿直立。

第二个 8 拍(图 10-16d、e、g、h): 1~4 拍左腿向左迈开,双腿打开比肩宽;双手呈“斜线”手位左右交替一次;然后恢复“加油”手位,双腿直立; 4~8 拍向左转,双手呈“屈臂 X”手位;然后双手呈“上 L”手位,右腿踢腿至 90 度,左腿直立,左脚脚后跟提起;最后恢复“加油”手位,双腿直立。

第三个 8 拍(图 10-16i、j、k): 1~4 拍双手呈“大 T”手位,左膝微曲,右腿直立;然后呈“加油”手位,双腿直立;4~8 拍双腿打开比肩宽;上身附身成 90 度,双手从左至右绕三圈。

第四个 8 拍(图 10-16g、h): 1~4 拍双腿跳回直立,双手呈“前 H”手位;然后双手变成“加油”手位; 4~8 拍双手呈“屈臂 X”手位;然后双手呈“上 L”手位,右腿踢腿至 90 度,左腿直立,左脚脚后跟提起;最后恢复“加油”手位,双腿直立。

4. 组合四:第四个 4×8 拍(图 10-17)

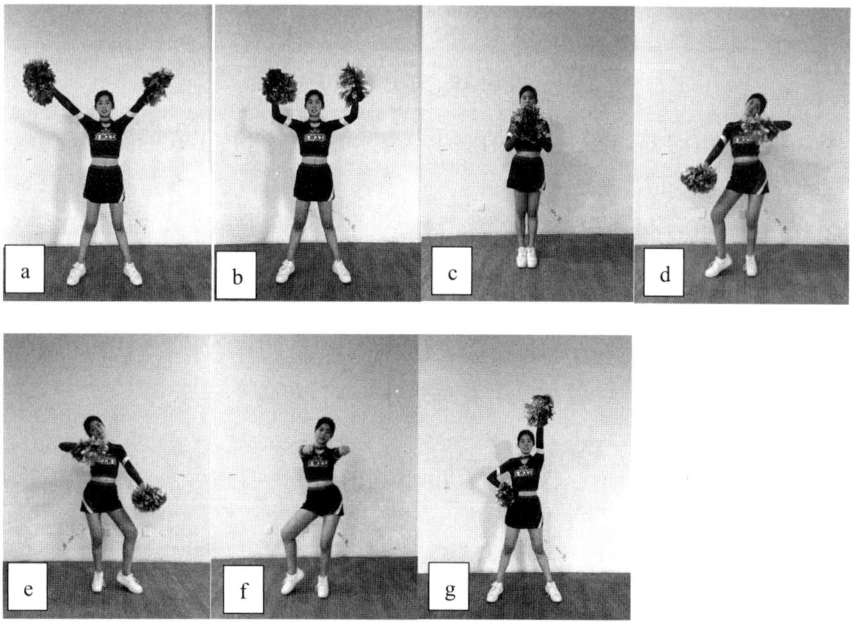

图 10-17　基本组合 4

第一个 8 拍(图 10-17a、b、c): 1~4 拍双腿打开比肩宽,双手呈"上 V"手位;然后双手再变成"W"手位; 5~8 拍再恢复成双腿打开比肩宽,双手呈"上 V"手位,最后变成"加油"手位,双腿并拢直立。

第二个 8 拍(图 10-17d、e、f、g): 1~4 拍头向左侧偏,左手呈"短 T",右手呈"下 V";右膝弯曲,左腿直立;另一遍方向相反; 5~8 拍双手呈"前 H"手位,头向左偏,右膝弯曲,左腿直立。最后双腿打开比肩宽,双手呈"高冲拳"手位。

第三个 8 拍:重复第一个 8 拍。

第四个 8 拍:重复第二个 8 拍。

5. 组合五:第五个 4×8 拍(图 10-18)

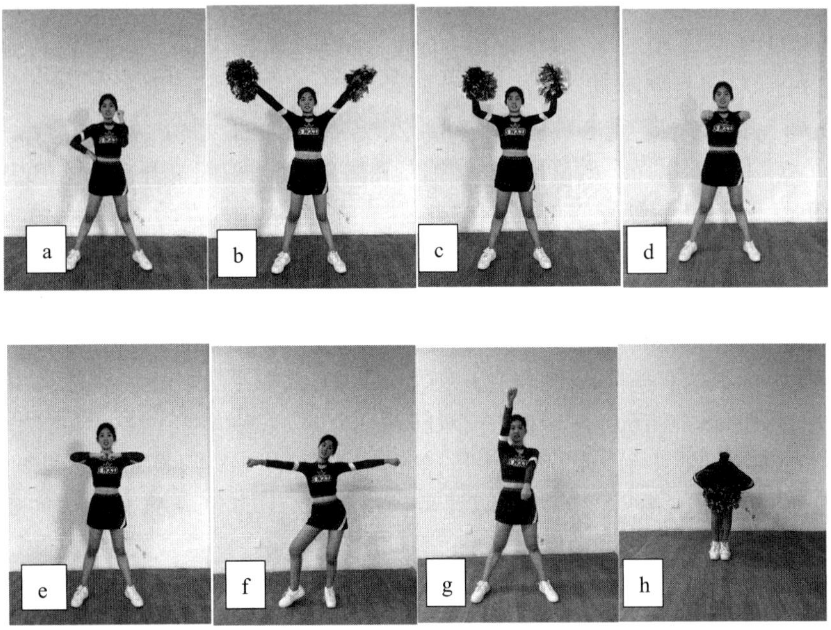

图 10-18 基本动作 5

第一个 8 拍(图 10-18a、b、c): 1~2 拍双手变成"短剑"手位; 3~6 拍然后双手交叉画半圆至"上 V"手位; 7~8 拍变成"W"手位。

第二个 8 拍(图 10-18d、e、f): 1~4 拍双手呈"前 H"手位;然后变成"短 T"; 5~8 拍最后双手变成"大 T"手位,右腿弯曲,左腿直立。

第三个 8 拍:重复第二个 8 拍。

第四个 8 拍(图 10-18g、h): 1~4 拍双手呈"K"手位,胯往右提;然后双手交替呈"K"手位,胯往左提; 5~8 拍弯腰,上身成 90 度,花球埋于胸前,双脚小碎步。

章节小结

啦啦操以活力四射、青春洋溢的运动特点,在全国高校迅速发展,并深受广大学生的喜爱。本节详细介绍啦啦操的起源发展、基本技术,通过学习提高学生参与体育运动的兴趣,促进学生的身心发展，使学生更加喜欢啦啦操运动。

思考题

1. 啦啦操基本手势有什么含义？
2. 啦啦操基本动作要求是什么？
3. 怎样去设计和表演啦啦操？

（章节撰稿人：董虹池）

第三节　瑜伽

一、瑜伽简介

瑜伽源自印度，从广义上讲它是一门哲学，“瑜伽”是一个梵文词，它的字根“yug”原意是把牛马套在车辕上，作为词意理解即为“相印”或“结合、合一”。顾名思义，从字根理解上我们也能看到瑜伽的阶段练习目的之一是抑制知觉器官，使其不随外界刺激而转变，并促发自己内心深处的功能，就像是佛家所说的“锁心猿，收意马”。道家理论可理解为“天人合一”。

瑜伽从狭义上讲，它是一种健身方法。我们日常所练习的瑜伽是一个通过提升意识，帮助人们充分发挥潜能的哲学体系及其指导下的运动体系。瑜伽姿势是一个运用古老而易于掌握的方法，提高人们生理、心理、情感和精神方面的能力，是一种达到身体、心灵与精神和谐统一的运动形式。

二、瑜伽分类

1. 流瑜伽

流瑜伽是一种非常普遍的风格。它改编自更加规范的阿斯汤加，通常将呼吸和运动联系起来。

适合人群：任何想要从瑜伽练习中获得更多运动的人。

2. 哈他瑜伽

哈他瑜伽的名字源于梵文，表示太阳和月亮，指在平衡对立的力量。哈他瑜伽的平衡可能来自力量和柔韧性、身体和精神能量，或者呼吸和身体。其他类型的瑜伽如艾扬格、阿斯汤加或高温瑜伽，在技术上也被认为是哈他瑜伽。

适合人群：任何寻求平衡练习或那些寻求更温和的瑜伽类型的人。

3. 阿斯汤加瑜伽

阿斯汤加瑜伽由六个按顺序教授的特定姿势组成，是一种严谨的、流动式的瑜伽。

适合人群：任何更注重身体和精神练习的人。

4. 昆达里尼瑜伽

昆达里尼瑜伽序列经过精心设计，通过用唱诵、冥想和特定系列的姿势与呼吸和唱诵配对来放松身心。通常以唱诵开始,然后是呼吸练习、热身、体式,最后是放松和冥想。

适合人群:任何寻求身体和精神练习的人,或者那些喜欢唱诵的人。

5. 阴瑜伽

阴瑜伽是一种较慢的瑜伽风格,它旨在改善关节的循环并提高其灵活性。练习的重点是臀部、下背部和大腿,并使用垫子、毯子等辅具让重力起作用,帮助放松。其他形式的瑜伽专注于主要肌肉群,而阴瑜伽则针对身体的结缔组织。

适合人群: 那些在高强度锻炼后需要伸展的人,或者对慢节奏练习感兴趣的人。

6. 艾扬格瑜伽

艾扬格瑜伽以创始人 BKS Iyengar(艾扬格)的名字命名,艾扬格瑜伽以对辅具的巧妙运用而闻名。艾扬格中会使用多种辅具——包括椅子、墙壁和长凳,以及更常见的瑜伽带、瑜伽砖等。

适合人群: 喜欢详细指导、身体孱弱或寻求更经典瑜伽形式的人。

7. 高温瑜伽

Bikram Choudhury(比克拉姆)开发了高温瑜伽。它是热瑜伽的一种。课程由一系列以相同顺序执行的姿势组成,并且练习有严格的规则。每节课为 90 分钟,有 26 个姿势和 2 次呼吸练习,房间温度是 40 摄氏度,湿度为 40%。在高温环境中练习瑜伽可以让习练者更深入地了解姿势,改善血液循环,并帮助身体排毒。

适合人群:任何喜欢出汗、想要更多体育锻炼的人。

8. 力量瑜伽

与流瑜伽一样,力量瑜伽源于阿斯汤加,但不那么严格,比其他瑜伽风格更活跃,速度也更快,力量瑜伽可以增强肌肉,还可以提高柔韧性。

适合人群:想要高强度锻炼的人。

9. 悉瓦南达瑜伽

悉瓦南达瑜伽由斯瓦米悉瓦南达大师创建。大多数瑜伽课以摊尸式结束,但悉瓦南达从这个姿势开始,然后进入呼吸练习,拜日式,然后是 12 个基本体式。

适合人群:那些寻求更温和的瑜伽形式的人,以及想要更多精神练习的人。

10. 恢复性瑜伽

这种形式的瑜伽使用辅具来支撑身体。目标是完全放松,保持至少 5 分钟,恢复性瑜伽的重点是调节神经系统。恢复性瑜伽可以让那些需要放松和减压的人受益,它也可以作为休息日自我保健的一部分。

适合人群: 任何需要减压、处理疼痛以及努力放松的人。

11. 孕期瑜伽

瑜伽对准妈妈来说是一种很好的锻炼方式。孕期瑜伽侧重于缓解与怀孕相关的疼痛,例如臀部酸痛或腰痛;提供减压、锻炼和自我保健,呼吸练习可以在分娩时派上用场。

孕期瑜伽通常还包括大量练习,让孕妇的身体为分娩做好准备,比如深蹲和骨盆底训练。

适合人群:准妈妈和新妈妈。

12. 空中瑜伽

空中瑜伽也称为反重力瑜伽,利用悬吊的原理,卸除部分重量,吊床可用作鸽子式或下犬式等,可帮助习练者轻松地进行超出本身能力或舒适度的倒立姿势(如头倒立)。

适合人群:那些想要非传统瑜伽体验的人,或者想要倒立但害怕的人。

三、瑜伽基本礼仪及注意事项

(一)瑜伽基本礼仪

(1)脱鞋。练习瑜伽的地方的前门都有摆放鞋子的地方,进门应该先脱鞋。因为在瑜伽厅里大家都是光着脚走来走去的,所以养成进瑜伽厅就脱鞋的好习惯,练习瑜伽的环境也会卫生很多。

(2)需要安静的环境中进行瑜伽的练习。

(3)定时的练习。

(4)尊重老师。

(5)保持适当的多样性。

(6)不要跳过挺尸式。

(二)其他注意事项

(1)请卸下首饰、手表、腰带等物品,不使用气味较重的香水或身体乳液,选择适合肢体伸展的宽松服装,不要穿鞋或袜,请保持双脚洁净。

(2)若无特殊原因,请坚持每次的运动。

(3)最后的瑜伽休息术很重要,切勿提早结束运动。

(4)瑜伽运动需要安静进行,让自己尽快安静下来、融入瑜珈宁静祥和的世界。

(5)运动过程中,关注自己的呼吸,感官内收。

(三)瑜伽运动原则

1. 使用正确的顺序

瑜伽的体式顺序是有逻辑的。一个合理的瑜伽练习顺序考虑到你的最终目标,最有效、最安全的方式,可能因人而异。

2. 坚持练习的承诺

坚持瑜伽需要很多的练习。一个好的方法是选择一个相对固定的地点和时间进行练习,最好是一个安静的地方,那里是孤独、平和的。你一旦开始每天练习瑜伽,给自己一些时间去适应它,不要对自己太苛刻。它可能需要一个多月的时间让你习惯于经常练习。记住,重要的是你感觉良好,享受你的瑜伽。

3. 专注自己的呼吸

专注于自己的呼吸有助于确保身体和精神的统一,一切从呼吸做起。要时刻同步你的身体的动作。有四种方式使你的身体可以弯曲:向前、向后、侧弯、曲折。使它成为一个点,优雅地移动之间的姿势和注意你的呼吸。让你的呼吸与运动相契合,这样你的身体就有一个整体的功能。吸气时，瑜伽打开你的身体，呼气时收紧你的身体。例如，如果你正在做一个向前弯曲，脚趾触摸的体式，你必须吸气的时候举起你的手臂，呼气向前弯曲。

4. 功能定形

专注于自身的局限性，有助于提高自己的实践。最重要的是要记住的是功能，而不是形式。永远不要强迫自己进入一个"理想"的姿势，你看到别人在你的课堂上表演或你可能看到的照片和视频。你的形式会随着时间的推移逐渐改善。

5. 动态和静态

运动和静止姿势都是可取的，移动的姿势被称为动态的姿势，所持的姿势是静止的。瑜伽套路应包括动态和静态的姿势。通常，在瑜伽姿势之前，动态运动增加血液循环，并在准备肌肉和关节的控股阶段，也让一个更深的拉伸。许多瑜伽体式，做一个静态姿势之前创建的动态运动至少三次。

6. 聚焦脊柱

记住持续关注自身的姿势和脊柱。世界卫生组织的研究显示，估计全球成人人口患有重度或轻度背痛的占 70%。重要的是要确保自身的脊柱是瑜伽运动练习的焦点。瑜伽姿势中创造一种新的方式来减压脊柱和提高姿势的调整。这反过来又降低了运动、消化、呼吸和循环系统的压力。

7. 缓慢而稳定

随时放松。速度越慢，瑜伽练习越多，其好处就越大。休息的姿势同样重要。

四、经典的瑜伽体式

（一）太阳致敬式（图 10-19）

太阳致敬式是一系列动作的预备练习，是唤醒身体的最佳姿势。这套动作唤醒躯体和精神，每一个动作引导不同的脊椎运动，并和呼吸动作保持合拍，各姿势环环相扣，使大脑有充分的氧气，使身体各系统达到和谐的状态，有助于从昏沉或慵懒的状态中清醒过来，使身体更加灵活，精力更加充沛。

祈祷式　　脊柱后弯式　　增延脊柱伸展式　　下犬式

图 10-19　太阳致敬式瑜伽动作

1. 山式站姿准备

站立，双脚并拢，骨盆端正，脊柱挺拔向上，双肩下沉，双臂下沉，头部端正，目光柔和平视前方。

2. 祈祷式

山式站立，双手合掌在胸前。通过深且长的呼吸让自己的身心慢慢放松下来，集中自己的思绪，全身放松。

3. 脊柱后弯式

吸气，双脚站稳，双手向上伸展；呼气，髋向前推，腹部微内收，胸口上提，头颈顺着胸腔向后上方伸展，身体向后弯曲。慢慢伸展腹部，促进消化，开阔肺叶。

4. 增延脊柱伸展式

吸气，脊柱向上延展，身体前倾，双手向上；呼气，屈髋，上身向下，腹部贴向大腿，双手触地或放在腿上。

5. 下犬式

吸气，右腿向后伸长，左膝盖弯曲保持在脚踝上方，双手合掌在胸前；呼气，骨盆稳定，上身向后弯曲，手臂向后伸展。

6. 八体投地式

接下犬式，呼气屈双膝点地，臀部保持向上抬高。屈肘，胸部放于两手之间的地面（下颌或前额点地）。十个手指打开，手肘内收夹紧身体，肩胛骨内收，脚尖依然保持回钩。将身体力量均匀地放于双手、双膝、双脚、胸部、下颌八个支点上，保持均匀的呼吸（图 10-20）。

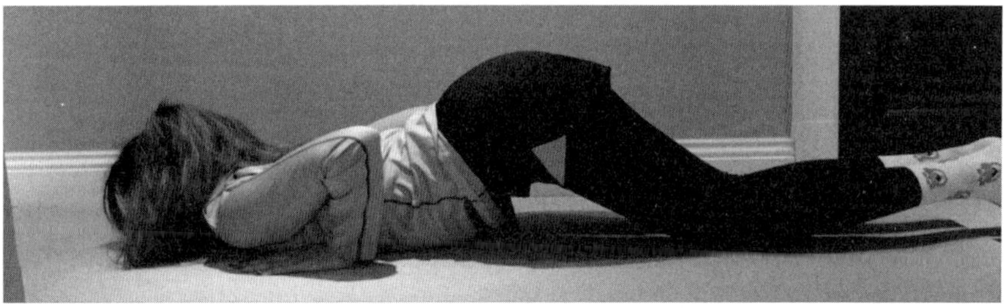

图 10-20 八体投地式瑜伽动作

（二）树式

山式站立，双脚并拢或稍分开。提起左脚跟，脚趾着地，重心放在右脚。眼睛注视固定的一点有助于稳定姿势。抬起左脚，握着脚踝，脚底贴着右大腿内侧，脚跟在舒适的范围内靠近腹股沟，脚趾朝下。保持髋部朝向正前方，左膝朝着左外侧。在胸前合掌。站稳以后，双臂慢慢高举过头，保持肩膀下沉。手肘可以伸直或弯曲。躯干从腰往上延伸，轻轻收腹。平稳均匀地呼吸，保持 10~60 秒钟。合掌回到胸前，左脚放回地上，两臂放到体侧。

（三）三角式

右腿向后撤一大步，身体向右转，双腿伸直，左脚内扣 15°，右脚外转 90°。吸气，双手从身体两侧打开伸直；呼气，右臂带动身体向右下方延展到舒适位置，左臂向上伸直，眼看左手；吸气，向上起身直立；呼气，双手落回腰部两侧，反侧练习。

图 10-21　树式、三角式、三角扭转式、侧角伸展式瑜伽动作

（四）三角转动式

两脚分开站立两脚距离，3~3.5 英尺（90~105 厘米），吸气，将手臂旁平举与地面平行，双膝伸直。呼气，身体向左转，躯干向下，将右手放于两脚之间，左手臂与右手臂成一直线，左手指尖向上，双眼看向左指尖；伸展双肩的同时伸展肩胛骨，保持 10~30 秒。

（五）三角扭转式

以山式站立。深呼气，分开两腿，两脚距离 3~3.5 英尺（90~105 厘米）。两臂侧平举与肩齐，手掌朝下。手臂与地面保持平行。右脚向右转 90°，左脚向右转 60°，保持左腿伸展，膝盖绷直。呼气，躯干与左腿一起右转，从而使左手掌贴近右脚外侧地面。右臂向上伸展，与左臂成一直线。眼睛注视右手拇指。膝盖绷直。右脚趾不要离开地面。注意左脚外侧不要接触地面。伸展肩部和肩胛骨。这个姿势保持半分钟。

（六）侧角伸展式

两脚分开约 3 尺，左脚稍朝内，右脚向外 90°。右脚跟对着左足弓。吸气时，两臂侧平举，掌心向下。呼气时，弯右膝，让小腿与地面垂直。吸气，呼气时躯干向右弯，右手或指尖放在右脚内侧的地面。左臂向上伸直，掌心朝前。转头看着左手，深长均匀地呼吸。保持 3~10 秒。伸出左臂朝耳朵贴近并往外延伸，掌心内转。保持左腿挺直，脚跟下压，让身体从左脚至左手指尖形成一条斜线，深长均匀地呼吸。保持 3~60 秒。用力下压两脚，吸气，左手往上举，带动躯干起来，两臂侧平举。伸直右腿。两脚转到前面。

（七）蝴蝶式

坐在地上，脚心相对，躯干保持直立。双手十指交叉放在脚趾的前方，尽可能地让脚跟往会阴的地方内收。身体尽可能向上立起，然后将双手手掌放置双侧膝盖的上方，随着匀速呼吸慢慢地压动双侧膝盖，保持动作 30~60 秒。

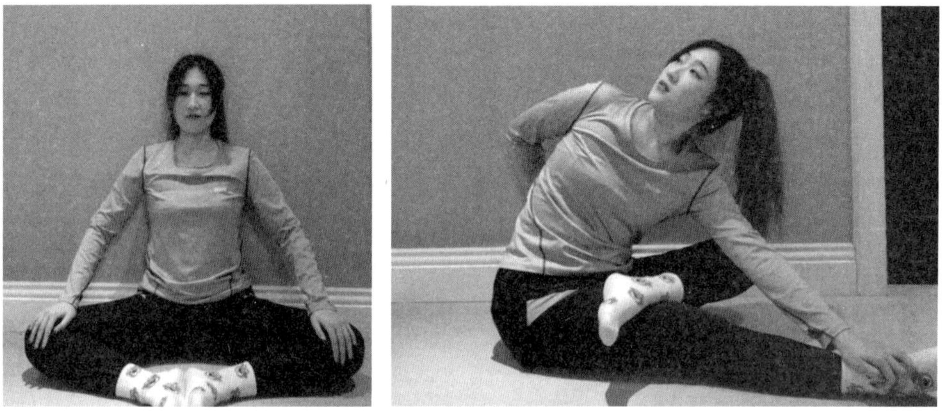

图 10-22　蝴蝶式、半莲花脊柱扭转式瑜伽动作

（八）半莲花脊柱扭转式

坐立，右腿向前伸直，左腿弯曲放在右大腿上，脚心朝上。呼气，左臂前伸，左手抓住右脚脚趾，上身转向右边，将右臂收向背部，将右手揽住腰的左侧。吸气，然后呼气，同时头部和上身躯干尽量向右转，保持 20 秒自然呼吸，换另一侧。

图 10-23　脊柱扭转式、半莲花坐单腿背部伸展式、半鱼王式瑜伽动作

（九）脊柱扭转式

首先挺直身子坐着，两腿前伸。左边小腿向内收，让左脚挨近右边大腿的内侧。然后将右膝收到离右肩 6~12 英寸（1 英寸 ≈2.54 厘米）的地方——右脚要保持平放在地板上。将右脚移过左膝之外，如有必要，可用双手帮助提起右脚。举起左臂，把它放在右膝的外侧。

然后，伸直你的左臂，抓着右脚或右脚踝。向前伸出右手，高与眼齐，两眼注视指尖。

右臂保持伸直，慢慢转向右方。在右手尽量向右方转时，要继续注视指尖。在这样做的过程中，你的颈项、两肩、脊骨等就会自然而然地转向右方。当你的右手尽可能舒适地放到最右的地方时，就把它放下来，把手背放在左腰上（或最接近左腰的地方）。做深长而舒适的呼吸，保持这个姿势由 1 数至 10 之久。将右手举回与眼等高的水平，两肘保持伸直，把右手慢慢抽回躯干前边。用完全相反的程序恢复原态。

（十）半莲花坐单腿背部伸展式

双腿伸直坐在地面上。弯曲左膝，右手握住左脚脚趾，拉动左脚放在右大腿根部上；左脚脚后跟按在肚脐处，呈半莲花坐姿，伸展背部。右手松开左脚脚趾，右臂向前伸展，右手从右脚外侧握住右脚脚掌，左臂绕过后背向右侧腰部伸展，呼气，左手抓住左脚大脚趾，并拉动弯曲的左膝向右腿靠近。吸气，伸展背部，眼睛向上看几秒钟，不要松开抓着的左脚大脚趾。呼气，躯干向下前屈，腰部右侧放在右大腿上，同时，右手下移握住脚底，右肘向外弯曲，肘部放在右大腿外侧的地面上；通过改变右肘的弯曲度，使躯干向前推动，依次把前额、鼻子、嘴唇、下巴放在右膝上。这个体式保持 30~60 秒，呼吸均匀。

（十一）半鱼王式

坐在地面上，双腿向前伸直，弯曲左膝盖，大腿和小腿折叠，把左脚放在臀部下方。弯曲右膝盖，抬起右腿瑜伽，把右腿放在左大腿外侧，使右脚踝外侧触碰到放在地面上的左大腿外侧。使右腿胫骨与地面垂直。躯干向右转 90° 直到左腋窝抵住右大腿外侧。把腋窝越过右膝盖呼气，伸展左手臂绕右膝盖扭转。右手置于臀部后方，手指指向后方，颈部可以向左转，注视左肩前方。或者颈部向右转，注视眉心（颈部向左转时的脊椎扭转幅度比颈部向右转更大）。由于横膈膜受到脊椎扭转时的挤压，呼吸起初会变得急促。但是不要紧张，经过一段时间练习后，就可以在正常呼吸下保持这个姿势 1 分钟。慢慢地放松，右腿伸直，然后左腿也伸直。

（十二）鸽子式

四肢着地开始，膝盖在臀部正下方，双手放在肩膀前。从那里，将右膝向前滑动到右手腕外侧。同时，右脚放在左膝前方，右膝外侧放在地板上。左腿慢慢地向后滑动，膝盖伸直，左大腿前部尽可能靠近地板。右臀外侧降低到地板上。右脚跟放在左臀部的正前方，将指尖牢牢地推到地板上。将左髋关节向右脚跟滚动，尽可能使骨盆成直角。然后，双手推地板，拉长脊椎，直视前方。

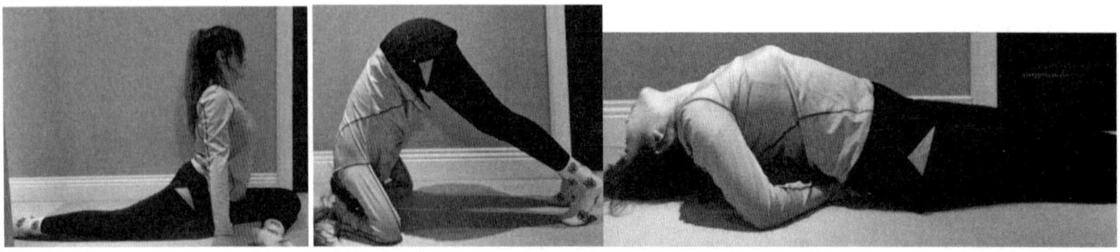

图 10-24　鸽子式、倒立三角式、鱼式瑜伽动作

（十三）倒立三角式

曲膝跪坐着，双膝并拢。双手置前，十指交叉紧扣，手肘打开与肩膊同宽，使手臂和紧扣的双手形成一个三角形，牢牢固定在地上。将头置在“三角形”内。头顶中心位置着地，后脑贴着手心，眼睛要能直线望向双脚后面的事物。过多看见自己的上半身，或过多看见地上，均表示你不是把头顶中心放在地上。其后，以手心包着头，慢慢伸直膝盖，并提高臀部。双脚完全蹬直，只以脚尖点地。双脚向自己的头部慢慢移近，直到躯干和腰呈垂直状态。

（十四）鱼式

仰卧，双腿靠拢，手臂放在体侧。双手掌放在臀部下方，使手掌朝下。双肘并拢，靠近腰部。深吸一口气，抬起胸部，同时抬起头。头顶地板。记得身体的全部重量都落在肘部而不是头上。当抬起胸部时，轻轻地给肩胛骨加压。保持均匀呼吸，退出时呼气。首先抬起头，然后将胸部放在地上。分开双腿并置于正常的休息位置。

图 10-25　前屈式、双角式、猫伸展式瑜伽动作

（十五）前屈式

呼气，手臂带动身体，从髋关节向前屈体，而不要从腰部向前弯。当你的上身前屈向下时，请保持由耻骨及腹股沟到胸骨间的距离。当双手触及地板时，松开双手放于双你脚的前方或两侧。也可将手掌握于脚踝的后侧。如果无法做到，也可将两手抱住对侧的肘关节。吸气脚跟踩紧地面，将坐骨尽量指向天顶。大腿上端的肌肉略向内收。抬头挺胸向前伸展脊柱，感觉背部的延伸。再次呼气，上身向下去贴近腿部前侧，进入体式后，每次吸气时都略微抬起并伸展上身；每次呼气时都更好地向前屈伸。以这种方法，身体在呼吸时几乎感觉不到摆动。由两个肩胛骨中间开始伸展你的颈部直至你的头部。

（十六）双角式

挺身直立，两脚微微分开，两手垂于体侧；吸气，两手臂放在下背部，十指相交；呼气，上身自腰起向前弯，尽量把两臂向头的上方和后方伸展；一边保持这个姿势，一边垂下头；保持这个姿势 20 秒或更久一点。

（十七）猫伸展式

跪下来，四肢着地，手臂伸直，双手下压。脚背着地，脚趾自然朝后。暖身：脊柱轻缓下凹，臀部稍微抬高。往前看或稍稍往上，接着脊柱拱起，下巴和臀部轻轻内收。伸展的幅度不必太大，也无须守住姿势，正常地呼吸即可。重复 5~10 次。脊柱进一步往下凹同时慢慢吸气。胸部和臀部上提，双手用力下压，保持手肘伸直。直视前方或稍往上看。慢慢地呼气，拱起整个背部，头下垂，臀部内收。交替背部一凹一拱的动作，平稳顺畅地呼吸。重复 5~12 次。两手逐步收回，坐到脚跟上，放松。

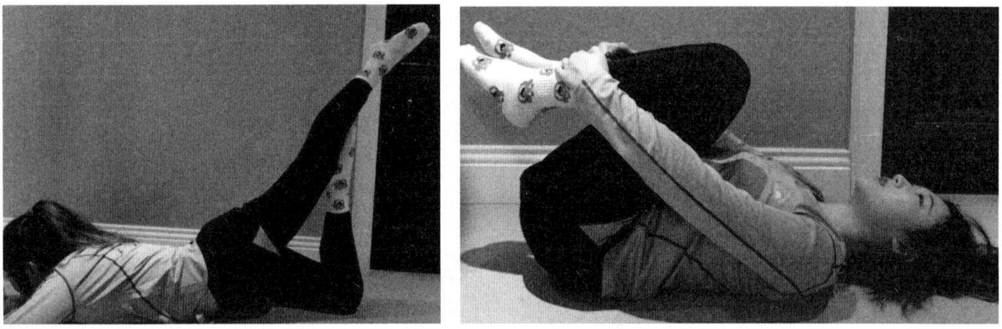

图 10-26 后抬腿式、风吹式瑜伽动作

（十八）后抬腿式

俯卧，将上半身抬起来，两个手肘弯曲，手肘相叠，并且撑在胸口下方。两腿向后伸直，大腿前侧，小腿前侧以及脚背都需要紧贴在地面上。骨盆以及腹部和双腿都应该在一条直线上。缓慢地吸气，并且将左侧的膝盖弯曲，小腿向上，身体其他部位是保持不变的，缓慢地呼气，将右腿向上，并且将右腿伸直，此时左脚需要抵住右腿膝盖的前侧，让右腿尽量地向上伸展，头部也可以稍微向上抬起，伸展你的颈部。

（十九）风吹式

仰卧，双膝弯曲至胸前，大腿紧贴身体，并用双手抱住小腿，将重心放在背部，后背压在地上，维持此动作呼吸 10~30 秒。

五、瑜伽冥想

（一）简易坐冥想

坐在地上，两腿向前伸直，弯右小腿，把右腿放在左大腿跟处；弯左小腿，把左腿放在右大腿之下。可以把双手结个手印，放在两个膝盖上，最好两手相叠，拇指相对放在腿上。

（二）莲花坐冥想

坐在地上，两腿向前伸直，弯右小腿，把右脚放在左大腿上；脚底朝上弯左小腿，把左腿放在右大腿上面。脚底朝上，肩背正直，下颌内收，两手相叠，拇指相对放在腿上。

（三）单莲花坐冥想

坐在地上，两腿向前伸直，弯左小腿，把左腿放在你的右大腿上面，右腿伸直放松；弯右小腿，把右脚紧顶在放在左大腿内侧，左腿伸直放松；肩背正直，下颌内收，两手相叠，拇指相对放在腿上。

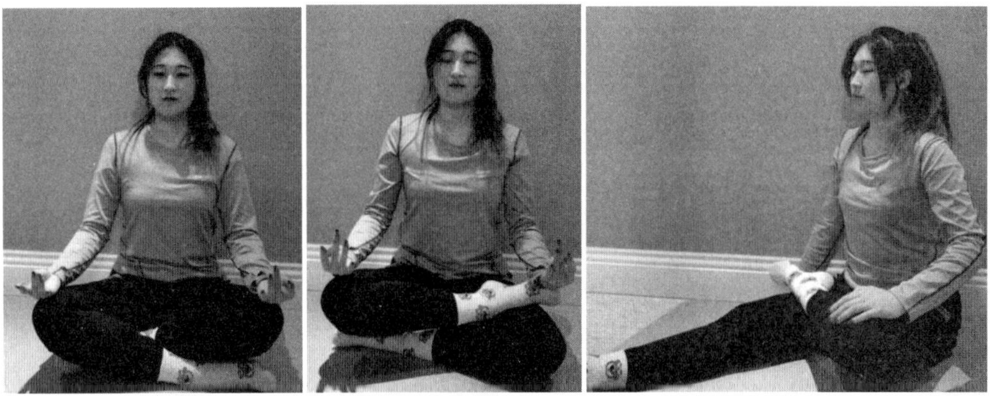

图 10-27　简易坐冥想、莲花坐冥想、单莲花坐冥想瑜伽动作

章节小结

瑜伽运动不仅仅是简单的身体锻炼，它是帮助我们建立自我内部世界与外部环境和谐的生活方式。练习瑜伽运动，不是单纯地学习体位动作，而是用心投入到自己的身体中去寻找真正的感受。

思考题

1. 瑜伽都有哪些分类？
2. 大学生练习瑜伽有什么好处？

3. 在练习瑜伽中体会到了什么瑜伽思想?

（章节撰稿人:董虹池）

第四节　体育舞蹈

一、项目概述

（一）体育舞蹈的定义

体育舞蹈也称体育舞蹈运动,是一种按国际上规定的标准舞动作进行锻炼和比赛的运动项目。它既不是传统体育的体育,也不是传统舞蹈的舞蹈,而体育与舞蹈的叠加,是舞蹈的运动化,因此,国际上也把国际标准交际舞称为体育舞蹈。体育舞蹈包括摩登舞系列、拉丁舞系列、集体舞系列。

（二）体育舞蹈的起源与发展

体育舞蹈的发展过程经历了原始舞蹈—公众舞—民间舞—宫廷舞—社交舞—新旧国际标准舞等发展阶段。体育舞蹈的前身就近来说是社交舞,也称交际舞、交谊舞。体育舞蹈起源于古代土风舞,经历对舞、圈舞、行列舞、集体舞等演变过程,成为流传广泛的社交舞蹈。19 世纪 20 年代后,英国皇家舞蹈教师协会对原舞种、舞步、舞姿等进行规范整理,制定比赛方法,始形成国际标准交谊舞,并于 1947 年在德国柏林举行第一届世界标准交谊舞锦标赛。现已发展成艺术性高、技巧性强的竞技性项目。

中国体育舞蹈联合会的前身是 1991 年成立的中国体育舞蹈运动协会。中国体育舞蹈运动协会于 2000 年 8 月在北京召开代表大会进行了换届选举,产生了新的协会领导机构。2002 年 4 月,随着国际体育舞蹈联合会被国际奥委会所承认,体育舞蹈开始进入世界综合性运动会。在这种形势下,经国家体育总局和文化部批准,中国体育舞蹈运动协会与文化部所属的中国业余舞蹈竞技协会经过协商,组建了中国体育舞蹈联合会,并在民政部重新登记注册。

（三）体育舞蹈的特点与价值

1. 教育性

体育舞蹈的教育性就在于给人以真善美的教育,不断陶冶情操,吸收美的真谛,提高民族的精神文明水平,教育人们去追求崇高的思想境界,医治人们心灵上的创伤,提高民族的精神素质。

2. 锻炼性

体育舞蹈是项很有锻炼价值的全民健、健身、健心运动。它能健美形体、锻炼体魄,具有健美健体和健身健心的作用。经常参加体育舞蹈的锻炼,对心血管系统有很大的影响,使得人的心脏得到锻炼,使心肌发达、心搏有力,进而提高人体的活动能力。人的心理活动的本质是脑对客观事物的反映。跳舞可以逐步消除情绪障碍,使人保持乐观的心情。

3. 国际性

舞蹈都具有民族性,而越是民族化的舞蹈,越能步入国际舞坛,体育舞蹈的各个舞种起源于世界各国。国际上没有一种统一的语言,而体育舞蹈却是一种国际上通用的"形体语言",是全世界统一标准的舞蹈。

4. 竞技性

体育舞蹈可以作为一种大强度的训练法,在美的旋律中进行生物的改造,它能挖掘人的潜力,充分发挥人的本质力量去拼搏,去创造新的比赛纪录。

5. 社交性

体育舞蹈仍然继承交谊舞"舞会舞蹈形式"的特征,从而成为社会交际活动的工具。

6. 自娱性

现代娱乐活动的特点是参与性强,每个人都能亲身参加体育舞蹈活动,充分体会到舞蹈的快乐,达到自娱的目的。

7. 娱人性

当代世界的思潮趋势是追求平安稳定,通俗文艺朝向高雅文艺发展,体育舞蹈向娱人性发展,并以一定的高雅文明形态步入世界舞坛。

8. 群众性

体育舞蹈具有广泛的群众性,它时而以娱乐运动形式出现,时而以锻炼形式出现在广场、公园、运动场等,是群众性体育舞蹈运动辐射到每一个生活角落的真实写照。

二、项目分类与内容特点

体育舞蹈也称国际标准交谊舞,是以男女为伴的一种步行式双人舞的竞赛项目,分两个项群,十个舞种。其中,摩登舞项群含有华尔兹、维也纳华尔兹、探戈、狐步和快步舞;拉丁舞项群包括伦巴、恰恰、桑巴、牛仔和斗牛舞。每个舞种均有各自的舞曲、舞步及风格。根据各舞种的乐曲和动作要求,组编成各自的成套动作。

(一)摩登舞

摩登舞起源于欧洲,具有端庄、含蓄、稳重、典雅的风格和绅士风度。舞步流畅,轻柔洒脱,舞姿优美,起伏有序,音乐节奏清晰,舞蹈富于技巧性,是老少皆宜的舞系。

(二)拉丁舞

拉丁舞起源于非洲和拉丁美洲,具有热情、奔放、浪漫的风格特点。舞蹈动作豪放粗犷,速度多变,手势和脚步内容丰富,充满激情,音乐节奏鲜明强烈,为中青年人所喜爱。其内容包括伦巴、恰恰、桑巴、牛仔和斗牛舞。特点是舞伴之间可贴身,可分离。各自在固定范围内辐射式地变换方向角度,展现舞姿。步法灵活多变,各舞种通过对胯部及身体摆动不同的技术要求,完成各种舞步,表现各种风格。舞姿妩媚潇洒,婀娜多姿。风格生动活泼,热情奔放。曲调缠绵浪漫,活泼热烈,节奏感强。着装浪漫洒脱,男着上短下长的紧身或宽松装,女着紧身短裙。

拉丁舞又称拉丁风情舞或自由社交舞，是拉美人民在漫长的历史长河中形成的具有鲜明特点的激情、浪漫而又富有活力、火热的艺术表现形式，有较大的自由发挥空间，以运动肩部、腹部、腰部、臀部为主的一种舞蹈艺术，其中包括五个舞种：伦巴、恰恰、桑巴、斗牛、牛仔。

1. 伦巴（Rumba）

用 R 表示。拉丁舞项目之一。节奏为 4/4 拍，每分钟 27~29 小节。乐曲旋律的特点是强拍落在每小节的第四拍。舞步从第 4 拍起跳，由一个慢步和两个快步组成。四拍走三步，慢步占二拍（第 4 拍和下一小节的第一拍），快步各占一拍（第二拍和第三拍）。胯部摆动三次。胯部动作是由控制重心的一脚向另一脚移动而形成向两侧做“∞”形摆动。具有舒展优美，婀娜多姿、柔媚抒情的风格。其产生与西班牙和非洲的舞蹈有密切关系，后在古巴得到发展。

2. 恰恰（Cha-Cha）

用 C 表示。拉丁舞项目之一。节奏为 4/4 拍，每分钟 30~32 小节。强拍落在第一拍。四拍走五步，包括两个慢步和三个快步。第一步踏在第二拍，时间值占一拍；第二步占一拍；第三、四步各占半拍；第五步占一拍，踏在舞曲的第一拍上。胯部每小节向两侧摆动六次。舞曲热情奔放，舞步花哨利落步频较快，诙谐风趣。其源于非洲，后传入拉丁美洲，在古巴得到发展。

3. 桑巴舞（Samba）

用 S 表示。拉丁舞项目之一。舞曲欢快热烈，节奏为 2/4 拍或 4/4 拍，每分钟 52~54 小节。强拍落在每小节的第二拍或第四拍。每小节完成一个基本舞步。舞步在全脚掌踏地和半脚掌垫步之间交替完成，通过膝盖上下屈伸弹动，使全身前后摇摆，并沿着舞程线绕场行进，属游走型舞蹈。特点是流动性大，动律感强，步法摇曳紧凑，风格热烈奔放。源于巴西，是巴西一年一度狂欢节的舞蹈。桑巴舞从巴西农村的摇挫桑巴舞传入城市演变而来，后在里约热内卢狂欢节上公开表演后，以它微妙的节奏和强烈的感情倾倒了巴西人，逐渐形成为巴西的民族舞，是巴西音乐和舞蹈的灵魂。由于它在移动时沿舞程线绕场进行，因此它是拉丁舞中进行性的舞蹈。

4. 斗牛舞（Paso Doble）

用 P 表示。拉丁舞项目之一。音乐为旋律高昂雄壮、鲜明有力的西班牙进行曲。节奏为 2/4 拍，每分钟 60~62 小节。一拍一步，八拍一循环，特点是舞步流动大，沿着舞程线绕场行进，游走型舞蹈。舞姿挺拔，无胯部动作及过分膝盖屈伸。用踝关节和脚掌平踏地面完成舞步。动静鲜明，力度感强，发力迅速，收步敏捷顿挫，源于法国，盛行于西班牙，系据西班牙斗牛场面创作而成。男为斗牛士，气宇轩昂，刚劲威猛；女为红色斗篷，英姿飒爽，柔美多变。

5. 牛仔舞（Jive）

用 J 表示。拉丁舞项目之一。旋律欢快，强烈跳跃，节奏为 4/4 拍，每分钟 42~44 小节、六拍跳八步。由基本舞步踏步、并合步，结合跳跃、旋转等动作组合而成。要求脚掌踏地，腰和胯部做钟摆式摆动。特点是舞步敏捷、跳跃，舞姿轻松、热情、欢快。源于美国，原是美国西部牛仔跳的踢踏舞，20 世纪 50 年代爵士乐的流行，加速和完善了这种舞蹈，但风格上还保持美国西部牛仔刚健、浪漫、豪爽的气派。

（三）团体舞

团体舞是现代舞或拉丁舞的混合舞，由 8 对选手组成，借助音乐的引导，将 5 种舞蹈在变幻莫测的队行变化中编织出丰富多样的图案，它将音乐、舞姿、队行、图案和选手们的和谐配合融为一体，达到了完美的统一，使体育舞蹈的风格特点得到了更为鲜明的表现。

同一系列的舞种除在风格和内容上有其共同特点之外，每个舞种在步法、节奏、技术处理以及风格上都有自己的独特之处。

（四）摩登舞

体育舞蹈项群之一。内容包括华尔兹、维也纳华尔兹、探戈、狐步和快步舞。特点是由贴身握抱的姿势开始，沿着舞程线逆时针方向绕场行进。步法规范严谨，身体和胯部保持相对稳定挺拔，完成各种前进、后退、横向、旋转、造型等舞步动作。具有端庄典雅的绅士风度。曲调大多抒情优美，旋律感强。服饰雍容华贵，一般男着燕尾服，女着过膝蓬松长裙。

1. 华尔兹（Waltz）

华尔兹原为“旋转”之意，又译为“圆舞”，它是一种慢三步舞，它起源于维也纳，由奥地利古老的“兰德勒”舞发展而成。华尔兹属旋转型舞步，其特点是舞姿华丽高雅、秀美潇洒、舞步起伏流畅，风格华贵典雅、飘逸舒展，比其他舞步更温文而雅、富于诗情话意，因此华尔兹有“舞中之皇后”的美称。

用 W 表示，也称慢三步，摩登舞项目之一。舞曲旋律优美抒情，节奏为 3/4 的中慢板，每分钟 28~30 小节。每小节三拍为一组舞步，每拍一步，第一拍为重拍，三步一起伏循环。通过膝、踝、足底、跟掌趾的动作，结合身体的升降、倾斜、摆荡，带动舞步移动，使舞步起伏连绵，舞姿华丽典雅。是维也纳华尔兹（快三步）的变化舞种。19 世纪中叶，维也纳华尔兹传到美国，当时美国崇尚舒缓、优美的舞蹈和音乐，于是将快节奏的维也纳华尔兹逐渐改变成悠扬而缓慢、有抒发性旋律的慢华尔兹舞曲，舞蹈也改变成连贯滑动的慢速步型，即今之华尔兹舞。

2. 狐步舞（Foxtrot）

狐步舞也称福克斯，用 F 表示，摩登舞项目之一。舞曲抒情流畅，节奏为 4/4 拍，每分钟 28~30 小节，第一拍为重拍，第三拍为次重拍。基本步法是四拍走三步，每四拍为一循环。分快、慢步，第一步为慢步（S），占二拍；第二、三步为快步（Q），各占一拍。基本节奏为慢、快、快（S、Q、Q）。以足踝、足底、掌趾的动作，完成升降起伏，注重反身、肩引导和倾斜技术。舞步流畅平滑，步幅宽大，舞态优雅从容飘逸，似行云流水。20 世纪起源于欧美，后流行于全球。据传，该舞系模仿狐狸走路的习性创作而成。

3. 快步舞（Quick Step）

快步舞用 Q 表示，摩登舞项目之一。舞曲明亮欢快，舞步轻快灵活，跳跃感强，是体育舞蹈中一种轻快欢乐的舞蹈。节奏为 4/4 拍，每分钟 50~52 小节。第一拍为重拍，第三拍为次重拍。舞步分快步和慢步。快步用 Q 表示，时值为一拍；慢步用 S 表示，时值为二拍。基本节奏是慢、慢、快、快、慢。舞步组合有跳步、荡腿、滑步等动作。起源于美国，20 世纪流行于欧美和全球。

4. 维也纳华尔兹(Viennese Waltz)

用 V 表示,也称快三步,摩登舞项目之一。舞曲旋律流畅华丽,节奏轻松明快,为 3/4 拍节奏,每分钟 56~60 小节,第一拍为重拍。基本步法是六拍走六步,二小节为一循环,第一小节为一次起伏。基本动作是左右快速旋转步,完成反身、倾斜、摆荡、升降等技巧。舞步平稳轻快,翩跹回旋,热烈奔放。舞姿高雅庄重。它是源于奥地利的一种农民舞蹈,由男女成对扶腰搭肩共同围成一个圆圈而舞,故被称为圆舞。

5. 探戈(Tango)

探戈由阿根廷的民间舞隆加演变而成,探戈舞的风格特点是庄严、豪放、刚劲、稳、高雅。用 T 表示。摩登舞项目之一。2/4 拍节奏,每分钟 30~34 小节。第一拍为重拍。舞步有快步和慢步,快步(quick)占半拍,用 Q 表示;慢步(slow)占一拍,用 S 表示。基本节奏是慢、慢、快、快、慢(S、S、Q、Q、S)。舞曲节奏带有停顿并强调切分音;舞步顿挫有力,潇洒豪放;身体无起伏、无升降、无旋转;表情严肃,有左顾右盼的头部闪动动作。源于阿根廷民间,20 世纪传入欧洲上层社会,后流行于世界各国。

三、体育舞蹈基本动作

(一)通用基本动作

1. 通用预备动作

(1)右脚侧面点地,脚背向正右方,胯向正前方打开。

(2)右脚正后方点地,脚背向正右方,胯向右后方打开,身体转正。

(3)脚后跟并拢,脚尖打开 60°。

注意:所有动作双腿伸直,身体站直,手臂在身侧平举,手指成兰花指用力。

图 10-28

图 10-29

图 10-30

2. 常用手位组合

(1)双手兰花指举于胸前,双脚脚尖 60° 站直。

(2)左手向左右手向上兰花指举直,双脚脚尖 60° 站直。

(3)和图二动作相同,左右相反。

（4）右脚向后撤脚尖点地，两脚同一直线，胯向右后打开，右手向上左手向前伸直兰花指。

（5）和图二动作相同，左右相反。

（6）双手向上伸直兰花指，手臂在耳侧，双脚脚尖 60° 站直。

图 10-31

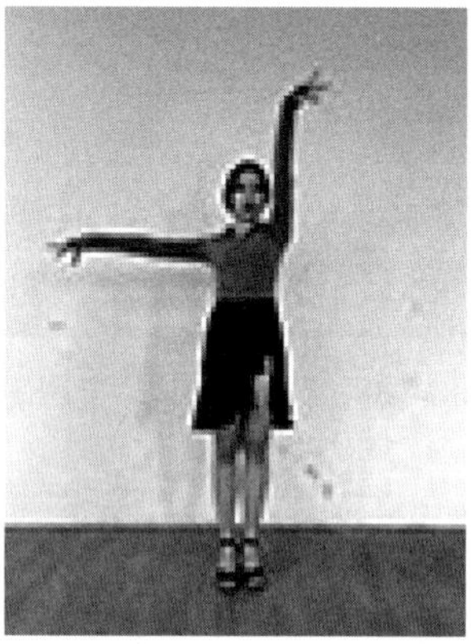

图 10-32

图 10-33

图 10-34

图 10-35

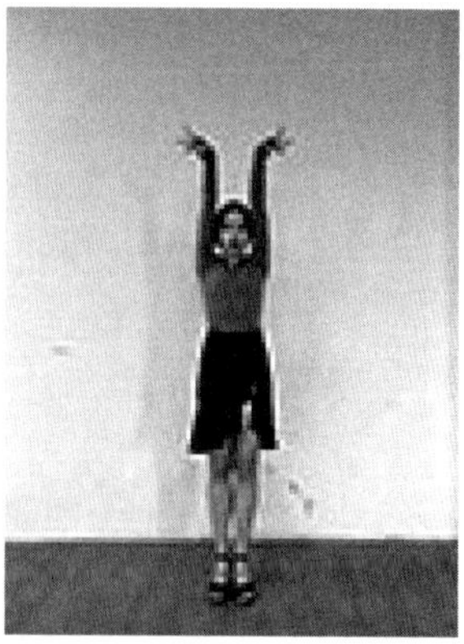

图 10-36

（二）伦巴

1. 伦巴基本手位

（1）左手由平举像身前滑动至正前方垂直于胸面。

（2）左手向内收，掌心面对自己，小臂垂直于地面举于胸前。

（3）左手下放至小腹，掌心向上，手肘打开。

（4）手臂平举至身侧。

注意：动作循环，圆滑。

左手顺序：1—2—3—4。

右手顺序:3—4—1—2。

图 10-37

图 10-38

图 10-39

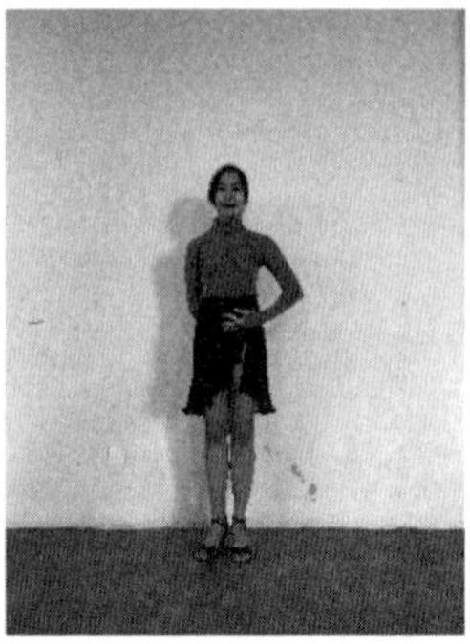
图 10-40

2. 伦巴律动

(1)预备动作,右腿屈膝脚尖点地,重心在两腿中间。

(2)右脚踩地,右腿伸直提左胯,重心变到右脚。

(3)左胯下沉,左腿屈膝点地,重心回到中间。

注意:动作循环,重点在胯的律动重心的切换,主要来锻炼伦巴重心的练习,左右脚依次重复动作相同。

图 10-41

图 10-42

图 10-43

3. 八字胯

(1)预备动作。

(2)胯向右前方移动。

(3)胯向右后方画弧。

(4)胯向左前方移动。

(5)胯向左后方画弧。

注意:动作循环练习,动作的要点为胯的移动,主要用来锻炼伦巴胯的掌握。

图 10-44

图 10-45

图 10-46

图 10-47

图 10-48

4. 伦巴时间步

(1)预备动作。

(2)收腿,准备伦巴的律动。

(3)律动,换重心至左脚。

(4)左脚推动右脚至图四,转胯推动,重心换至右脚(图四停一拍)。

(5)动作与 1-4 相反。

注意:该动作为伦巴的律动加一个推重心的练习,主要在 3-4,重心的推动切换。

图 10-49

图 10-50

图 10-51

图 10-52

图 10-53

图 10-54

图 10-55

5. 库克拉恰

(1)预备动作。

(2)伸右脚至右侧方,胯向右前方转动。

(3)胯转至右后方。

(4)收右腿,胯转回中间,准备律动。

(5)律动换重心至右腿。

(6)动作与 1-4 相反。

注意:该动作是八字胯与律动的结合,半个八字胯加一个律动,就此循环。

图 10-56

图 10-57

图 10-58

图 10-59

图 10-60

图 10-61

图 10-62

图 10-63

6. 伦巴手接手

（1）预备动作，中心在左腿。

（2）右腿向后收重心切换至右腿，身体转向右方。

（3）重心向前，换至左脚，右脚点地。

（4）胯转正，重心换至右脚。

（5）动作与 1-4 相反。

注意：该动作的重点是在于练习胯带动身体的转向，所有的动作都是身体跟着胯而动。

图 10-64

图 10-65

图 10-66

图 10-66

图 10-67

图 10-68

图 10-69

7. 伦巴纽约步

（1）预备动作，重心在左腿。

（2）胯向右转，身体面朝右面跨打开，重心换至左脚，右脚点地。

（3）胯转回正面，至一开始的预备动作。

（4）动作与 1-3 相反。

注意：该动作的关键是在于胯带动身体的转向，与手接手相似，区别在于一个向内转，一个向外转。

图 10-70

图 10-71

图 10-72

图 10-73

图 10-74

8. 伦巴定点转

(1)预备动作,重心在左脚。

(2)上步,重心换至右脚,胯打开,身体朝正。

(3)由胯带动转身,重心依旧在右脚。

(4)重心前移至左脚。

(5)动作与 1-3 相反。

注意该动作主要就是上步转身的一个动作,转身由胯带动,必要时可以借助手臂转身。

图 10-75

图 10-76

图 10-77

图 10-78

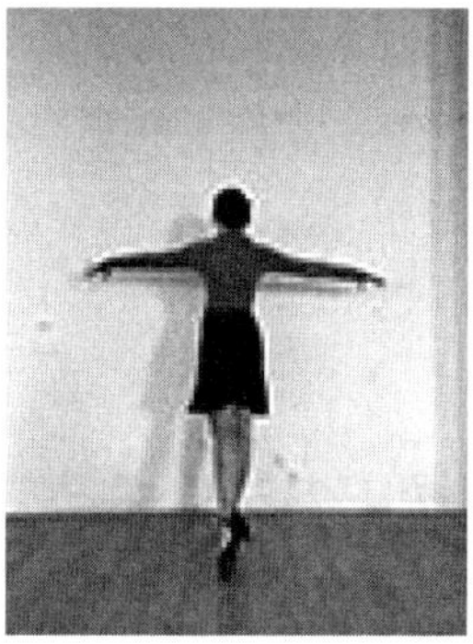
图 10-79

图 10-80

9. 伦巴前进后退步

（1）前进步预备动作，重心在左脚。

（2）切克（右脚膝盖靠向左脚膝盖后侧）。

（3）上部重心前移至右脚。

（4）后退步预备动作，重心在左脚。

（5）收脚。

（6）退步重心后移至右脚。

注意：在伦巴中几乎所有的上步都需要切克。前进后退的移动主要是重心的移动，身体跟着重心移动。

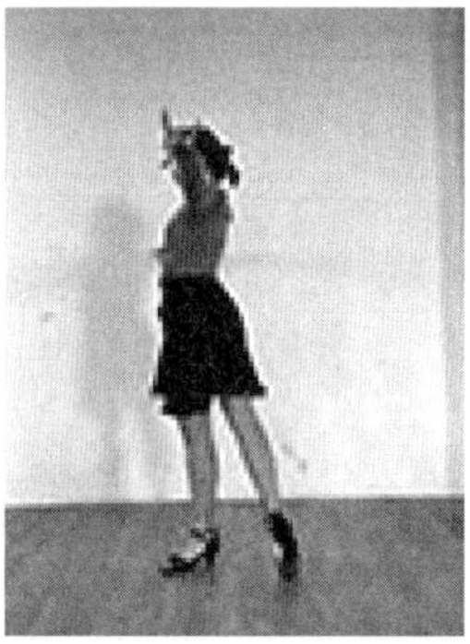
图 10-81

图 10-82

图 10-83

图 10-84

图 10-85

图 10-86

10. 伦巴基础组合套路

律动(4个四拍)+时间步(8个四拍)+库克拉恰(8个四拍)+手接手(8个四拍)+纽约步(8个四拍)+定点转(4个四拍)。

注意:胯的转动,重心的切换移动。

(三)恰恰

恰恰的节拍为:23恰恰1,23恰恰1,23恰恰1……(恰为半拍,看作一拍)。

恰恰的关键在胯的左右转换和推动,动作要有力度与活力。

1. 基本手位

(1)右手立于胸前,左手平举,手指为兰花指。

(2)动作与图1相反。

注意:动作循环,一步到位,一拍一动。

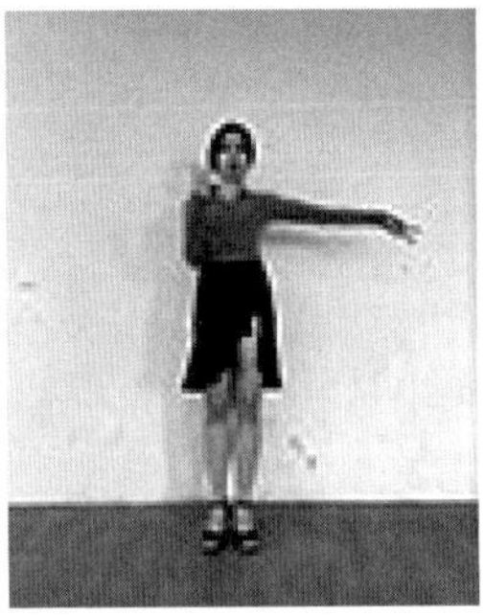

图10-87

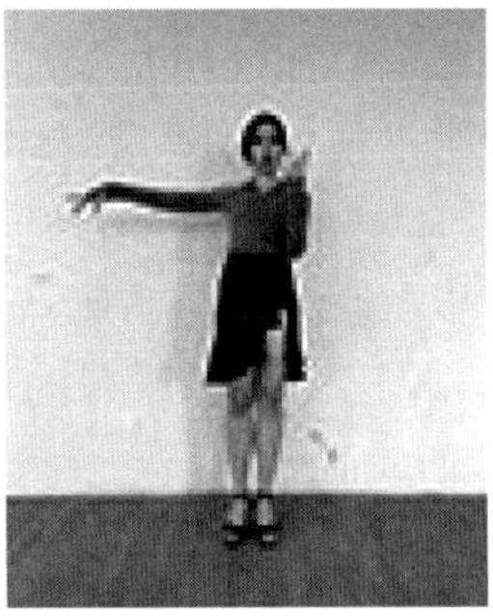

图10-88

2. 恰恰律动

图1:右脚尖点地,两脚成60°,右胯下沉,胯面向左。

(1)快速转动胯部至左胯下沉,胯面向右。

(2)恰恰加速,一拍一动,一动到位,动作循环。

图10-89

图10-90

3. 恰恰左右移动元素训练

(1)预备动作,重心在左腿。

(2)律动准备。

（3）律动（拍数为 23 恰恰），结尾重心在右腿。

（4）左腿推动重心右移，转胯至正面。

注意：该动作为恰恰时间步准备，和伦巴的时间步相似，区别在律动部分，其他几乎相同。

图 10-91

图 10-92

图 10-93

图 10-94

图 10-95

图 10-96

4. 恰恰时间步

（1）预备动作，中心在左腿。

（2）律动准备。

（3）律动一拍，重心在右腿胯向右。

（4）重心换至左脚，胯转向左面，伸右脚点地。

（5）快速转胯至左面，右脚碾地面收左腿，左脚点地。

（6）快速转胯回正，左脚拧地面推动出右腿。

注意：该动作与元素练习的区别在于把原地的律动在恰恰两拍变成了行进间的，主要注意快速的转胯，以及点地脚的一个碾地面的动作。

图 10-97

图 10-98

图 10-99

图 10-100

图 10-101

图 10-102

5. 恰恰方步

(1)预备动作,重心在左脚。

(2)收脚退步(一拍内完成,图中没有展示收脚部分)。

(3)重心前移。

(4)时间步(恰恰部分)。

(5)收腿上步,重心前移。

(6)切克(详看伦巴前进后退步中解释)。

(7)后接反方向的时间步。

注意:该动作就是退步+时间步+上部+时间步+退步……动作不断循环。

图 10-103

图 10-104

图 10-105

图 10-106

图 10-107

图 10-108

图 10-109

图 10-110

6. 恰恰手接手

(1)预备动作,中心在左腿。

(2)右腿向后收重心切换至右腿,身体转向右方。

(3)时间步(恰恰部分)。

(4)胯转正,重心换至右脚。

(5)后续动作如 1-6 不断循环。

注意:该动作就是伦巴的手接手,把当中律动的部分改为恰恰时间步的恰恰部分,其他不变。

图 10-111

图 10-112

图 10-113

图 10-114

图 10-115

图 10-116

7. 恰恰纽约步

（1）预备动作，重心在左腿。

（2）胯向右转，身体面朝右面胯打开，重心换至左脚，右脚点地。

（3）时间步（恰恰部分）。

（4）动作与 1-2 相反。

（5）动作不断循环。

注意：恰恰的纽约步与手接手的区别也在于一个向内一个向外，注意点几乎和伦巴的纽约步相同，除了中间的恰恰部分。

图 10-117

图 10-118

图 10-119

图 10-120

图 10-121

图 10-122

8. 恰恰基础组合套路

恰恰律动（4 个八拍）+元素练习（8 个八拍）+时间步（8 个四拍）+方步（8 个八拍 +手接手（8 个四拍）+纽约步（8 个四拍）。

（四）伦巴恰恰基础舞步中的区别

（1）节奏：伦巴的舞步节奏是匀速的，而恰恰的舞步存在一个加快的变奏（恰恰部分两拍为一拍）。

（2）舞步：恰恰和伦巴舞步不同的部分也就是律动的方式和时间步的不同。伦巴更注意过程的进行，恰恰更注重结果的一步到位。在其他基础舞步上，伦巴和恰恰在节拍中的第三拍有变化，变化也就是律动和时间步（恰恰部分）的区别。

（3）胯的运动：伦巴主要是以“8”字胯为主，需要注意的是胯的左右运动，而恰恰为了加快速度和力度用的大多是前后胯的运动。

（4）风格：伦巴比较柔情，动作要优美一些，有拉丁舞中的情调舞之称。恰恰具有活泼、热烈而俏皮的风格特点。

章节小结

体育舞蹈内涵丰富、风格各异，其独特的魅力给人以美的享受，它能使人在增进友谊、陶冶情操、娱乐身心诸方面受到有益的锻炼。这种集体育、音乐、舞蹈、服装于一体的新型体育运动项目，给我们大学生的生活注入了生机。

思考题

1. 体育舞蹈有哪些分类？
2. 体育舞蹈的特点与价值有哪些？
3. 大学生学习体育舞蹈的意义是什么？

（章节撰稿人：董虹池）

第十一章　武术与格斗运动

第一节　武术运动

一、项目概述

（一）项目简介

中华武术华文化源远流长、博大精深、绚丽多彩，是我国各民族共同创造的精神财富，也是世界文化的瑰宝。武术运动由各种手型、手法、步型、步法、腿法、平衡、跳跃组合而成。练习这些基本动作，要求身体各部关节、肌肉、韧带都有良好的柔韧性和伸展性。对于武术初学者而言，武术训练最重要的一项内容就是基本功训练，即提高身体各部关节、肌肉、韧带的柔韧性和伸展性。武术运动主要是肩部、腰部、腿部的关节、肌肉、韧带的运动。因此，武术基本功以肩功、腿功、腰功为主。

（二）项目分类

武术运动内容丰富，形式多样，按运动形式可以分为两大类：套路运动和搏斗运动，详见图 11-1。

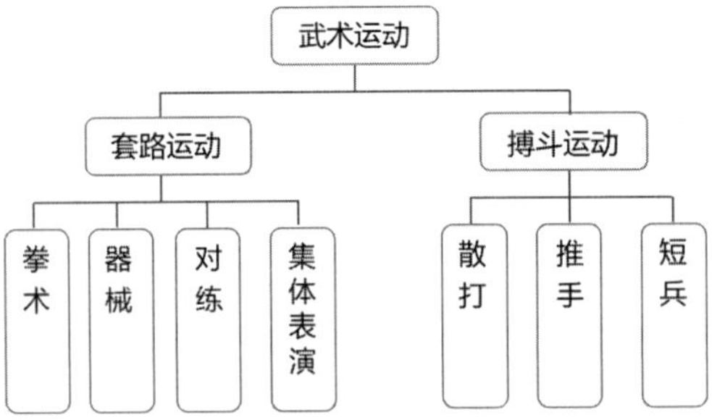

图 11-1　武术运动项目分类示意图

二、套路运动和搏斗运动

（一）套路运动

套路运动是以技击动作为素材，以攻守进退、动静疾徐、刚柔虚实等变化规律编成的整套练习。主要内容有拳术、器械、对练、集体表演。

1. 拳术

拳术是徒手练习的套路运动的总称。主要有长拳、太极拳、南拳、形意拳、八卦掌、通背拳、地躺拳、象形拳等。其中，长拳、南拳、太极拳是目前国内外重点竞赛项目。

（1）长拳是以拳、掌、勾为主要手型，弓步、马步、虚步、仆步、歇步为基本步型，由跳跃、闪展腾挪、起伏转折和跌扑滚翻等动作和技术组成的姿势舒展、动作灵活、快速有力、节奏鲜明的拳术。传统长拳包括长拳、华拳、洪拳、炮拳等。

（2）太极拳是一种柔和、缓慢、轻灵的拳术。它以、捋、挤、按、挒、採、肘、靠、进、退、顾、盼、定为基本 13 式。动作轻柔缓慢，处处带有弧形，运动绵绵不断。较有影响的传统太极拳有陈式、杨式、吴式、孙式和武式等流派。

（3）南拳是一种流传于我国南方各省的拳势刚烈的拳术。南拳的拳种和流派颇多，各自又有不同的特点。其动作刚劲有力，手法多变，步法稳固，常以发声吐气来助力、助威、助势。

（4）形意拳是以三体式为基本姿势，以劈、崩、钻、炮、横五拳为基本拳法，并吸取了龙、虎、猴、马、鸡、鹞、燕、蛇、鹰、熊等 12 种动物的动作与形态组成的一种拳术。其动作特点是整齐简练，严密紧凑，发力沉着，朴实明快。

（5）八卦掌是一种以摆扣步走转为主并包括推、托、带、领、搬、拦、截、扣等技法内容变换的拳术。其运动特点是沿圈走转，势势相连，身灵步活，随走随变。

（6）通背拳是以劈、拍、穿、劈、钻 5 种手法为主要内容，通过圈揽、削摩等法的运用而生发出许多动作的术。其动作大开大合、放长击远，发力起自腰背，抖腕讲究冷弹脆快。

（7）象形拳是一种模拟动物的特长和形态以及表现某些古代人物的搏斗和生活形象的拳术，如鹰爪拳、猴拳、蛇拳等。象形拳分象形、取意两种。象形以模仿动物和人物的形态为主，缺少或很少有技击的动作。取意则以取意动物的搏击特长为主，以动物的搏击特长来充实技击动作。

（8）地躺拳是一种以跌、扑、滚、翻等地躺摔法和地躺腿法为主的拳术。动作难度较高，技巧性强，套路中常有抢背、盘腿跌、乌龙绞柱、栽碑、虎扑、鲤鱼打挺以及勾、剪、扫、绞等腿法与动作。其运动特点是高翻低滚、顺势而跌、一气呵成。

2. 器械

器械的种类很多，可分为短器械、长器械、双器械、软器械 4 种。短器械主要有刀、剑、匕首等；长器械主要有棍、枪、朴刀等；双器械主要有双钩、双枪、双剑等；软器械主要有三节棍、九节鞭等。

1）刀术

刀由刃、背、尖、护手盘和刀柄等部分组成。运动由缠头裹脑和劈、砍、斩、撩、扎、挂、戳、刺等基本刀法组成，配合步型、步法、身法、跳跃等动作构成套路。其运动特点是快速勇猛、激烈奔腾、强劲有力、雄伟剽悍。

2）剑术

剑由剑刃、背、锋、护手、柄等部分组成。运动以刺、点、撩、截、格、洗等剑法配合步型、步法、身法、跳跃等动作构成套路。其运动特点是潇洒飘逸、吞吐自如、剑法清晰、刚柔相济。

3)枪术

枪由枪头、枪缨和枪杆等部分组成。枪法以拦、拿、扎为主,还有崩、点、穿、挑、云、劈等配合各种步型、步法、身法、跳跃构成套路。其运动特点是力贯枪尖、左右旋转、上下翻飞、变幻莫测。

4)棍术

以劈、扫、戳、挑、撩等棍法为主,配合步型、步法、身法、跳跃等动作构成的套路。其运动特点是长短间施、横扫一片、勇猛有力、气势恢宏。

3. 对练

对练是在单练基础上,两人或两人以上按照预定的程序进行假设性攻防实战的一种练习。其中包括徒手对练、器械对练、徒手与器械对练等。

4. 集体表演

集体表演是一种 6 人以上进行的徒手、器械或徒手与器械结合的集体演练。可变换队形、图案,采用音乐伴奏,要求队形整齐、动作协调一致,如集体基本功,集体拳术,集体剑、刀、九节鞭等。

(二)搏斗运动

搏斗运动是两人在一定条件下,按照一定的规则进行的一种对抗性练习形式。目前武术竞赛中正在逐步开展的搏斗运动形式有散打、推手、短兵 3 项。

1. 散打

散打是两人按照一定的规则使用踢、打、摔、拿等方法决胜负的一种竞技项目。

2. 推手

推手是两人按照一定的规则,使用拥、挤、按、探、肘、靠等方法,通过肌肉的感觉来判断对方的用劲,然后将对方推出,以此决定胜负的一种竞技项目。

3. 短兵

短兵是两人手持一种用藤、皮、棉制作的短棒似的器械,按照一定的规则,使用劈、砍、刺、崩、点等方法比赛胜负的一种竞技项目。

三、武术的特点与作用

(一)武术的特点

1. 寓攻防技击于体育运动

在冷兵器时代,武术与军事斗争紧密相连。在武术实战中,常以最有效的技击动作与方法使对方失去反抗能力,达到制服和战胜对方的目的。这些武术技击方法在军队、警察中至今仍广泛运用。

武术作为现代体育运动项目之一,在动作技术上仍然保留了攻防技击的特性并将武术攻防技击寓于武术的搏斗运动和套路运动项目之中。

搏斗运动较集中地体现了武术攻防格斗的特点,动作结构和方法运用与实用技击基本一致,但是两者在实现战胜对方的过程中所使用的技术和方法存在一定的差异。搏斗运动从体育运动的观念出发,制定了以不伤害对方为基本原则的竞赛规则。

长期以来,武术一直就是循着技击格斗和套路表演这两种运动形式广泛流传和发展起来的,套路运动是中国武术的一个特有表现形式。

2. 内外合一、形神兼备的民族风格

既讲究形体规范,又追求精神传意、内外合一的整体观,是中国武术的一大特色。所谓内是指心、神、意等心志活动和气息的运行;所谓外是指手眼身步等形体活动。武术"内外合一,形神兼备"的特点主要是通过武术功法和技法来体现的。

3. 具有广泛的适应性

武术内容丰富、形式多样,既有套路运动,又有搏斗运动;技术有难有易,风格千姿百态,运动量有大有小,不受年龄、性别、体质、季节以及场地器材的限制,练习者可以根据自己的条件和需要选择适合的内容和方式进行练习。

(二)武术的作用

武术不仅具有较高的健身、防身和娱乐观赏价值,而且有一定的修身养性、培养和完善人格的作用,是增强体质、锻炼意志、振奋民族精神的一种有效手段。

1. 强身健体

武术运动具有改善和增强体质的作用,能使人体身心从内到外得到全面的锻炼。通过内外合一、形神兼备的练功方法对外能利关节、强筋骨、壮体魄,对内能理脏腑、通经脉、调精神,从而改善人体机能,增强体质。

2. 防身自卫

武术以技击为内容,习武不仅能增强体质,还能通过学习各种攻防格斗技能提高自我防卫能力。

(三)武术运动的发展

武术历史悠久,远在人类为了生存而与自然界作斗争时武术就开始萌芽了。它最初以人类本能活动为基础,并作为人类生产和生活的主要技能,以后才逐渐发展成为社会成员为增强体质、锻炼意志、训练格斗技能而采用的运动方法。

冷兵器时代,武术与军事战争紧密相连。早期的武术主要表现在军事活动中。军事活动中的基本技术在动作结构、方法上与初期形态的武术基本上是"同源同构"。商周时期,出现"武舞",武王用武舞来训练士兵,鼓舞士气。春秋初期,管仲在齐国招募有"拳勇股肱之力,筋骨秀出众者"(《国语·齐语》)来训练军队。齐桓公在春秋两季还举行全国性"角试"来选拔天下豪杰,以勇授禄。

秦汉以来,盛行角、手搏、击剑等格斗形式的竞技活动,甚至出现了刀舞、钺舞、双戟舞、剑舞等近似套路运动的舞练项目。《汉书·艺文志》就收入了《手搏》6 篇、《剑道》38 篇。

唐朝以来实行武举制,武术遍及朝野,对武术的发展起到了很大的促进作用。宋元时期,民间练武已有结社组织出现,如"英略社""弓箭社""锦标社""射弓踏弩社""相扑社"等。也有以卖艺为生的"路歧人",他们在街头巷尾表演"使拳""踢腿""使棒""弄棍""舞刀枪""舞剑"等内容。不仅有单练,而且有对练,出现了"枪对牌""剑对牌"等对练内容。

明清时期是武术大发展的兴旺时期，拳种纷呈，流派林立，形成了包括太极拳、形意拳、八卦掌等主要拳种体系在内的几十种拳术和器械。有史料记载的拳械就有三十二式长拳、六步拳、少林拳、猴拳、内家拳等拳术；俞大猷棍、少林棍、青田棍、张家棍等棍术；杨家枪、马家枪、六合枪、峨眉枪、少林枪等枪术；单刀、双刀、偃月刀等刀术；剑术中也有茅元仪《武备志》所记24剑势。

近代以来，冷兵器在军事上的地位被明显削弱，武术的强身健体、娱乐表演、竞技功能得到了很大发展，武术逐步成为中国近代体育的有机组成部分。民间涌现了许多拳社、武士会、体育会等武术组织。其中以1910年在上海成立的"精武体育会"最为庞大，以后又相继成立了"中华武士会""致柔拳社""武当太极拳社""汇川太极拳社""尚武国术研究社"等。这些民间团体对国内外武术的传播和发展起了一定的促进作用。

1928年，南京成立了中央国术馆，接着24个省市相继建立了国术馆，形成了一个较为完备的国术馆体系。1928年和1933年曾在南京举行两届国考，比赛项目有拳术、长兵、短兵、散打和摔跤等。1936年组织了中国武术团旅游出访东南亚。同年，中国武术队赴柏林参加第11届奥林匹克运动会进行武术表演。

中华人民共和国成立后，武术成为人民体育事业的一个重要组成部分，得到蓬勃发展。1953年在天津举行了全国民族形式体育表演及竞赛大会，武术是这次大会的主要内容。1954年，各地体育院系也把武术列入正式课程。1956年中国武术协会成立，武术成为体育表演项目，并首次采用评分的办法来比较具体地评判运动员的技术水平。1957年武术被列为正式体育竞赛项目并举行了全国性的武术比赛和表演。1958年制定了第一部《武术竞赛规则》，并相继整理出版了简化太极拳，甲、乙组和初级的拳、刀、剑、枪等规定套路的比赛规则，对武术的普及和提高起了很大的作用。

武术在各级学校成为体育教育的主要内容之一。有的学校成立了武术协会和武术队，体育院校和师范院校体育系还设置了武术专业，培养本科生和研究生等武术专门人才。1984年国务院批准设立了武术硕士学位。1986年中国武术研究院成立，作为高级学术技术研究机构，组织武术的学术、技术研究，并与国外武术界开展广泛交流。1994年国家武术运动管理中心成立。1996年国家批准设立武术博士学位。

1983年至1986年期间在全国范围内进行了武术普查、挖掘和整理工作，基本摸清了我国武术的情况，编写出版了《中国武术史》和《中国武术拳械录》。

1985年在西安举行了首届国际武术邀请赛，成立了国际武术联合会筹委会。自1991年起，国际武联先后在中国内地、马来西亚、美国、意大利、中国香港和亚美尼亚举办了6届两年一次的世界锦标赛。自1990年起，武术被列为亚运会的正式比赛项目。1994年国际武术联合会被国际单项体育联合会接纳为会员，并于2002年获国际奥委会的正式承认。

随着武术逐渐成为国际性正式比赛项目，武术不仅在中国得到了蓬勃发展，而且在国际上也受到越来越多国家人民的喜爱和支持。经过多次国际大赛的实践，武术已逐步形成一套成熟、科学的量化标准。可以预言，武术作为中华民族的优秀文化遗产和良好的运动项目必将为丰富世界人民的文化生活，为造福全人类作出贡献。

四、武术基本功

武术运动项目繁多,内容庞杂,不同的武术拳种及器械项目的基本技术是有区别的。这里重点介绍武术套路项目的主要基本技术。

基本动作是学习复杂动作的基础,也是构成武术套路的基本元素。基本动作内容主要包括手型、手法、步型、步法、腿法、平衡、跳跃、跌扑滚翻等。

(一)手型

武术的基本手型如图 11-2 所示。

1. 拳

四指并拢卷拳,拇指紧扣食指和中指的第二指节。

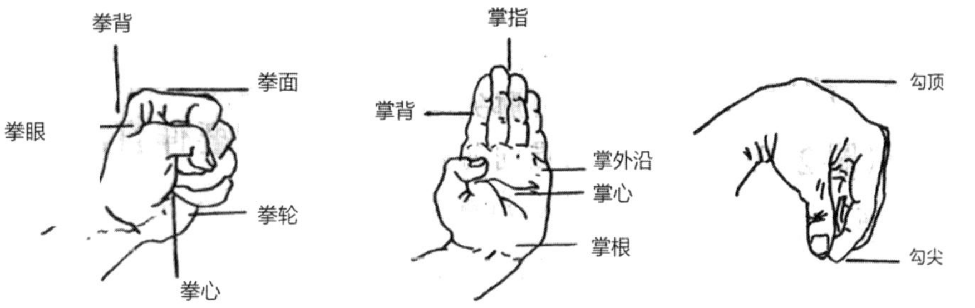

图 11-2　武术运动基本手型

2. 掌

四指并拢,拇指弯曲紧扣于虎口处。

3. 勾

五指第一指节捏拢在一起,屈腕。

动作要点:拳要握紧,拳面平,直腕;掌要四指并拢并伸直;勾要五指捏紧,尽量屈腕。

动作要领:两脚同肩宽,脚尖向前,不要外八字,不要内扣。左脚向前迈步,迈步的距离,是后腿跪下时,膝关节触地点所在的位置。手臂构成 90° 的夹角,接着两手臂伸直指向 90° 所在的 45° 的位置。两脚的后脚跟为轴转动双脚,脚尖转向和两手指向的同一方向。

(二)手法

手法主要是运用拳、掌、勾等手型,结合上肢冲、架、推、劈等动作所表现出的技法。主要包括拳法、掌法、肘法。

1. 拳法

1)冲拳

①两脚左右开立,与肩同宽,两拳抱于腰间,肘尖向后,拳心向上。②挺胸、收腹、直腰;右拳从腰间向前猛力冲出,转腰、顺肩;在肘关节过腰后,右前臂内旋,力达拳面;臂要伸直,高与肩平;同时左肘向后牵拉。

要点:肩关节要松沉;冲拳路线要直,速度要快。强调拧腰、顺肩、急旋前臂的动作。

2）架拳

①两脚开立，与肩同宽，两拳抱于腰间，肘尖向后，拳心向上。②右拳向下、向左、向上经头前向右上方画弧架起，拳眼向下，目视左前方。

要点：松肩，肘微屈，前臂内旋。练习时，左右拳可交替进行。由慢速练习逐步过渡到快速练习，架拳时，注意与眼法的配合。

除了上述冲拳、架拳外，拳法还包括劈拳、撩拳、贯拳、崩拳、载拳、砸拳、横拳和抄拳等。

2. 掌法

1）推掌

①两脚开立，与肩同宽，两拳抱于腰间，肘尖向后，拳心向上。②右拳变掌，前臂内旋，并以掌跟为力点向前猛力推击；臂要伸直，高与肩平；同时左肘向后牵拉。

要点：拧腰、顺肩、沉腕、翘掌。

2）亮掌

①两脚左右开立，与肩同宽，两拳抱于腰间，肘尖向后，拳心向上。②右拳变掌，经体侧向右、向上画弧，至头部右前上方时，抖腕亮掌，臂呈弧形，掌心斜向上，眼随右手动作转动；亮掌时，头向左侧摆动；目视左方。

要点：抖腕、摆头干脆利落，同时完成。

（三）肘法

1. 格肘

①两脚开立，与肩同宽，两拳抱于腰间，肘尖向后，拳心向上。②右臂上屈，拳心向里，拳面向上，使前臂由外（内）向体内（外）横拨。

要点：里外横拨，用力要短促，力达前臂。

2. 顶肘

①两脚开立，与肩同宽，两拳抱于腰间，肘尖向后，拳心向上。②右臂屈肘平举于胸前，拳心向下，拳眼向内，左拳变掌，掌心贴附于右拳面，掌指向上。③随即肘尖前顶，力达肘尖。

要点：前顶时，前臂保持水平，力达肘尖。

练习提示：可结合弓步左右交替进行练习。

3. 盘肘

①两脚开立，与肩同宽，两手握拳抱于腰间，目视前方。②右臂向右侧抬起平举，拳心向下。

③右臂快速屈肘内。

要点：盘肘时，要快速有力，顺肩。

（四）步型

步型练习的主要目的是增进腿部力量，规范下肢动作和加强稳定性。步型主要有弓步、马步、虚步、仆步、歇步、丁步以及坐盘、横裆步、半马步等。

1. 弓步

左脚向前一大步，脚尖微内扣，左腿屈膝半蹲（大腿接近水平），膝与脚尖垂直。右腿伸直脚尖内扣（斜向前方），全脚着地。上身正对前方，眼向前平视，两手抱拳于腰间。左腿为左弓步，屈右腿为右弓步。

要点：挺胸、立腰、沉髋；前腿大腿接近水平，后腿蹬直，脚跟不得离地。

2. 马步

两脚平行开立，脚尖正对前方，屈膝半蹲，膝部不超过脚尖。大腿呈水平，身体重心落于两腿之间，两手抱拳于腰间。

要点：挺胸、立腰，脚跟外蹬，不得离地。

3. 虚步

两脚前后开立，右脚外展 45°，屈膝半蹲；左脚脚尖着地，脚面绷直，脚尖稍内扣，虚点地面，膝微屈，重心落于后腿上；两手叉腰，眼向前平视。左脚在前为左虚步，右脚在前为右虚步。

要点：挺胸、立腰、虚实分明。蹲腿大腿接近水平，脚跟不得离地。

4. 仆步

两脚左右开立，右腿屈膝全蹲，臀部接近小腿，双脚全脚掌着地，右脚脚尖和膝关节外展；左腿挺直接近地面仆直，脚尖里扣，全脚着地；两手抱拳于腰间；眼向左方平视。仆步腿为左仆步，反之为右仆步。

要点；挺胸、立腰。

5. 歇步

两腿交叉靠拢全蹲，左脚着地，脚尖外展；右脚前脚掌着地，膝部贴近左脚跟处臀部坐于右腿接近脚跟处；两手抱拳于腰间；眼向左前方平视。左脚在前为左歇步，右脚在前为右歇步。

要点：挺胸、立腰，两腿靠拢并贴紧。

（五）步法

步法练习的主要目的是增强腿部力量和速度，以提高两腿移动转换的灵活性。主要步法有击步、垫步、弧形步、上步、退步、盖步、插步等，这里介绍其中的 3 种。

1. 击步

①两脚前后开立，同肩宽。②两手叉腰，身体前倾，后脚离地提起，前脚随即蹬地前纵。在空中时，后脚向前碰击前脚。③落地时，后脚先落，前脚后落，眼向前平视。

要点：左脚蹬地有力，跳起空中时，要保持身体正直并侧对前方。

2. 垫步

①两脚前后开立，同肩宽。②后脚离地提起，脚掌向前脚处落步，前脚立即以脚掌蹬地向前上方跳起，将位置让于后脚，然后再屈膝提腿向前落步；眼向前平视。

要点：后脚落于前脚原来的位置。

3. 弧形步

两腿略屈，两脚迅速连续向侧前方行步。每步大小略比肩宽，走弧形路线。眼向前平视。

要点：在走弧形步的过程中，要挺胸、塌腰、身体重心平稳，不可上下起伏。

（六）腿法

腿法练习是对腿部力量、速度、柔韧性的综合训练。腿法主要包括直摆性腿法、屈伸性腿法、扫转性腿法和击响性腿法。

1. 直摆性腿法

1）正踢腿

①两脚并立，两臂侧平举，两手立掌。②左脚向前上半步，左腿支撑，右脚脚尖勾起，向前额处猛踢。两眼向前。

要点：头正、颈直、沉肩、挺胸，快速收腹收髋，脚尖触及前额。踢腿过腰后加速，勾起勾落，回到原位。

2）侧踢腿

①两脚并立，两臂侧平举，两手立掌。右脚向前上半步，脚尖外展；左脚脚跟稍起，身体略右转；左臂前伸，右臂后举。②随即左脚脚尖勾紧向左耳侧踢起，同时右臂屈肘上举亮掌，左臂屈肘立掌于右肩或垂于裆前；眼平视前方。

要点：挺胸、立腰、开髋，踢腿轻快有力。

3）外摆腿

两脚并立，两臂侧平举，两手立掌。右脚向右前方上半步，左脚尖勾紧，向右侧上方踢起，经面前向左侧上方摆动，直腿落在右腿旁；眼向前平视。

要点：挺胸、立腰。外摆幅度要大，腿的摆动要靠近躯干，高于肩。

4）里合腿

两脚并立，两臂侧平举，两手立掌。右脚向右前方上半步，左脚脚尖勾起里扣并向左上方踢起，经面前向右侧上方直腿摆动，落于右脚外侧。右手掌可在右侧上方迎击左脚掌，眼向前平视。

要点：支撑腿脚尖正对前方不可移动。其余同外摆腿。

2. 屈伸性腿法

1）弹腿

①两腿并立，两手叉腰。右腿屈膝提起，高与腰平，右脚绷直。

②提膝接近水平时，迅速猛力挺，向前平踢（弹出）。大腿与小腿成一条，高不过腰，左腿直立或稍屈；两眼平视。

要点：挺胸、直腰，脚面绷直。弹腿要脆快有力，力达脚尖。

2）蹬腿

两腿并立，两手叉腰。动作过程与弹腿相同，唯脚尖勾起，力点达脚跟。

要点：蹬脚力点在脚跟。

3）侧踹腿

①两脚并立，两手叉腰。右腿向前上步，稍屈膝。②随即右腿伸直支撑，左腿屈膝提起，左脚里扣，脚跟用力向左上方踹出，身体向右倒，眼视左侧方。

要点：挺膝、开髋、脚外侧朝上；先屈后伸，力达脚跟。上身倾斜，脚高于腰部。

章节小结

学习武术运动的概念和项目特征，了解武术运动的发展历史，了解武术运动的项目分类。武术套路内容很多，重点学习武术运动基本技术：基本手型、手法、拳法、步法、腿法等技术，加强基本功练习，不仅可以让初学者掌握基本技法，同时对器械、对练、散打等项目也容易入门，经常参加武术运动，可以增强身体素质，促进技术水平的提高。

思考题

1. 简述武术运动的项目分类。
2. 武术套路运动中的拳术有哪些？
3. 简述武术基本功的作用。

（章节撰稿人：武传钟、叶鸣）

第二节　拳击

一、拳击项目概述

（一）项目简介

拳击是一项高强度、高对抗性的运动项目，运动员配戴拳击手套进行格斗，比赛目标是得到比对方更多的分以战胜对方或者将对方打倒而结束比赛。拳击属于个人同场技能对抗性项目，在比赛中运动员必须发挥自身认知能力，收集对手信息，独立分析，作出判断，排除外界的各种干扰，专心比赛；要以自我为中心控制比赛节奏，避免受到对手或外界信息的干扰。

拳击是的运动项目，被称为“勇敢者的运动”，拳击运动的本质属性练就了运动员特有的能力。运动员具备的心理和智力能力决定了其心理活动的强度、性质和特点，不同的认知能力直接影响着运动员对技能、战术的学习和运用的水平，决定着这名运动员的竞技水平，运动员的认知能力越高，运动员的接受、掌握、运用技战术的水平越高，比赛对抗中就越能够发挥出自己的优势战胜对手。通过拳击运动理论和实践教学，学习专项基础理论知识，学习拳击站架、基本步法、直拳、摆拳、勾拳、闪避、摇避等拳击攻防技术，加强学生思想品德教育，提高学生身体素质，促进学生身心和谐发展，提高学生对体育活动的兴趣，培养学生的自我管理能力、自我锻炼能力。

（二）拳击项目特点

拳击对抗过程时间短、强度高，一对一的攻防博弈中任何一个失误都可能导致比赛失利，是对运动员体能、技能和心智能力的综合较量。拳击运动分为业余拳击（也称奥运拳击)和职业拳击。奥运会拳击比赛采用单败淘汰制,比赛分为 3 个回合,每个回合 3 分钟,回合间休息 1 分钟。每个回合中,评判员根据每名运动员击中对方的次数评判其得分。得分值的击中必须在没有阻挡或防御的情况下,用任何一只握紧拳套的手直接击打在对方头部或腰部以上部位的正面或侧面,摆拳如按要求击中也得分。

奥运会拳击比赛采用单败淘汰制,比赛分为 3 个回合,每个回合 3 分钟,回合间休息 1 分钟。每个回合中,评判员根据每名运动员击中对方的次数评判其得分。得分值的击中必须在没有阻挡或防御的情况下,用任何一只握紧拳套的手直接击打在对方头部或腰部以上部位的正面或侧面,摆拳如按要求击中也得分。在双方运动员近距离的连续对打中,应该在对打结束时评判分数。根据双方对打时所占优势的程度,将分数判给优势大的运动员。在比赛结束时,得分多者为胜方。

从心理生理学和生理学角度分析拳击运动员的比赛活动,发现了以下特点:①奥运会拳击比赛由 3 个回合组成,每回合之间间隔 1 分钟,可见,每一回合比赛消耗的是内部磷酸类物质的能量储备(磷酸,磷酸肌酸, ATP),运动员在未完全恢复的状态下开始下一个回合的比赛,也就是说在回合结束前主要是在有氧—无氧混合制式下进行工作,降低了活动强度。②一个拳击回合持续 3 分钟,在有氧—无氧混合制式背景下,取决于某一种优势性活动类型,心率相应地从 131 次/分钟到 165 次/分钟,或从 166 次/分钟到 180 次/分钟。在进攻时心率高于 180 次/分钟。总而言之,认为:拳击运动主要依靠无氧供能来完成,运动过程中攻防对抗不断转换,运动强度也在不断变化,是一种持续进行的次最大强度的体育运动项目。拳击运动格外重视力量训练,腰腿力量对于重拳最为关键,因此大重量硬拉、负重仰卧起坐和深蹲是职业拳手的重要训练内容。

(三)拳击运动的历史发展

1. 拳击运动的起源与发展

拳击(Boxing)是最具感性认识的格斗形式,是人类体育文明发展的结晶。拳击起源于英式格斗。拳击运动是一项实用的健身体育项目,可提高力量素质、速度素质和心肺机能,提高自我防卫的能力。如今,拳击运动已成为世界人民喜爱的体育运动项目。

现代拳击起源于英国,而在古代奥运会中,拳击运动就已经是比赛项目之一。18 世纪初英国首先出现了拳击运动的有奖比赛, 1719 年诞生了第一位拳击冠军斯菲格,他被誉为“拳击之父”。约翰·布劳顿是斯·菲格先生的得意门生,他开创了拳击俱乐部,同时制定了职业拳击运动初期的比赛规则,还发明了拳击护具,对拳击运动提出了新的发展方向。1798 年英国拳击冠军门道沙撰写了拳击史上第一本《拳击运动指南》, 1865 年制定了《昆士伯利拳击规则》,此项规则形成以后,经过 20 年的反复实践与运用,最终被确定采用,为现代拳击运动的发展奠定了基础。

在美国圣路易斯举行的第 3 届奥运会上,拳击第一次被列为正式比赛项目,但在 1912 年斯德哥尔摩奥运会中,拳击被撤出了奥运比赛项目名单。1920 年,拳击再次被列入奥运比赛项目的名单之中。在日本东京举办的第 32 届奥运会对拳击项目进行调整,设立了 8 个级别的男子项目和 5 个级别的女子项目,金牌总数达到 13 枚。按照体重这 13 个项目如下。

男子:蝇量级 48~52 公斤、羽量级 52~57 公斤、轻量级 57~63 公斤、次量级 63~69 公斤、中量级 69~75 公斤、轻重量级 75~81 公斤、重量级 81~91 公斤、超重量级 91 公斤以上。

女子：蝇量级 48~51 公斤、羽量级 54~57 公斤、轻量级 57~60 公斤、次量级 64~69 公斤、中量级 69~75 公斤。

1890 年是区分近代与现代拳击运动的分界点，随着拳击运动的兴起，拳击逐渐成为世界各国体育竞赛必设的运动项目之一。从英国举办第一次拳击世界公开赛，到正式成为现代奥林匹克运动正式比赛项目，拳击运动已经迈入世界体育大舞台。

2. 中国拳击运动的发展

拳击运动于 20 世纪初传到中国，被称为“西洋拳”。早在 20 世纪 30 年代上海出现了职业拳击，但那时都是洋人选手。最大规模的一次比赛是为了庆祝上海回力球场和天津回力球场开张而举行的，上海万国体育总会从菲律宾、夏威夷等地请来了职业拳手，让他们在上海、天津进行表演，从此以后，上海就有了正规的职业拳击比赛。在那个时期的职业拳击比赛中，中国职业拳击运动员冯尉仁（52 公斤级）在比赛中表现最为突出，他是归国华侨，能讲流利的英语。在比赛中，他智勇双全、能攻能守，躲闪对手进攻，快速地反击，多以击倒对手获胜，也因此得了“小雷雨”的称号。

上海最早从事职业拳击的是林中民、林中正和林中孚三兄弟。林中民是上海回力球场的职员，他不会拳击，但常为他的两个弟弟安排比赛。林中孚后来担任台湾拳击协会的秘书长，1980 年率队参加了在莫斯科举行的第 22 届奥运会。

1940 年后，在二战期间，国外拳击运动员有的离开了上海，有的被日军抓捕。中国自己的职业拳手逐渐多了起来，著名的有绍兴的蒋惠廉，人称“笑面拳手”，他的特点是比赛时面带笑容，技术水平非常好，但他的力量不大，多以点数取胜，他正式参加了 28 场比赛，战绩是 23 胜，3 负，2 平。

20 世纪 40 年代，中国优秀拳击运动员不断涌现，全国举行了各种拳击比赛以庆祝中华人民共和国的诞生。1950 年 5 月 4 日，青年会在上海八仙桥总会为庆祝五四青年节举行了大型拳击比赛，这次比赛有许多单位参加，其中有青年会、精武会、复旦大学、沪江大学、东亚体专、大同中学、沪江附中、圣约翰附中、中华体育会、环球化工厂等单位的 50 余名选手参加了表演赛。这是中华人民共和国成立以来上海地区首次举行的一次大规模的拳击表演赛，在这次比赛中，各路高手都发挥了各自的水平，比赛气氛非常激烈，通过这次比赛不仅促进了拳击运动在全国的发展，也让更多的人重新认识了拳击运动。同年 5 月，上海中华拳击协会应香港南华体育会的邀请，组队赴港庆祝中华人民共和国的成立。

1953 年 11 月在天津举行了全国民族体育表演及竞赛大会，拳击被列为大会比赛项目，共有来自 7 个单位的 27 名拳手参加了 6 个级别的比赛。这次比赛，由于拳击裁判及工作人员都是没有经验的新手，在比赛中发生了不幸事件，致使拳击比赛停止了 3 年。1957 年在上海又举办了全国十五城市拳击锦标赛。1958 年，在北京举行了二十城市拳击锦标赛上，有 136 名拳手参加了 10 个级别的比赛。

1979 年 12 月，阿里首次访华，邓小平指出“拳击运动也可以成为增进中美两国人民的了解和友谊的渠道”。

1988 年，中国拳击国家队第一次正式建队，其成立于崇文门体校，主教练为王国钧。当时国家队第一个重要任务便是备战 1990 年北京亚运会。

1986年3月,拳击运动正式恢复。1986年,中国拳击协会成立。1987年6月,中国拳击协会正式加入国际拳联。

2008年北京奥运会,拳击项目实现奥运会金牌“零”的突破,斩获两金、一银、一铜,邹市明获得男子48公斤级金牌,张小平获得男子81公斤级金牌。

二、基本技术

(一)基本站姿

拳击运动需要一个攻守兼备的站姿。拳击站架是拳击的基本姿势,也叫拳击抱架。

图 11-3 拳击运动基本站姿(拳击抱架)

动作要领:两脚同肩宽,脚尖向前,不要外八字。左脚向前迈步,迈步的距离,是后腿跪下时,膝关节触地点所在的位置。手臂构成90°的夹角,接着两手臂伸直指向90°所在的45°的位置。两脚的后脚跟为轴转动双脚,脚尖转向和两手指向的同一方向(图11-3)。

(二)直拳

直拳是拳击拳法中最基本的技术之一,击打轨迹为直线,路径短,拳重,是主力拳。直拳可分为左直拳(前手拳)和右直拳(后手拳)。直拳的主要击打部位是对方脸部的下颌部分;作为战术也可以击打对方的胸腹部分。由于击打线路直接,击打动作简单,是拳击初学者及优秀运动员常用的拳法。

出拳时,胳膊和肩部要放松。当要击打到对方的要害部位时,才握紧拳头。出左拳时,收腹含胸,右肘贴在心窝口部位,右手护住下颌,下颌也要往里收,以防对方的反击。出拳时,后脚先用力蹬地,使重心前移,同时左臂迅速向前伸直,左肩前伸向前探出,身体略向右转,后脚蹬地后,脚跟提起,后腿略伸直。

左直拳的进攻目的非常明确。特别是左直拳的连续直击动作,是争取胜利非常重要的技术动作。连击的左直拳,能破坏对方的平衡,打乱其阵脚,混淆其视线,创造有利的进攻条件。它是用重拳打倒对方的开路先锋,是完成关键动作的向导,是争取胜利的基本技术动作。

左直拳(前手拳)动作要领:基本站姿开始,左臂迅速用弹力伸直,同时左肩前送,身体略向右转,左拳向内转至拳心向下沿直线击出。蹬地发力是拳击击打的源泉,力量由下往上传递和加速过程,力达拳峰,拳打出后,迅速回收恢复基本站姿(拳击抱架)(图11-4)。

图 11-4　拳击运动左直拳

右直拳（后手拳）动作要领：由基本姿势以右脚掌蹬地开始发力，右腿发出的力量使右侧髋关节前送，带动腰部迅速向前转动，同时右拳随右肩前送，击打前方。右直拳出拳时，左肩稍低一点，右脚尖用力蹬地，出拳的同时，前脚向前迈一步（正好击中对方的步距），以前脚掌负担身体重量，足跟平浮于地面，后足跟踮起。在前脚掌完成支撑一瞬间后脚迅速跟上一步，或者前脚收回一步仍保持好拳击攻防姿势。

右直拳的发力，主要靠出拳速度、身体向前运动的速度。发右直拳时应将全身的力量集中在拳面上。出拳时，后脚用力蹬地，腰部与上体快速有力地向左前方扭转，同时右臂前伸，前臂内旋成拳心向下，随之身体重心移至前脚上（图 11-5）。

图 11-5　拳击运动右直拳

右直拳的出拳距离远，击打力量大，属于重拳，但不可滥用。右直拳在没有充分把握的情况下击打时，不仅会消耗自己的体力，而且会露出明显的空当，给对方以还击的机会。配合左刺拳使用，右直拳隐藏在左刺拳之后，作为后续主力拳使用；打出左刺拳后，无论击中对方与否，右直拳迅速出击，攻击对方脸部或下颌。

对方试图使用贴身战术时，即用右直拳迎击，打乱其进攻步骤，化被动为主动；观察对方头部移动，用左刺拳佯攻，右直拳击向对方头部。破坏对方身体平衡和攻防姿势，为下一拳进攻创造条件。击拳时，身体要放松些、自然些，要利用惯性来做动作，身体不能用力。最好能站在大镜子前，检查一下自己的基本姿势是否正确，打左直拳时自己的左肩是否水平转动。

直拳技术要领：出拳时，通过腿的蹬力，发力于腰，利用身体的冲力，借助腕的抖力，出击的爆发力靠的是快速灵活，形如闪电，手臂屈伸要富有弹性。拳面接触到目标后，犹如触电似的迅速将拳收回。

（三）摆拳技术

摆拳是从两侧攻击对手，属于弧线进攻拳法，有进攻力量大、击得较远等特点。它能直接攻击对手面部，也能在直拳和其他技法的掩护下进攻，还能在退步中或乱战中发拳，是一种不可不练的拳法。在散打运动中摆拳的力量比直拳大，速度比腿快，击打的距离适中，因此成为拳手常用的技术（图 11-6、图 11-7）。

图 11-6　拳击运动左摆拳

图 11-7　拳击运动右摆拳

动作要领：左实战姿势站立，左拳由身体左侧向前，在臂伸直的一瞬间向右下击出，肘关节上翻，借助身体右转的力将拳打出，然后拳有弹性地沿弧线收回，目视前方。

摆拳技术要求：摆拳要先蹬腿转胯，以肘、肩为支撑点，练习时认真体会如何缩短摆拳的距离和弧度；出拳不要有多余的动作；保持出拳前后的身体平衡，让身体重心保持在两腿之间；出拳后为防止自己的胸部、肋部露出空当，最好用一只手阻挠，预防对手的反击。

（四）勾拳技术

勾拳，是一种弧线击打的拳法，是近距离攻击的拳法，勾拳的基本技术一般分为四种——平勾拳、上勾拳、侧勾拳和斜上勾拳。这四种勾拳的击打、发力方法、步法和重心都基本相同，只是击打方向和目标部位不同而已。这里重点学习上勾拳技术（图 11-8、图 11-9）。

上勾拳：适合在中距离或短距离的范围内击打，因为在近距离时，使用上勾拳最为有效。上勾拳可以击打对方的身体和头部，它可以使蜷缩的拳手身体直立，上勾拳也可以对付高个子拳手。

1. 左上勾拳

动作要领：从基本姿势开始，向左转动胯部和上身，膝关节弯曲；同时，重心略微转移到左脚上，左肩略微向下，左拳从下向左上方击打对手头部，拳心向上。击打完后迅速收回，恢复成基本姿势。用左脚发力，力量从左胯传到手臂。击打完后迅速收回，恢复成基本姿势。

2. 右上勾拳

动作要领：从基本姿势开始，向右转动胯部和上身（胯部扭转力矩越大，释放出来的力量也就越大），右肩向下，右拳从下向右上方击打对手头部，拳心向上。击打完后迅速收回，恢复成基本姿势。

图 11-8　拳击运动左勾拳

图 11-9　拳击运动右勾拳

勾拳技术要求：在击打上勾拳之前，肘部不要拉伸，否则就会向对手透露你的意图；下颌保持收紧，这样在击打的时候就不容易被打倒；保持手腕绷直，如果手腕弯曲就可能会受伤；练习时认真体会身体躯干的核心位置；拳击动作是由整个身体和腰部动作来完成的，要保持稳定的姿势，以利于恢复实战预备姿势和进行还击。

（五）拳击防守技术

拳击是观赏性较高运动项目。拳击中重拳格斗，让人热血沸腾，不要忘记躲闪也是拳击中最让人瞠目结舌的技巧。职业拳击中，梅威瑟外号漂亮男孩，他的外号就来自他比赛中精彩华丽的躲闪技术，一场比赛下来脸上不会有任何伤痕。所以说，拳击中的躲闪技术相当重要。

闪避技术分为侧闪（左侧、右侧）、摇闪（左、右）、潜避等，重点练习闪避（侧闪）。侧闪技术动作要领：利用膝关节的屈伸控制身体高度，并且保护自己，避开对手的拳，注意身体一定不要向后方躲闪。

摇避是对摆拳击头的一种主要防守方法，这一防守法是在身体重心下降的同时快速完成缩身下潜动作。在潜避中，运动员用头和身体画出一个半圆的连贯动作，微屈腿的同时向对手出拳方向下潜，然后直起身。在做这个动作过程中，要始终注视着对手，动作要快而有力。

从左向右摇避左摆拳：甲用左摆拳击打乙面部，乙迅速下蹲。同时，头部和身体略向前倾，利用腰、腹力量将头部从左向右闪，从对方左臂下闪过。

动作要领：

①潜避动作幅度不可太大，也不宜蹲得太低；

②摇闪时两眼仍要注视对方，以便还击和进一步防守。

从右向左摇避右摆拳：与左摆拳防守相同，方向相反。

三、基本战术

根据拳击运动项目特征，比赛当中的战术运用与对手的特点和所处的比赛阶段关联性极大，应对同一对手不同时段采取的战术战法也不尽相同。拳击运动基本战术依据攻防性质可分为进攻战术、防守战术、反击战术和相持战术。这里重点介绍常用进攻战术和防守战术。

（一）进攻战术

进攻战术建立在进攻技术的基础之上，其目的是在拳击比赛过程中千方百计利用自己进攻技术的特长突破对手的防守，击打对手，斗智斗勇，以便在攻防对抗中占据主动，获得更多的得点拳，赢得比赛的胜利，而组织进攻的意图和策略自然就构成了进攻战术的主题。它由假动作战术、紧逼战术、强攻战术、边角战术、直攻战术和先防后攻战术等组成。

1. 假动作战术

拳击假动作战术是指运动员在比赛过程中，借用各种假象动作来掩盖自己真实动作的意图，迷惑对手，造成对手视觉和思维上的判断错误，以便获得更多的时间、空间位置的优势，达到以假乱真的目的。假动作作为战术内容几乎贯穿了所有进攻、防守和反击技术当中，是拳击进攻战术中重要的组成部分。其主要特征有以下 3 个。

（1）拳击比赛中假动作战术运用频率之高是其他相关战术不能比拟的，因为，假动作战术参与了几乎所有的拳击技术动作及战术配合。

（2）拳击比赛中假动作战术的运用针对性强，因人而异，因场上变化而变化。

（3）拳击比赛中真假难辨，动作中假中有真，真中有假，一切假象的最终目的起到了遮掩真实动作实施的意图。

2. 紧逼战术

拳击紧逼战术是指运动员在比赛过程中，充分利用步子移动、身体闪躲技术或连续的组合拳进攻，最大限度地发挥自己进攻速度快、击打力量大和动作连贯的优势，迫使对手处于被动防守状态之中，造成心理上的压力，从而实现更剧烈的进攻，达到最终摧垮对手的目的。包括运用进攻拳法的紧逼和步子移动形式上的紧逼两种情况。其主要特征有以下 3 个。

（1）拳击比赛中紧逼战术的运用效果突出表现为强劲的攻击性。在步子移动、身体各种姿势的闪躲逼近对手的情况下，运用快速、连贯、猛烈的进攻拳法攻击对手，往往使得对手只有防守而失去了反击的能力，达到控制对手占据主动的目的。

（2）从拳击比赛中紧逼战术实施的表面上看，给对手的进攻和防守制造了巨大的压力；从紧逼战术实施的内部来看，使得对手的心理失去了信心，具有很强大的压迫性。

（3）拳击比赛中紧逼战术的实施打乱了对手的进攻节奏、意图，具有很强的破坏性。

3. 强攻战术

强攻战术是指拳击比赛中运动员硬性针对对手的进攻或防守发起的进攻战术。其主要特征有以下 4 个。

（1）拳击强攻战术运用过程中采用放弃防守、硬性进攻的原则，有“放长线钓大鱼”之意。

（2）进攻强劲有力，给对手以重拳的威慑力。

（3）以我长克敌短，在技术、比赛经验不如对手而自己的力量、速度素质优于对手时采用强攻战术行之有效。

（4）过硬的心理素质是强攻战术实施的基础。

4. 边角战术

拳击边角战术是指比赛过程中利用灵活的移动技术首先把对手围攻到拳台围绳或拳击台的角落，然后再实施有针对性的进攻战术。其主要特征有以下两个。

（1）进攻区域明确，拳台围绳边、4 个角落为最佳的进攻位置。

（2）在拳台围绳边、4 个角落时进攻节奏加快，进攻次数明显增多。

5. 直攻战术

拳击直攻战术是指运动员在未使用假动作技术的情况下，直接采用的进攻战术。其主要特征有以下两个。

（1）确定自己的技术和专项素质远远优于对手时，毫无顾忌地直接进攻对手。

（2）在抓住对手防守动作出现破绽时，大胆地直接进攻。

6. 打调结合战术

打调结合战术是近几年我国拳击竞技运动发展过程中的产物，是指当运动员在准确把握进攻机会时发起进攻，在对手准备反击前迅速摆脱，打法积极主动，是智慧型战术。其主要特征有以下两个。

（1）快进快退，不给对手相持进攻的机会。

（2）主动灵活，能够很好地把握进攻时机，较好地控制对手进攻节奏和距离。

7. 先攻后防战术

先攻后防战术也称打攻防战术。在比赛中针对保守型打法，运动员采用先入为主的打法，待对手欲反击或欲夺取战果时，则转入全面防守，拖延时间。其主要特征有以下两个。

（1）果断进攻以先得点为目的，先下手为强，一旦点数领先快速转入扼制对方强攻的状态，把优势维持到比赛结束。

（2）以比赛取胜为目的，不追求比赛技战术发挥的完美性。

（二）防守战术

1. 蜷缩防守

蜷缩防守并不是要完全躲开对方的拳头，而是通过有效的防守动作削弱对手的击打力量。防守大师梅威瑟在比赛中就经常运用蜷缩防守，其对手恨得牙痒痒，但就是突破不了他的防线。蜷缩时一定要收腹含胸，尽量让对手击打肩部和上臂，随着对手击打的方向转动身体，使对手击打的力量减小，有效化解对手的强力击打。

蜷缩防守主要有两种姿势。

（1）从基本姿势开始，向右转动身体，膝关节微屈，利用左上臂和肩部挡住对手的右上勾拳。

（2）向左转动身体，膝关节微屈，利用右上臂和肩部挡住对手的左平勾拳，通过左臂肘部向内夹紧，腰部向左侧下方弯曲，向对手出拳的方向转动，承受对手的击打。

2. 搂抱战术

运用搂抱战术的目的是阻断对手进攻，消除对手的发力空间，通过大面积的身体接触判断对手行动并施加对策，搂抱既可以消耗对手体力，又可以为自己节省体力，一般在比赛中处于弱势地位时才使用。拳击是一项勇敢者的游戏，也是一项智慧的运动，搂抱是一种防守战术，合理使用只会丰富战术，而不会拉低你的技术。

用拳够到对手的肩部，然后向下滑到对手的肘部，手臂夹住对方肘部，或者将头靠在对手肩上休息，身体向对手身上倾斜，这样他只能用双腿支撑住你而无法还击。过多的搂抱会影响比赛的观赏性，有人说过分的搂抱就是耍赖，但既然规则允许，且确实有效，建议合理使用。

3. 倚绳战术

倚绳战术是指当拳手靠在围绳或被对手击打到围绳时，倚靠着拳台围绳，以逸待劳，寻找反击机会的一种拳击战术。

四、拳击比赛的规则

拳击的本质很简单——在躲避对手的打击的同时，通过使用拳头的指关节区域来尝试用拳头击打对手的头部或躯干。拳击手每次成功击打都会得分。拳击手戴防护手套以避免受伤，不得击打对手在腰带下方部位或后脑勺。

(一)评分规则

1. 计分方式

(1)由 5 人评判小组来决定击中是否得分。

(2)电子计分系统在确保 5 名评判员中至少 3 名裁定得分时才计分。

(3)只有至少 3 名评判员在相互相差不到 1 秒的时间之内按下同一按钮,计分系统才计分。

(4)每个评判员面前有两个按钮,1 个按钮代表 1 个选手。当评判员认为选手对对方进行 1 次有效击中时,可按下相应的按钮。

(5)点数通过电子系统计算。

2. 数秒

(1)当选手被击倒后,裁判员开始数秒(从 1 数到 10)。裁判员在数秒时,应保持一只手在倒地选手的面前,用手势表示数秒的数字,在数到 10 秒后,如果倒地选手不能站起,可判对方获胜。

(2)倒地选手立刻站立起来后,应先接受裁判员的数秒(从 1 数到 8),裁判员认为选手可以继续比赛时,示意比赛继续。如果被击倒选手站起来后,在无击打情况下再次倒地,裁判员则再一次 8 秒数秒。

(3)倒地并正在被数秒的选手,只有在决赛的最后一个回合结束铃声响起时,才停止数秒。在其他回合比赛中,裁判员在铃声响后继续数秒。

(4)如果两位选手同时倒地,裁判员同时数秒,只要一方保持倒地,应继续数秒到 10 秒。如果双方在数秒到 10 秒时都不能站起,比赛将结束,倒地时间以前所获点数最多者胜出。

(二)犯规

对犯规运动员的处罚有告诫、警告和取消比赛资格三种。

在同一回合对同一种犯规动作,三次告诫等于一次警告。如果运动员被警告三次,无论是否是同一种犯规动作,就会被取消比赛资格。严重犯规可直接取消比赛资格。

常见的犯规包括:击打对方腰部以下、抱住对方、用手臂和肘部挤压对方的脸部、把对方的头往围绳外压,开掌击打、用掌背击打对方的头颈后部以及躯体的背部、消极防守、在场上裁判员发出“分开”的口令后仍不后退一步 、语言冲撞台上裁判员等。

(三)胜负判定的方式

(1)得分获胜。

在比赛结束时,得分多者为胜方。

(2)弃权获胜。

由于一方运动员受伤或自愿退出比赛,或回合间休息后不能立即比赛,则对方运动员获胜。

(3)裁判员终止比赛获胜。

比赛中，双方运动员实力悬殊，当一方运动员明显处于劣势或身体状况不适宜继续比赛时，裁判员可以终止比赛，判定对方运动员获胜；当以方运动员因受伤不适宜参加比赛时，则对方运动员获胜。

（4）取消比赛资格获胜。

一方运动员因犯规取消比赛资格，则对方运动员获胜。

（5）击倒获胜。

一方运动员被击倒 10 秒后不能继续比赛，则对方运动员获胜。

（6）因头部受重击终止比赛获胜。

一方运动员头部连续受重击而不能继续比赛，则对方运动员获胜。

（7）对手未出场获胜。

比赛开始三分钟后，如果一方运动员未出场，则另一方运动员获胜。

（8）平局。

只限于对抗赛。

（四）比赛回合

职业拳击比赛每回合三分钟，中间休息一分钟。新手每场 6 个回合，二级拳击手赛 8~10 个回合，一级拳击手赛 10~12 个回合。业余拳击比赛整场比赛分为 5 个回合，每回合的时间为 2 分钟，间隔休息 1 分钟。奥运会拳击比赛共 3 回合，每回合 3 分钟，间隔休息 1 分钟。

章节小结

学习拳击运动的概念和项目特征，了解中国拳击运动的发展历史，重点学习拳击运动基本技术：基本站姿、直拳、摆拳、勾拳、闪避等技术，学习拳击基本进攻和防守战术，掌握拳击常用战术——“假动作战术”“强攻战术”“紧逼战术”“边角战术”等，学习拳击基本竞赛规则，在确保安全的前提下，鼓励学生参加各级各类大学生拳击教学比赛。

思考题

1. 简述拳击运动的项目特点。
2. 直拳技术、摆拳技术和勾拳技术的运动要领有那些？
3. 简述拳击运动的基本战术。

（章节撰稿人：武传钟、叶鸣）

第三节 跆拳道

一、跆拳道项目简介

跆拳道(英文:Taekwondo)是一项以“道”为重,以“拳、腿”为形,以品势和腿法为主要内容的格斗性体育运动项目。“跆”(TAE)意思是脚的运用——踩、踢、蹴、跳。“拳”(KWON):拳、肘、膝的进攻或防御。“道”(DO)则是一种方法,途径、技艺、精神,更表现为道理、道德、道义和礼仪。

练习者身穿专用的白色跆拳道道服,腰代表不同的段位。跆拳道练习均要求“以礼始,以礼终”。由于跆拳道是练习者精神和身体的综合修炼使练习者在艰苦的磨炼中培养出理想的人格和体魄,并能够真正掌握防身自卫的本领,因此对练习者精神锻炼一环中就必须包括“礼仪”的教育和熏陶。“礼仪”是跆拳道运动必不可少而且十分重要的组成部分。跆拳道是朝鲜人民在生产生活过程中,经数千年血汗智慧积淀、形成和发展起来的,运用手脚技术和身体能力进行自身修炼、搏击格斗的传统体育项目,深受朝鲜人民的喜爱,被朝鲜人民尊称为“国技”。

二、跆拳道项目特点

(1)以腿为主,手足并用。跆拳道技术方法中占主导地位的是腿法,腿法技术在整体运用中约占3/4,因为腿的长度和力量是人体中最长最大的。腿的技法有很多种形式,可高可低,可近可远,可左可右,可直可屈,可转可旋,威胁极大,是比赛时得分和实用制敌的有效方法。其次是手法,手臂的灵活性很好,可以自如地控制完成防守和进攻动作,同时也可以变化为拳、掌、肘、肩的多种用法,进行实战。在竞赛规则以外的跆拳道实战中,人体的一些主要关节部位亦可以进攻,又可以防守,这是跆拳道技术的本质,如人体的手、肘、膝、脚等关节部位,是跆拳道实战中最常用,最有效的击打武器。

(2)方法简练,刚直硬打。不论是在比赛时还是在实战中,跆拳道的进攻方法都是十分简捷而有效的。对抗时双方都是直接接触,以刚制刚,用简练硬朗的方法直接击打对方,或拳或腿,速度快,变化多;防守的动作也以直接的格挡为主,随即是连续的反击动作。防守时很少使用躲闪防守法,追求刚来刚往,硬拼硬打,尽可能保持或缩短双方间的距离,以增加击打的有效性,在近距离拼斗中争取比赛或实战的胜利。

(3)内外兼修,方法独特。跆拳道理论认为,经过专门训练,人的关节部位能产生不可思议的威力,特别是拳、肘、膝和脚四个部位,尤以脚和手为甚。长期专门练习跆拳道,可以使人达到内外合一的程度,即内功和外力达到统一的巅峰。由于无法确定人体关节部位武器化的威力和潜力到底有多大,只有通过对木板,砖瓦等物体的击打来测量验定练习者的功力水平。功力测验是跆拳道训练水平评估、晋级考试、表演和比赛的一个重要内容,以此显示出跆拳道独特的功法和特点。跆拳道在向外推广时,大多以这种击破的方式向人们展示其威猛无比的功夫,这种方法是用拳、掌或脚分别击碎木板、砖瓦,以此检验和测试练习者的功力程度。

（4）强调气势，发声扬威。无论品势还是竞技跆拳道，都要求在气势上给人以威严，多以发出洪亮并带有威慑力的声音来显示自己的能力。尤其是在竞技跆拳道比赛中，双方练习者都会以规则允许的发声来提高自己的斗志，从而在气势上压倒对手，甚至在出击时配合击打效果使裁判得以认可，争取在心理上战胜对手。所以，跆拳道练习者都要进行专门的发声练习。

（5）礼始礼终，培养良好道德品质。跆拳道给人们留下的较深的印象是，跆拳道练习者始终是在不同的场合行礼鞠躬。这是因为跆拳道练习者始终把“礼”作为训练内容，强调“礼始礼终”，即练习活动都要从礼开始，以礼结束，并突出爱国主义。要求跆拳道练习者在练习技术的同时，在道德修养方面也要不断提高自己。通过用行礼的方式向长辈、教练、老师、队友鞠躬施礼，使跆拳道练习者养成发自内心的行礼习惯，以养成恭敬谦虚、友好忍让的态度和互相学习的作风，并培养坚忍的意识品质。

三、跆拳道运动竞赛规则

跆拳道是种手脚并用的搏击术，但在有些竞技比赛中，如奥运会，部分技术，特别是手技，出于保护运动选手、增强比赛观赏性等原因而被限制。竞技跆拳道规则要求运动员身上、头上戴护具，并建议在道服内腹股沟、前臂和胫骨上佩戴护具并戴护齿；裁判评判采用电子记分。

1. 比赛场地

比赛场地为大小为 12 平方米的正方形场地，建于高于地面约 1 米的平台上，上面铺有弹性的垫子，为安全起见，场地外两侧平台的侧面略微向地面倾斜。场地内，正中是一个 10 平方米的蓝色正方形区域，其外边为红色的警告区，提醒选手正接近边线或平台的边缘。一旦选手的脚踏入警告区则裁判自动暂停比赛。故意进入警告区可判为警告，而故意跨过边线将判为扣分，如图 11-10 所示。

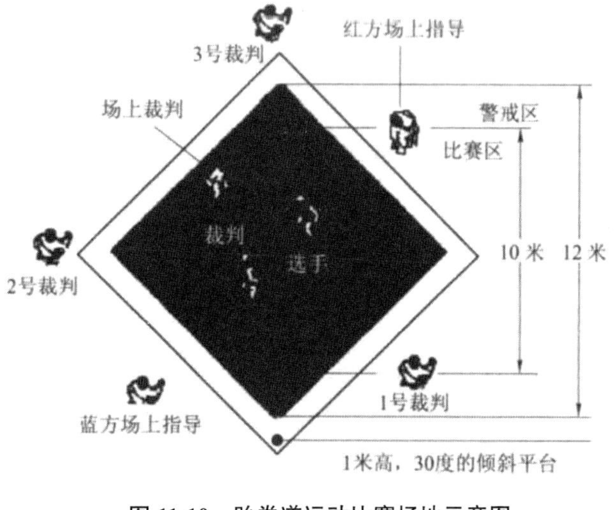

图 11-10　跆拳道运动比赛场地示意图

2. 比赛过程

跆拳道比赛包括蓝红两方,双方以脚踢打对手的头和身体或用拳击打对方的身体的得分部位而得分。比赛分 3 个回合,每回合 2 分钟,男子决赛 3 分钟,两回合之间休息 1 分钟。选手可通过下述方法获胜:将对方击出场外,得分最高,使对手被罚分达到 4 分,或对手被剥夺比赛资格。比赛开始前,裁判分别发出“charyeot”(立正)和“kyeongrye”(敬礼)指令后,双方立正并相互鞠躬,然后裁判喊“Joonh”(准备)、“Shijak”(开始)宣布比赛开始。

3. 得分

每个合理的攻击将得分,下述为合理的攻击:击打对手的得分部位,得分部位包括头部、腹部及身体两侧,这三个部位标于对手的护具上。禁止击打对方小腹以下部位。用规则允许的身体部位击打对手。须用正确紧握的拳头的食指和中指的前部或脚踝关节以下的部位击打对方。若三位裁判中的至少两位对击打进行了认定并记录,则得分有效。

4. 犯规因素

犯规是跆拳道比赛中的一个重要因素,不仅仅因为被罚 4 分——在高水平比赛中极为罕见——意味着自动失败。仅仅 1 个罚分就可左右比赛的胜负。跆拳道犯规分“Kyong-go”(警告)和“ gam-jeom”(扣分)两种。最常见的一种犯规“Kyong-go”(警告)意味着罚 0.5 分,但是若仅有一次这种犯规则不计入罚分,除非再次犯规而累计罚 1 分。抓、抱、推对方、逃避性地背对对方、假装受伤等时,则判“Kyong-go”。另一种更为严重的犯规称为“gamjeom”(扣分),将被罚 1 分。典型的犯规行为包括倒地、出警戒线,在格斗中在对手双脚离地时故意将其放倒,故意攻击对手后背,用手猛击对手的脸部。

5. 击倒因素

运动员受到合法攻击被击倒时,主裁判将采取以下处理程序。①主裁判发出“Kayeo”(分开)口令暂停比赛,并将进攻者置于远处。②主裁判大声向被击倒的运动员从 1 到 10 读秒,每间隔 1 秒读 1 次,同时用手势显示。③即使运动员在读秒过程中表示再战,主裁判也必须读到 8,使运动员获得休息,并确认运动员是否恢复,如已恢复就发出“Keysok”(继续)口令继续比赛,同时有效得分方可再加 1 分。④主裁判读到 8 时,被击倒的运动员仍无再战表示,则宣布另一方“KO”(胜)。即使一局或整场比赛时间到,主裁判也要继续读秒。⑤双方运动员同时被击倒,如有任何一方尚未恢复,主裁判将继续读秒。⑥双方运动员同时被击倒,主裁判读到 10 后双方都不能再战,应按当时得分情况判定胜负。⑦主裁判判定被击打倒的一方不能继续比赛,可以不读秒或在读秒过程中直接判另一方获胜。

6. 取胜因素

除了决赛以外的其他比赛若以平局结束,则分数高的一方获胜。若双方仍旧平分秋色,则由裁判根据比赛中双方表现的主动性来决定在 3 个回合各 2 分钟的比赛中哪一方占优。若为争夺金牌的决赛,则双方进行第四回合即突然死亡法的较量,率先得分者获胜,若无人得分,则裁判判定通过判断谁在该回合中占优而决定最后的胜方。

7. 体重级别划分

在世界跆拳道锦标赛中男女各分为传统的 8 个级别,而其首次作为正式比赛项目出现在 2000 年悉尼奥运会上时,男女各分为四个级别。

四、跆拳道的段位与晋升

1. 段位和级别

跆拳道根据练习者的水平分为十级和九段，初学者从十级开始逐渐升至一级，然后再入段，段位越高表明水平也越高，最高段位达九段。从十级到一级是初学者的等级标准，用白、黄、绿、蓝、红等色带表示。进段以后都以黑腰带表示，一段至三段被认为是黑带新手的段位，四段到六段属于高水平的段位，七段到九段是授予那些有很高学识造诣的杰出人物或对跆拳道运动有杰出贡献的人。黑带的段位是通过黑带上的特殊标记区分的。

1）区别跆拳道级别的腰带

①十级为白带：表示空白，根本没有跆拳道知识，意味着入门阶段。9 级为白带加黄杠。

②八级为黄带：表示大地，草木在大地生根发芽，意味着学习基础阶段。7 级为黄带加绿杠。

③六级为绿带：表示草木，成长中的绿色草木，意味着技术的进步阶段。5 级为绿带加蓝杠。

④四级为蓝带：表示蓝天，草木向着蓝天茁壮成长，意味着进度达到相当高的阶段。3 级为蓝带加红杠。

⑤二级为红带：表示危险，已具备相当的威力，意味着克已和警告对手不要接近 1 级为红带加黑杠。

⑥黑带：表示白色的对立，相对白色技术已经熟练，意味着黑暗中也能发挥自身能力。

2）区别跆拳道段位的还有道服和肩章

一段至三段的道服衣边有黑色带条；四段以上道服的衣袖和裤腿两边有黑色带条。根据道服上的肩章和腰带上的罗马数字 1 到 9 可区别段位和级别。

2. 色带晋级的考核内容

十级——白带　太极一章。
九级——白间黄带　太极二章。
八级——黄带　太极三章。
七级——黄间绿带。
六级——绿带。
五级——绿间蓝带　太极四章。
四级——蓝带　太极五章。
三级——蓝间红带　太极六章。
二级——红带　太极七章。
一级——红间黑带　太极八章。

白间黄带表示白色的道带上有一块黄条（其他以此类推）。

3. 升段的考核内容

考核包括技术水平、功力测试、品势表演。

1）段位晋升的考核要求

①一段至三段：须由国家跆拳道协会、分会或竞赛委员会进行考核。②四段至八段：须由世界跆拳道联盟晋升委员会或其委托的组织进行考核。③九段：须由世界跆拳道联盟组成一个人崇拜特别委员会进行评审。

2）品势考核内容

一段：高丽。　四段：平原、十进、地跆。
二段：金刚。　五段：天拳。

三段:太白。 六段:汉水、一如。

4. 段位晋升年限要求

一段:1 年。

二段:2 年。 五段:4 年。

三段:3 年。 六段:5 年。

四段 九段

三、跆拳道运动的作用及意义

跆拳道的功能概括为“健身、防身、修身”六个字。进行跆拳道的训练,其作用明显,意义深远。

(1)强身健体、防身自卫。跆拳道是一项激烈的搏击运动,其动作符合人体的生理特点,是一项全身性的体育运动。从事跆拳道运动,可以提高练习者的耐力、速度、力量、柔韧、灵敏性等身体素质。从心理上提高练习者顽强的斗志和意志品质,把潜在的意识和防卫的能力表现出来,使体能、智能与精神更完美地结合。

(2)挖掘潜能、娱乐观赏。跆拳道是国际性的竞技体育运动,在世界各地已经蓬勃开展,练习者如果达到一定的水平又符合比赛条件,可参加各种比赛,通过比赛挖掘潜能,提高自己的实力,体现自身价值。跆拳道比赛既是一种斗智斗勇又是能力与技艺的抗衡的比赛。所以,一场精彩的跆拳道比赛可给人一种美的享受。而跆拳道的品势、特级表演更是精彩,鼓舞人心、激发斗志、振奋精神。

(3)完美人格、超越自我。跆拳道练习者在日常生活中、训练中要求以礼待人,使其养成良好的礼仪风度和优良的道德品质。学习跆拳道实质就是学会为人处世,要热情、有礼、乐观待人;二是战胜自我,克服懒惰、软弱、自卑的心理;三是要有荣誉、进取、自强不息精神。

章节小结

了解跆拳道运动的项目概述,学习跆拳道运动的常用礼仪,了解跆拳道运动踢法和品势技术,能够运用课上学习的跆拳道技能开展体育健身锻炼。

思考题

1. 什么是跆拳道?
2. 简述跆拳道品势太极 1~8 章内容。
3. 简述跆拳道运动的作用和意义。

(章节撰稿人:武传钟、徐忠鸣)

第十二章　时尚休闲运动

第一节　游泳

一、游泳运动概述

（一）游泳运动的起源与发展

游泳的历史源远流长。在古代，居住在江、河、湖、海一带的人们为了生存，不可避免地要与水打交道，无论是捕捉鱼虾、采捞海植，还是与洪水进行搏斗。人们在为生活、劳动与大自然作斗争的过程中，逐渐学会了游泳，并使得游泳运动得到发展。最初，人们只是通过观察和模仿水栖动物在水中游动的动作，在水中进行移动。久而久之，人们积累了经验，学会了漂浮、潜水等技能，进而产生了各种游泳姿势。

现代游泳运动起源于英国。17 世纪 60 年代，英国不少地区的游泳活动就开展得相当活跃。1869 年，在伦敦成立了大城市游泳俱乐部联合会（英国业余游泳协会前身）并把游泳作为一个专门的运动项目正式固定下来。随之传入各英殖民地，继而传遍全世界。

现代游泳运动的发展与奥运会的发展紧密相连。1896 年在希腊举行的第一届奥林匹克运动会，游泳就被列为正式竞赛项目。当时只有男子 100 米、150 米和 1 000 米自由泳三个项目。曾参加首届奥运会游泳比赛的匈牙利选手哈约斯在获得 1 000 米比赛的冠军后说："生存下去的意念完全压过了获胜的欲望。"原来，当时的比赛是用船把选手们带到海上，然后把他们扔到冰冷刺骨的海水里，让选手们向岸边冲刺。第二、三届奥运会上出现了仰泳和蛙泳。1908 年国际业余游泳联合会成立，公布了游泳的世界纪录和比赛规则。1912 年，在第五届奥运会上，女子游泳被列为正式比赛项目。1956 年第 16 届奥运会，蝶泳被列为奥运会的比赛项目。竞技游泳，从第一届奥运会（1896 年）就被列为奥运会正式项目。发展到现在，各种锦标赛、国际大型比赛不断推动着竞技游泳的发展，使它的技术运作更完善，创造了一个又一个优异的成绩。

目前，世界泳坛强国有美国、澳大利亚、俄罗斯、德国、中国、荷兰等，但日本、苏里南、南非、西班牙等国的选手均在奥运会上夺取过金牌，可以说，当今世界泳坛强手林立，群雄纷争，没有任何国家和任何选手可以长期独霸泳坛。

此外，由于游泳具有娱乐性，它不可避免地成了男女老少都喜欢的体育项目之一，人们从沐浴开始，继而在水中嬉戏，逐渐形成各种水中娱乐活动。

（二）游泳的作用

游泳是最受欢迎的健身运动项目之一。适当地进行游泳锻炼，不仅能给人带来心理上的愉悦,塑造流畅和优美的体型,还能够增强心血管系统的机能,增强体质,提高协调性。许多运动项目都容易给机体造成劳损或损伤,但游泳是劳损和损伤率最低的体育活动。因此,游泳是一项很好的、可以终身进行锻炼的健身运动。

1. 改善心血管系统的功能

心血管系统包括我们所熟知的心脏、肺和负责将吸入的氧运送到肌细胞的血管。游泳时要克服水的阻力需要动用较多的能量,使心率加快,血输出量增大。坚持长期进行游泳锻炼,心脏体积呈运动性增大,心肌收缩有力,安静心率减慢,每搏输出量增加,血管壁增厚,弹性加大,心血管系统的效率得到提高。

此外,游泳时人体处于平卧姿势,水对皮肤的压力又形成一种刺激作用,因此,肢体,尤其是下肢的血液向心脏的回流比在陆地上直立状态下容易。而且水的阻力使肌肉难以像陆地上那样进行爆发式用力,这些特点非常适合中老年人进行锻炼,既能增强体质,又不容易因运动过于激烈而发生意外。

2. 提高呼吸系统的机能

水的一个主要特点是难以压缩性。因为水的密度比空气大 800 余倍,人在水中受到的压力要远远大于在空气中。这就是初学游泳者在水中感到呼吸困难的原因。由于胸腔和腹腔在水中受到的压力增大,这就迫使呼吸肌用更大的力量进行呼吸。所以经常游泳,可以增大呼吸肌的力量,提高呼吸系统的机能。最明显的一个例子是肺活量的值。游泳运动员的肺活量可以达到 4 000~6 000 毫升,甚至 7 000 毫升,而一般人只有 3 000~4 000 毫升。

3. 改善肌肉系统的能力

游泳是一项全身参与的运动,可以比其他运动动员更多的肌肉群参与代谢供能。虽然游泳不能塑造粗壮的、隆起的肌肉,但是能够提高许多肌肉的力量和协调性,特别是躯干、肩带和上肢的肌肉。因为在水中游泳需要克服较大的阻力,游泳又是周期性的运动,长期锻炼能够使肌肉的力量、速度、耐力和关节的灵活性都得到提高。

游泳还有一个很大的好处,即柔韧性的改善。这使得人们由于年龄限制而不能从事其他体育活动时,仍然能够继续游泳。由于游泳时身体活动的范围较大,定期进行游泳活动的人都会变得更加灵活和柔软。而且,正确的游泳技术要求肌肉在收缩用力前先伸长,这种运动方式有利于不断地提高柔韧性和力量。

4. 改善体温调节的机制

由于水的温度一般低于气温,水的导热能力又比空气强数十倍,因此人在水中失散的热量的速度远远快于在空气中。经常游泳能改善体温调节能力,从而更能够承受外界温度的变化。特别是冬泳,对这方面的改善作用尤其明显。

5. 预防疾病,治疗康复

由于冷水的刺激,长期进行游泳锻炼能增强机体抵御寒冷、适应环境的能力,可以预防感冒等疾病,使身体日益强壮。由于游泳时身体平卧,加上浮力的作用,可以使脊柱充分伸展,对一些脊柱病人有一定的康复作用。游泳还可以作为运动处方,治疗一些慢性疾病,如慢性肠胃病或慢性支气管哮喘等。对于一些不适合直立锻炼的人群,如过度肥胖症患者等,如果采取跑步等方式,由于重力作用,腿脚部负担过重,容易导致受伤。这时,游泳是很好的替代锻炼的方式。

二、游泳技术与练习方法

（一）熟悉水性

众所周知，水具有压力、浮力、阻力、黏滞性、流动性等特性。因此，人在水中游泳，除了能感受到水的浮力，还会产生憋气、没有固定支撑、难以爆发用力等感觉，这与陆地运动环境完全不同。熟悉水性是学习游泳的第一步，其主要目的是让初学者了解水的特征，逐步适应水环境，消除恐惧心理，培养对水的兴趣，并掌握一些游泳最基本动作，如呼吸、沉浮、滑行、站立等，从而为以后学习和掌握各种游泳技术打下基础。

1. 水中行走练习

水中行走练习的目的是体会水的阻力和浮力，初步掌握身体在水中维持平衡的能力。初学者往往精神紧张，动作不协调，感到呼吸困难、头重脚轻。因此，这类初学者应由浅到齐胸深的水中先练行走，行走的速度由慢到快，两手可以用力拨水，帮助行走，在水齐胸深时，两臂可侧举以维持平衡。具体可采用扶池边行走、集体手拉手行走以及各种方向的走、跑、跳、转身、下沉、跃起等动作。

2. 呼吸练习

呼吸练习的目的是初步掌握游泳的呼吸方法、呼吸过程、呼吸节奏，适应头浸入水中的刺激，消除怕水心理。呼吸是游泳教学的难点，要贯穿游泳教学的始终。可采用“三步走”方式：首先，手扶池槽或在同伴帮助下，大口吸气后闭气，慢慢下蹲将头浸入水中，停留片刻抬头，口鼻出水后吐气。其次，将头浸入水停留片刻后用鼻慢慢将气呼完后抬头吐气。接着，浸入水中稍闭气后，用口鼻开始呼气。随着缓慢的起立而逐渐加大呼气量，口接近水面时加速将气呼完、紧接着用口在水面上快而深地吸气、多次重复。

3. 浮体练习

浮体练习的目的是体会水的浮力，学会控制身体平衡和水中站立的方法，为进一步练习打下基础。首先，原地站立，深吸气后闭气，用前脚掌轻蹬池底后屈膝，低头团身抱膝，自然漂浮于水中。站立时，两腿下伸，脚触池底站立，两臂前伸，抬头吸气。

接着在抱膝浮体的基础上，两臂前伸，两腿自然蹬直。站立时，收腹、屈膝、收腿向下伸、脚触池底站立，两臂前伸，抬头吸气。

4. 滑行练习

滑行练习的目的是进一步体会水的浮力，掌握水中的平衡和身体的滑行姿势。首先，两脚前后开立，两臂前伸，吸气后屈膝、重心前移，当头浸入水中时，前脚掌轻蹬池底，随后两腿并拢伸直，使身体呈流线型向前滑行。接着，背对池壁，一手扶池槽，一臂前伸，同时一脚站立，一脚紧贴池壁。深吸气后低头，身体在水中前倾成俯卧姿势，然后双手支撑腿，两脚贴住池壁，臀部靠向池壁，随即两臂前伸，两脚用力蹬壁，使身体呈流线型向前滑行。

（二）蛙泳

蛙泳汲取了青蛙游水的主要特点，是最古老的游泳泳式之一，在民间广为流传。蛙泳的内部技术结构是四种泳式中最为复杂的，其全部技术动作几乎都在水下完成，因此也是游进速度最慢的一种泳式。但蛙泳具有一些独特的优点，如视野开阔、呼吸动作较容易掌握，且每个动作周期结束后都有一定的滑行放松时间，因此，蛙泳成为不少人首选学习的泳式。

1. 蛙泳腿部动作

蛙泳腿部动作较其他泳式更为重要，不仅能保持身体平衡，还能产生很大的推进力。完整的蛙泳腿部动作可以分为四部分，即收腿、外翻、蹬夹、滑行。这几部分紧密相连，构成了完整的蛙泳腿动作。蛙泳的腿技术可概括为：边收边翻慢收腿，向外翻脚对好水，用力向后蹬夹水，并拢伸直漂一会儿。

（1）收腿。收腿是为翻脚和蹬夹水做准备。开始收腿时髋关节、大腿和膝关节略下沉，收腿同时屈膝屈髋，两膝边向前收边分开，踝关节伸展，小腿和脚跟在大腿和臀部后面以减少阻力。收腿结束时，大腿与躯干成 120°~140° 角。两膝约与髋关节同宽，大腿与小腿成 40°~45° 角。

（2）翻脚。蛙泳腿的外翻包括向外翻脚和翻小腿。收腿结束时，脚跟位于臀部上方两脚间距离略宽于两膝间距离。通过脚背屈和外展，向外翻脚，使脚尖朝外。同时膝关节内旋，使小腿内侧和脚对准蹬水方向。

（3）脚后蹬夹水，依据蹬夹水的运动方向，可以将其分为两部分。第一部分是向外和向后蹬腿，第二部分是向内、向后和向下蹬夹水。通过大腿内旋和伸髋，使大腿带动小腿向外后方蹬水直到两腿膝关节接近伸展，稍后，小腿和脚掌继续向下向后踏水。脚在后蹬的同时向中间夹紧，两脚由原来的背屈改为跖屈，同时两腿伸直并拢。

（4）滑行。由于蹬腿的惯性，还有一个短暂的滑行阶段。在此阶段，两腿应尽量伸直并拢，为下一个动作周期做好准备。

2. 蛙泳划手和呼吸动作

蛙泳的划手动作轨迹很像倒爱心形状。依据划水过程中用力方向的变化，可以将其分为外划、内划、夹肘、前伸四个连贯部分。蛙泳划手与呼吸动作密不可分，具体表现为两臂外划时抬头，下划时嘴巴露出水面张口快吸气，内划时闭气低头，两臂前伸滑行时吐气。

（1）外划。两肩前伸，两臂伸直，掌心向下。开始外划时，两臂边内旋边同时对称地向外后划水。两手分开超过肩宽时，手臂略外旋、屈肘、屈腕，手掌转为朝向外向后和下方。外划的过程应加速并保持高肘姿势。

（2）内划。手臂向外旋转，屈臂向内划水，掌心手先向内、向下、向后划水。然后随手臂继续外旋向内，向上、向后划水。内划结束时，手与肘齐平。

（3）夹肘。内划动作即将结束时，两肘迅速夹拢于身体两侧，掌心相对。

（4）前伸。两手在下颌下接近并拢时开始前伸，通过向前伸肘和伸肩，两臂前移至伸直，尽量靠拢并稍作停留。

3. 蛙泳完整技术配合

蛙泳完整技术是一次腿蹬夹水、一次划手、一次呼吸的配合。其动作要领是：外划开始时，腿并拢伸直不动；内划时收腿、闭气；两臂前伸时腿蹬夹水；臂腿伸直，身体成一直线。向前滑行时呼气。蛙泳完整配合的口诀，划手腿不动，收手再收腿，先伸胳膊再蹬腿，臂腿伸直浮一会儿。

（三）自由泳

自由泳是速度较快的一种泳式，在竞技游泳比赛中，运动员可以用任何泳姿前进，故得此名。自由泳也叫爬泳，泳姿从后面看像在水里爬而得名。自由泳是指不限泳姿的比赛，但由于爬泳这种姿势结构合理，阻力小，速度均匀、快速，是最省力的一种游泳姿势，所以人们把爬泳作为自由泳，把自由泳作为竞技游泳比赛项目之一。

自由泳是竞技游泳比赛的项目之一。严格来说，自由泳不是一种游泳姿势，它竞赛的规则几乎没有任何限制，参赛者可以使用任何姿势比赛。

自由泳腿部动作虽有一定的推进力，但主要起平衡作用，保持身体的稳定和协调双臂做有力的划水。要求两腿自然并拢，脚稍内旋，踝关节关松，以髋关节为轴，由大腿带动小腿和脚掌，两腿交替做鞭打动作，两脚尖上下最大幅度为 30~40 厘米，膝关节最大弯曲角度约为 160°。在自由泳时，一般是在两臂各划水一次的过程中进行一次呼吸，以向右边吸气为例：右手入水后，嘴和鼻开始慢慢呼气。右臂划水至肩下，开始向右侧转头和增大呼气量。右臂推水即将结束，则用力呼气。右臂出水时，张嘴吸气，至空中移臂的前半部为止，并开始转头还原。为争取游进速度的最大化，人们不断地改进自由泳技术。1902 年，出现两臂轮流划水和两腿有节奏向后下打水的技术，这是现代自由泳技术的雏形。

1. 自由泳的腿部动作

自由泳打腿主要起到维持身体平衡，配合划水动作，并调节动作频率的作用。好的打水技术可以协助完成身体围绕纵轴的转动。自由泳打水由髋关节发力，传至大腿，带动小腿和脚，做鞭状打水。依据运动轨迹来看，自由泳打腿由向上打水和向下打水两部分交替构成，其中，下打动作较为有力。

（1）向上打水。大腿带动小腿向上伸直移动，当腿部与水面基本平行时，大腿停止继续上移，转入向下打水，但小腿和脚由于惯性的作用，仍然继续上移，膝关节弯曲角度在 130°~160°。

（2）向下打水。小腿上打结束后，在大腿带动再向下打水，大腿向下打水至最低处并开始向上打水。直至膝关节完全伸直，小腿和脚随大腿转入向上打水。踝关节始终保持趾屈。

2. 自由泳划手和呼吸练习

自由泳划手同样分为入水、划水、出水和空中移臂四部分。自由泳呼吸采用人们不习惯地侧向转头吸气，通常为三次划手转头吸一次气、呼吸动作与身体绕纵轴转动同时进行较为容易。以右手划手为例，右手入水时憋气开始，划水吐气，手划至腹下，推水时开始转头，将剩余气体在水中叶完，移臂时，转头吸气。这样，吸气的动作就与身体纵向转动相协调。

（1）入水。入水时，随着身体绕纵轴转动，肩关节内旋，肘关节稍屈并高于手，大拇指领先斜插入水，手掌朝向外下方，与水面成 30°~40° 角。手的入水点在肩的延长线或身体中线与肩的延长线之间。手臂入水之后继续向前下方伸展，手腕微屈，掌心转向下。

（2）划水。依据手臂运动方向的变化，划水可以分为向下划和抓水阶段、内划阶段。上划阶段。手掌朝向外下方，向下、向外、向后抓水，屈肘高于手；肩外旋，保持高肘，手臂加速向内、向上、向后曲线划水，内划结束时，手在身体下方，靠近身体中线，屈肘 90°~120°；随后手臂向上，向外，向后加速划水。前鞋在后方与水平面成 15°~20° 角时，上划结束。

（3）出水。肘外旋，小指朝上，掌心朝向大腿，在肩的带动下，肘将手臂提出水面。出水顺序是肩、上臂、前臂、手。

（4）空中移臂。开始移臂时，手臂在空中向前、向外、向上移动；越过肩关节开始前伸时，手臂动作转为向前、向内、向下移动。保持高肘。

3. 自由泳打腿、划手、呼吸完整技术配合

自由泳完整配合最为常见的是 6∶2∶1 配合，即在自由泳每一周期动作中，腿打 6 次，臂划 2 次，呼吸 1 次。

（四）仰泳

仰泳是人体仰卧在水中游进的一种泳式。早期的仰泳是在游泳中仰卧漂浮作为水中休息，后来发展到用两臂同时在体侧划水，两腿做蛙泳的蹬夹水动作。1900 年的第 2 届奥运会上开始设立仰泳项目。1902 年，开始有人采用类似爬泳两臂轮流向后划水的技术，然后再发展为将两腿改为上下踢水的技术。

1. 仰泳的腿部动作

仰泳腿打水的主要作用是保持身体平衡，并产生一定推进力。仰泳腿部动作是由躯干发力，大腿带动小腿，小腿带动脚，以上踢下压的鞭打形式完成。完整的仰泳腿部动作由上踢和下压两部分组成，产生推进力的动作是“上踢”。事实上，伴随着髋关节的转动，仰泳腿的动作上踢的方向是内上方，下压是外下方。

（1）下压。下压动作的前半段是直腿完成的，膝关节和踝关节放松，到一定深度后，大腿停止下压，转为上踢过程，而小腿和脚在惯性作用下继续下压，使膝关节弯曲。当脚的位置低于臀部时，下压动作停止。

（2）上踢。开始上踢时，足内收，大腿带动小腿和脚屈膝向上踢水，并逐渐伸膝。形成鞭状踢水动作，膝关节完全伸直时，上踢动作结束。

2. 仰泳划手和呼吸练习

仰泳手臂的划水动作是产生推进力的主要因素，可分为入水、划水、出水和空中移臂四部分。仰泳的呼吸不受水的限制，但一般采用一臂移动时吸气，另一臂移动时呼气的呼吸方式。

（1）入水。一臂入水时，身体同侧转动，以加大手臂入水深度。手的入水点在同侧肩膀的延长线上，手臂应伸直，小拇指领先、掌心朝外、稍屈腕，切入水中。

（2）划水。依据手臂运动方向的变化，划水可以分为向下划和抓水阶段、上划阶段和下划阶段。手臂入水后，应积极转肩，手臂外旋、屈腕，逐渐屈肘，使前臂内侧和手掌对准后方，肘高于手；随着身体转动，肘关节下降，手向上、向后、向内划动，屈肘 90°~120°；手掌向后方划水，同时向划水手臂的对侧转动，手臂向下向内向后做加速划水。

（3）出水。划水结束后，手臂内旋，掌心朝向大腿，借助手向下压水的反作用力和身体自然转动，肩部先出水，然后带动上臂、前臂和手依次出水，大拇指领先。

（4）空中移臂。手出水后，应快速直臂向上向前移动，手掌由向内转为向外，为入水做准备。

3. 仰泳打腿、划手、呼吸完整技术配合

仰泳完整配合的形式是 6∶2∶1，即 6 次打腿，2 次划手，1 次呼吸。仰泳呼吸尽管是在空气中完成的，但是要保持用口吸气、用口和鼻同时吐气的习惯。

（五）蝶泳

蝶泳是四种竞技泳姿中最年轻的一种，直到 1952 年才从蛙泳中分离出来，成为一个独立比赛项目。蝶泳的初期技术是两腿做蛙泳的蹬夹动作，两臂划水后同时提出水面从空中向前移臂。从外形看，这个动作很像蝴蝶展翅飞舞，所以人们称之为蝶泳。

1. 蝶泳的躯干和腿部动作

蝶泳腿和自由泳腿的技术结构非常接近，也是躯干发力，通过力的传递进行鞭状打水。不同的是，蝶泳屈膝程度要大于自由泳打腿，且双腿的动作应同时进行，否则即为犯规。蝶泳腿由向下打水和向上打水两部分组成，其中向下打水是产生推进力的主要阶段，应快速完成。

（1）向上打水。腿部自然伸直，踝关节放松，大腿上升时，腰腹和臀部开始下沉，大腿随之下压，但小腿和脚继续上移，使膝关节弯曲，直至脚上升至最高点，此时膝关节弯曲角度在 110°~130°。

（2）向下打水。当屈髋程度最大时，躯干与大腿成 150° 角，脚上升至最高点，此时开始伸膝，小腿和脚加速下打。至膝关节完全伸直、小腿处于最低点时，小腿和脚在打腿的带动下开始向上打水。踝关节始终保持弯屈。

2. 蝶泳划手和呼吸

蝶泳划手与自由泳类似，分为入水、划水、出水和空中移臂四部分，不同的是蝶泳两臂是同时对称划水。而蝶泳的呼吸与蛙泳类似，采用抬头吸气，低头吐气的方式。手入水后，开始吐气，双手划至腹下，这时上身位置上升，加速将气吐完，抬头出水吸气。

（1）入水。两手的入水点在肩的延长线或略宽肩的延长线。入水时，大拇指先插入水。然后前臂和上臂依次入水，肘稍屈。入水时掌心朝向外下方，手掌与水平面约成 45° 角。

（2）划水。依据手臂运动方向的变化，蝶泳划水可以分为向外规划和抓水阶段、内划阶段、上划阶段。两手外分至超过肩宽，屈腕抓水，同时屈肘，手掌向外下后方加速划水动，至手位于水下最低点；保持高肘，手臂加速向内、向上、向后曲线划水，屈肘 90°~100° 角；随后伸肘、伸腕，前臂和手尽量对准后面，快速划水至身体两侧。

（3）出水。肘外旋，小指领先，掌心朝向大腿，利用划水惯性，肘和肩带动手臂出水。

（4）空中移臂。肩关节的带动下，两臂迅速从空中移到头前。移臂过程保持手臂放松。

3. 蝶泳打腿、划手、呼吸完整技术配合

蝶泳完整配合要点为 2∶1∶1，即 2 次打腿，1 次划手，1 次呼吸。双手入水时打第一次腿开始吐气，手划至腹下。推水时打第二次腿，同时抬头吸气。

三、竞技游泳比赛规则简介

在奥运会的每个单项游泳比赛中，由国际泳联确定报名成绩。参赛资格分为 A、B 两个标准,其中 B 标准的成绩相对容易达到。如果一个国家或协会在每个项目中都派一名选手参赛,这些选手必须要达到奥运会 B 标准。如果有两名选手参加同一单项的比赛,他们的成绩必须达到奥运会 A 标准。只有在国际泳联认可的比赛中达到 A 标准,选手的奥运会报名才有效。

在每个单项游泳比赛中,每个国家最多可以派两名达到奥运会 A 标准成绩的选手参加;如果达到奥运会 B 标准,则只能派一名运动员参赛。接力比赛中,每个接力项目中,每个国家只能派出一支队伍参赛。没有达标选手的国家:当一个国家无一人达奥运会 A 标准或 B 标准时,可按照参赛资格说明,派出男、女各一名选手参赛。

奥运会游泳比赛中, 200 米以下个人项目(含 200 米)进行预赛、半决赛和决赛; 400 米以上个人和接力项目进行预赛和决赛。运动员和接力队根据报名成绩分组进行预赛,根据预赛成绩排名进入半决赛或决赛。预赛成绩前 16 名进入半决赛,半决赛成绩前 8 名进入决赛。在设有 8 条泳道的游泳池内比赛时,同一组成绩最好的运动员或接力队,应安排在第 4 泳道。其他运动员或接力队按成绩的优劣以 5、3、6、2、7、1、8 泳道的顺序进行安排。接力比赛以队为单位,每单位可在报名参加比赛的同组运动员中任选四人参加接力比赛。在预、决赛中参加者可任意调换,但接力名单报送后擅自颠倒棒次或更换运动员均判为犯规。

(一)出发和到边

在奥运会游泳比赛中,任何一个运动员在出发时抢跳犯规都会被取消比赛资格。自由泳、蛙泳、蝶泳及个人混合泳的各项比赛必须从出发台起跳出发,仰泳项目在水中出发。当总裁判员发出长哨音信号后,运动员应站到出发台上(仰泳项目运动员下水,在总裁判员发出第二声长哨时迅速游回池端,在水中做好出发准备),当发令员发出"各就位"的口令后,运动员应至少有一只脚在出发台的前缘做好出发准备,手臂位置不限。当所有运动员都处于静止状态时,发令员发出"出发信号"(鸣枪、电笛、鸣哨或口令)。运动员在听到"出发信号"后才能做出发动作。在自由泳和仰泳比赛中,到达终点时运动员可以只用一只手触壁,而在蛙泳和蝶泳比赛中,必须双手同时触壁。

(二)转身

奥运会游泳比赛使用的是 50 米长的标准池,所有距离在 50 米以上的比赛都必须在途中折返。转身时,自由泳和仰泳允许运动员使用身体的任何部位触及池壁,这就允许运动员可以在水下转身后,用脚去蹬池壁。转身的一个例外规则就是在个人混合泳当中,从仰泳转换泳姿到蛙泳时,运动员必须保持仰泳的姿势直到触及池壁。

(三)计时

所有游泳运动员的比赛成绩和名次都是由自动计时装置决定的。运动员出发时,出发台上的压力板将记录数据。每条泳道两端都装有触板,当运动员触壁时也会被记录。由于触板和出发台是互连的,因此可以判断参加接力比赛的运动员是否是在其队友触壁以后才入水的。接力比赛当中,如果任何一个运动员在其队友触壁 0.03 秒之前离开出发台,这个队将被自动取消比赛资格。运动员可以在队友触壁的时候做出发动作,但是脚必须接触出发台。

（四）各种泳姿的比赛规则

1. 蛙泳比赛规则

蛙泳的出发和每次转身，从第一次手臂动作开始，身体应保持俯卧姿势，两肩应与水面平行。蛙泳每一个转身和达到终点时，两手应在水面、水上或水下同时触池壁。两肩应保持水平位置。这一条应引起每一个学习游泳的人重视并养成习惯。在一些基层比赛中，蛙泳转身和到达终点触池壁犯规者甚多，一些人往往急于触边而忽视了手的位置，因为对规则不理解又没有建立良好的规则意识而违反规则，造成该项目资格被取消。所以，再次强调，蛙泳的每一个转身和到达终点时必须是双手同时触壁。

在每个以一次划臂和一次蹬腿顺序完成的完整动作周期内，运动员头的某一部分应露出水面。只有在出发和每次转身后，运动员可在全身没入水中时，做一次手臂充分的向后划至腿部的动作和一次蹬腿动作（通常叫做长划臂技术），但在第二次划臂至最宽点并在两手向内划水前，头部必须露出水面。

两肩和两腿的所有动作都应同时并在同一水面上进行，不得有交替动作。现代蛙泳技术的发展，有些运动员在收腿和蹬腿时，充分利用腰腿力量，收腿时大、小腿呈波浪式往上抬，蹬腿时利用腰部力量往下压。这一规则主要是限制蹬蛙泳腿时打类似海豚腿的动作。在观察这个动作抬时，主要看运动员的两脚有没有向外翻和有没有做海豚样的下打动作。利用腰腹力量产生向上的鞭打动作，并没有违反现行规则的规定。

在蛙泳游进过程中，两手应同时在水面、水下或水上由胸前伸出，并在水面或水下向后划水，除最后一个动作外，在手臂的完整动作中，两肘不得露出水面。除出发和转身后的第一次划水动作外，两手向后划水不得超过臂线。

2. 自由泳比赛规则

在自由泳比赛中，运动员可采用任何泳式。在自由泳比赛中的转身和到达终点时，运动员可用身体任何部分触壁。自由泳犯规动作多发生在滚翻转身时，身体的任何部分未触及池壁。

3. 仰泳比赛规则

在仰泳比赛出发时，运动员在水中面对出发端，两手抓住握手器，两脚包括脚趾应处于水面下，禁止蹬在水槽内或水槽上或用脚趾勾住水槽边。仰泳出发和转身后，运动员应蹬离池壁，并在整个游进过程中呈仰卧姿势。除在做转身动作外，运动员必须始终仰卧。仰卧姿势允许身体做转动动作，但必须保持与水面小于 90° 的仰卧姿势。头部位置不受此限制。

在整个游进过程中，运动员身体的某部分必须露出水面。在转身过程中，允许运动员完全潜入水中。但在出发和每次转身后，运动员潜泳距离不得超过 15 米，在 15 米前运动员的头必须露出水面。

在转身过程中，当运动员肩的转动超过垂直面后，可进行一次连续单臂划水或双臂同时划水动作，并在该动作结束前开始滚翻。一旦改变仰卧姿势，就不允许做与连续转身动作无关的打水或划水动作。此时腿的动作是保持平行，不可上下打动。运动员必须以仰卧姿势蹬离池壁。转身时运动员身体的某部分必须触壁。

运动员在到达终点时，必须以仰卧姿势触壁。注："除在做转身动作外"应理解为"只有在完成连贯的转身动作过程中才可以改变仰卧姿势"。

4. 蝶泳比赛规则

蝶泳比赛时除在做转身动作时，身体必须始终俯卧。从出发和每次转身后的第一次手臂动作开始，至下一个转身或到达终点止，两肩应与水面平行。任何时候都不允许转成仰卧姿势。两臂必须在水面上同时向前摆动，并同时在水下向后划水。两脚的动作必须同时进行，允许两腿和两脚在垂直面上同时做上下打水动作。两腿或两脚可不在同一水平面上，但不允许有交替动作。

在每次转身和到达终点时，两手应在水面、水上或水下同时触壁，触壁前两肩应与水面平行。

5. 混合泳比赛规则

个人混合泳须按照下列顺序进行比赛：蝶泳，仰泳，蛙泳，自由泳。混合泳接力须按照下列顺序进行比赛：仰泳，蛙泳，蝶泳，自由泳。在个人混合泳和混合泳接力项目的仰泳转蛙泳过程中，运动员肩转动超过垂直面之前必须呈仰泳姿式触及池壁。

不论是个人混合泳还是混合泳接力，前三种泳姿必须按其顺序进行。除第四种自由泳泳姿不可以采用前三种泳姿比赛外，其他泳姿均可在本项目中比赛。

6. 犯规判定

运动员必须在自己的泳道内比赛完毕，否则即算犯规。游出本泳道或用其他方式干扰、阻碍其他运动员者应取消其录取资格。比赛中，运动员转身时必须使身体某一部分触及池壁。转身必须从池壁完成，否则即算犯规。在比赛中，运动员不得使用或穿戴任何有利于其速度、浮力的器具（如手蹼、脚蹼等，但可戴护目镜），否则即算犯规。

在比赛中不允许陪游、带游，不允许采取任何能起速度诱导作用的办法，否则即算犯规。

四、游泳运动中的安全与救护

（一）游泳的安全

1. 安全第一原则

游泳是与水打交道的一项体育运动，游泳者一定要牢记安全第一的原则，不能麻痹大意。对于游泳安全必须反复进行宣传教育，加强游泳者的安全意识，并配备安全救生器材与设施。游泳最好是有组织地结伴而行，尤其不能在露天水域独自游泳。

2. 严格体检

参加游泳活动前首先要进行身体检查，凡有心脏病、高血压、活动性肺结核、传染性肝炎、皮肤病、精神病、伤风感冒、中耳炎、腹泻、沙眼、红眼病以及开放性伤口等的人，都不宜游泳。妇女生理期游泳要采取卫生措施。

3. 认真做好准备活动

人的内脏器官有一定的"惰性"，从安静状态过渡到运动状态需要一定时间。认真做好准备活动，能提高神经系统的兴奋性，促进血液循环，增强肌肉弹性，加大关节活动范围，从而有利于身体适应游泳活动的需要，并可防止肌肉痉挛和拉伤。一般准备活动包括慢跑、徒手操、游泳模仿操等，做准备活动要注意使各关节充分活动开。做完准备活动后稍事休息，用冷水淋浴后方可下水游泳。

4. 防止过度疲劳

空腹、饱食、饮酒或过度疲劳不宜游泳。参加游泳活动的时间应放在饭后一小时进行。游泳要消耗大量能量，空腹时人体血糖降低，游泳会产生头昏、四肢绵软无力，甚至昏厥现象。饱腹参加游泳，受冷水刺激，容易引起胃痉挛、打嗝、腹痛或呕吐。饮酒后，人体运动功能普遍下降，身体反应迟钝，动作笨拙，在水中极易发生危险。在身体疲劳时，身体的应激能力下降，肌肉活动不协调，也不宜进行游泳。

5. 量力而行

游泳时间长短因个人的体能状况而异，如天气寒冷水温较低、身体感到不适，水中活动时间可短些。如出现打寒战、嘴唇发紫、皮肤出现鸡皮疙瘩，应立即起水保暖，上水后应迅速擦干身体或热水淋浴，及时穿上衣服。为防止患眼病感染，起水后应涂点眼药水。

（二）游泳中的救护

在游泳时，因肌肉痉挛或如果时间稍长，则因缺氧而危及生命窒息后，脸色苍白而肿胀，眼睛充血，口鼻充满泡沫，四肢冰冷，神志昏迷，胃腹吸满水而鼓起，甚至呼吸、心跳停止。

1. 溺水救护步骤

立即将溺水者救上岸后，清除口腔中的分泌物和其他异物，并迅速进行倒水，但不要过分强调倒水而延误了宝贵的抢救时间，立即进行人工呼吸，若心跳停止，应同时施行心脏胸外挤压法。人工呼吸和心脏胸外挤压法按 1 : 4 的频率进行，急救者应密切配合，进行积极而耐心的抢救，直至自主呼吸为止。

溺水者苏醒后，应将其立即送医院进行检查和治疗。在运送途中，必要时对溺水者继续进行人工呼吸，常常需要对真死和假死进行判断。真死一般具有以下四个特征。①呼吸停止，既看不见又摸不到呼吸运动，即使将细毛或发丝放在鼻腔前，也不见飘动。②心脏停搏。脉搏消失，将耳朵贴在患者胸壁或用听诊器也听不到心音。③瞳孔对光反射消失。亮光不能使瞳孔缩小，在黑暗处瞳孔也不见扩大。④角膜反射消失。用手指或细毛触及角膜，不出现眨眼反应。

若溺水者只出现其中一两个征象，则并非为真死，称为假死；若四个征象都存在，且用手指从两侧挤压眼球时，瞳孔变椭圆形，则可判断为真死。必须记住，急救者切不可轻易判断为真死，在尚未完全出现真死征象之前，要刻不容缓地坚持抢救。

2. 心肺复苏术徒手操作步骤

（1）发现溺水者后即通过简短的喊话、轻拍面颊判断有无意识，手触颈动脉判断有无心跳，用镜片放在溺水者鼻孔处，观察有无雾气，确定有无呼吸，如心跳停止，则呼吸停止。

（2）判断溺水者有无意识后，立即呼救，争取他人协助，并通知急救医疗单位。

（3）判断有明显心跳而无呼吸，应立即实施“口对口吹气法”。此法较其他人工呼吸法通气量大，便于及时配合胸外心脏按压，进行心肺复苏等措施，效果较好。

（4）若判断溺水者呼吸和心跳都已停止，单纯采用人工呼吸法是无法恢复溺水者的自主心跳的，必须在口对口人工呼吸的同时，配合胸外心脏按压进行抢救，才有可能恢复溺水者的自主呼吸和心跳。心脏胸外按压只能改善血液循环，不能解决氧气的供应，对于既无心跳又无呼吸的弱者而言，胸外心脏按压与口对口人工呼吸紧密配合，才会取得较好的效果。

（5）在施行心肺复苏操作前应清除溺水者口、鼻杂物。松开衣领和腰带，及时进行倒水，将溺水者呼吸道、肺部和食道中的水排出，保证上呼吸道的畅通。倒水常用方法是膝上压背倒水法。倒水时，溺水者俯卧，腹部放在救护者半跪地面屈膝的腿上，救护者一手托其前额，一手按压背部，使溺水者呼吸道伸直，头部放低，前额抬高，使体内水倒出。

（6）溺水者经过现场的急救，自主呼吸及心跳得以恢复，严重缺氧稍有改善，血压可回升，颈动脉或股动脉可明显触到跳动，才算施救有效，但很难在短时间内使其体力和缺氧状况得到根本恢复。因此，复苏后应注意氧气的摄入、热量的补充、身体的保暖、头部的冷敷、空气的流通，并及时送往医院进一步观察和护理。

章节小结

游泳是体育运动项目中对身体各部位的锻炼最为全面的运动项目之一。本节系统地叙述了游泳运动的发展，游泳基本技术、游泳练习方法、竞赛规则以及游泳中的安全与水中救护事项。

思考题

1. 游泳对人体有哪些积极的作用？
2. 游泳运动中的几个基本技术与练习方法分别是什么？
3. 溺水急救中的心肺复苏步骤分别是哪些？

（章节撰稿人：徐静）

第二节 龙舟

一、龙舟项目概述

龙最早是中华民族的一种图腾，用于祭祀等宗教仪式，用于求雨、祈福等，后来逐渐被宗教化和神化，从模糊的想象进而升华为龙神、龙王，伴随着中国五千年的灿烂文明的发展，如今已经成为中华民族的象征。

对于龙的崇拜可以追溯到夏朝，唐代诗人元稹在《竞渡》一诗中将大禹作为龙来歌颂的，诗中记载："有龙竞，竞渡龙之门。赤磷化时至，唐突鳍鬣掀。乘风瞥然去，万里黄河翻。接瞬电烻出，微吟霹雳喧。傍瞻旷宇宙，俯看卑昆仑。"可见中华民族对龙的崇拜由来已久，其影响力已经渗入民族文化。东汉经学家、文字学家许慎在《说文解字》中提到："龙，鳞虫之长，能幽能明，能细能巨，能短能长，春分而登天，秋分而潜渊。"明朝药物学家李时珍在《本草纲目》中曰："王符言其行有九，头似驼，角似鹿，掌似虎，是也。其背有八十一鳞，具九九阳类。其声如戛铜盘，口旁有须髯，颔下有明珠，头上有博山。”龙图像本就是很抽象的，并不是某一种具体的动物，而是集合了我们古代劳动人民所见过的很多动物的某些特征。

龙舟运动起源于中国的龙舟竞渡，在龙文化中最能体现龙之精神内涵“同舟共济”“团结合力”，是一项集众多划手以单片桨叶的划桨作为推进方式，推动龙船前进的民族传统水上运动项目。在民俗传统龙舟赛事中，龙船配备龙舟、龙尾、鼓（鼓手）、舵（舵手），根据地域特点的不同，龙舟造型在头尾设计方面包括凤舟、象牙舟、龟舟、虎头舟、牛头舟、天鹅舟、蛇舟等形状。

而今，中国正处于社会转型的关键时期，民族传统体育的发展也面临文化转型的现实境遇，龙舟运动的发展既有机遇也有挑战。在新的历史时期，结合龙文化及民俗祭祀，不断推广民族文化，让中国文明走向国际，为世界人民所接受，是中华民族的愿望，更是时代赋予我们的责任和使命。我们应该努力让休闲龙舟文化健康可持续地发展，不断挖掘其竞技价值、经济价值、社会价值和文化价值，让休闲龙舟运动更加富有生命力，拥有更加广阔的发展前景。

二、龙舟项目的特点

龙舟运动是一项多人的集体运动项目，以竞技、健身、娱乐、祭祀为目的，通过鼓手、舵手、桨手、旗手等成员同心协力，以众多桨手依靠单片桨叶的划桨为推进方式，驾驶特殊舟艇在规定的水域行进的民族传统水上运动项目。龙舟运动的价值，不在于高强的竞技性，而在于广泛的参与性；不在于严酷的纪律性，而在于自发的团队性；不在于宣传的广告，而在于民俗文化的传承。它有别于竞技体育、职业体育和学校体育，其特征如下。

（1）闲暇性、业余性。人们参与龙舟运动往往是在工作、学习、劳动的业余时间。如今龙舟运动已经进入学校体育，成为体育选修课，学生们可以在老师的指导下，学习龙舟技能，开展龙舟教学和竞赛，丰富校园文化活动。

（2）自发性、自主性。人们是否参加龙舟运动、什么时间参加、什么地点参加等都取决于个人的需求和意愿。端午节是中华民族的传统节日，节日中人们包粽子、做龙旗、赛龙舟，一起吃龙舟饭，敲锣打鼓，共度佳节。每逢龙舟竞渡，人们都会自发、自主地参与到这项运动中来。

（3）娱乐性 消遣性。人们参与到休闲龙舟运动，就是为了追求快乐，使自我身心得到满足，锻炼身体，放松心情。

（4）广泛性、多样性。男女老少都可以参与到这项体育活动中来，每个人可以根据自己的能力，当划桨手、舵手、鼓手、锣手，一起同舟共济，同心协力，力争上游。传统龙舟活动的形式也具有多样性，不同地域龙舟习俗各有差异。

龙舟运动是一项集健身、竞技、娱乐及教育功能于一体的民族传统体育项目，是民族文化和精神的彰显，具有很强的地域性、民族性和娱乐性。龙舟运动历经千年，长盛不衰，世代相传，它已经深深地植根于广大人民群众心中，此外，龙舟运动有益于锻炼人们的体魄，激发人们搏风击浪、急流勇进的精神，培养人们团结拼搏、齐心协力，共同配合的集体主义精神。

三、我国龙舟运动的发展

龙舟运动最早起源于汉代，是中国民间传统水上多人集体划桨竞赛体育娱乐项目，多是在喜庆节日举行，已被列入国家级非物质文化遗产名录，先后传入日本、越南、英国等国家，是 2010 年广州亚运会正式比赛项目。2015 年，龙舟运动成为世界休闲体育大会正式比赛项目。

龙舟运动在我国有着悠久的历史，可以说是社会习俗和文化历法结合的产物，与祖先们的天文祭祀、人物纪念和节日活动紧密联系。龙舟竞渡不仅是一项体育表象活动，更富有深层的社会价值和意义，它不只是体育的竞技角逐，更象征了人们在坚强的生存中对物质与精神方面的愿望和渴求，映射着人们在清苦的岁月中不懈追寻的情感交流和理性绽放。

（一）龙舟运动的起源

中国是龙舟的故乡。两千多年来的龙舟竞渡，深受广大人民群众喜爱，是具有广泛群众性的传统文化娱乐活动，特别是它和纪念伟大爱国诗人屈原结合之后，龙舟竞渡更加富有魅力。竞渡一词最早出现在西晋周处所撰写的《风土记》里："仲夏端午……踏百草，竞渡。"后南朝学者宗懔的《荆楚岁时记》中记载："五月五日……是日竞渡。"之后有关龙舟竞渡的记载就越来越多了。作为一种水上运动，龙舟运动随着人类的生产发展而演进。

关于龙舟竞渡起源的问题，由于受到全国各地域文化、民族风俗的不同的影响，出现了各种各样不同的说法，但可以归纳为以下三种。

第一种，纪念英雄人物。在屈原的故乡秭归，很早就有着赛龙舟纪念屈原的传统；而在两广、福建、江浙一带的古越人居住地则是流传说龙舟竞渡是为了纪念越王勾践为雪国耻而忍辱负重等。然而历史学家和民俗学家的研究表明，早在屈原投江一千年之前龙舟就已经存在于我国南方了。而且相关历史学家研究认为赛龙舟由最初的"龙祭"发展为纪念屈原是由于中国封建政权出于推广文化影响力的需要。

第二种，对于龙图腾崇拜的水上祭祀活动。由古至今龙一直作为中国文化的象征，在以农业为国家根本的古代中国，龙是掌管这雨水的天神，而龙舟竞渡则是一种对于期盼来年风调雨顺的祭祀仪式。

第三种，水上劳作与水上战争。一些学者认为古代人群在深水区域为了争抢猎物争相冲向猎物是龙舟竞渡产生的母体，在一些出土的古文物上留下的文字、图画为这一说法提供了有利的理论支持。而在先秦文献《墨子·鲁问》中关于楚越之战的一段描述则是龙舟竞渡起源于水上战争的依据之一。

自古以来，人与环境一直都是密不可分的，所以龙舟竞渡这种以水为载体的水上项目更是与地理环境有着不可或缺的关系，龙舟竞渡这一传统体育项目的形成不仅仅与历史宗教等文化因素相关，更与地理环境密不可分。

从地理位置上面分析，龙舟竞渡应该以晋、吴越、荆楚三大地区为发源地，主要集中在江浙、两湖、两广、云贵川等地。以南方各省开展较为普遍，尤其以两广、两湖中水域充沛的城市最为盛行。清代文人舒梦兰的《金沙州观竞渡作》中记载："双溪潺潺自东流，群观竞渡双龙舟。"由此可以看出，龙舟竞渡是在水流较为平缓同时老百姓较为聚集的地段进行的。

(二)龙舟运动的发展

我国是一个多民族国家,在数千年历史的演变进程中,近千种民族体育项目历经优胜劣汰式的社会选择,只有那些影响力深远、群众基础广泛和富有传承价值的项目得以传承,龙舟运动无疑是历史留给中华民族最灿烂的文化瑰宝。

由于我国历代来各地民情风俗不同,各地纪念的英雄人物也有不尽相同。同样是五月初五,在六朝之前,山西人则纪念春秋时期晋国介之推,浙江绍兴人则纪念曹娥,有的地方还把赛龙舟与纪念伍子胥联系起来。但总的来说,人们推崇的人物都具有大义凌然的英勇气概和高尚的民族气节。后来直到唐代名相魏征在其《隋书·地理志》一书中明确将龙舟竞技规定为纪念战国时期爱国诗人屈原。自此,端午竞渡这一民俗,便逐渐统一在"纪念屈原"这个具有凝聚力的主题之中。这个主题一经确立,对我国的传统思想、传统文化、民族精神影响极大:从价值取向看,这一规定把屈原的爱国精神普及为社会的意识形态,并逐渐升华为民族精神的表征,借端午竞渡的节日形式,对社会意识起着导向作用、规范作用,使得俚俗粗糙的民俗文化格调得到升华,使之具有永恒的魅力。从此,龙舟运动成为我国古代历史上的一项重要赛事。

到了唐朝时期,龙舟竞渡又称为"夺标",并逐渐演变成了一项独具特色而又极为隆重的竞赛活动,其程序和规则也愈发严密和完整。赛龙竞赛其目的在于争夺第一名——斗舸。为了裁定名次,组织者在比赛的终点设置一个"标"。"标"既是比赛终点的标志,又是优胜者的奖品,夺得"标"者便是冠军。竞渡领先船只,以首先夺取"锦标"者为胜,故这一竞赛又称为"夺标"。如今"夺标"已成了冠军的代名词,现代体育比赛中"锦标赛"就由此而得名,其意义代表体育比赛的最高水平和取胜者的荣誉。唐代典籍中留下了许多"夺标"的描述和记载。张说《岳州观竞渡》中记载:"鼓发南湖槎,标争西驿楼";白居易《和春深》中这样写道:"齐桡争渡处,一匹锦标斜";元稹《竞舟》中有这样一句话:"建标明取舍,胜负死生求";储光羲《观竞渡》中有"标随绿云动,船逆清波来";五代花蕊夫人的《宫词》中这样写道:"第一锦标谁夺得,右军输却小龙船"。诗人刘禹锡的《竞渡曲》和张建封的《竞渡歌》也都曾生动地记载和反映了当时赛龙舟的热闹场面。

自宋代开始,夺标成为法定规则,一直沿用到明清。宋元时期的竞渡之风盛行,不但民间组织,官方也大力提倡,民间的端午竞渡十分活跃。当时,各郡、县、村社每年都组织赛龙舟活动,一到端午,官府即赏赐竞渡组织者以绸缎、银饷。各朝帝王为强大水军,也鼓励军中划船竞渡。宋朝黄公绍在《端午竞渡棹歌十首》中,为我们勾画了一幅生动的龙舟比赛图:"看龙舟,看龙舟,西堤未计水悠悠。一片笙歌催晞晚,忽然鼓棹起中流。"

明清时期,每年的赛龙舟比赛活动仍以南方水乡为盛。明代万历年间,宫中太监刘若愚在他所著的《明宫史》中曾记载有五月端午日,皇帝临西苑,参加"斗龙舟、划船"活动等情形。"中流九龙舟,谁肯相参差"的诗句,就是清高宗在观看西苑赛龙舟之后留下的著名咏唱,"四月八日揭篷打船,五月一日下水赌赛"(清光绪《桃源县志》),整个赛舟期间还有祭神、洗墨、亮船等习俗。

在我国广东、湖南、福建、四川、云南、陕西、贵州、湖北、广西、浙江、江苏、安徽、江西以及港澳台等地区开展龙舟运动的历史悠久,并形成了各自的传统和特色,龙舟竞渡的内容风情浓郁,千姿百态,特色鲜明,每年端午佳节赛龙舟已经成为的传统习俗。在国家体育总局、中国龙舟协会的大力支持下,龙舟运动“南舟北移”工程、“全国龙舟月”、“中华龙舟”和“中华龙舟”等赛事等如火如荼地开展起来。我国参与龙舟运动的地区和人数不断增多,目前全国除新疆和青海外,各省市和地区都建立了自己的龙舟队伍,阵容庞大。2005 年,我国共举办了 8 站大型的国际龙舟赛事,参赛队伍达到 400 余支,约 1 万 4 千人,现场观众人数超过 300 万。各省区市举办的地方性龙舟活动达数十起,参赛选手近 4 万人,现场观众人数约 600 万,充分体现了龙舟运动在国内的受欢迎程度。此外,高校竞技龙舟运动也开始蓬勃发展起来,现全国共有 36 所高校设立了龙舟队伍,广泛参与国内外龙舟赛事,并取得了不俗的成绩,高校龙舟运动已经成为我国竞技龙舟运动发展的一面旗帜。

中国现当代龙舟运动的大事主要有:1983 年龙舟被列为我国正式开展体育竞赛项目,开始举办“屈原杯”全国龙舟锦标赛赛;1985 年,中国龙舟协会成立;1992 年亚洲龙舟联合会在北京成立,现有会员 14 个;1994 年,国家体育总局社会体育指导中心成立,全国性龙舟活动朝着规范、规模大型化的方向发展;自 2005 年开始,国家体育总局社会体育指导中心、中国龙舟协会与 8 省市政府联合开展“全国龙舟月”活动。

四、龙舟运动基本技术

(一)选桨和握桨

1. 选桨

龙舟竞赛规则规定:龙舟桨的长度为 105~130 厘米,桨宽为 18 厘米,桨柄为 10 厘米(图 12-1),龙舟运动员应根据自己的身高、臂长和力量来选择适合自己的桨。

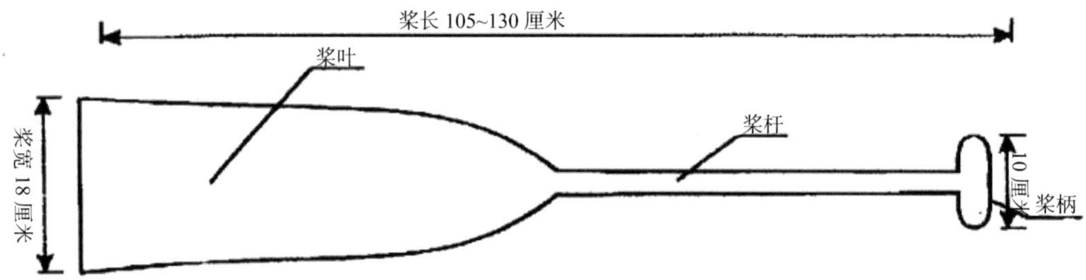

图 12-1 龙舟标准用桨示意图

龙舟队因队员的身高不同、手臂的长短不同、坐高不同、力量大小不同、桨位不同(如 1 号、10 号桨位的高度就较高),所以应根据下述情况来选择划桨的长度,以达到最佳划水效果。通常以队员的形态来决定划桨长度,以下数据仅供参考(表 12-1)。

表 12-1　选桨

身　高	桨　长
1.80 米以上	1.25 米
1.75~1.80 米	1.20 米
1.70~1.75 米	1.15 米
1.65~1.70 米	1.10 米

最好的桨是碳铝合金桨，其次是全碳纤维桨，再其次是白杬木桨，再次是水曲柳桨。沙木和椴木制作的桨不宜作比赛用桨。竞赛用桨符合竞赛要求。

桨以重量轻、韧性强、桨面薄、桨杆细、握感舒适、握桨处呈前后椭圆状为好。尤其要注意桨颈处，这是受力最大的部位，一定要保证质量。

2. 握桨

以右手为例进行描述，右手握桨即为拉桨手，又称低位手。通常低位手握于桨颈处上一个把位。但握桨也要结合人体形态与身体素质情况，如果该运动员手比较短、力量大可靠上一点握桨；而力量小、手臂长可靠下一点握桨。大拇指与食指紧握桨杆，中指、无名指、小指放松，这样便于桨入水时前伸。左手或称为高位手，正握桨柄，大拇指顶住桨柄，这样便于提桨出水。双手不要握得太死，应稍稍放松（图 12-2）。

图 12-2　握桨

错误动作：

（1）握桨死板小臂发僵，前伸动作难以做出；

（2）高位手手腕弯曲下垂。

（二）船上坐姿

髋关节紧贴船舷，外侧腿紧蹬前隔舱板底部，这样可充分发挥腿部大肌肉群的力量。转体直臂后拉是靠有力的蹬腿将力送上去的，外侧腿若不蹬住隔舱板底部，动力在传递过程中就会有损耗，内侧腿弯曲后收于坐板下隔舱板，前脚掌紧抵船舱底部，臀部坐在坐板的前沿上，这样做可固定臀部的位置，并有利于动力的传递，避免动力损耗，这是因为臀大肌有缓冲作用。其次，在训练中不至于因反复摩擦，导致臀部受伤（图 12-3）。

图 12-3 龙舟运动船上坐姿

采用转体技术划法，在划高桨频时，内侧腿放前、放后、放内侧均可；而采用下腰技术划法，若内侧腿放在前面，在划高桨频时，身体重心则会往上抬，不利于发力。而采用转体转髋加下腰相结合的技术划法，则有利于船速的提高。

但某些龙舟因设计和施工问题，船舱隔板位于坐板的后部，缩小了腿部活动空间，无法采用蹬腿技术，可不采用蹬腿技术。躯干直立放松。

在停止划行时，养成良好习惯，桨叶平贴水面，双手横握划桨平桨，避免风浪，保持平衡和两边划手的重量，保证安全。

（三）划桨周期动作（以右桨为例）

运动员自然的坐在舟的格舱板上，臀部坐平，尽可能地靠近舟弦，腰背直起，躯干垂直，身体前倾约 45°，身体重心落在座板的外侧，头部正直，颈部放松，两眼平视前方，左脚蹬住前面的格舱板，右脚弯曲收回撑住坐位的格舱板。上肢右手在下充分向前平行伸直展开并转送肩背，同时重心向前移动，左手在上向右前方伸直展开并与右拉桨手保持在一条水平线上，使桨叶正对水面，桨叶与水面成 75° 角（图 12-4）。双手松弛握桨，低位手尽量地向前伸直并向前送转右肩。高位手握桨于头正前靠右上方，外侧腿弯曲，此时背阔肌已充分拉开。从侧面看，桨杆紧靠船舷与水平面成 75° 角入水。桨叶与船舷成 90° 角，这样桨叶形成最大对水面积，有助于抓水，增加划水距离。桨叶入水至桨颈处，身体重心通过桨入水压在桨叶支撑作用面上，稳稳抓住水，避免划漂桨。划距的长短取决定手臂、肩向前送转幅度，桨叶入水的角度以及拉桨做功的大小。

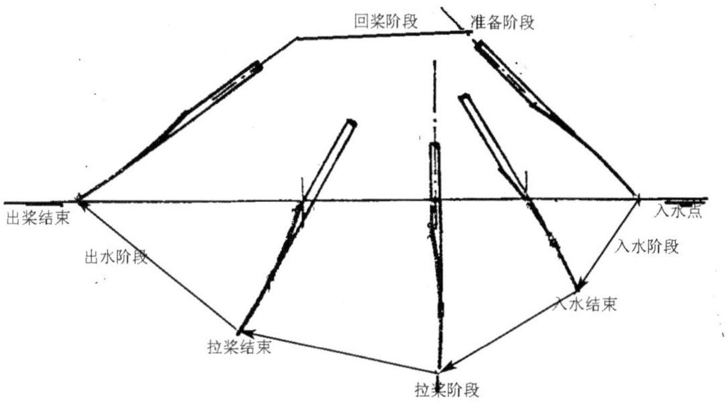

图 12-4　一个划桨周期

插桨入水有三种技术:第一种技术以转体为主,前倾为辅,这种技术适合划短距离或者是在划高桨时采用;第二种技术以前倾为主,转体为辅,这种技术适合划长距离,在拉大划距时采用;第三种技术是二者的结合,这种技术适合划中距离或者是中桨频时采用,但这种技术划起来运动员感到比较吃力、呼吸感到困难、外侧腰腹感到难受。

插桨技术要求。

(1)找准下桨点。

(2)尽可能前伸,满桨入水。

插桨常见错误动作。

(1)高位手太直太僵,造成桨入水角度过大,抓水效果不佳。

(2)插桨时低位手弯曲,高位手伸直将会缩短划距,拉桨无力。

(3)桨拍水,溅起水花大,桨叶带气泡出水,产生一个向上的分力,影响划桨效果。

(4)高位手没压住桨,抓不住水。

(5)桨抓水过浅,导致用力时作用面太小。

(6)桨叶与船舷的角度没有形成 90°,导致用力分散。

拉桨是指桨叶插满桨至拉桨结束之间的距离。桨叶入水后立即用力,用最快速度完成这段划距(桨叶入水后至桨叶出水之间的距离)。保持桨叶入水阶段的姿态。当桨叶抓住水时迅速发力,利用蹬腿和躯干抬转形成最大合力直臂拉桨至大腿中部,拉桨手与头部垂直时,拉桨结束。上方手与肩平行向前撑,与此同时,身体抬至准备阶段的状态(或接近垂直状态)时,完成拉桨。

拉桨发力应从腰部开始,高位手应保持稳定支撑,使桨稳稳抓住水。低位手的食指、中指、无名指、小指开始紧握桨杆,直臂拉桨。拉桨发力时桨叶与水平面的角度为 90°。同时腿要配合发力,用力的大小与拉桨用力的大小应协调一致。这样可充分发挥腿、腰、背、肩及两臂肌肉群的合力,通过蹬腿把动力送上去。拉桨紧靠船舷,与前进方向一致。高位手随着躯干的抬起与肩平行向前撑,低位手拉至大腿中部即可。在拉桨过程中应始终保持最大作用面积和拉桨速度越拉越快。

（四）起航、途中、冲刺技术

1. 起航技术

龙舟起航是指在龙舟静止状态下克服水对舟体的阻力，推动舟体尽快进入水平位移的过程。龙舟运动的起航是龙舟竞渡中至关重要的环节，科学合理的起航技术在比赛中能使自己处于领先位置，为夺取比赛的胜利增强信心。

良好的开端是成功的一半。每次比赛，起点是出问题最多的地方。因此，起航技术尤为重要。起航获得优势，能增加全队获胜信念，提高士气，在心理上占据很大优势，队员越划越有劲。

起航领先技术应做到：桨叶应与舟舷成 30°~35° 划桨夹角；后拉力度应为全力的 50%；桨叶入水深度为 2/3 桨叶；桨入水角度为 30°~35° 。

起航桨频要比途中桨频高，但通常要划 10 多桨后才能达到最高桨频。起航桨数一般以 40 桨为宜，不宜过多。

起航划距，起航第 1 桨为划距的 75%，第 2、3 桨为 80%，第 4、5 桨为 85%，第 6~10 桨为 90%，第 11~20 桨为 95%，第 21~35 桨为 100%。

起航速度实际上就是加速度，它体现的是运动员通过相等距离使船速递增的能力。一般来说，从起航划到 13~17 桨时，即可达到最高速度。而训练有素的队，达到最高速度所用的桨数更少。

现代龙舟都比较重视起航加速度的训练。它对于运动员获得心理上的优势具有重要的作用，对比赛成绩有着直接相关作用。

2. 途中技术

在龙舟运动途中划阶段中，桨频和划距相对恒定，通过每次测试桨频值，可以清晰地判断出途中划的起止时间。

龙舟项目途中划阶段桨频有高有低，绝对稳定很难，通常取平均桨频，龙舟途中划阶段的桨频一般为 1.1 桨/秒，训练或竞赛中具体运用的桨频数值可以参考龙舟项目桨频表。

3. 冲刺技术

途中划结束起至终点阶段为冲刺划阶段，该阶段高桨频替代匀速桨，以此赢得较高划行速度。冲刺桨频多比途中桨频高，一般高出 5~10 桨为宜，但不能过高，过高划距必小，体力下降比较快，甚至会乱桨，反而影响速度，一般情况下，该阶段平均桨频大约为 1.4 桨/秒，冲刺划行距离至少在 120 米以上。

龙舟项目冲刺阶段要求运动员必须提高桨频，顽强拼搏，以获得最高速度并保持到终点，此时鼓手应严格控制好桨频，不能乱桨。

龙舟技术和身体训练水平互为条件，互相制约，良好的身体训练水平是掌握和提高运动技术的基础，而只有掌握了正确的运动技术才能更有效地发挥身体训练水平，使已有的身体训练水平充分地表现出来。龙舟技术是形成和运用比赛战术的基础，战术是在技术充分发挥的情况下形成和发展的，没有好的技术也就谈不上战术，技术越全面，战术也就越能多样化。技术越扎实娴熟，战术运用的质量也越高。熟练的龙舟技术能使运动员在训练和比赛中节省能量。正确的动力定型能使有机体在运动过程中消耗最低的能量，在比赛中始终保持旺盛的精力，从而创造优异成绩。

五、基本战术

龙舟 100 米、200 米、500 米、800 米和 1 000 米比赛的战术与持续时间相同的其他竞速运动项目有类似之处。龙舟直道竞速 100 米、200 米、500 米比赛的桨频类似于短跑的步频，而 1 000 米比赛却需要有途中划，那种“出发拼命领先，途中增加划距，最后加速”的旧观念，作为竞赛战术来说已经有点过时了。随着现代训练科学的发展，竞赛战术已经有了极大的改进，经过生理和心理评定之后，教练员与运动员合作可以选择最适合自己的竞赛距离和竞赛战术。

（一）领先战术

领先是比赛中最常用的战术，这一战术的指导思想是在比赛中利用领先后坚持下去的方法给对手施加心理压力。根据项目的不同，起航时间与全程平均时间的差异在 3~5 秒之间。采用领先战术要求有专门的训练，因为前 100~150 米要以近乎最大速度划行，可能要持续 30~50 秒。在出发时的急速发力将引起肌肉乳酸高度堆积，为了能在高乳酸条件下划完一半竞程，运动员需要进行特殊的训练，可能仅仅是那些经过挑选的、在这种条件下进行全面的生理检测承受得了的运动员。民间龙舟队伍一般采用这种战术，此种战术有利于鼓舞士气，增加信心（图 12-5）。

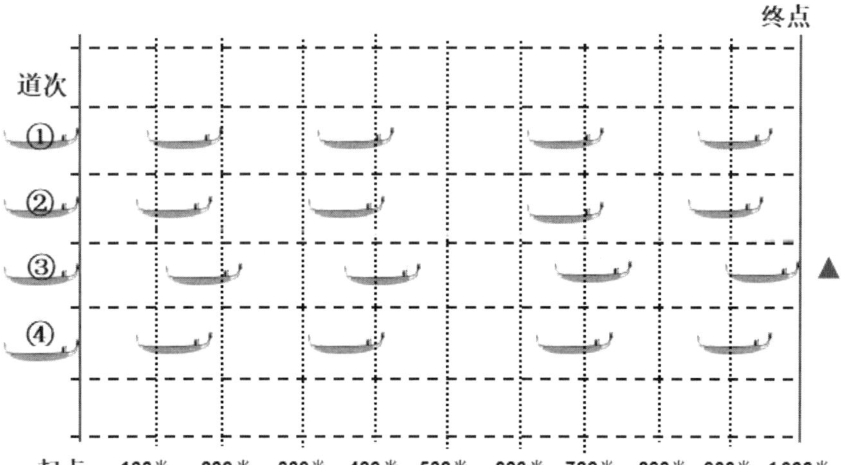

图 12-5　龙舟运动领先战术图

（二）匀速战术

匀速划战术又称平均分段战术，采用这种战术要求运动员必须合理分配体能，保证整个比赛过程中速度波动很小，前半赛程速度与后半程速度基本无变化。换言之，采用匀速战术的制胜关键在于队伍要有较高的平均速度，均匀分配体能，减少了速度变化导致运动员体能的多余消耗，适用于起航加速度较慢的队伍。起航时神经兴奋与肾上腺素水平处于支配地位，采用领先战术的运动员容易较快出现乳酸堆积，而匀速战术则可以让运动员将节省部分能量用于后半程冲刺，但需要注意的是，采用分段匀速战术时起航阶段必须有严格总体控制，运动员要有出发落后 2~3 秒的心理准备，因此应具备平稳的心态、强大的自信心和实力。

匀速战术的训练需要大量高强度桨频的训练和有控制的出发实践，桨手、鼓手、舵手等艇员通过身体语言进行交流，是非常必要的。领桨手的任务是在出发时控制正确的节奏和桨频，以便全队跟上。平均速度分段往往就是指的均衡桨频，特别是在 1 000 米和长距离比赛中尤为突出（图 12-6）。

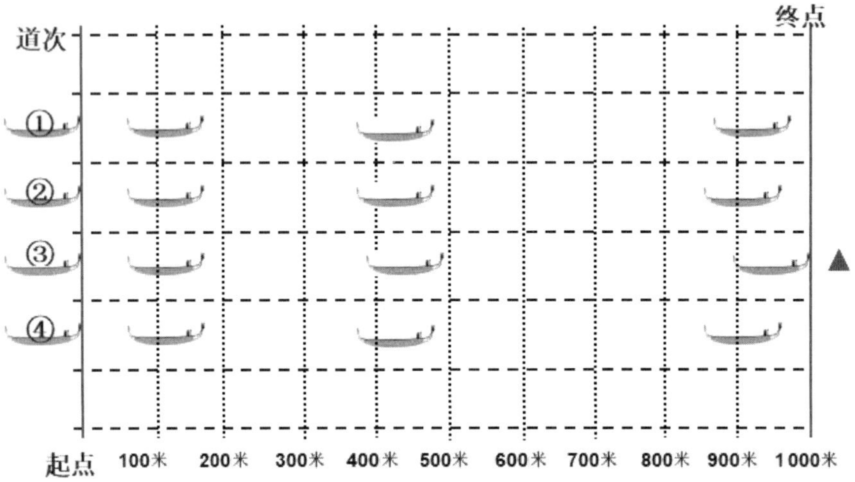

图 12-6　龙舟运动匀速战术图

（三）负分段战术

负分段比赛战术正像在其他运动项目，如跑步、游泳等运动项目中所使用的战术一样，就是划完各个分段所耗费的时间是递减的，即时间增量是负数。按其他项目所说的负分段在龙舟比赛中几乎是不可能的，因为舟艇要受到邻近舟艇的波浪影响。但是在一个确定良好的出发之后，负分段战术对最后 500 米来说又是可能的（图 12-7）。

负分段战术适用于 1 000 米和长距离比赛。对于 500 米来说，分段距离应该是 100 米。由于间隔距离太短，因此难以成功地控制负分段。这一战术的训练，需要良好的速度感和控制桨频的能力。最常用的是高强度和高速度相结合的练习。通常采用这种战术需要队员有良好的速度感，并对自己的竞技能力有良好的把握，此种战术有利于节省运动员的体力。

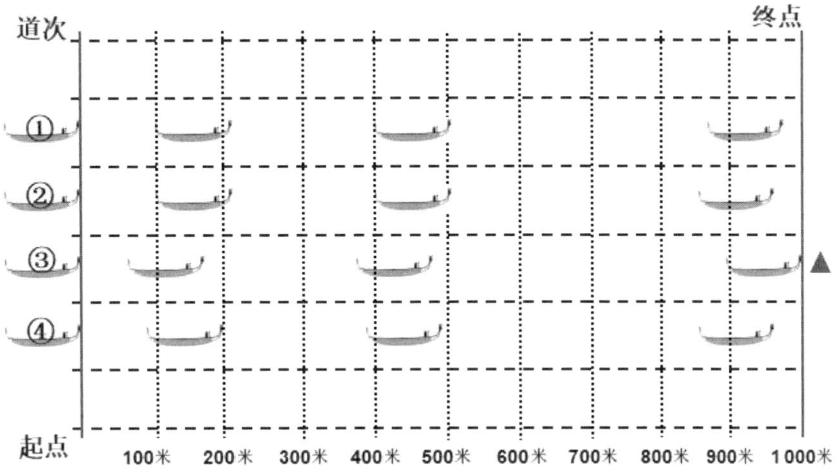

图 12-7　龙舟运动负分段战术图

(四)分段变速战术

分段变速是在分段中通过控制自己的速度变化,打乱对手的节奏,最大限度地消耗对手的体力。这种战术通常出现在 1 000 米的比赛中,克服对手的跟随划战术(图 12-8)。

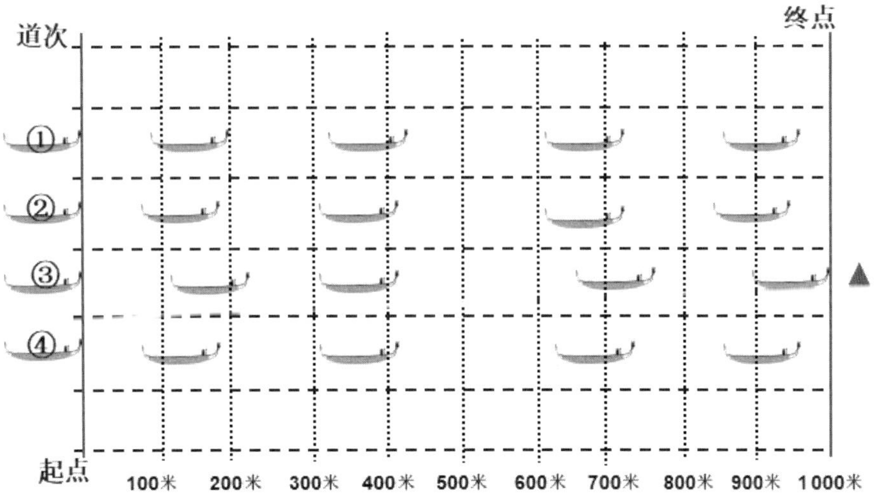

图 12-8　龙舟运动分段变速战术图

六、龙舟运动的安全教育

(一)龙舟安全风险及其防护技能

因为比赛地点是平静的水面,本质上来说龙舟比赛是安全的,但是任何水上运动,由于水面特有的环境,总会有危险的因素。再加上人类自身的特性,最终可能导致事故发生。所有从事此项运动的人——竞赛者、竞赛组织者、教练和官员都要意识到此运动中固有的潜在危险;要有安全意识,确保龙舟赛事在一种负责的态度下进行。

参加休闲龙舟运动的运动员人数比参加足球赛的场上队员还要多,而且天气、比赛环境、比赛过程中瞬息万变,龙舟运动的安全问题必须重视。比如:在夏季,比较普遍的是恶劣的天气和寒冷的水上条件,或者是当比赛正在进行时,突然变化的天气和风向。在这样的状况下,龙舟可能被风浪淹没,严重时发生倾覆。因此,在入水以前,运动员应该考虑到这些潜在的危险,在龙舟被淹没和倾覆时能互相帮助。

在所有的水面条件状况下,安全的关键在于具有优良意识。在龙舟上玩耍不论对队员还是其他的水上运动员,都是危险的。在特定情况下,这种危险也许是致命的。

龙舟运动环境包括训练比赛用水域、码头、船库、训练场以及外在的自然环境因素。对训练与比赛环境的安全评估是确保龙舟运动参与人员安全的重要前提。

1. 比赛地的详细情况

组委会为龙舟竞赛参加者提供的当地详细情况必须包括:

(1)当地水域使用计划及船只航行;

(2)潜在的危险水域及因素;

(3)当地气候、水文及潮汐、风力等情况。

2. 比赛场地的安全要求

赛事组织者(EO)必须确保计划内容的合理性,并确保运动场地达到以下安全要求。

(1)比赛地得到批准使用。

(2)所有的使用设备得到同意并有公众的支持。

(3)有足够大的停车场。

(4)为当地警察提供有关信息。

(5)得到了适当权威机构所有必要的批准或许可,包括吃、喝、住。

(6)对参赛人员(运动员与观众构成)的计划、安排和控制。

(7)比赛控制和资格审查。

(8)配备适量合格的急救人员。

(9)临时机构遵循所有的健康和安全规则。

(10)所有的临时电子设施和服务遵照现行政府的规定。

(11)急救车通行路线。

(12)适合比赛规模的通信系统。

3. 防范工作

赛事组织者应确保参赛人员不管在岸上还是在水中都可获得急救,并做好以下防范工作。

(1)赛事组织者应为运动员、观众及赛事工作人员购买人身安全保险。

(2)要学习相关的安全急救条例,确保出现安全问题时能很好地执行。

(3)赛事组织者应有突发安全情况下的组织计划和具体的操作程序,并在赛前进行安全演练。

(4)赛场应有相关的龙舟运动安全海报展示,包括应急情况下运动员及观众所应遵循的安全规则及急救措施等。

4. 个人助浮器具

个人助浮器具应正确装配并由指导员检查，衣服也必须合适。应考虑以下因素。

（1）水温、气温、风等因素。

在冷水（适宜的冬季气候）和没有救援设备的条件下训练，当龙舟远离海滨、河岸或其他着陆点 50 米或更远的距离时，舵手应确定是否携带个人助浮器具，这对于任何成员来说是强制性的。在如此环境下，保持一本成员训练日志尤其必要。

（2）新手运动员（指竞赛经历不满 1 年的运动员）和年轻运动员（指年龄不足 18 岁的运动员）在参加遵照国际龙舟联合会及其会员的规章制度的户外龙舟竞赛时，不管他们的游泳水平如何都必须携带个人助浮器具，以达到国家水上运动标准。

在任何条件下，不满 12 岁的运动员都应携带个人助浮器具，在不利的水面情况下，体质虚弱或者不会游泳的运动员在海洋赛事里应一直携带个人助浮器具。

（3）水上安全与防范。

在龙舟日常水上训练中，必须重视运动员的安全防范环节，运动员必须携带个人助浮器具（新手和任何年龄不到 18 岁的运动员都应当携带个人助浮器具），尤其是在没有预备救生艇或护卫舟的情况下，必须确保训练安全问题万无一失。

（4）赛事类型、赛程距离、地点。

在非正式比赛中，建议所有的运动员穿上应该由组委会提供的个人助浮器具。当赛程较长时，如龙舟马拉松赛运动员应携带个人助浮器具。

在开阔的水面或河面上训练或比赛时，领队应该要求所有的成员穿上个人助浮器具，并且确保那些游泳技术不佳的和不适应情况的运动员穿上。

5. 水域分类与其安全人员的配置

1）非常安全的水面与安全保障人员的配置

非常安全的水面包括容易到达河岸和出口的平静的运河、公园湖泊，这种水面容易靠岸，并且即使情况突变，也不会有太大的问题。

在温和的夏季气温条件下，不大可能出现安全问题。但当水温下降或由强风导致恶劣的大浪时要特别小心。

在凉爽的水面和温暖的气候条件下（舒适的夏季），每条龙舟配备一名管理协会的合格的舵手。在寒冷的水面和不利的气候条件下（适宜的冬季），每条龙舟配备一名管理协会的合格的指导员进行监督。

2）安全的水面与安全保障人员的配置

安全的水面包括封闭的码头、小型湖和人造湖、已注册的水上运动中心、平静的河流、水流较快的河流但不包括冲击坝或急流。

在温和的夏季天气条件，必须注意水温，必须注意龙舟远离海滨或着陆点 50 米以外的情况。在凉爽的水面，每条龙舟配备一名管理协会的合格的舵手；在寒冷的水面，每只龙舟配备一名管理协会的合格的指导员。

3)安全的起潮水面与安全保障人员的配置

安全的起源水面一般指小型的封闭式海湾,这是近海岸的不太可能使人疲劳的地方;封闭式港口和一些入海口的上层河流。在所有的这些情况下,风向和气温必须是有利的。

靠岸时,每条龙舟配备一名管理协会的合格的舵手负责总体的行动。离岸后,由一名指导员监督。

4)开放式水面与安全保障人员的配置

开放式水面包括大的或者非常大的内陆湖和人工湖、涨潮的入海口、开阔的码头或海面。

海面与内陆水面差别很大,气温和水温都应考虑。例如,在北半球,海面温度普遍较低,尤其在 11 月和 5 月。虽然海面看上去很安宁,但由于准备不足或粗心大意,海面能使龙舟轻易陷入。

一只龙舟配备一名管理协会的合格的舵手和一名指导员,并增加 1~3 人的能胜利的划手(在任何情况下)。在任何水面和气温条件下,新手在大型湖泊和开阔的海面上行动时应当由一名指导员陪同。

4. 安全登船与保持龙舟平稳行驶

离开出发区前,船长(通常是舵手)应确保龙舟平衡。也就是说两边赛手的重量和高度相近,一般说来,较重的赛手安排在龙舟中央(图 12-9)。

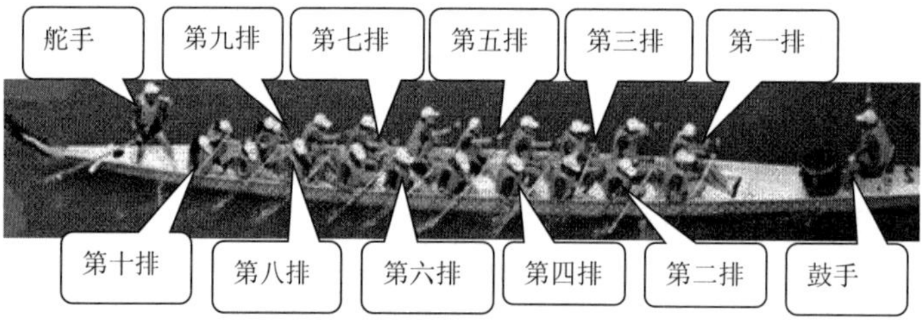

图 12-9 龙舟座次示意图

龙舟可能会"倾斜",特别是在赛手失去平衡或行进的步调不协调时。在这种情况下(可能还是风浪天气),舵手应该指挥赛手身体稍向外倾,并且以手臂力量使桨叶在水中放平,以稳定龙舟。所有的划桨以这种方式(每边 10 片)放入水中后,龙舟将会有效地稳定下来。这叫作划桨支撑。

(二)停船

为了避免与另一艘船相撞,可能需要突然停船。全体成员应安全迅速地行动。

最快的停船方式是赛手做相反的划桨动作,也就是说,每一个人都是向后划船。

如果龙舟不稳定且没有即刻的相撞危险,那么应先"停桨",然后是"固舟"。如果有相撞的危险,应立即指挥"停船",赛手在舵手的指挥下向后划船。

(三)倾覆

如果龙舟发生倾覆,船长应立即通过报告号码确保所有的队员在场,并注意他们的回应。如果这样做不太可能,就直接清点人数。全体成员首先必须依靠龙舟离开倾覆地。如果发生了翻船,不要在船下游泳。在这种情况下,龙舟可以当作一个漂浮的平台,为每个成员提供空间。或者在船长的指挥下,把龙舟翻回到正常位置,等待救生艇的到来。

救生艇到了以后,全体成员应在指挥下移动,船长须停留在水中直到所有的队员获救(如果有没有足够的船只一次性地援救所有赛手,并且水面情况良好,或者比较狭窄,那么一共6名选手可以在龙舟的帮助下,游向最近的岸边。但这必须在船长的指挥下进行,并且赛手游泳能力强)。当全体赛手获救以后,救生艇可能要去拉回龙舟(在寒冷的水面情况下,在等待援救的过程中,赛手应把双腿卷曲到胸部,尽可能地保持平静和静止,以保持身体热量)。

如果没有救生艇,在平静的水面条件下,全体成员可以在船长的指挥下,把龙舟"游到"最近的安全着陆点。如果情况不适合"游"龙舟,作为最后的对策,全体成员须在船长的指挥下成对地游向岸边。无论采取什么方式,任何时候队员都要互相照顾。然而,在训练条件下,除非赛手穿了个人助浮器具,否则不建议他们游向岸边。

对经常在一起训练的队员,在训练初期,应至少实施一次龙舟倾覆,训练没有救援的自救技能,以后每年一次。应谨慎地培养这种技能,充分考虑时间、天气和水面情况等因素。在这种训练当中,不管他们的竞赛经历、身体状况和游泳技术如何,都应穿上个人助浮器具,同时应有救生艇保护。

七、龙舟竞赛规则

(一)龙舟竞赛形式

(1)直道竞速赛:指在尽可能短的时间内通过1 000米以内标志清楚而无任何障碍的直线航道。

(2)环绕赛:指在半径不少于50米,直线距离不少于500米的人工或自然水域所进行的多圈赛事。

(3)拉力赛:指在自然环境水域,但必须是封闭的航线上所进行的长距离赛事。

(二)竞赛类别

1. 正式比赛类

(1)世界龙舟锦标赛。

(2)世界俱乐部龙舟锦标赛。

(3)洲际龙舟锦标赛。

(4)全国龙舟锦标赛。

(5)全国综合性运动会龙舟赛。

(6)地方龙舟赛。

2. 邀请赛类

(1)国际龙舟邀请赛:经国家体育总局批准,由中国龙舟协会主办,邀请其他国家或地区队伍参加的龙舟竞赛。

(2)全国龙舟邀请赛:经国家体育总局批准,由中国龙舟协会主办,由各省、自治区、直辖市、计划单列市体育部门,各行业体协,各大专院校,解放军等单位队伍参加的龙舟竞赛。

(3)地方龙舟邀请赛:经当地政府或体育主管部门批准,由当地所属地区或单位、部门派队伍参加的比赛。

(三)运动员准则

1. 参赛资格

(1)运动员必须身体健康会游泳,在没有辅助救生设备情况下,能穿着比赛服装游泳100米以上。

(2)竞赛规程规定凭身份证件确定参赛资格的赛事,运动员必须准备身份证和身份证明文件以便审查单位在网上查证。

(3)在无年龄限制的组别中,如选手的年龄未达到12岁,则由父母一方或指定的责任人在船上陪同,并必须穿上救生衣。

注:从安全角度出发,运动员一律要穿上救生衣;运动员的健康状况、游泳能力、安全问题均由其领队、教练负责;赛前在裁判员、领队、教练员联席会上,各队领队必须签署安全责任书。

(四)参赛人数

(1)参赛选手为24人,其中登舟比赛队员划手20人,鼓手1人,舵手1人,替补队员2人。如参加传统龙舟竞赛,每支队加锣手1人,共25人。

(2)上场比赛选手中划手不得少于18人。

(3)队长:每队设队长1人,比赛时队长佩戴大会统一提供的队长标志。

(4)正式队员和替补队员:各队参赛队员中,上场时为正式队员,在场下则为替补队员,正式队员资格在检录登舟前由本队教练确定,登舟后不准替换。

(5)服饰要求。

①各队运动员服装颜色、式样必须整齐一致,上衣背后有本单位字样或标志。

②比赛时可佩戴统一的头饰。

③因天气原因,运动员在比赛服装外可加透明风雨衣。

④若有必要大会为各队运动员提供参赛号码布,运动员则按报名表登记的号码佩戴在上衣背后。

(6)参赛准则。

①运动员在所有场合下,须符合行为规定。

②尊重裁判,尊重他人,不得有任何不良行为。

③比赛过程中不得对裁判员的决定进行质问和争辩。

④不得故意损毁龙舟及其他器材。

⑤不得对他人使用肮脏、威胁、辱骂的语言或手势。

⑥不得有任何暴力行为造成对他人的伤害。

⑦不得纠缠裁判、仲裁和大会工作人员。

⑧不得罢赛。

⑨不得拒绝领奖。

⑩违反上述参赛准则，大会组委会执行委员会、仲裁委员会将视其情节给予警告、取消参赛资格的处罚；赛队中其他人员发生违反参赛准则行为，处罚与运动员相同，两人以上（含两人）发生上述行为，属于集体行为，处罚对象为赛队。

章节小结

学习龙舟运动的起源和发展，重点学习龙舟运动基本技术：选桨、握桨、拉桨、平桨技术，学习龙舟竞速基本战术，掌握龙舟常用技战术"领先划"和"均速划"战术，学习龙舟基本竞赛规则，能够组织教学比赛。

思考题

1. 龙舟运动的特点有哪些？
2. 龙舟运动基本坐姿、握桨和拉桨技术有哪些要求？
3. 龙舟竞赛规则中对运动员的具体要求有哪些？

（章节撰稿人：武传钟、徐静）

第三节 棒垒球

一、项目概述

（一）项目简介

棒球顾名思义是棒和球的运动，在直角扇形的场地上进行，比赛双方各有 9 人上场，攻防队员依次用棒击打守方投手投出的球，并争取安全通过 4 个垒包得分。攻方队员可在任何全位停止，后继的进垒或得分由其他队员的进攻配合而获得。守方可用各种方法如传杀、接杀、投杀等，尽力阻止进攻队员进垒或得分并使其出局。当攻方三人出局时，双方攻守交换，每队各攻守一次为一局比赛，持续 9 局为一场正式比赛，得分多者获胜。

垒球运动脱胎于棒球，多为女子参与，也有慢投垒球。比赛项目男女均有参加，年龄不限。垒球正式比赛为 7 局，在场地、球、棒的尺寸大小、投手技术要求、跑垒规则上与棒球有所区别外，其他均与棒球相同。18 世纪爱尔兰、英格兰移民将板球运动传入美国，后演变为棒球运动。19 世纪棒球在美国发展迅速，并逐步传播到南美洲、加拿大和东亚地区，19 世纪后期成为美国的国球。在美国、日本等国都有职业棒球赛。1978 年美国成立业余棒球队，1988 年、1994 年棒球成为奥运会表演项目，2004 联业棒球进入奥运会，1996 年垒球进入亚特兰大奥运会。虽然 2012 年棒垒球双双暂时告别奥运会，但棒垒球在北美、南美、欧洲、亚洲、大洋洲都有广泛的群众基础。

竞技体育的发展，观众球迷的支持是生命线。规则的不断改动，除了技术含量提高以外，更重要的是提高棒垒球运动的娱乐性、休闲性、观赏性，取得人们更多的关注和热爱。我国棒球运动也有近百年的发展历史。20 世纪二三十年代曾多次参加远东运动会棒球比赛，在第八届远东运动会上中华队获得棒球比赛亚军。中华人民共和国成立后第一届全运会就有棒、垒球比赛项目。20 世纪 70 年代恢复了棒、垒球项目。之后中国垒球最佳战绩为 1996 年亚特兰大奥运会上荣获亚军。2002 年我国棒球也进入职业化进程。

（二）项目特点

棒垒球是一项高智商体育运动。竞赛形式独到，比赛上场时攻防人数不均，规则最为复杂，斗智斗勇在瞬间，技术要求全面，棒、球，手套兼用。比赛队员服装别具一格，青春活泼亮丽。

棒垒球场地为直角扇形。棒球的垒间距是约 27 米，快垒和慢垒是 20 米，投手丘距离棒球约 18 米，垒球约 15 米。全垒打墙距离垒球为 80 米（此为女子组，男子组则为 85 米）以上，但一般垒球比赛场地还是使用棒球的场地，所以会在外野区放置一临时性的全垒打墙棒垒球（图 12-10）。

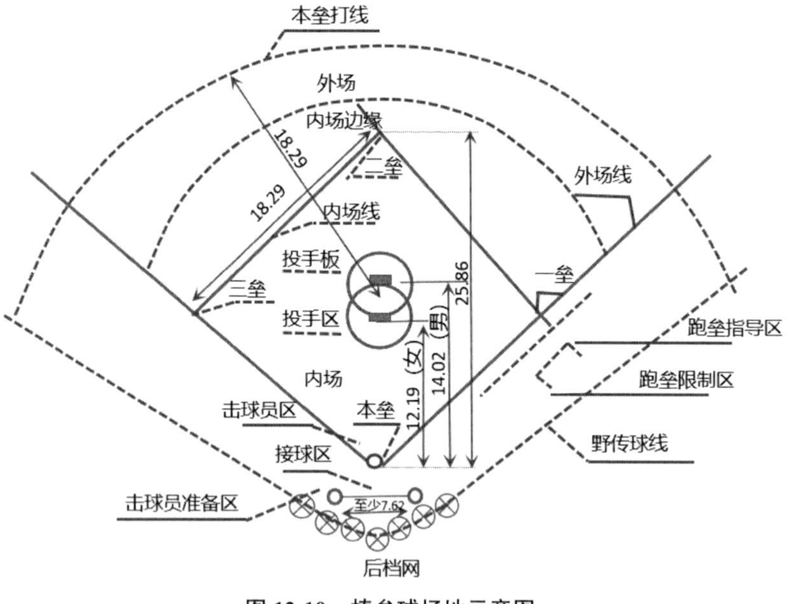

图 12-10　棒垒球场地示意图

垒球有七局，棒球有九局。另一个很明显的区别就是，如果九局以后，两队仍是平局，棒球规则规定，各队在附加赛时，在各自的半局，跑垒员将从第二垒开始跑，以增加得分机会。此外，垒球在第一垒有一个安全垒，即附加在普通的白色垒旁边的橙色垒，用来避开冲撞。跑垒员必须跑到橙色的安全垒，而第一垒球员必须跑到白色垒。垒球投球只能低手，棒球则随便。棒球可偷垒。垒球在投前在垒上的队员必须踩垒，不能起跑偷垒。每一队有一个投球手+一个捕手（接球手+一垒+二垒+三垒+左外场手+右外场手+中外场手进攻的只有击球手,击到球后击球员即变成跑垒员,依次上垒,跑回本垒得一分棒球是攻守分开的运动,即是说,进攻的时候就是进攻,防守的时候就是防守;进攻得再差不会失分,防守得再好不会得分。每场比赛,有先发的 9 名球员上场。防守时, 9 个人的守备位置分别是投手、捕手、一垒手、二垒手、三垒手、游击手、左外野、中外野、右外野。进攻时, 9 个人会有一个打击顺序,从第一棒打到第九棒,第九棒打完又轮到第一棒。棒垒球是集智慧、灵敏、力量、协作于一体的竞技项目,能够培养大学生机智灵活、勇猛顽强、冷静沉着、坚强果敢、团结协作等优良品质。

二、基本技术

(一)接球

接球是最基本的也是最不易掌握的技术之一。因为接球是被动的防守行为,要用手套接获各个方位的来球。

1. 手套的选择

用右手传球者选用左手手套,左手传球者反之。

2. 手套的佩戴

手套不宜戴得过深或过浅,过深则不灵活,过浅则易被球打掉。接球部位应在手套的虎口最深处近掌心,手套掌心和手臂基本成直线。无论来球方向如何,手套的正面和来球应垂直。

3. 接球卷手法

1)接平直球手法

一般用双手接球,球进手套的一瞬间,要有向后缓冲动作。接腰以上的平直球,手套五指朝上稍偏右,两拇指相靠接腰以下的平直球,手套五指朝下,两掌根相靠,右手注意护球;若来球刚好在腰部,则可降低重心,用手套五指朝上的方法接球。

2)接高飞球手法

手套五指朝上偏右,双手拇指相靠,右手注意护球。接球前两手要主动前伸迎球接球的同时右手要翻腕护球并在缓冲和取球。

3)接地滚球手法

手套五指朝前,指背触地,两掌根相靠,右手张开注意护球。接球前两手要主动前伸(有利缓冲),接球同时右手要盖球、取球。

(二)传球

1. 准备姿势

正面对着传球方向站立,两脚开立与肩同宽,双膝微屈,目视接球队员,两手持球于身前。

2. 启动与伸踏

传球时,右传者右脚为轴心,脚、身体向传球臂方向转动约 90°,传球臂摆向身后,前导脚向传球方向伸踏。两臂前后伸展,从侧面看,整个身体形成“大”字形姿势。注意:双眼要始终盯着传球目标——接球者手套。

3. 发力与传球

随前导脚向传球方向伸踏落地，身体左转，前导臂屈肘向体后后摆，带动传球在转体同时从体后向身体右上方前送。待通过体侧线时用力挥臂扣腕，将球在身体前上方传出。注意：传球臂肘关节平肩屈成 90° 左右；小臂基本垂直于地面。前导脚伸踏时的落点要在轴心脚和传球目标的连线上，否则球易传偏；不要过早打开左髋，以免影响发力。

4. 传球的后继动作

带转髋挥臂将球传出后，传球臂要继续向身体右下方摆动，上身自然下压，避免身体重心过度前移。轴心脚同时贴地带到前方，与伸踏脚并立稍弯，手套放在胸前，眼视传球目标。

5. 传接球练习步骤

（1）自抛自接球练习。向上抛球：①接球时，人移动到球的下方，在额前半尺左右接球（如排球的双手传球位置）；②接球时，球在体前下落，双手在腰的高度，手心向上接球，此练习目的是熟悉与掌握手套接球的部位

（2）两人相距 10~20 米，做传接球练习。掌握接球时机：太早出手，手套会挡住自己的视线；太晚出手，会被球击中身体，在有基础的情况下逐渐拉长距离练习。

（3）三人接力传球练习。A、B、C 三人站成一直线各相距 10 米左右，A 传给 B（中间接应者），B 转身 180° 传球给 C，C 再回传给 B，B 传 A。

（4）四角传球内场）练习。距离依臂力而定，顺时针、逆时针方向练习，主要练习脚步的传给接手的练习。

（5）两人配合作双手正面接地滚球的练习。一人抛地滚球，一人接球后回传。

（6）教师打出地滚球，学生接球练习。

（三）投球

1. 棒球投球

规则规定：“合法投球有正面投球和侧身投球两种姿势，投手可随时选择其中一种姿势投球。”

正面投球：“投手应正面向着击球员站立”投球。

侧身投球：“投手应侧身向者击球员站立”投球。

两者差别在于前者便于投球（但不允许向垒上投牵制球），后者便于传牵制球。当垒上有跑垒员时，投手一般采取侧身投球姿势。但三垒有跑垒员时，多数投手采取正面投球姿势。正面投球投手持球面向击球员站立；轴心脚（右投投手为右脚）踏在投手板上或前沿；另一脚（摆动脚）可自由站立，但不能踏出投手板侧面延长线。

（1）转体与提腿转体就是身体向投球臂一侧转向约 90°，转体同时自由脚提腿（可高于髋）。轴心脚外侧触投手板前沿，前肩正对击球员，目视击球员，形成金鸡独立似的架势。

（2）伸臂与伸踏转体提腿。投球臂向下摆并向后自然平伸，手背在上，球在掌下，脚前伸，自由脚向投球方向伸踏，形成箭在弦上，一触即发的“大”字形姿势。

（3）挥臂投球，投球臂迅速向前摆动，在摆至小臂高于肩部时转髋发力，将投球臂全力挥向前方，利用心脚的蹬板作用增加力量，将球沿身体右侧前上方 45° 方向投出。

（4）后继动作（随投动作）。挥臂投球后，要顺势将投求臂由右上侧继续随挥到伸踏脚的膝盖附近。以前导脚支撑身体，并顺势将轴心脚贴地向前拖动，两腿约肩宽，做好防守准备。

2. 垒球投球

规则规定，垒球投手投球时只能采用低手投球，球出手时小臂与手与地面垂直，在大腿旁出手。以后摆式投球为例。

1）站姿

两脚站在投手板上（轴心脚脚掌必须踏在板上直至投球出手），两手合拢静止2秒。

2）后摆

身体前倾，两手分开，右手垂直向后摆动同时身体向右转重心移向右侧，左脚准备伸踏。

3）伸踏投球

左腿向前伸踏，右腿发力后蹬，右臂向前加速摆动右手持球在体侧出手将球投出。

4）后继动作

球出手后手臂继续向前随挥摆动，右腿顺势前移至左腿旁，两腿约肩宽，做好防守准备。

3. 投手练习步骤

（1）与两人传接球练习相同。垒球相距10米左右，棒球14米左右，但投球目标明确：以上氧直亲腰部为投球中心（靶心），逐步提高投手投好球的概率。

（2）棒球正面投球练习。注意抬腿的高度与转体、伸踏时重心的稳定。

（3）棒球侧身投球练习。注意两肩不要随意转动，只有在向垒上传球时才可转肩。

（4）垒球投手练习。后摆式投球，手腕以抛送球为主，手指指向接手手套。

（5）各种投手练习均遵守：由近至远，由慢到快，由偏到准。

（四）击球

进攻中的击球技术是棒球运动中难度最大的一项技术，是用直径只有7厘米的球棒击打直径相仿的球体。

1. 准备姿势

击球员进入击球区后，面对本垒板站立，两脚与肩同宽，两膝微屈，双手握棒；右打者右手在上左手在下（左打者反之）。棒握在掌指关节处，两手并拢不留空隙。如持伞那样将棒立于后肩前，前导臂垂肘，下颌靠前肩，眼睛注视投手投球动作。

击球可分五个环节：身体后引同时前导脚伸踏；投手开始投球时，击球员前导脚的膝部和左髋稍内扣或向后收一小步，身体随后引。投手投球时，迅速伸踏前导脚，双眼盯球准备起棒，在球到达半程，做出“好球”或“坏球”的判断，以决定是否击球。

2. 发力与击球

挥棒时，身体重心随伸踏前移，但不前倾，前脚基本蹬直，后脚掌做轴内转，膝弯。双臂在由屈到伸的发力挥棒中，在体前击中球时成“V”字形。棒要挥平，要有加速度。

3. 中球与中球点

中球的最佳部位在离棒顶端5~15厘米棒承受力最大的地方。

1)中球的关键

(1)眼不离球,盯球到底。在挥棒前,下颌贴在锁骨上面,随着发力下棒,前肩打开,后肩前移,面颊在棒中球后必须贴在后肩锁骨上面。这样才做到保持头部稳定。

(2)掌指关节握棒,力度适中,腕部灵巧,控棒击球。

2)中球点

①内角球挥棒快些,中球点靠前一些。②外角球挥棒慢一些,中球点在本垒板上。③中路球挥棒适中,中球点在本垒板正前方10厘米左右。

4. 棒轨与水平挥法

棒轨是指从挥棒点到中球点所运行的路线。挥棒有下砍法与平挥法。对初学者来说,水平挥法要好用些,因为棒轨与来球在同一水平面上相遇,所以中球概率要高些。

5. 随挥动作

棒中球后,棒的后继运行叫随挥:一是中球后继续用力把棒挥向前方,保持挥棒力量完全作用于球上;二是翻腕收棒动作,右腕在左腕上翻过去,保持棒轨的水平位置。

6. 击球练习步骤

(1)在"⊥"形击球架上做挥击练习。在架上放一个固定球,挥棒击打此球,要求击中球的中心为好。

(2)垂直抛球击球练习。体会如何击中运动中的球。

(3)投手投球时的击球练习。投手在挡网后投球(如没有挡网要注意安全),击球员拿握正面来球的击球时机。

(五)跑垒

棒球运动是速度与距离的竞赛。运动员在进攻时既要具备良好击球能力,也要具备良好的跑垒技术与意识。下面介绍基本的跑垒知识。

1. 向一垒跑进

击球员击出界内球后必须全速向一垒跑进,并可越过一垒,然后安全返垒,规则规定:击跑员到达一垒后,只要没有跑向二垒的企图和动作,触垒后可以越过一垒向前跑进,然后折回一垒。而越过二垒或三垒后,在返回时有被触杀出局的危险。

2. 跑垒员的离垒和回垒

棒球规则规定:跑垒员可以随时离垒。离垒的目的有两个。

(1)在避免被投出牵制球传杀的条件下最大限度地远离垒位,以便早一两步到达下一垒位。

(2)通过离开垒位来吸引投手的注意力,以加重投手投球时的负担,迫使投手多投坏球或多传牵制球以消耗投手的体力。跑垒员在离垒时,一旦投手传牵制球(投手的前导臂和伸踏脚指向垒),就要迅速回垒。

3. 偷进二垒

投手投球后,跑垒员迅速地跑向下一垒位称偷垒。跑垒员偷垒能否成功,关键在于会不会观察投手的动作,并从守场员的接球位置和动作可判断:是滑垒,还是碎步占垒或连续跑向三垒。

4. 二垒跑进本垒得分

二垒是得分垒，跑垒员能否得分与跑垒意识与能力息息相关。二垒跑垒员在跑垒时，要借助三垒跑垒指导员的指示，在跑垒前要看准守场员的传接，一经起动，就按跑垒指导员的指示：或以碎步进三垒，或滑进三垒，或者继续向本垒跑进。决不可东张西望，以免影响跑速。

垒球比赛时，跑垒员必须在投手投球出手后方可离垒向下一个垒位跑进，反之被判“离垒过早”出局。

跑垒练习步骤。

（1）跑一垒的练习。挥棒后向一垒疾跑，踏垒后可越过一垒。

（2）垒间折返跑练习。听哨音或看手势离垒、返垒，或向下一个垒位跑进。

（3）连续进垒的练习。挥棒后，弧线迅速跑过一垒，停止在二垒上。

（4）本垒跑练习。挥棒后，以弧线迅速通过、二、三垒回到本垒。此练习可做追逐跑游戏或计时跑练习。

（六）棒、垒球组合练习和教学比赛

1. 进攻防守组合练习

五人左右为一组，分别担任投手、接手击球员以及防守队员。投手投球，接手接球，击球员击球，防守队员在投手后 5~10 米各一名。练习时，每个击球员打若干棒以后，投手接手，击球员、防守员互换位置继续练习。此练习可提高每个人的综合技术能力，培养团队配合意识。

2. 内、外场防守练习

（1）内场练习。安排一、二、三垒手，游击手，投、接手各自的防守位置，教师打教练棒，学生接球后听指挥传向本垒、一垒、二垒、三垒。练习要求学生不仅要接好球，传好球，还要互相之间补位。例：打出一、二垒之间的球时，游击手要进二垒；打出三垒手、游击手之间的球二垒手进二垒。

（2）外场练习。教师打出外场的地滚球、高飞球，外场手奋力接球后传回本垒，或传向就近的垒位，再传回本垒。

3. 教学比赛

六人或九人一队，分成若干队进行模拟比赛，同时讲解有关比赛规则。①可一队九进攻结束后交换攻守。②可三人出局交换攻守。③队数多，可以打擂台的形式进行比赛。④可培养学生担任裁判工作。

章节小结

学习棒垒球的项目介绍和特征，了解棒垒球运动在中国的发展，重点学习棒球球运动基本技术，鼓励学生组织参加校内棒垒球教学比赛。

思考题

1. 简述棒垒球运动的项目特点。
2. 传球、投球技术的运动要领是什么?
3. 试述棒垒球运动对大学生身心健康的影响。

(章节撰稿人:吴俊、肖克珍、武传钟)

第四节 飞镖

一、飞镖项目概述

(一)飞镖运动起源

飞镖运动历史悠久,它起源于13世纪的英格兰。据记载,古罗马军团的士兵被罗马皇帝派到遥远的不列颠岛,多雨的英国气候不便于他们长时间在户外活动。于是,他们在板棚中,把箭投向用柞树横切面制成的靶子,由此逐渐发展成现代飞镖运动(图12-11)。

图12-11 飞镖运动的雏形

第二种说法,飞镖运动是由英国的弓箭手在近距离作战时使用的一种10英寸长的投掷武器演变而来的。

第三种说法和具体的历史人物有关,英国国王亨利七世体质较弱,考虑到打猎既危险又辛苦,决定不再打猎,制作了一种短柄镖枪向柞树的横切面投掷以达到健身的目的,不久,王宫大臣们也喜爱上了这种运动,后来这种运动逐步流传到民间。国内也有学者提出:飞镖起源于我国古代的投壶运动,据《左传·昭公十二年》记载:"晋侯以齐侯宴,中行穆子相,投壶。"这里的投壶就是古代飞镖运动,飞镖起源于春秋时期晋国古都侯马。

最早的镖盘是用树墩或酒桶的顶盖来代替的。后来,有人发现树墩上的年轮所形成大小不同的圆圈,天然分割成不同的部分,可以表示不同的分数区,于是树墩成了今天的现代镖盘的雏形,酒桶顶盖的软木塞成了地道的牛眼(图12-12)。

图 12-12　早期飞镖盘与现代飞镖盘

(二)飞镖运动的发展

1. 飞镖运动在英国的发展

飞镖运动雏形形成后,逐渐流行于英国及法国王室。当时,由于英国国王亨利八世和法国国王查理六世非常热衷于这项运动,飞镖运动又被誉为“贵族运动”。现代钟式飞镖靶面的设计者是托马斯·威廉·巴克勒(Thomas William Buckle)。托马斯是一个制作电线和飞镖靶的工人,来自约克郡(Yorkshire)。这一发明标志着现代飞镖运动的诞生。

1908 年飞镖被正式认定为一项技巧运动,这要归功于英国利兹的一位酒吧老板。据说,在利兹,飞镖曾被认为是一种非法的“机会游戏”。于是这位酒吧老板带着飞镖和镖盘到法庭找法官挑战,在事先确定投镖的目标区后,这位老板率先投镖,连续三镖,皆击中目标,轮到法官上场,自然败下阵来,法官输得心服口服,当场宣布飞镖根本不是机会游戏,而是一项技巧运动。

20 世纪期,飞镖运动在英国迅速普及,成为酒吧里一项非常受人欢迎的体育休闲娱乐运动(图 12-13)。

图 12-13　酒吧中的飞镖活动

飞镖这项技巧运动在英国吸引了众多的热情参与者,越来越多的酒吧里都挂上了镖盘,当地的飞镖组织和联盟得到了迅速发展。在英国众多的全国性组织中,国家飞镖协会是成立最早的。1924 年它主办了一次飞镖锦标赛。1927 年,英国一家国际新闻报纸开始赞助伦敦的地方性飞镖比赛,这项比赛以后逐步成为地区和全国性的重要赛事“国际新闻飞镖锦标赛”。1939 年,这项运动已非常流行,甚至发展到紧张而残酷的战争领域,据称,一位英国官员为了保持国内的稳定,曾禁止民众在酒吧里玩飞镖,他们怀疑飞镖让劳动阶层养成了游手好闲的坏毛病,然而由于公众的反对之声非常强烈,政府的禁令也就无从生效。

二战期间,飞镖成为全世界人民所喜爱的一项运动,享有很高知名度的国际新闻飞镖锦标赛对促进战后飞镖的迅速普及至关重要,飞镖运动在英国已深入人心,电视也开始向广大观众和飞镖爱好者转播飞镖比赛。1973 年，大约有 800 万人（相当于英国人口的六分之一）观看了在英格兰举办的国际新闻飞镖锦标赛的电视转播，在此期间，飞镖运动项目在英国已拥有 700 万镖手，7 000 家注册俱乐部，英国妇女也组成了 400 多家妇女飞镖俱乐部，并定期举办飞镖比赛。1947 年至 1990 年，国际新闻飞镖锦标赛每年都在英国举行，英国地方性的和全国性飞镖比赛吸引了无数的观众，现在，英国仍然是世界飞镖运动的中心。

2. 飞镖运动在世界的发展

在美国和世界各地，飞镖这项运动也在不断普及。近几年，参加飞镖运动的美国人也越来越多，并以 300%的速度增长，每年出售的镖盘就有 3 万多个，高水平飞镖选手成倍增长。瑞典甚至出现了没有飞镖就不能称为酒吧的情景，啤酒商把飞镖作为啤酒的商标，或在商标上印上飞镖的镖盘。

随着飞镖选手水平的不断提高，飞镖比赛观赏性日益增强，飞镖运动吸引了众多商业赞助，带来了可观的收益，组织全国性赛事的有关组织也诞生了。

1973 年英国飞镖组织成立，1975 年美国飞镖组织成立，1976 年澳大利亚飞镖联合会成立，1976 年，世界飞镖联盟（WDF）诞生，它是众多国际比赛的正式官方团体，各个国家的飞镖运动协会陆续加入世界飞镖联盟，成为世界飞镖运动大家庭的一员。1977 年加拿大全国飞镖联合会成立。欧洲很多国家和南非、日本、巴西等国家也相继成立了全国性飞镖组织。

目前，世界上国际飞镖组织有：①国际飞镖联合会（International Dart Federation，英文简称 IDF），简称国际镖联，是注册在瑞士的非营利性的国际飞镖运动组织。国际镖联致力推广飞镖运动向全世界的发展，推动飞镖运动成为奥林匹克认可运动项目，最终成为奥林匹克运动会比赛项目。②职业飞镖联盟（Professional Darts Corporation，英文简称 PDC）。PDC 世界杯（World Cup of Darts）是 PDC 公司举办的一项世界职业硬式飞镖团体赛事，代表了一个团体职业硬式飞镖的最高水平。PDC 世锦赛（World Championship）是 PDC 公司举办的一项世界职业硬式飞镖个人赛事，代表了个人职业硬式飞镖的最高水平。③中国飞镖协会（Chinese Darts Association，CDA），是代表中国参加国际飞镖组织和活动的合法组织，协会会址设在北京。中国飞镖协会是国际镖联的会员国之一。

飞镖这项运动日益受到人们喜爱的原因要归于这样一个突出事件。英国职业选手约翰·劳在 1984 年举行的首次由电视转播记分赛上，投出了绝妙的 9 镖（第一轮：T20、T20、T20；第二轮：T20、T20、T20；第三轮：T17、T18、D18），结束了 501 分比赛。另一位有此佳绩的是美国职业选手保罗·里姆，他在 1990 年的国际大师飞镖职业赛上也以精彩绝伦的 9 镖（第一轮：T20、T20、T20；第二轮：T20、T20、T20；第三轮：T20、T19、D12）结束 501 分比赛（注：现在有多位飞镖选手在各种大赛中完成 9 镖 501 分）。

20 世纪 80 年代，飞镖运动传入中国。近年来，在广大人民群众中得到了迅速普及，为了推动全民健身运动的开展，使飞镖运动与国际接轨，国家体育总局于 1999 年 5 月，将飞镖运动列为在全国开展的第 95 项正式体育运动项目，同时决定成立中国飞镖协会，由其负责全国飞镖运动的管理，每年举办全国性的赛事。

数年来，中国飞镖协会为推广飞镖运动做了大量的工作：组队参加在美国举办的第 14、15 届世界软式飞镖锦标赛，举办了世界职业飞镖冠军菲尔·泰勒来华表演活动，并连续举办了 4 届全国公开赛，初步形成了以全国飞镖公开赛为主干的竞赛体系。根据国际惯例和我国飞镖运动的实际需要,中国飞镖协会从 2001 年起,对飞镖公开赛进行了深化改革,即公开赛的系列分站赛,对运动员采用积分制;年底进行总决赛,并根据成绩产生全国年度大满贯冠军;通过这些措施,我国飞镖运动竞赛水平有了明显提高。

作为一项参与性很强的体育项目,飞镖运动在我国的普及程度越来越高,全国各地的飞镖组织逐步健全。中央国家机关每年都组织在京的中央部委机关飞镖大赛;以北京体育大学、清华大学、北京大学、中国政法大学等高等院校组织的飞镖竞赛活动已经成为传统,标志着飞镖运动在我国已成为一种高雅的、知识型运动;在北京、上海、广州、深圳、济南、西安、青岛、成都、沈阳、太原等地,相继成立了飞镖运动俱乐部,北京、上海、天津、山东、成都等地组织的群众性飞镖活动,参与人数达到上万人。

(三)飞镖运动项目的特点

1. 文化与礼仪

飞镖是 19 世纪以来在英国的一项历史运动,旨在培养人们的谦逊、礼仪和团队精神。而飞镖运动世界公认的礼仪规范,有以下内容: 握手开始,握手结束; 在分数被记录之后,才拔下飞镖; 比赛进行时,尽量不与对手的讲话; 保持安静(无干扰); 在投手投完镖,记分员在记分时,投手和对手都不得走开; 不得使用咒骂和粗俗的言语; 如果其他选手在比赛,请主动回避; 失败,请依然保持风度; 比赛中,要保持对比赛的专注,特别是团队比赛中; 爆镖后,请不要继续投掷; 对手投镖时,请站在对方视线外的身后; 不要提示正在投镖的选手,除非是在团队赛中投镖前队友的提示; 比赛场上要尊重对手、队友、教练、裁判、工作人员,尤其是观众。这些飞镖礼仪充分展示出欧洲礼仪文化中的"绅士风度"和"骑士精神",同时飞镖运动也一直把自己定位为"绅士运动"。

2. 场地与器材

1906 年,一位英国人发明了黄铜飞镖并获得了专利,但这种飞镖直到 20 世纪 20 年代才开始大规模生产,此前,市面上一直使用的是法国制造的木质飞镖,此阶段飞镖运动得到啤酒商的青睐,因此在英国乃至欧洲的各个酒吧迅速得到发展。

根据比赛器材可以分为:软式飞镖与硬式飞镖(图 12-14),两者不同之处是软式镖的材质以塑料为主,镖针、镖杆、镖翼皆是塑料制品,镖筒有铜制品也有钨钢制品。硬式镖的材质以钨钢为主,镖针是钢针式。软式飞镖比赛使用的飞镖镖头必须为塑料,缺损或折断后不能使用,硬式飞镖比赛飞镖必须是钢针式。

图 12-14　软式飞镖与硬式飞镖

参赛者的飞镖重量并无限制,职业镖手普遍用的是钨钢镖,新手或女性更倾向用重一点的飞镖,镖身的长度取决于握镖的姿势(图 12-15)。

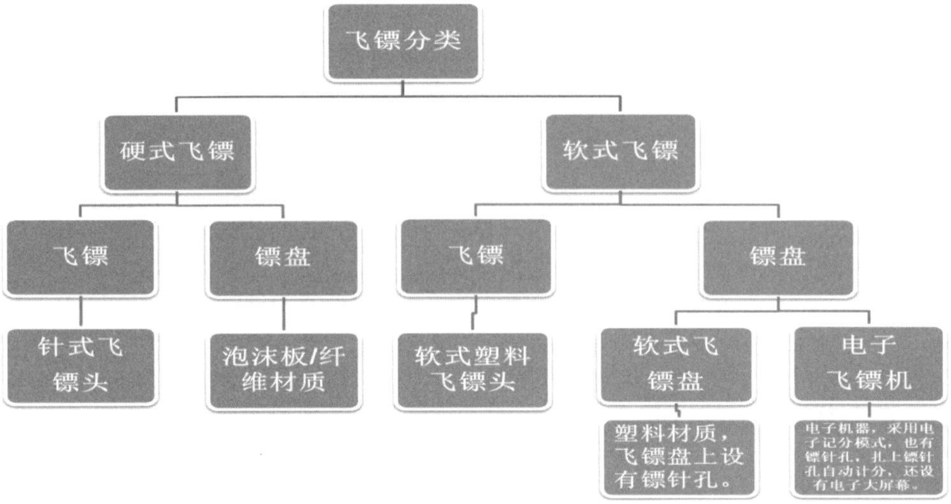

图 12-15　飞镖分类

软式飞镖盘和飞镖机以塑料制品和电子产品为主，软式飞镖盘有电子计分功能，镖盘上设有镖针孔，飞镖扎进孔里镖盘会自动计分。

硬式飞镖盘材质以纤维和泡沫板为主，没有电子计分功能，采用裁判人工报分的方式进行比赛（图 12-16）。

飞镖机　　软式飞镖盘　　硬式飞镖盘

图 12-16　飞镖盘与飞镖机

硬式飞镖场地：硬式飞镖比赛场地与软式飞镖比赛场地也有不同，软式飞镖主要采用的器材是飞镖机，飞镖机在出厂时镖盘高度已经做好。而硬式飞镖部分场地器材需要自行测量和摆放。镖盘垂直悬挂高度从靶心到地面 1.73 米，整体场地垂直高度需在 2.4 米，为屋顶上方的射灯预留位置并且可以更清晰地照明。投镖距离测量从靶心向地面拉出一个三角形，三角形斜线长度为投镖距离即 2.93 米，镖靶与投镖地面水平测量距离为 2.37 米，为达到最佳标准的投镖距离，测量时三角形三条线均需要测量，即三条线是垂直 1.73 米、地面 2.37 米、斜线 2.93 米。屋顶上方射灯装置在 1.5 米距离，此位置可以有效照明，目的是飞镖落在镖靶上不产生阴影，不影响选手投镖视线。整体长度为 4 米，预留出选手准备的位置（图

12-17）。

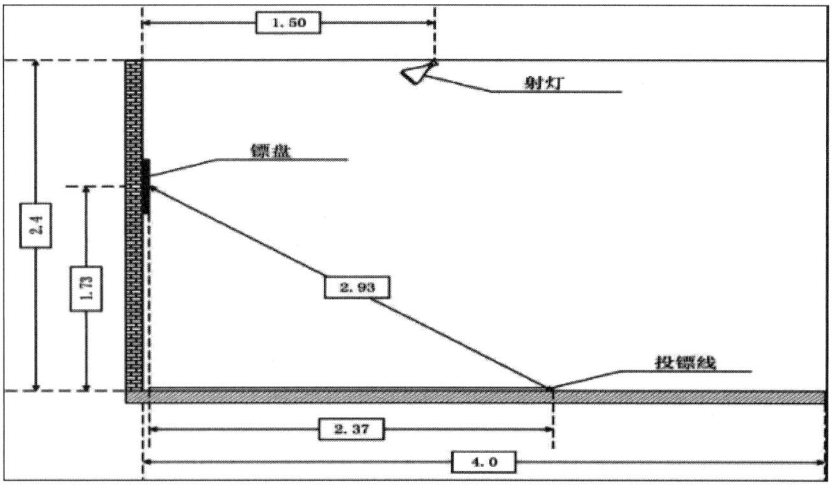

图 12-17　硬式飞镖比赛场地（单位:米）

软式飞镖场地，从镖盘靶心到三角形斜线距离是 2.99 米。地面垂直线顶点至投镖线的正中心距离为 2.44 米，是选手投镖的距离（镖手身体可前倾越线）。各投镖区之间左右的距离以两个飞镖机外框之间的距离为准，此距离应不少于 1 米。镖盘正中心垂直离地面高度为 1.73 米。飞镖机的靶面直径为 39.37 厘米。

3. 投镖基本知识点

必须单手投镖，一次只能投一支飞镖，可在投镖线上任何位置投镖，包括其两端延长线，每轮每次最多可投 3 镖，无论飞镖机是否记录得分，飞镖一经投掷便算作一次投掷，但无意掉落的飞镖可捡起后再次投掷。

飞镖的飞行轨迹是一条最接近直线的抛物线，投出完美的抛物线，需要整个上臂乃至手指的协同发力，这需要飞镖选手持续不断的练习，直至各个部位的完美配合才能找到正确的投镖感觉（图 12-18）。

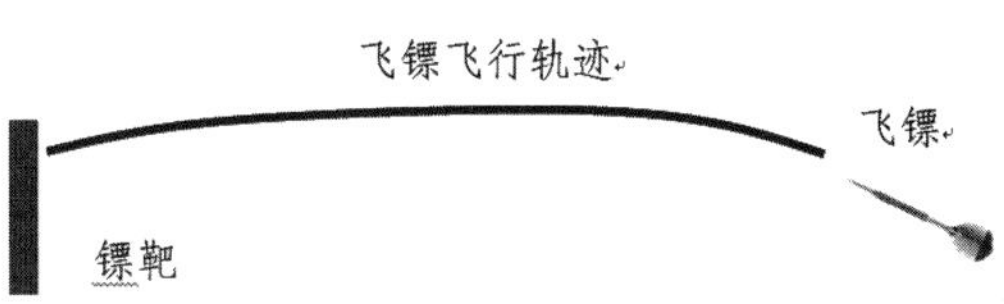

图 12-18　飞镖飞行轨迹

硬式飞镖盘与软式飞镖盘计分方式基本一致，但红心（BULL）的计分有区别。即镖盘最外围有一圈 1~20 的数字，每一个对应的数字格子里有单倍区、双倍区与三倍区，打中对应的格子，然后计算倍区即可获得分数。镖盘正中间的红心（BULL）分数计算有两种，硬式飞镖盘外圈为 25 分视为单倍区，内圈为 50 分视为双倍区，软式飞镖盘外圈与内圈均为 50 分视为双倍区，但在米老鼠/魁克特（CRICKET）比赛中外圈 25 分内圈 50 分。计算倍区分数示例：打中 20 的三倍区可获得 60 分（图 12-19）

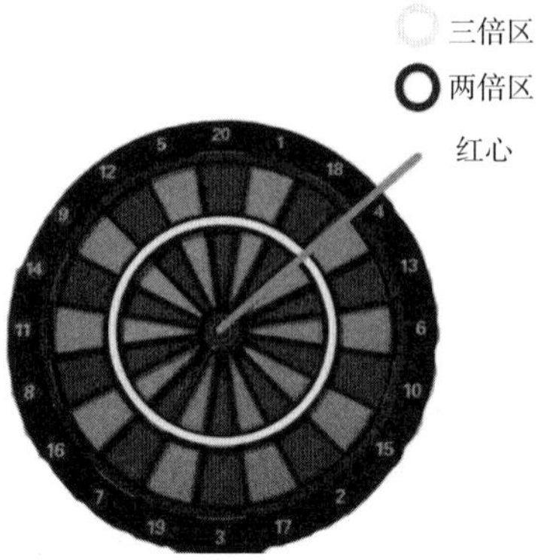

图 12-19 现代镖盘计分方式

4. 锻炼价值

(1)智育价值。与其他体育运动项目相比,飞镖项目有更强的智育价值。一方面,运动员必须保证技能的精确度,而这不仅需要肌肉的参与,更需要与大脑“联动”起来。所以,飞镖项目有助于提升高校学生利用神经精确控制肌肉的能力,这对他们协调性、反应速度、智力的发展与提升有一定的积极作用。与此同时,飞镖运动有助于调节运动员左右脑平衡,即空间控制以及逻辑思维判断之间的平衡。所以,长期坚持飞镖训练,可以活跃脑细胞,有效减缓大脑退化。另一方面,作为一项全身心运动,飞镖运动对于专注度的训练有重要意义。运动员在训练飞镖的过程中,必须将思维意识、注意力等完全集中于一点。

(2)体育价值。一方面,相对于体能要求,飞镖运动对运动员技能精准发挥要求更高,要求他们有良好的协调性、平衡性。所以,飞镖项目训练可以达到放松全身肌肉的目的,从某种程度上来说,它不同于传统体育,会增加运动员的身体负担,而是一种享受型的运动,有助于缓解压力、疲劳。相反,训练飞镖项目还能在一定程度上发挥良好的调理作用。运动员在发射飞镖之前需要保持良好的全身姿势,这个时候要注意收发力度,而这需要上肢肌肉与核心肌群共同作用,但身体不需要承受多大的负担,所以就起到了有效调节神经系统、放松全身肌肉的作用。另外,训练飞镖项目能够让运动员身上一些很少锻炼的肌肉也得到有效的运动,诸如指部肌肉、三角肌、肩关节、手指关节等。另一方面,训练飞镖项目对于眼睛也起到很好的锻炼作用,它通过让眼睛有节奏性地放松与瞄准达到锻炼眼力、缓解眼肌疲劳、放松眼睛的目的。在训练过程中,运动员需要以标靶为中心,注视很长时间,并且在远近之间不断调节,这让他们的眼肌不断舒张与收缩,有助于促进眼球组织血液供应以及代谢,使睫状肌紧张状态得到明显改善,达到缓解视力的目的。尤其在当前这个信息化时代,高校学生每天有大量的时间都在接触电子产品如手机、计算机等,而这会引起他们的视觉疲劳,甚至因此患上眼部疾病。进行适当的飞镖锻炼,可以有效改善视觉疲劳。

(3)德育价值。在飞镖比赛开始前和结束后,双方队员通过握手致意的方式表示对对方的尊重,这里就包含了德育价值,让学生学会尊重、理解对方,树立健康的价值观、世界观。与此同时,飞镖运动要求运动员心无旁骛、气定神闲,所以对心理素质有很高的要求。在射出飞镖的时候,运动员需要注意力高度集中,若注意力分散或有私心杂念,成绩就会受到影响,这可以培养运动员安神调气、静心平气的能力。

（4）强化心理素质。作为一项竞技体育运动项目，良好的心理素质是取得最终胜利的保障，投掷飞镖时，要求投镖者放松心情、沉淀心境、调节心理状态，不受外界任何因素影响，全身心地投入到瞄准和击中目标点上，完成对自我的挑战和超越，长此以往的磨炼心志，能够获得强大的自信心和稳定的心理素质。

5. 适合人群

飞镖运动是一项老少皆宜的运动，从小学生到老年人皆适合练习飞镖（目前发展出了残疾人飞镖运动项目），飞镖运动场地需求也较简单，只需要一块镖盘和一套飞镖即可进行锻炼。

二、飞镖项目基本技术

（一）基本技术

1. 最佳握镖点

飞镖的平衡点就是最佳握镖位置，首先将一支飞镖的镖筒放在食指第一指关节上，找出这支飞镖的平衡点，平衡点一般会在镖筒中间或靠前一点位置，如飞镖前后晃动或掉落均为错误位置，飞镖稳稳地停留在食指处才是最佳握镖位置。但此方法也不是一成不变的，这种方法建议在新手或者拿到一套以前从未使用过的飞镖时采用，然后根据自我的投掷感觉，以握镖点为基点向前或向后移动食指，最终调整到适合自己的握镖位置（图 12-20）。

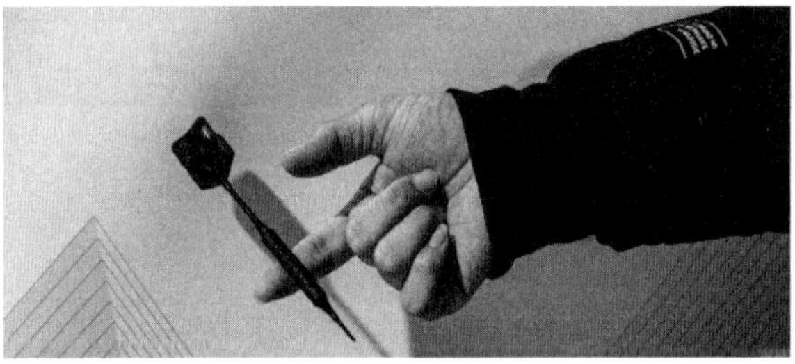

图 12-20　握镖平衡点

2. 握镖手势

（1）三指握镖法。这是常用的一种握镖手法，即我们常用的握笔手法。手指先形成握笔手势，以适合手指协调发力为力度握住镖筒，手指握镖形成握笔姿势，拇指、食指紧贴镖筒左右两侧。图 12-21 所示为三指握镖法，区别在于中指的位置，中指可放在镖筒下方或紧贴食指，但无论哪一种都需手指可协调发力，不造成“带”镖现象，同时还可灌注最大速度力量于镖身。飞镖落于准确位置上为标准，才是最合适自己的握镖法。但需注意此握镖法镖针朝前上方，手腕必须有一定的柔软度、灵活度。

图 12-21 三指握镖法

（2）四指握镖法。这种握镖方法是拇指与食指、中指、无名指紧贴镖筒左、右两侧，小拇指翘起，手指协同发力。这种握镖法男士使用较多，很多男士会认为手指使用越多投镖力量越大，但该握镖方法需要手腕柔软，否则打不出抛物线，影响飞镖落点。

（3）五指握镖法。这种握镖方法是：拇指与食指、中指、无名指、小指紧贴镖筒左、右两侧，但该方法因为手指参与较多，飞镖出手时手指的协调性要求非常高，因此较少有人使用此握镖法。另一种五指握镖法是小拇指放在镖筒下方，其余手指位置不变，此握镖法可防止飞镖朝下飞，但对手腕的柔软度依赖很高，因此使用者也不多（图 12-22）。

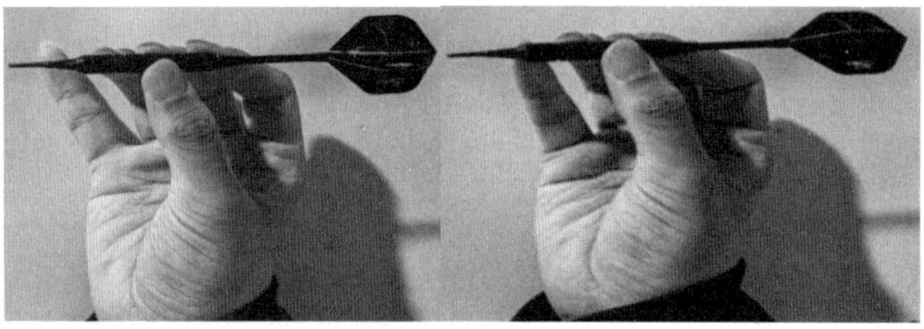

图 12-22 四指握镖与五指握镖

3. 握镖注意事项

一是找到握镖的最佳位置后用其余手指从另一侧握住飞镖，原则上握镖的手指最好不要少于 3 个（含拇指），尽可能不去接触镖杆甚至尾翼，握镖时最好用手指第一关节以上的部分接触飞镖，使用手指越多与飞镖的接触面积越大，会给出镖带来很大困难，即在飞镖离手时需要协调更多的手指，并且要避免“带”镖的现象，带镖是指“在出镖时手指不能完全张开而碰到飞镖，使飞镖在出手时改变方向”，在出镖时手指的协调动作，是握镖的关键问题，它直接影响到飞镖的落点，因此相对减少与飞镖的接触面积，可以得到更稳定的出镖，避免带镖现象。二是正确的握镖手型是虎口正对镖盘、手指与掌心形成一个空洞，握镖的手呈喇叭形状。三是握镖的力度要保证飞镖不会轻易滑落，并在投掷加速过程时能控制住飞镖，保证飞镖在手指上的稳定性。手指与手臂、肩膀不应过于紧张和用力，在握镖的动作中通常容易犯的错误是：手指与肩膀乃至整个上半身太紧张、太用力，结果就是：“带”镖现象的频繁发生。四是投镖时镖针略微朝前上方，这样做的目的同样是在出镖时减少“带”镖现象的出现，同时使镖针保持在水平线之上，使投出的飞镖能更好地按照其标准的弧线飞行。

4. 握镖手势与投镖技术的关系

飞镖握镖手势是飞镖基本技术的重要组成部分，也是影响飞镖技术进步的关键，无论何种握镖手势，都应该注意的是如果此方法可持续提高投镖水平，不阻碍飞镖技术的进步，那么这种握镖手势也是最合适自己的，我们应该长期地专一练习、固定技术，反之则应该更正或换一种，但切忌频繁地更换和盲目地模仿他人。

5. 投镖站姿动作

比赛场上我们可能会看到很多投镖站姿动作，但是从理论上讲，只有一种站姿是标准的，即以握镖的手同侧的腿在前的站姿（图 12-23）。

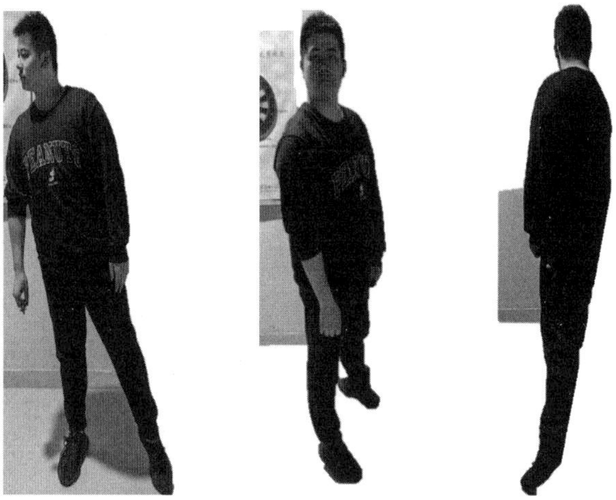

侧面　正面　背面

图 12-23　投镖站姿

（1）确立镖盘中心位置。

在开始投镖之前你可能会有疑问，投镖时我如何能站在镖盘的正中间？首先我们可以采取用肩膀去校准投镖的站立位置，即我们投镖姿势站立正确后，用右肩膀或左肩膀（左利手）去校准镖盘上红心的位置，然后用你握镖手一侧的肩部正对镖盘上贯穿红心的垂直线，双肩的连线与镖盘正面尽量垂直，此时我们基本就站在镖盘的正中间了，即使在一片新比赛场地，你也可以使用此方法找到以前训练时的投镖站立位置，尤其是新手，不知位置在何处时，此方法可快速找到镖盘的正中间点位。

（2）正确的站姿。

前腿作为支撑腿，身体应适当前倾重心放在支撑腿上，两腿重心的比例应是前支撑腿 99：后腿 1 的比例，重心完全在前支撑腿上，但也要防止身体过于前倾而导致站立不稳影响飞镖落点。后腿向身后侧自然伸直，脚尖触地，其作用是用来保持身体的平衡。这里要注意的是：双腿都应是伸直的，任何的弯曲或松懈都会影响投掷的稳定性，导致投掷动作不正确而影响准确度，并增加支撑腿的疲劳。

前支撑脚的站位应与投镖线的角度应在 0~90°，根据个人身体情况而调整，后脚与前支撑脚不应在同一垂直线，而是略微偏左，以保证在投镖时身体不会向后仰。在投镖的过程中，双脚是用来负重和保持身体平衡的关键，所以应坚如磐石，尽量不要移动或者抬起。

身体自然前倾是为了缩短投镖距离提高投镖准确度，但前倾的角度因人而异，首先应以保证身体的稳定性为主，不必为了缩短与镖盘的距离，过度前倾导致稳定性不够，其次还应挺胸、展肩、展腹，提高站立稳定性，目前世界高水平选手身体偏胖尤其是腹部，好处是整体稳定性很高，因此在练习时尽可能展开双肩挺腹来提高稳定性。

握镖手一侧的大臂上举与肩平，成为双肩连线的延长线的一部分，与身体成 90° 角，投镖瞄准时手腕、肘关节、肩膀、身体与成一直线并与镖盘垂直，肘部作为投镖动作中手臂一个关键的连接部位，在投镖时尽量不要脱离开垂直 90°，未投镖的手臂自然下垂紧靠身体，将剩余飞镖握于手中。

面部朝镖盘，下巴与肩膀齐平，双眼直视目标，在每轮投镖的过程中，头部应尽量保持稳定。

所有对站姿和手臂姿态的要求，都是为了保证所投掷的飞镖落点的准确度，在投镖过程中除投掷飞镖的手臂处于相对放松状态外，身体其他部位都应保持平衡和稳定，上述所讲是理论上的、基本的、正确的站姿。人们可以根据自身的情况进行调整。准确的描述是，站姿挺拔稳定，准备姿势周正，身体紧凑而不僵硬（正确站姿与错误站姿对比见图 12-24）

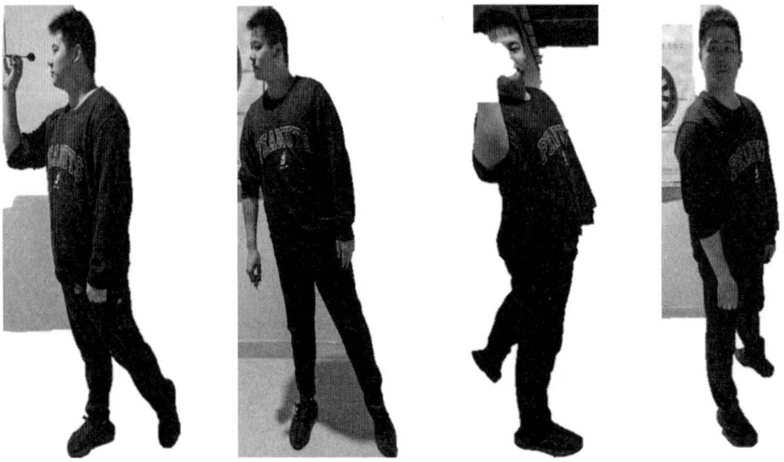

错误 × 正确√ 错误 × 正确√

图 12-24 正确站姿与错误站姿动作对比

第一次按照上述方法确定站姿时，可能会觉得别扭，但是为了得到舒适的投镖感而牺牲角度，很有可能导致失去投镖的准确度。确定并固定投镖站姿，是飞镖运动中非常重要的基本技术练习环节，正确而又稳定的基本站姿，将会对飞镖技术的提升产生积极的影响，而采用双脚并排站立的投镖姿势，或其他只图一时舒服而违背基本原理的姿势练习飞镖将会影响其他技术动作，并在达到一定熟练程度时出现很大的问题。

6. 投掷动作

为了更清楚了解投掷时手臂各部分的动作，现将手臂的结构用机械连杆图表示出来（图 12-25）。

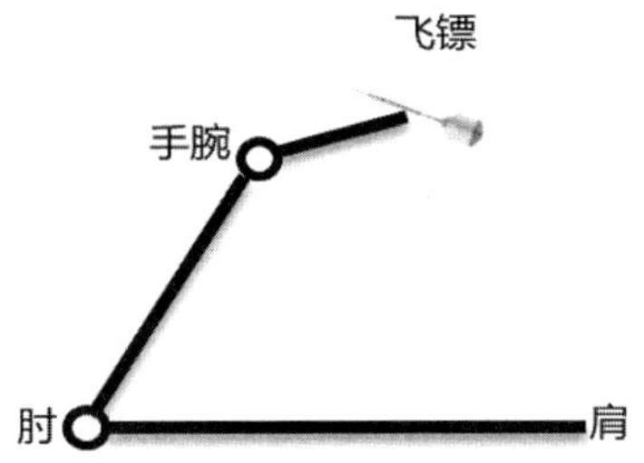

图 12-25　飞镖机械臂动作示意图

投掷动作以肩为基点、以大臂为支撑、小臂带动手腕和手在垂直于镖盘目标区的平面内,做慢收、快发,并以随挥动作结束的机械三连杆运动。

下面我们就投掷过程中手臂各部分的动作要求和飞镖在手中和飞行中的具体状态,分别进行说明。

(1)肩。肩部是这组连杆在运动时唯一保持不动的部分,它是这组连杆的基座。也就是说:肩部与身体其他部位(除前臂外)在投镖过程中要保持不动。

(2)上臂。上臂在投镖动作的后期,腕部开始动作时,应被动顺势向上抬起。如果上臂不动,就会缩短连杆运动的距离,影响飞镖抛物线的弧度,阻碍投镖时的加速过程,最终影响准确性,这里需要注意的是:在投掷动作开始阶段(小臂回收阶段)上臂是保持固定不动的。

(3)肘。在投掷过程中肘部应自然垂直,不能左右摇摆。

(4)前臂。前臂在这组连杆运动中起到连动作用。在投掷动作开始时,前臂缓慢回收,然后向目标做加速的弧线运动(速度不易过快,应尽量自然舒畅)。当飞镖出手后,前臂仍按运动方向运动,最终与上臂平直并指向镖盘,我们称这个动作为"随挥动作"。随挥动作使连杆运动变得完整,在这个过程中找到并固定一个准确的出镖点,并使飞镖按照设定的抛物线飞行。错误的动作是:在飞镖出手时立刻停止前臂运动或回收前臂;前臂在回收和投掷的过程中左右摆动。

(5)手腕。在投掷过程中,手腕起着关键的连接作用。从图 12-25 中可以看出:在前臂开始回收动作时手腕向后仰。随着前臂向前做加速运动时,手腕带动手部随前臂运动,在出镖时手腕顺势自然下摆,用以增加出镖速度和力量。手腕动作的早晚、轻重、松紧,直接影响到投镖的精确度。一般情况下:手腕下摆动作过晚或过重,飞镖的落点会过低,相反则会过高;而手腕的松紧程度会影响到手腕动作的早晚和轻重。因此,投掷命中率不高的原因一般反映在手腕的连接动作出现的问题上。

(6)手。在回收过程中,手随手腕上扬,手心朝上,手指均匀用力;飞镖出手后随手腕下摆。飞镖出手的时机、手指发力同样影响飞镖的准确度,飞镖出手过早有可能使飞镖落点过高,相反则有可能过低。而出镖时手指发力不均匀将使飞镖的落点发生偏移。

7. 飞镖在手中的状态

站好站姿时飞镖的镖针是正对镖盘并略微上抬的;随着回收动作和手腕的后仰,抬起的角度增大;在投掷时随小臂前移,抬起的角度减小;在出镖时镖针几乎是水平的或稍微有些上翘。正确的完整投镖动作应是:挥臂动作幅度小,发力顺畅通透,随挥充分舒展,节奏略快

且稳定，飞镖飞行平稳，落盘姿态一致（图 12-26）

投镖动作①　　投镖动作②　　投镖动作③

图 12-26　分解投镖动作

8. 完整投镖动作技术要领

动作①，双脚自然开立，展胸展肩，重心右移，左脚后跟抬起脚尖外侧着地，头部向右转 90°，下巴与右肩在一条直线上，举右手，右手前臂弯曲小于 90°，翻腕大拇指与食指轻轻捏住镖筒其余手指自然弯曲，虎口对准镖盘。前臂与肩膀、肘关节、身体成一条直线，双眼瞄准前方，左手握住其余飞镖紧贴身体左侧。

动作②，身体保持不动，前臂向后弯曲、直线蓄力回拉、翻腕，右手臂保持稳定状态，双眼瞄准镖针与飞镖落点一致，前臂与肩膀，肘关节、身体成一直线。

动作③，右手前臂向前推直整条手臂，推至手腕处向前甩腕至底，手指自然下垂，手腕最高点指向飞镖落点停住不动直至飞镖上靶，在此过程中动作要流畅自然，一气呵成，否则会直接影响飞镖准度。

瞄准即眼余光看到镖针与目标位置一致；手腕向身体方向翻转弯曲前臂蓄力回拉；推手臂随挥。

（二）练习方法

1. 徒手投掷动作练习

掌握飞镖技术的概念，掌握正确的投镖姿势，掌握肌肉运动感觉，对飞镖技术的提升起到很大的作用。徒手练习需要练习者在心境相对平和的状态下练习，身体各个部分不能僵硬，切忌动作过快，动作舒缓自然，有助于体会各个技术环节的感觉，也可以通过镜子来观察自己的动作。下面一一介绍练习方法。

（1）投掷动作节奏练习，即完整投镖动作练习，这里需要掌握的就是投镖动作节奏。一是投镖准备动作（动作正确，身体自然稳定，不僵硬，两眼紧盯目标），二是小臂蓄力回拉（节奏慢），三是投掷动作的开始（投镖动作应声而出，坚决不拖泥带水），可使用上述动作① + 动作② +动作③快节奏或慢节奏练习，也可使用动作① +动作②③连贯练习，即动作②③连贯不停顿并充满爆发力，主要练习目的是使得手臂投掷动作自然协调有力。

（2）对照参照物投掷动作练习。找一面垂直线，做徒手投掷练习，目的是确定投掷时身体与手臂保持一条垂直线，确保在投掷过程中不出现任何弯曲和角度问题，保证飞镖在飞行时是一条直线。

（3）对照镜子投掷动作练习。找一面镜子，对照镜子可做投掷动作正面练习与侧面练习，主要练习目的是确定身体与手臂成一条直线投掷，确定投掷时手臂有推直，动作自然流畅随挥动作完整，无手臂其他部位提前发力或乱发力的现象。

（4）对照镖盘投掷动作练习。参照物为红心或 60 分区，练习徒手投掷动作，感受正确的肌肉发力，以及手臂落点是否准确。可使用慢动作练习，分解动作练习，以及快速投掷练习。

2. 力量与柔软度练习方法

（1）持重物对照镖盘，持球练习或持小瓶矿泉水练习投掷动作，有助于练习上臂以及手腕与手指的小肌肉群，增加投掷动作的力量，使飞镖快速飞行。

（2）俯卧撑练习，主要锻炼手臂力量增加手臂爆发力，增加飞镖的飞行速度，飞行速度越快飞镖准度也越高。

（3）抓握练习，即手抓握球（网球或棒球大小、重量）朝着地面甩球，增加手腕与手指小肌肉群力量。

（4）甩腕练习，手可持飞镖，左手托住右手手肘，保持大臂前臂与身体垂直，手腕进行前后 180° 甩腕练习增加手腕力量，注意如持飞镖，飞镖不能握得过紧或过松，要呈稳固而不僵硬状态。

（5）手腕柔软度练习，前后压手腕，以手腕打开 180° 为最佳。

3. 持镖练习

（1）持镖瞄准练习，站好站姿，手持飞镖做投掷动作①瞄准，然后放下手臂，重复再来一次，持续不间断地练习，目的是找到身体站立重心，一次瞄准目标，坚定瞄准目标，熟悉瞄准动作和眼神，不随便晃动或手臂不停比划以免增加投镖难度。

（2）多镖练习，可一次投掷 6 支飞镖为一轮，这种方法尤其适合新手，将注意力放在投掷动作上，关注投掷动作的协调性、爆发力以及手臂、身体是否成一条直线，手臂发力是否有角度和弯曲，身体站姿是否稳定周正无其他多余发力，手腕与手指是否协同发力无僵硬状态，增加手臂投掷飞镖扎上镖盘的感觉，增加投掷动作熟练度以及稳固正确的投掷动作起非常高效的辅助作用。

4. 单项比赛练习方法[以 501 制与魁克特（CRICKET）比赛项目为例]

501 比赛是目前世界上硬式飞镖职业比赛中常见的比赛项目，也是被列为参赛项目最多的一项比赛，魁克特（CRICKET）俗称“米老鼠”，是软式飞镖中常见的比赛项目，也是职业选手参加软式飞镖比赛必须参加的项目。

1）501 比赛项目练习法。

501 分为两段练习，第一段 331，第二阶段 170，第一阶段应该单独进行 20 单倍区训练，可以锻炼选手的投镖感觉和投镖的一致性。第二阶段 170 分练习法，主要练习双倍区准度，熟悉拆分组合，双倍区练习法，只投 1~20 红心双倍区记录总镖数，一次比一次镖数用得少才是进步。进阶版是每次双倍区进两支飞镖。

三镖结束法，从 1 分开始直至 60 分结束，每次分值都得三镖打中才能进行下一分值的开始，目的是牢记镖盘上每个分值的数字，或者是从 40 分开始直至 100 分结束，也就是说超过 60 分分值时，是无法一镖结束的，可以两支或者三支来结束某一分值。

170 分结束镖练习法，是 501 分简化版，锻炼选手双倍区的准度和计算能力。要求在练习中不用任何辅助记分的方法，只用口算的方法，最好做到一支飞镖投出去后知道剩余多少分，也知道下一镖应该投哪里。如果能够很轻松地完成 170 分，还可以要求 9 镖或者 6 镖 3 镖练习逐步提高技术。

99 分练习法，方法是：投中 T20 计 3 分，D20 计 2 分，S20 计 1 分 3，累计 99 分。每次练习应轮数越来越少才能真正进步。该练习法主要练习选手投 20 三倍区的能力，对于 501 项目获得高分有较好的辅助作用。

2）魁克特（CRICKET）练习法。

减一半，这是一个提高魁克特（CRICKET）比赛能力的良好训练方法。画好表 12-2，先从 15 分区开始，每投中一次则在基础分 40 分上加上相应的分数（双倍区和三倍区分数相应乘以 2 和 3），如 3 支镖都未投中目标分区，则将自己的现有分数减掉一半。比赛结束后看一看自己的最后分数是多少，该方法还会帮助你发现哪一个分区较弱。

表 12-2　魁克特（CRICKET）减一半练习计分表

40	HUANG	CHEN	40
55		15	100
87		16	116
119		D	58
		17	
		18	
		T	
		19	

转圈，自己记分或用于两个选手以上进行比赛的方法，每一轮分别瞄准 1~20 的三倍区投，投中单倍区计 1 分，投中三倍区计 3 分。初学者最好的得分应在 60 分左右，当你达到 100 分以上时，你就是一个高手了。这种方法主要训练三倍区，所以对魁克特（CRICKET）的比赛很有帮助。

三、竞赛规则

（一）竞赛总则

秉承体育竞赛公平公正原则，飞镖比赛尤为体现运动员体育道德职业素养。飞镖运动被称为绅士运动也体现在运动员的体育道德精神层面，绅士不仅是表面的礼貌和时尚得体的穿戴,更为重要的是个人品质和道德修养的体现。飞镖运动作为一项绅士运动,需要运动员在遵守竞赛规则和体育道德的基础上还要做出礼让或明显有错误时提示裁判员更正分数,因此,提倡绅士运动也是保障飞镖比赛的公平公正,例如:在世界大赛中尤其是硬镖比赛中裁判员必须立即报分,但也有出错的时候,这个时候就运动员要以非常好的职业素养去提醒裁判员分数报错,尤其是分数差异不大竞争最为激烈时依然去提醒裁判员修改分数,是每一位飞镖运动选手的职业素养,也充分体现了飞镖运动员的绅士风度。

(二)飞镖比赛通则

1. 硬式飞镖比赛

选手每轮必须投 3 镖,飞镖投中双倍区外围视为无效镖不记录分数,飞镖投出扎上镖盘掉落也被视为无效镖不记录分数。再则如第一支飞镖已扎中镖盘视为有效分数,第二支飞镖投镖时将其打落,第一支飞镖分数继续视为有效分,第二支飞镖视为无效分。每轮比赛时间无固定要求,但不能无故拖延比赛,在一般比赛中也有选手采用慢节奏投镖战术,只要在规则允许情况下裁判员不提出异议,该战术是允许被使用的。

2. 软式飞镖比赛

选手每轮每次最多可投 3 镖,镖手站在投镖线上后必须在 30 秒内完成 3 支镖的投掷。如果裁判员认为镖手故意拖延比赛时间,则裁判员可将其判为非体育道德行为。无论飞镖机是否记录,飞镖一经投掷便算作一次投掷。但镖手无意掉落的飞镖可捡起后再次投掷。镖手在投完 3 镖后,无论飞镖机是自动还是手动按键“镖手更换”,在飞镖机显示屏尚未显示下一位镖手投镖时,下一位镖手不得投镖,已投的飞镖视为无效镖,不能拔回再投。如果投到对方选手的分数,对方可以选择保留分数或者退回之前的分数。每位镖手在投镖前都有责任确认显示屏上显示为正确选手。非投镖镖手必须站在正在投镖镖手后方 1 米以外。对于行动不方便使用轮椅或其他支撑物的镖手,其轮子或支撑物可以压在投镖线上,但不得越过投镖线。双方镖手必须向对方出示运动员证,确认对方身份正确无误。双方镖手必须在指定机器进行相应比赛项目的比赛。

3. 比赛服装

所有镖手必须按组委会的着装要求着装,特别是着装的商标必须符合组委会要求,着装要求选手必须穿有衣领的上衣,下身着西裤,脚下穿皮鞋。飞镖运动被称为绅士运动也体现在服装层面,即参加比赛服装要得体,行为举止要有礼貌。

4. 争红心

比赛双方各投一镖最靠近红心正中央的镖手为胜方,争红心的投镖顺序按照比赛规定猜硬币或者飞镖机本身的随机功能决定,如果第一轮投镖双方距离红心正中央距离一样,则进行第二轮投镖争红心。第二轮投镖争红心由第一轮争红心后投镖者先投镖,如仍未能分出胜负,则进行第三轮争红心,以此类推。争红心时,所投掷的飞镖必须插在靶面上,如果掉落,则此次飞镖重投。所有投中镖靶的飞镖不得拔出,直至决出胜负,如每轮先投镖者投中靶面正中央位置,则必须拔出该支飞镖,这样后投镖者才同样有机会投中红心最中心位置。

5. 练习镖

镖手在指定飞镖盘练习 9 镖后开始比赛,在比赛进行中参赛镖手不得在其他飞镖盘进行练习，否则判该镖手本局负。

6. 爆镖

有三种情况：一是三镖或三镖之内投中的分数之和，超过所剩的分数；二是三镖或三镖之内投中的分数之和，等于所剩的分数，但最后一镖未投在双倍区；三是只剩 1 分的情况下（如未要求倍区结束，上述第二项和第三项情况不能称为爆镖，投中剩余分数之和即算获胜），爆镖时，分数保留在此轮投掷前的剩余分数上。示例：第 10 轮剩余分数 20 分，第 11 轮爆镖，第 12 轮继续 20 分开始往下减分。

7. 轮数

轮数是指，一人三镖为一轮，一场飞镖比赛一共限制投多少轮。301 分一般限制为 8 轮或 10 轮，501 分限制为 15 轮，701 分、901 分和 1 001 分限制为 15~20 轮、魁克特（CRICKET）限制为 15 轮。目的是提高比赛观赏性，提高选手技术水平，防止比赛无限期延长。

8. 教练及队友

在双人或队际赛中，队友可以相互提示，但不能拖延比赛时间，所有单人赛中，教练员不能指导或提示。

9. 非体育道德行为

比赛期间参赛镖手必须保持绅士风度，按照飞镖竞赛规则相关要求进行比赛，所有非体育道德行为视为犯规，可予以警告，直至取消其参赛资格，情节严重者罚令其离开赛场，且报名费不予退还。

10. 场地与器材异常

硬式飞镖与软式飞镖比赛期间，发现场地与器材有异常可提出异议，尤其以软式飞镖盘异常问题较多，如飞镖机不正常运作，或计分有误需要马上停止比赛，此时不能随便移动镖盘上的飞镖，比赛双方选手同意更正才能使用退镖功能，只更正双方同意分数，如有不同意见可通知裁判到场处理。比赛时飞镖投到靶面上后掉到地上，得分以飞镖机显示为准，如飞镖停在镖盘面上的位置与飞镖机显示分数不同时，经双方同意，可以使用退镖功能手动调至更正分数。另一种情况：当决胜镖出现后，该局马上结束。飞镖机计分下出现决胜镖，必须以飞镖机显示数据为准，如果决胜镖已经插在靶面上而飞镖机没有计分或未显示正常分数也算胜出，由裁判手动调整分数。

镖手必须在比赛开始前 10 分钟到达检录处，各自查询对阵表及比赛飞镖机号（赛事现场不会广播提示），并马上到指定的飞镖机进行比赛。镖手在到达指定飞镖机 5 分钟后，仍未见到对手，必须马上到检录处向裁判员告知情况，裁判员将通过广播系统提示缺席参赛镖手，再过 5 分钟后缺席镖手仍未出现，裁判员将通过广播系统警告缺席参赛镖手，再过 5 分钟后仍未出现，则裁判员直接判缺席参赛镖手弃权。

11. 禁止吸烟与饮酒

比赛场内严禁吸烟，包括电子香烟，违者将被取消比赛资格，并被驱逐出场。飞镖传播于酒吧，与酒吧有着千丝万缕的联系，现在对于飞镖比赛是否允许饮酒有一定争议。笔者建议高校飞镖比赛赛场内禁止饮酒。

12. 飞镖机故障及停电

如果飞镖机因某些原因故障或者在比赛期间停电，造成比赛中断，待飞镖机恢复正常运作后，裁判应尝试复原比赛至中断前状态，若无法复原，必须重新进行比赛。

（三）比赛项目介绍

1.01 比赛

1）分类

01 比赛分为 301 分、501 分、701 分、901 分、1 001 分，此项比赛一般是单人赛、双人赛和团体赛（团体赛每队 4 人），单人赛通常采用 301 分或 501 分，国际比赛中 501 分是规定使用的比赛方法，双人赛一般采用 501 分或 701 分，团体赛采用 701 分、901 分和 1 001 分，根据竞赛办法来进行。

2）方法

以 501 分为例：比赛开始前，双方的基本分数各为 501 分，以倒扣分数的方法进行比赛，先扣至 0 分的一方为胜方，但一般都有特殊赛制要求，501 分结束镖一定要在双倍区结束。例如：A 剩 10 分时，投中 5 的双倍区，即为结束；B 如果剩 14 分，应投中 7 的双倍区结束。特别注意：如果剩 50 分时投中红心也为比赛结束，501 比赛红心区 50 分是红心外圈 25 分的双倍区。如果没能够在双倍区结束，而投中单倍区或其他小于结束分的分数区，那么只能按分数多少继续向下减，直至投中所需要的双倍区为止。

3）特殊要求

01 比赛对于比赛的开始与结束都有着特殊要求，除增加飞镖比赛的难度外也增加飞镖比赛的观赏性，即飞镖投中什么位置开始记录分数和最后一镖投中什么位置才能获胜（表 12-3）。

表 12-3　飞镖 01 赛开始与结束特殊要求

	中英名称	释义		中英名称	释义
开始	Open In 直接开始	直接计分	结束	Open Out 直接结束	不要求倍区结束，分数归 0 即可
	Double In 双倍开始	投中任意双倍区开始计分		Double Out 双倍结束	最后一镖双倍区结束并且分数归 0 才算获胜
	Master In 大师开始	投中任意三倍区开始计分		Master Out 大师结束	最后一镖三倍区结束并且分数归 0 才算获胜

4）基本战术

以 501 分为例，选择双倍结束区，在 501 分的练习过程中，根据自己的习惯选择自己擅长的双倍区作为自己最有把握的结束区，以下双倍区对于其他的双倍区，有它们的优势，如 16 分、20 分、12 分等分数的双倍区。其特点是：如果不能用一镖投中这些分数的双倍区，而只投中了它的本分值区，还可以继续投掷它们所剩余分数一半的双倍区，而不需要多使用一镖来将剩余分数调整成双数。例如，12 分的双倍区未投中，只投中 12 分，你可以继续投掷 6 分的双倍区，以达到用最少的镖数结束比赛，以此类推，你可以自己将镖盘上的分数区进行比较。高分结束，在采用 501 分规则的比赛中，单轮（三镖）最高可以结束的分数为 170 分，后面的“拆分表”列出了比较常用的170分以下各个分数结束的方法(也叫拆分方法),当然,除了列出的结束方法外,你也可以根据自己的特点和习惯,设计其他更好的结束方法,但无论怎样的组合或者拆分,目的只有一个,用最少的镖数结束501分。

2. 高分赛

标准高分赛:每一轮投3镖,累计8轮分数,最高分一方获胜一般红心设定为单红心,即50分。限时高分赛:不限制轮数投镖,在限定时间内尽量多得分一般红心设定为单红心,即50分。

3. 魁克特(CRICKET)

1)分类

双人赛、单人赛、团体赛。

2)方法

在镖盘15~20分以及红心区域分值计分,其余区域分值不记录分数,选手三镖或两镖投中15~20分及红心区域分值开始记录分数或一镖三倍区15~20分区域分值即可开始记录分数,每位选手限制15轮投镖轮数,在15轮内选手分数高者获胜。

特殊要求:关闭得分区:第一位选手在15~20分及红心区域打中三镖或打中三倍区开始记分,另一位选手也在同一位置打中三镖或一镖三倍区,则该得分区域关闭,不再给任何选手记分。提前获胜:无须全部投完15轮,即15~20分及红心区域由一位选手全部打开记分,另一位选手在分数落后的情况下无任何可得分区域则可提前获胜。

四、飞镖竞赛欣赏

(一)欣赏原则

1. 公平公正原则

秉承公平公正体育道德职业素养的层面上去欣赏比赛,如在现场欣赏比赛不能上场干扰任何比赛选手以及在场工作人员、教练员、裁判员一切与比赛有关的人员。安静并有涵养地欣赏比赛,在运动员打出高分时及时给予正面的鼓励与喝彩。

2. 尊重文化原则

飞镖比赛中尤其是世界比赛,允许在场观众给予嘘声,目的是增强比赛的竞争性、激烈性,提高比赛的观赏性。但目前国内比赛场上观众还是比较安静的,会给予鼓励与喝彩,未有任何嘘声。另外,国外观看比赛时允许观众着奇装异服,前提是不影响比赛,国内比赛目前并不管理在场观众服装,但由于我们国家文化提倡内敛、谦虚不张扬,着奇装异服者较少,因此,在场欣赏比赛时也注意不同国家的文化产生的不同规矩,勿用异样眼光去审视其他观众。

3. 了解竞赛规则

看懂一项体育竞赛首先我们需要了解其竞赛规则,只有吃透竞赛规则的前提下,我们才能真正意义看懂比赛,俗话说“外行看热闹,内行看门道”,吃透竞赛规则是看懂比赛的前提。例如:单项比赛规则、比赛赛制、特殊赛制要求等(每届飞镖比赛都有其特殊赛制的,需要在赛前了解才能真正看懂比赛),以及了解目前世界各大赛事、高水平飞镖选手的排名情况等。

4. 了解飞镖基本技术

了解其技术是入门欣赏飞镖比赛尤为重要的一项原则，如在比赛中为什么选手这种姿势投镖，为什么不正面双脚站立投镖，为什么这位选手飞镖投得又快又准，为什么每次都能投中三倍区等问题，需要欣赏者提前了解才能看出比赛的门道。

尤其在新时代国家大力提倡发展全民健身运动的大层面下，飞镖运动的普及尤为重要，其作为一项竞技与娱乐并存的体育项目，老少皆宜，了解、欣赏并参与该运动是提高我国全民身体素质的有效方式之一。

（二）欣赏方法

飞镖运动属于同场对抗型项目，这种项目的欣赏方法就是看选手如何在高强压力下还能稳定发挥直至打出高分获得胜利，以及欣赏在选手明显落后的情况下如何采取有效战术反超对手直接获得胜利的精彩战术。

（1）01 比赛欣赏方法。硬式飞镖采用 01 比赛项目较多，尤其是 501 分比赛项目，首先要了解比赛项目规则，其次对本场比赛的赛制要了解清楚，对选手也需要有一定的了解，什么选手善于什么打法，比如有些选手喜欢直接高分施加对手压力，或者喜欢前期打法稳定不激进，使得对手掉以轻心，后期反超对手直接获得胜利，我们在欣赏比赛时也要弄清楚飞镖比赛有哪些战术。

（2）魁克特（CRICKET）欣赏方法。此项比赛是软式飞镖比赛项目之一，也是较精彩的比赛之一，首先我们要充分了解项目竞赛规则和办法，其次对项目是单人赛还是团队赛有个了解，再次了解选手的水平了解及其打法和战术，比如有的选手善于三倍区开区和得分，这种就是高水平选手，欣赏这种选手是比较有动力的，因为开区和得分都很擅长，获得胜利也是轻而易举，但有些选手不擅长 20 分的三倍区擅长红心 50 分，这种选手在比赛魁克特项目时就比较吃亏，相比较而言魁克特就是比的 15~20 分的三倍区及红心的命中率，如果仅仅只是 50 分区命中率高，而 60 分区命中率低，是比较吃亏的。

飞镖运动也是一项非常考验选手心理素质的体育竞技类项目，很多选手在平时训练时水平非常高，一旦开始比赛就总发挥不出高水平，还有选手平时训练水平一般偏上，但是比赛却总是出人意料往往能获得胜利，所以欣赏飞镖比赛还可以欣赏选手的超高心理素质，尤其在国外比赛选手如果不小心打了一个较低的分数，或者在关键时候未能反超和获得胜利观众会不停地有嘘声，在此种情况下我们也可以欣赏选手是如何沉着冷静采用什么战术稳稳地获得胜利的。

章节小结

学习本节时，首先了解飞镖的起源与发展以及飞镖运动目前在中国的发展现状，其次学习飞镖运动的基本常识，因基本常识是入门基础。然后，着重学习并掌握飞镖运动的一般技术和练习方法，最后理解并掌握飞镖运动的竞赛规则和欣赏方法与原则，懂得如何参加比赛和欣赏专业飞镖比赛。

思考题

1. 飞镖运动有哪些比赛项目？
2. 飞镖 501 分项目有哪些练习方法？
3. 你认为飞镖基本技术在飞镖运动中的意义？

（章节撰写人：解进）

第五节　击剑

一、击剑运动概述

（一）击剑的起源

击剑运动是一项历史悠久的传统体育运动项目。随着人类历史的发展，剑由最初的石制、骨制发展到青铜制、铁制，最后到钢制，并作为武器，逐步走上历史舞台。击剑在古代埃及、中国、希腊、罗马、阿拉伯等国家十分盛行。公元前 11 世纪，古希腊就出现了击剑课。希腊、埃及等国家的一些历史建筑和纪念碑上都有关于击剑的浮雕。

在中世纪的欧洲，击剑与骑马、游泳、打猎、下棋、吟诗、投枪一起被列为骑士的高尚运动。为了研究和推动击剑技术的发展，欧洲各国纷纷成立击剑行会（协会和学校）。西班牙被认为是现代击剑运动的摇篮，第一本击剑书籍就由两位西班牙教练编著。14 世纪在西班牙、法国和意大利出现了骑士阶层，他们以精湛的剑术纵横天下，获得了广泛的赞誉。此后各国贵族纷纷效仿，一时间击剑成为上流社会的时尚。

击剑运动真正得到全面发展还是在法国亨利三世和亨利四世时期。1776 年，法国著名击剑大师拉布瓦西埃发明了面罩，这一发明使击剑运动走上了高雅之路。人们戴上面罩、手套，穿上击剑服，就可以安全地进行一连串的攻防交锋。面罩的问世是击剑运动发展的一个里程碑。法国也成为当时欧洲击剑运动的中心。

（二）击剑的历史发展

16 世纪末 17 世纪初的欧洲盛行决斗。在这种形势下，为了满足人们对击剑的爱好和安全的需要，一种剑身较短并呈四棱形，剑尖用皮条包扎的新型剑被设计出来，受到人们的普遍欢迎，并得到广泛应用，这便是现在花剑的雏形。从此，在欧洲的习武厅、击剑厅及专业学校里，花剑的击剑方式逐渐形成并日趋完善。

热衷于决斗的绅士和贵族从 1885 年开始，在习武厅进行练习时，使用三棱形剑，交锋不限制部位，这就是延续至今的重剑。

18 世纪末，匈牙利人对东方波斯人、阿拉伯人及土耳其人早期骑兵用的弯刀，进行了改造，于剑柄上装配了一个象弯月形的护手盘，在击剑时可以起到保护手指的作用。后来，意大利击剑大师朱赛普拉达叶利将它进一步改进，使它能在击剑运动和决斗中使用，并根据骑兵作战的特点,规定有效部位为腰带以上,这便成为现代佩剑的前身。至此,人们击剑时就可以自由地选择花剑、重剑和佩剑。

19 世纪初,在法国击剑权威拉夫热耳的倡议下,将花、重、佩这三种不同式样的剑的重量再次减轻,同时对一些技术原理及战术意义进行深入研究,并且在一些欧洲国家经常开展竞赛活动。击剑运动由此逐渐成为国际性的体育竞赛项目,并最早成为奥林匹克大家庭中的一员。

现代击剑运动是奥运会的传统项目。1896 年在雅典举行的第 1 届现代奥运会上就设有男子花剑、佩剑的比赛。1900 年在巴黎举行的第 2 届奥运会上增加了男子重剑项目。1924 年在巴黎举行的第 8 届奥运会上又增加了女子花剑项目。1992 年在巴塞罗那举行的第 25 届奥运会上,女子重剑成为正式比赛项目。女子佩剑于 2004 年雅典奥运会上被正式列为奥运会项目。

1913 年 11 月 29 日在法国巴黎成立了国际击剑联合会。1914 年 6 月在巴黎通过了《击剑竞赛规则》,击剑运动竞赛日趋公平、合理。1931 年,重剑比赛开始使用电动裁判器。1995 年,电动花剑裁判器也运用于比赛。1989 年,佩剑比赛开始采用电动裁判器。电动裁判器的发明也是现代击剑运动史上的一个里程碑。它使击剑比赛更加公平,同时推动击剑技术向更高的水平发展。

法国、意大利、俄罗斯、德国、匈牙利在不同时期,都是击剑强国。引领世界击剑运动发展的潮流,并各自代表一个古典的击剑流派,其基本技术动作和战术打法风格都有明显的差异。近 50 年来,击剑技术动作和战术打法风格有了迅速的发展。

二、击剑基本技术

击剑运动有三种武器:花剑、佩剑、重剑。三种武器的有效击中点及比赛规则亦有不同,故每种武器都有其竞技特点。相比而言,花剑更具运动性,佩剑速度最快,重剑则更需要技巧和准确性。

(一)花剑

花剑是完全的刺击武器。只有剑尖刺中才有效,剑杆横击无效。有效击中部位是上身。花剑击中有效部位由金属衣裹覆,这样,电子仪器便可以分出有效和无效击中。花剑重 500 克,长 110 厘米。花剑比赛也讲究击中优先权。先攻击而击中者得分。被攻击者须先做出有效抵挡动作后再进攻击中才有效。双方同时击中均不得分。在此情况下,击中优先权很难区分,如有时剑触及手臂等无效部位。

(二)佩剑

佩剑是既劈又刺的武器。在实战中,以劈中得分为多。有效击中部位是上身、头盔及手臂。有效击中部位由金属衣裹覆,这样,电子仪器便可以分出有效和无效击中。佩剑重 500 克,长 105 厘米。佩剑比赛也讲究击中优先权。先攻击而击中者得分。被攻击者须先做出有效抵挡动作后再进攻击中才有效。双方同时击中均不得分。佩剑速度最快且往往用的时间最短。

（三）重剑

重剑是完全的刺击武器。只有剑尖击中才有效，剑身横击无效。有效击中部位包括全身即躯干、腿脚、手及臂以及头盔。重剑重不超过 750 克，长不超过 110 厘米。它较花剑重，剑杆也硬。与花剑及佩剑不同，重剑每次击中都有效。若双方在四分之一秒内相互击中，双方各得一次击中数。最容易被击中的部位是手。所以，重剑比赛需要高度准确性，攻击对方的好机会常常是当对方开始攻击的时候。

三、击剑竞赛规则

（一）场地

击剑比赛是在一条长 14 米，宽 1.5~2.5 米，高 10~50 厘米金属道的场地上进行。金属道的作用是运动员有意无意刺在比赛场地上无信号显示。金属道的两端各有一个拖线盘，内有可自由进出的电线，这根线与运动员身上的电线接通，而运动员身上的这根线与剑接通。这样，两名运动员、裁判器、托线盘相互连接，形成一条环形电路。当一方以足够的压力刺中另一方时，电路接通，裁判器就以信号通知裁判员。这套装置可以帮助裁判员进行分析判决。

（二）赛制

击剑比赛分为个人赛、团体赛。个人赛采用小组循环制和直接淘汰制，团体赛直接采用单败淘汰制。直接淘汰赛的每一场比赛方法采用每盘击中 15 剑，比赛时间为 9 分钟。每盘分为 3 局，每局 3 分钟，局间休息 1 分钟。一名运动员击中 15 剑或者 9 分钟规定时间全部用完，击中剑数多的运动员获胜。若在规定时间结束时出现平分，则须加赛 1 分钟。加赛中，击中第一剑的运动员获胜。加赛前，运动员必须进行抽签，若平分情况持续至加时赛结束，则抽中优胜权的运动员获胜。

团体赛每队 4 名队员，3 人参加团体对抗，一名队员作为替补。每一位选手与对方的三位选手轮流比赛，先获得 5 分的选手为胜，然后选手交叉进行比赛，最先获得 45 分的团队为胜。每场 3 分钟打 5 剑，每场限时 4 分钟，共 9 场。如果 4 分钟结束，接力规定的比分未达到，则下一对队员从原有的比分开始继续比赛，可以打到他那场应该打到的分数，即：第一场到 5 分，第二场到 10 分，第三场到 15 分，以此类推。先胜 45 剑的队或在规定时间结束时获胜剑数多的队为胜队。如果 1 名队员和 1 名替补队员弃权或被开除，则该队为负。在最后一场接力的规定时间结束时，双方比分相等，则抽签决定优胜权，随后加时 1 分钟，由最后 2 名队员决一剑。

（三）比赛规则

1. 预备

当裁判宣布准备比赛时，双方队员在离中心线两米处紧急就位。队员们应该侧身站着，手中剑必须指着对手，未握剑的手靠在背后。运动员每得一分都得回到这个姿势重新比赛。

2. 得分

使用重剑、花剑、佩剑击中，就是用剑尖刺击对手，使剑尖清楚、准确无误地刺在有效部位并具有刺入的性质。到达对手身体的任何部位的击中，都是有形的、实体的、实质性的击中。为了使之成为有效的击中并得分，落点必须在有效部位内。

3. 平局

在 9 分钟内，如果双方平分，那么将加赛 1 分钟，使用突然死亡法。为了防止双方消极防守，加赛前抽签决定如果加时赛中双方都未得分，那谁会是胜者。

（四）犯规与处罚

比赛重新开始后，一般情况都是从同一地点开始比赛（判罚丧失场地除外）的。判罚丧失场地一般是把比赛的现场向犯规的团体移一米。如果选手的双腿都触底线，将被罚一剑。

警告后，重犯同一错误，也会被罚一剑。在花剑中故意做身体接触，在重剑中推挤对手也属于故意身体接触行为，都会被罚一剑。

转身背向对手、剑尖在场地上非法拖划和重刺或者用不持剑手遮盖避免被击中都是犯规行为。第一次被黄牌警告，如果再犯将被出示红牌并被罚一剑。那些更为严重的犯规，比如报复与粗暴冲撞以及与对手串通舞弊，将会被直接出示黑牌，驱逐出场。

章节小结

本节主要介绍了击剑运动的基本概况，包括基本技术、掌握的方法及比赛规则的知识。目的是让喜爱击剑的大学生对此项目能有更全面的了解，更科学地参与击剑运动，推广击剑运动。

思考题

1. 浅谈击剑运动的发展趋势。
2. 浅谈击剑赛前训练的时间周期安排。
3. 运动损伤对击剑运动员有什么影响?

（章节撰稿人：曹玉超）

第六节　马术

一、马术运动概述

（一）马术运动起源

人与马共舞的历史可以追溯到公元前数千年。马被人类驯化后在交通、劳动生产和战争中扮演着重要角色，马术运动也正是在人马互动中应运而生的，并发展成为一项竞技体育项目。

马术运动具有悠久的历史，在人类各个古老文明的发展史中都有关于马术运动的记载。马术运动这几千年来的漫长演变，生动地反映了在人类走向文明的进程中马的独特作用。马的骑乘文化源于我国北方的游牧民族，正如《左传》中所说："冀之北土，马之所生。"商代出现挽车，两周时期由挽车转为骑。马的调教和驾驭统称为"御"是"六艺"之一。至春秋战国骑射之风更盛，"赵武灵王胡服骑射"的故事相传至今。《史记·孙子吴起列传》中关于田忌赛马的记载，说明赛马在公元前 4 世纪的齐国就已流行。在唐代被称为"击鞠"的马球运动风靡于军旅和宫廷，是妃嫔们喜爱的游戏。古埃及很早就有了骑马竞速的赛事记载。古希腊奥林匹克运动会上，赛战车（Chariot race）和赛马（Riding）已被列为比赛项目。流行于古希腊的竞技运动跳牛（Bull-leaping）是马上技巧和马上体操的雏形，演化至今，运动中的牛已被马所替代。这种替代，充分体现了马在人类文明进程中的特殊地位。马不同于其他牲畜，它与人类建立了紧密的伙伴关系。蒙古马吃苦耐劳、一往无前的精神被人们称颂。在源远流长的人类历史进程中，马的品德和精神得到了人类的尊重，所承载的文化也与人类文明相伴相行。

马术运动多种多样并遍布世界各地，从寒冷的北极到炎热的沙漠，凡是有马的国家和地区，都有适合自己民族特点的马术运动。经过 4 500 万~5 500 万年的演化，直到 100 万年前第一匹现代马（Equus）出现在地球上。据考，公元前 4000—公元前 3000 年，甚至更早马开始被人类驯化，之后在人与马的嬉戏中马术运动逐步萌芽。马术运动产生的时间、地点及运动特点与马的迁徙、分布及品系有着密切的联系。阿拉伯地区源远流长的长途耐力赛是以诞生于两河流域的阿拉伯马为主导的。最早的牛仔竞技源于西班牙及其殖民地墨西哥，后传至中美、北美、南美、澳大利亚和新西兰，直至今日。在中国的游牧民族中广泛流传着丰富多彩的民族马术运动，如以马背民族而著称的蒙古族的赛马、套马和马上技巧，哈萨克族的叼羊、马上摔跤，柯尔克孜族的追姑娘，满族的跳马，锡伯族的骑马射箭等，不胜枚举。

（二）马术运动的特点

马术运动是人和动物共同完成的体育比赛项目，同时是一项为数不多的男女同场竞技的奥林匹克比赛项目。参加奥林匹克运动会最多次数的世界纪录是由马术运动员创造的。被冠以"加拿大队长"之称的加拿大马术运动员伊恩·米勒（Ian Millar）自 25 岁至 65 岁，历时 40 年共参加了 10 次奥林匹克运动会。马术运动既是一项男女老幼皆宜的竞技体育项目，也是体育爱好者的休闲健身运动。马术运动在培养骑手骑乘技巧的同时，还可以激发和磨砺骑手的勇气、耐力、控制力，培养他们的团队精神。在马术运动中，人和马之间不仅是控制与被控制的关系，更是伙伴关系，甚至还可以建立朋友间的友谊以及家人般的情感。一匹训练有素、快乐并积极配合的马是赢得比赛的关键，这就是马术运动中常说的"二心合一"。

马的步伐由慢而快，自然形成慢步（walk）、快步（trot）、小跑（canter）和奔跑（gallop）。不同马术运动项目根据其特点灵活变换地运用这些步伐：平地赛马中全程采用的是奔跑，轻驾车赛马采用的是快步或快步的特定形态对侧步（pacing），而盛装舞步则运用了所有四种步伐及其变形。场地障碍赛主要考量的是马的跳跃（jumping）。马在野生的状态下有天然的跳跃能力，但场地障碍赛中的完美跳跃是在训练有素的骑手的控制下，人和马共同配合完成的。马术运动的乐趣和魅力其实就在于马通过学习和训练，可以与骑手共同创造人和马各自单独无法企及的奇迹。马步由慢而快四蹄着地的顺序和产生的节拍也随之变化：慢步是四蹄音，快步是两蹄音，小跑是三蹄音，奔跑是快的四蹄音，它们与音乐的节拍异曲同工。盛装舞步、马上体操等比赛项目配合音乐表演，音乐与马步的节拍和谐一体，彰显了马术运动的韵律和美感。

骑马的语言是国际化的，而且自古至今都没有变化。一旦你学会了如何和马交流，你可以骑世界上任何一个国家、任何一种品系的任何一匹马。根据马术运动渊源的不同，骑法形成了英式骑法（English Riding）和西式骑法（Western Riding）两种风格。英式骑法的马鞍没有西式骑法马鞍前端角一样的抓头，而且较西式骑法的马鞍要小而轻，便于骑手更紧密地与马背接触。西式马鞍的座位使骑手的重量分散在较大的面积上，因此更舒适、更适合牧人的长途骑乘。根据马术运动不同项目特点的需要，马鞍的整体设计也会随之调整。英式骑法的骑手双手持缰，而西式骑法的骑手单手持缰，另一只手持套索进行套小牛等牧人劳作。英式骑法和西式骑法在马具及骑手的着装上也有诸多不同。大部分国际马联比赛项目及所有的奥林匹克马术比赛项目都是英式骑法，而西部驾驭术是国际马联马术项目中西式骑法的代表。

马术运动随着社会文明的发展，比赛规则不断规范和完善，比赛者及马的安全和健康也日益受到关注，并得到应有的保障。

二、马术竞赛规则

1900 年马术运动首次亮相现代奥林匹克运动会，但直到 1912 年再次现身斯德哥尔摩奥林匹克运动会后方成为一项常规赛事。随后，领导国际马术运动唯一的国际组织——国际马术联合会（International Equestrian Federation，简称 FEI 或国际马联）于 1921 年应运而生。国际马联的任务是举办国际比赛，确定、统一和公布比赛规则，确定和批准世界锦标赛、奥林匹克运动会和地区性比赛的规程和项目。

目前，国际马联所规范的马术运动项目有场地障碍赛（Jumping）、盛装舞步（Dressage）、三日赛（Eventing）、综合马车赛（Combined Driving）、耐力赛（Endurance）、马上体操（Vaulting）、西部驾驭术（Reining）及残疾人马术（Para-equestrian），其中残疾人马术包括残疾人盛装舞步（Para-dressage）和残疾人马车赛（Para-driving）。除了以上 8 项外，还有两项作为区域管理项目，分别为骑术篮球（Horseball）和跑马拔桩（Tent Pegging）。国际马联项目中的场地障碍赛、盛装舞步、三日赛是夏季奥林匹克运动会比赛项目，而残疾人盛装舞步是残疾人奥林匹克运动会比赛项目。另外，在奥林匹克现代五项的比赛中，马术也是其中之一。

每年不同级别、品种繁多的马术比赛在世界范围内的众多国家举办，仅国际马联的赛事就近 4 500 场。除由国际马联规范的国际马术比赛项目外，还有未被统一规范的或由不同国家和地区的有关组织规范的马术运动项目。目前，国际马联并未为马球和赛马提供管理和制定规则。

马术运动不仅是一项体育运动，也是一种生活方式，这浓厚的时尚气息可以在服装上得到完美诠释。在正式的马术比赛中，不同的项目对骑手的服装及装备都会有严格的要求，观看比赛的观众也会根据比赛的气氛搭配不同的装束。着绅士套装配礼帽的男士和搭配不同花色裙子佩戴别致头饰的女士，成为赛马场边一道亮丽的风景线。重大的场地障碍赛表演，贵宾席的观众穿燕尾服或晚礼服出席以示隆重。

（一）场地障碍赛

场地障碍赛是奥林匹克运动会上最隆重的赛事之一，通常被安排在奥运会最后一个比赛日。场地障碍赛的场地通常设有 12 到 13 个障碍，最多可以达到上百名参赛者同场竞技。跳跃的障碍最高可以超过 2 米，带水的障碍可达 4.5 米宽，而 2 米宽的平行杠（oxer）通常只有 3%的参赛马可以无错地完成。赛事就障碍的高度、类型、摆放的位置和角度等设计出不同难度的场地（course）。马匹和骑手必须在第一轮的比赛中在限定的时间内无错地完成所有障碍才能进入第二轮的比赛——决胜赛，拒跳、落马和碰杆等都会根据错误类型罚分。决胜赛的场地将减少障碍的数目，缩短障碍间的距离，并增大障碍的高度。以最快的速度、最少的错误完成全场跳跃是胜出的标准，这使该比赛成为世界上最激动人心的一项比赛，因为胜负常常会因为百分之一秒的差距来决定。

（二）盛装舞步（Dressage）

盛装舞步是在平地上进行的马背上的芭蕾，没有障碍跳跃，考核骑手和马在行走、快步、小跑及奔跑中别具风情的移动。这些看似柔美的移动实则模仿的是在战争中马帮助骑手击败对手时所采用的步法。在战争中，马需要旋转、用后腿站立或按照命令踢蹬等。

在高级别的比赛中，要完成一系列规定动作，如旋转（piovt），斜横步（half-pass），肩内（shoulder-in），腰内（travers），缩短、中度及伸长步（collected、medium and extended gaits），空中换腿（flying changes），反跑步（counter canter），原地踏步（piaffe），高抬腿（passage）等。这些优美的舞步使比赛具有很强的观赏娱乐性。有些盛装舞步的骑手用流行音乐来为比赛编排。盛装舞步的骑手身着燕尾服和黑色领带，比赛现场非常正式。为了避免分散骑手的注意力，观众需要保持安静。

盛装舞步也是所有马术运动项目的培训基础。建议障碍赛骑手可以在跳障碍前，花 20 分钟练习一下盛装舞步。因为没有盛装舞步对力量和平衡能力的开发和训练，你就不可能胜任场地障碍赛，或在越野赛中取胜。

（三）三日赛（Eventing）

三日赛是马术运动中的铁人三项赛，它在一个比赛中结合了三个不同的项目，根据场地的长度和参赛的人数可以设在一天、两天或三天来完成。最早的三日赛始于 1902 年在法国举行的武器之马冠军赛（Championnat du Cheval d'Armes），直至 1912 年三日赛方成为奥林匹克运动会的正式比赛项目，而当时只有现役的男性军官才有资格参加比赛。

三日赛的三个项目中，盛装舞步源于展示马在列队表演中的表现力，优雅和顺从是关键。越野赛用来测试征服险要地形的耐力、勇气。场地障碍赛用来证明马在艰苦的越野赛后的体能状况。

第一项为盛装舞步，在封闭的场地内完成一系列的规定动作。裁判将对平衡感、节奏感和柔韧性进行评判,当然,马的顺从及与骑手的和谐配合也至关重要。具有挑战性的是要证明一匹健美的马既有能力在规定时间内完成越野比赛,也能轻松、精准、优雅地完成动作。

第二项为越野赛,需要马和骑手具有超群的体能、勇气及人和马之间的相互信任。这项比赛需要在室外场地设置30~40个障碍,这些障碍有天然材料建成的坚固障碍如电线杆、石头墙,还有各种如池塘、河流、沟渠、堤岸以及乡间常见的天然障碍组合。

越野赛比赛后,让马在"十分钟栏"休息、落汗,重要器官得以恢复稳定。十分钟后,兽医将对马进行检查,以确定它是否适合继续参加场地障碍赛。

场地障碍赛是三日赛中的障碍赛部分。它测试的是马和骑手的跳跃技能,包括柔韧性、顺从度、矫健和体能状况。在这项比赛中,场内设置12~20个障碍。这些障碍通常有鲜艳的颜色,与越野赛中的障碍不同的是有容易被碰掉的部分。这一项比赛也是有时间限制的,超过规定时间要被罚分。相对于正常的场地障碍赛,三日赛的场地障碍赛中除考核跳跃技巧外,还包括马匹和骑手的体能和耐力。一般情况下,在高级别的国际比赛中,场地障碍赛都会安排在越野赛之后进行。

三日赛是一项既危险又激动人心的运动,英国的安妮公主和她的女儿萨拉都是三日赛的高手。

(四)马球(Polo)

马球是一项历史悠久的运动,早在公元前6世纪波斯就有了马球运动的记载。马球在中世纪传入印度、中国,后传到英国、阿根廷和美国。今天,马球是一项全球性的比赛,马球手的级别从0到10级。10级(10-goal handicap)是最高级别。世界上达到10级的马球手只有20多位,而目前在世的10级的马球手全部来自马球之都阿根廷。

除了在精心打理的草坪上进行的室外马球,还有在类似马术训练场的场地内进行的室内马球及雪地上的雪地马球。室外马球场有6个足球场大,而室内马球的场地要小很多。比赛的两个球队各有4名马上队员,与其他的马术运动一样,马球依然是男女同场竞技。马球的比赛时间为4到8个"巡"(chukkas),每巡为7分钟。为保持马快速奔跑的体能,球员在每巡之间,甚至之中要换马,因此一场高级别的比赛下来将需要6~8匹马。对球手最具有挑战性的是在奔驰中击球,而这时你的对手会用碰撞的方式设法干扰和阻碍你击中在场地滚动的球,这有点像骑在马背上打冰球。

10级球员可以做到从场地的一端驰骋到另一端,从空中用马球槌(mallet)击球,使球一直不落地,直到得分。球员的驰骋速度可达35英里/小时(约56千米/小时),而另一名球员从场地的另一端击球,球的速度可以达到135英里/小时(约217千米/小时)。如果球员失手被球击中从马上掉下来,就会像被子弹射中一样,因为两者相对的速度可高达170英里/小时(约274千米/小时)。

马球在1900—1936年间曾是奥林匹克运动会的比赛项目。目前,国际马联是马球最高管理机构,其职能是组织和规范国际马球比赛。

马球比赛时,会在场边搭起白色帐篷。女士们穿着最新款的帽子和时尚服装,喝着香槟在场边进早午餐,这也是一种饶有乐趣的休闲方式。在比赛中场休息时,观众都会不约而同地走到草地上交际聊天,同时将在比赛时被赛马的奔驰和急停而掀起的草皮踏平——这项传统被趣称为“踩草皮”(divot stomping)。

(五)休闲骑乘(Pleasure Riding)

休闲骑乘是指以个人娱乐为目的而没有任何竞争成分的马术运动形式。在英国,休闲骑乘被叫作乡间骑马(Hacking),在北美通常称为小路骑乘(Trail Riding)。小路骑乘是在户外的小路、跑马道或森林小路上骑乘,而不是在通常的机动车道上。小路骑乘可长可短,甚至可以是几天的长途旅行。

在美国的一些小路骑乘是由专业导游或户外用品店来做引导的。根据法律有关规定,天然小路需要设置跟踪标识、合理的维护以及机动车禁行等安全措施和保证。小路骑乘中也可以包括一些其他的活动,如露营、狩猎、钓鱼、定向越野(orienteering)和野餐等。其实,边防骑兵为保护领土在边境的巡逻就是小路骑乘的一个极致的例子。

根据调查,在美国,休闲骑乘的人数稳定在人口的6%左右。中国有足够的马匹数量和适于小路骑乘的地区,因此有条件将休闲骑乘发展成为一项人民大众普遍喜爱的休闲运动。休闲骑乘可成为地方文化、旅游发展新的增长点,为地方经济的产出提供巨大的上升空间。

章节小结

本节介绍了马术运动的概况,马术比赛的基本竞赛规则,目的是让喜爱马术运动的大学生能够对马术形成更科学地的人生,积极参与马术运动,锻炼身体,增强体质。

思考题

1. 浅谈马术运动的发展历史。
2. 如何欣赏马术比赛及开展马术运动?

(章节撰稿人:曹玉超)

第七节 体适能

体力活动(Physical Activity, PA)的概念很广,并且易与其他概念混淆。已经被普遍接受的是 Caspersen 等人的定义:“任何由骨骼肌收缩引起的导致能量消耗的身体运动。”

日常生活的体力活动可以分为工作、家务、体育运动、娱乐活动等。

这里应该指出的是锻炼(Exercise)的概念不同于体力活动,前者从属于后者。Caspersen 将锻炼定义为有最终和阶段目标的、有计划的、有组织的、重复的,以保持和/或提高体适能(Physical Fitness)为目的的体力活动。

缺乏体力活动(Physical Inactivity)的危害是显而易见的。 1992 年美国心脏协会发表报告,将缺乏体力活动列为心脏病第四大可改变危险因子。世界卫生组织于 2002 年的报告把缺乏体力活动列为发达国家人口死亡的十大原因之一,每年大概有 190 万人死亡与缺乏体力活动有关。2004 年英国发表报告称英国国民有三分之二的成年男性及四分之三的女性缺乏体力活动,同时有近四分之一的成年人群达到肥胖。

一、体适能的定义及分类

体适能(Physical Fitness)是指身体适应生活、运动与环境(例如气候变化或病毒等因素)的综合能力。美国运动医学学院(ACSM)将体适能定义为"机体在不过度疲劳状态下,能以最大活力愉快地从事休闲活动的能力,以及应付不可预测紧急情况的能力和从事日常工作的能力"。体适能较好的人在日常生活或工作中,从事体力活动或运动均有较强的适应能力及活力,而且不会轻易产生疲劳或力不从心的感觉。在科技发达的文明社会中,人类进行身体活动的机会越来越少,摄取食物的热量越来越高,工作与生活压力越来越大,这使得每个人感受到了良好体适能和规律运动的重要性。

一般来说,体适能可以分为两类:一类是与健康有关的健康体适能(Health-related Physical Fitness);另一类是与运动技巧有关的运动体适能(Skill-related Physical Fitness)。就健康体适能而言,主要是指个人能胜任日常工作,有余力享受休闲娱乐生活,又可应付突发紧急情况的身体能力,主要包括心肺机能(Cardio Respiratory Endurance)、肌力(Muscular Strength)、肌耐力(Muscular Endurance)、柔韧性(Flexibility)及体成分(Body Composition)等要素。而就运动体适能而言,除了包括健康体适能的五项要素之外,还包括与运动能力关系较为密切的灵敏性(Agility)、协调性(Coordination)、平衡(Balance)、速度(Speed)、反应时(Reaction time)和爆发力(Power)等要素(图 12-27)。

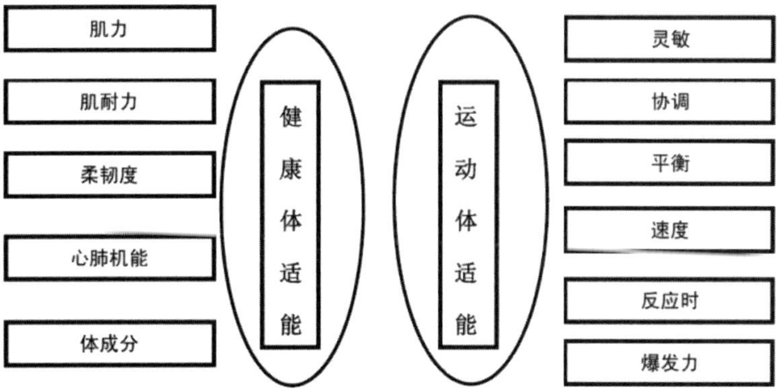

图 12-27　体适能基本构成要素

我们不但要强调健康体适能,更不能忽略运动体适能。因为运动体适能的强弱关系到一个人是否能够顺利地参加运动,是否能够有效的运动,是否能够避免运动伤害,更关系到人们是否能够享受运动的乐趣。没有运动体适能就没有运动的乐趣呢如果一个人连运动的基本条件(即运动体适能)都没有,如何能够通过运动来享受健康的生活呢?

二、体适能与体质的关系

在我国的相关研究中,常常使用"体质"一词。体质是人体的质量,它是"在遗传性和获得性基础上表现出来的人体形态结构、生理功能和心理因素的综合的、相对稳定的特征"。

欧美国家称之为“Physical Fitness”,港澳台地区称之为“体适能”。由于文化和研究内容上的差异,“体质”与“Physical Fitness”“体适能”并不完全对应。

体质与体适能两者既有相同之处,又有不同之处。相同的是两者都反映身体适应生活、运动和环境等因素的一种应变能力。所不同的是体质的概念除反映人体的形态结构、生理功能和运动能力外,还包括心理因素和机体免疫力。而体适能则强调了身体适应生活、运动和环境等因素的一种应变能力。它们之间的关系是:体质是身体的质量,是静态的,就好比是制造物品的“材料”或“材质”。体适能是身体的适应力,是动态的,就如物品的“用途”或“功能”。体质与体适能的关系是“材料”与“功能”的关系,在一定程度上“材料”决定了“功能”。

三、体适能的评定

体适能的评定之所以引起人们的重视,最早是由于第一次世界大战期间美军征兵体适能评定淘汰率过大,以及美国学童基本运动能力测验结果远不及日本、欧洲等国的原因促成的。为了解决美国青少年体适能落后的现象,1955年艾森豪威尔威尔召集医学、体育、运动与卫生教育专家,成立了青年体适能总统委员会(President' s Council on Youth Fitness),致力于提高美国国民的运动能力,并于1958年提出美国青年体适能测验方案(AAHPER Youth Fitness Test)。这项测验包括引体向上、仰卧起坐、立定跳远、折返跑、50米冲刺、垒球掷远与600米跑共计七项,用来测试人体的臂力、腹肌耐力、爆发力、灵敏、速度、协调与心肺机能等七种身体运动能力。

后来,由于种族、文化、国别的差异,各国体适能研究者根据体适能的各项要素,设计了各式各样的评定方式,这造成了体适能评定研究和比较上的困难,国际科学会议(ICSS)遂于1964年组织国际体适能测验标准化委员会(International Committee on the Standardization of Physical Fitness),制定体适能评定的内容与方法,作为各国进行体适能评定的参考。在健康体适能被单独提出并强调其重要性之前,国际上有关体适能的评定主要以国际体适能测验标准化委员会的标准为基础。

1976年,杰克逊等人建议将体适能直接导向健康特质,建议将与健康有关的体适能独立出来。后来,健康体适能测验于1980年正式出炉,测验项目包括耐力跑、体脂率、计时屈膝仰卧起坐与坐姿体前屈等,用来评定人体的心肺机能、身体组成、腹肌耐力与柔韧性等身体能力。从此,健康体适能由原来的体适能中独立出来,并有取而代之的趋向。

随着国民经济水平的提高,越来越多的人选择在闲暇时从事各项运动,除了获得康之外,还能尽情地享受运动的乐趣。然而,就在体育相关单位鼓励国民积极参加各项运动之时,对于参与各项运动所必须具备的运动体适能的认知与强化,也不能忽略。实施运动体适能的倡导与强化,将有助于国民积极参与运动,提高运动质量。良好的运动体适能是实施各项运动的基础,一个具有良好运动体适能的人,既可以增加学习各项运动技巧的效率,还可以降低运动所导致的伤病及意外事件的发生。最近几年来,我国国民的健康体适能有了很大提高。然而,就体适能整体来说,运动体适能大有被忽视的趋势,应该引起广大体育工作者的高度重视。

尽管,体适能的评定制度不断趋向于健康体适能,但是,当体适能评定具备健康以外的目的时,我们也应该积极考虑基本运动能力在体适能范畴上的特殊意义,否则仅以健康体适能为主,将会造成体适能概念的逐渐狭隘化,误解体适能评定制度的原始精神。目前常用的体适能评定方案如下。

(一)其他国家和地区的体适能评定方案

1. 美国 ACSM 健康体适能测验方案(1998)

1 英里(1.6 千米)跑、俯卧撑、坐位体前屈、BMI。

2. 美国 AAHPERD 健康体适能测验方案(1982)

耐力跑、体脂率、屈膝仰卧起坐、坐位体前屈。

3. 美国 AAHPERD 健康体适能测验方案(1976)

引体向上(男)和屈臂引体向上(女)、仰卧起坐、折返跑、立定跳远、50 米快速跑、600 米跑。

(二)我国的体适能评定方案

1. 中国国民体质监测系统(2000 年)

中国国民体质监测系统见表 12-4。

表 12-4　中国国民体质监测系统表

年龄与分组	形态指标	机能指标	身体素质和运动能力
学龄前儿童	身高标准体重		坐位体前屈、立定跳远、10 米往返跑、走平衡木、小球掷远、双腿连续跳
儿童、青少年(学生)	身高标准体重	肺活量、台阶试验	50 米跑、立定跳远、斜身引体(7 岁~12 岁男)、引体向上(13 岁~22 岁男)、1 000 米跑(13 岁~22 岁男)、800 米跑(13 岁~22 岁女)、立位体前屈
成年人	身高标准体重	肺活量、台阶试验	纵跳、10 米 ×4 往返跑、俯卧撑(男)、1 分钟仰卧起坐(女)、握力、坐位体前屈、闭眼单腿站立、灯光反应时
老年人	身高标准体重	肺活量、坐站试验	握力、手眼协调性测试——“移动罐头”、肩关节灵活性测试——“摸背试验”、闭眼单腿站立、灯光反应

2. 普通人群运动标准(2003 年)

普通人群运动标准见表 12-5。

表 12-5　普通人群运动标准(2003)

指标	20~39 岁	40~59 岁
耐力指标	9 分钟跑、5 分钟上下楼梯、1 500 米跑(男)、2 分钟跳绳(女)	9 分钟跑、5 分钟上下楼梯、3 000 米健身走
速度指标	30 秒跳绳、25 米往返跑、三点移动	30 秒跳绳、两点侧滑、前后击掌
柔韧指标	臂夹棍转体、坐位体前屈、持棍转肩	臂夹棍转体、坐标体前屈、双手背勾
灵敏指标	左右横跨、象限跳、“8”字变向跑	左右横跨、绕杆跑、曲线托球跑
力量指标	双手前投实心球、1 分钟仰卧起坐、原地纵跳模高	双手前投实心球、俯卧背伸、跪卧撑(男)、仰卧举腿(女)

3. 国家学生体质健康标准(2013 年)

国家学生体质健康标准见表 12-6。

表 12-6 国家学生体质健康标准(2013 年)

组别	测试项目
小学一二年级	身高、体重、视力、坐位体前屈、50 米跑、1 分钟跳绳
小学三四年级	身高、体重、视力、坐标体前屈、50 米跑、1 分钟跳绳、1 分钟仰卧起坐
小学五六年级	身高、体重、视力、肺活量、坐标体前屈、50 米跑、400 米跑(50 米 ×8 往返跑)、1 分钟跳绳、1 分钟仰卧起坐
初中、高中、大学各年级	身高、体重、视力、肺活量、50 米跑、1 000 米跑(男)、800 米跑(女)、坐位体前屈、立定跳远、引体向上(男)、1 分钟仰卧起坐(女)

四、体适能的发展

(一)体适能发展的意义与目的

随着经济发展和科技进步,人们职业性、交通性及日常生活体力活动逐渐减少,而闲暇时参加运动较少。体力活动不足与静态活动较多已经成为全球问题,是 21 世纪最重要的公共健康问题。研究表明,冠心病、高血压、心力衰竭、2 型糖尿病、骨关节疾病、癌症等慢性疾病的发生风险及早亡率增加,与人们闲暇时无体力活动以及体适能水平较低有关。

一般来讲,体适能较好的人,健康状况良好,一般很少生病。拥有良好体适能,身体运动能力和活动能力也较强,良好的体适能对人们身心的成长或发展都有正面的帮助。良好的体适能除了能够更好地胜任平日的工作外,还有多余的精神与活力,享受快乐的休闲生活,提升生活品质,一生中有更长的时间过得更快乐、更美满、更幸福(图 12-28),这就是体适能发展的意义与目的。

•0 岁　健康期短　50 岁　100 岁
• >-----------------*-------------->
• 享受生活之时间短　身体不适
•0 岁　健康期长　80 岁　100 岁
• >-----------------------*--------->
• 享受生活之时间长　身体不适

图 12-28 体适能与身体健康关系示意图

(二)体适能发展的途径

运动可以有效帮助我们提高体适能水平,是体适能发展的主要途径。运动效应包括:①消耗热量;②提高基础代谢率;③预防慢性病;④防止瘦肉组织减少;⑤提高心肺机能;⑥维持减重后的体重;⑦微血管发达,排出疲劳物质快,即疲劳消除能力与持久力提高。

五、体适能与健康的关系

1990 年世界卫生组织（WHO）提出，健康应包括躯体健康、心理健康、社会适应良好和道德健康。据 WHO 的一项全球性调查表明，真正健康的人仅占 5%，患有疾病的人占 20%，而 75%的人处于亚健康状态。日本国立公共卫生院进行的有关疲劳的专题调查研究表明，5 000 余名 15~65 岁人士中，目前正感到“非常疲劳”的比例竟高达 60%；有调查发现 5 年中，中国科学院所属的 7 个研究所和北京大学的专家、教授共 134 人去世，平均年龄仅 53.3 岁。一项专题调查表明，我国知识分子平均寿命仅 58 岁，比全国人均寿命低 10 岁左右。

六、体适能的发展与疾病预防

近年来患慢性病者日益增多，校园内的肥胖学生到处可见。大量数据显示，我国人民的体适能与健康水平在逐渐衰退。影响个人健康的因素可归纳为四大类：环境因素引起的危害、不健全的医疗体系、人体生物学因素和个人健康行为与生活方式。其中尤以第四项行为方式为影响健康的最主要因素，包括：饮食、抽烟、生活压力调节以及是否从事规律运动等。

（一）运动不足症

疾病与缺乏身体运动有密切的关系，所以又被称为“运动不足症”（Hypokinetic Disease）。运动不足症具有下列五项共同特征：

（1）初期时没有明显的自觉症状；

（2）置之不理，病情会日益严重，而且不会自然痊愈；

（3）患病与发病的因素很复杂；

（4）经常并有其他的成人病；

（5）与老化现象有关。

慢性疾病通常由于血压控制不良、血胆固醇与血脂浓度过高、血糖耐受性差等危险因子长期累积而产生不良影响，造成血管粥样硬化，各部位血液循环生理功能下降，使得心脏收缩及其他系统器官生理机能受损，综合性的身体活动能力也随之大幅下降。

（二）运动对慢性疾病的防治

许多运动医学与生理学的研究均已证实，有规律的运动有助于疾病预防和身体机能的提高。

1. 降低心血管发病的危险性

心血管病是当今人类生命的头号杀手。据报道，美国每死去的两个人中就有一个死于心血管病。大量研究表明，参与有规律的运动，可以显著降低心血管病的患病和发病的风险。

运动对心血管疾病防治的作用可归纳为三方面。

（1）改善心脏的结构和机能。规律运动能增进冠状动脉侧枝循环，增加冠状动脉管腔直径与弹性，预防或延缓冠状动脉粥样硬化的进一步恶化，因而改善心肌的血液循环和氧气的供应。规律运动能降低安静与运动时心率，降低安静与运动时的收缩压和平均动脉压，从而使心脏每次收缩的工作负荷与长时间承受收缩次数显著减少。规律运动可使心脏的房室特别是左心室容积增大，心肌发生生理性的增厚，心肌收缩力增强，有效提高射血分数和每搏输出量，加大心力储备。规律运动可减轻心肌负荷与缺氧程度，减小安静和运动时血液中肾上腺素与去甲肾上腺素的分泌浓度，而不易诱发心律不齐与心肌缺氧梗塞等异常避免导致严重的心电图变化。

（2）提高肌肉的功能。规律运动使肌肉中有氧能量代谢的线粒体体积和数目增加，线粒体中的有氧代谢酶活性增强，更能有效地摄取血中的氧量来进行有氧代谢，相对减少心脏供氧的负荷。规律运动使肌肉中毛细血管数目和密度增加，血管舒张功能增强。一方面提高肌肉的供氧循环，另一方面降低外周血管阻力，有效减少心脏工作的压力和收缩阻力负荷。

（3）其他间接效应。运动锻炼可降低血中低密度脂蛋白（LDL），增加高密度脂蛋白（HDL），HDL/LDL 比值增大，动脉硬化梗塞及血压升高的概率与程度下降。有助于糖尿病病情的控制与血糖的利用，减少糖尿病合并诱发心血管疾病的概率。运动有助于改善身体组成，降低肥胖诱发其他慢性病的机率。运动有助于生活习惯和作息规律的培养，使睡眠充足，缓解心理压力，有助于戒除抽烟与酗酒的不良嗜好。除了冠心病外，规律运动与体适能的提高也有助于降低高血压，控制肥胖，稳定病情，预防骨质疏松及减低大肠癌的患病率。

2. 降低糖尿病发生的危险性

糖尿病的特征之一是人的血糖水平很高，如果病人不加控制，还会引起其他健康问题，如视力减弱和肾亏等。有规律的运动能抑制血糖的升高，使个体产生糖尿病的可能性大大降低。

3. 预防骨裂

骨质疏松会引起骨裂。骨裂在各个年龄层次的人群中均有发生，在老年人（特别是老年女性）中比较普遍。研究表明，有规律的运动可以通过提高骨质密度和骨的强度，达到预防骨裂的目的。

目前，国外已有大量研究指出，有氧体适能低的个体更能有效地应对心理应激。相对于有氧体适能较弱的个体而言，有氧体适能较强的个体在面临应激时表现出较低水平的心血管系统的唤醒，而且不易引发个体处于应激状态时常常出现的抑郁和疾病。有报告还提出，有氧锻炼可能对心血管疾病患者的心理和生理恢复有极大的帮助。

七、体适能发展——运动促进健康

运动是体适能发展的主要途径和表现形式。通过科学地运动，人们在体适能得到发展的同时，其健康水平也得到了改善和促进。早在 2 500 年前，古希腊爱琴海边埃拉斯山岩上就刻着这样的话："你想变得健康吗？你就跑步吧；你想变得聪明吗？你就跑步吧；你想变得美丽吗？你就跑步吧。"说明运动使人健康、聪明、美丽。运动对健康的作用主要表现在身体健康和心理健康两方面。

（一）运动对身体健康的影响

运动是提高人的身体素质和基本活动能力的重要手段。通过运动能改善人体的各种防御系统，抵抗各种疾病。人体由神经系统、循环系统、呼吸系统、运动系统、消化系统、排泄系统、生殖系统、内分泌和感觉器官等组成。运动由人体各器官系统协调配合所完成，同时，又对各器官系统产生良好影响。

1. 运动对运动系统的影响

1）运动对骨骼的影响

骨骼是人体内最坚实而又具有一定弹性的部分。经常运动，促进了血液循环，改善了新陈代谢，使骨的结构及性能发生了变化。表现在骨密质增厚，使骨变粗。骨小梁由于受到肌肉的牵拉和外力的作用，排列更加规则。加强了骨的坚固性。经常性的运动，韧带在骨骼上的附着部位：结节、粗隆和其他突起，变得更粗糙明显，这有利于肌肉、韧带更牢固地附着在上面。所有这些变化都有利于骨骼承受更大的外力作用，提高骨的抗弯、抗断和耐压的性能。经常参加体育锻炼不仅使骨变粗，还可以使骨骼增长。

2）运动对关节的影响

通过运动，关节周围的肌肉力量增强，关节软骨和关节囊增厚，肌腱、韧带增粗。在骨附着处直径增大，关节囊、韧带、肌腱和周围肌肉的伸展性增加；关节囊分泌滑液的机能增强。关节的稳固性、灵活性、伸展性、柔韧性得到提高，关节的活动范围大，承受能力和运动能力强。

3）运动对骨骼肌的影响

运动可以使肌肉体积增大，肌肉中脂肪含量减少，肌肉内结缔组织增多，肌肉内化学成分发生变化，肌肉毛细血管增多。运动时，肌肉的活动促使肌肉内毛细血管大量开放，这样肌肉可获得比平时多得多的氧气及养料，大大促进肌肉的生长，使参加活动的肌纤维数量增加。

2. 运动对心血管循环系统的影响

1）运动对心脏的影响

身体运动时，血液循环加快，心脏的工作量加大。经常参加运动可以使心肌收缩蛋白和肌红蛋白的含量增加；心肌中的毛细血管大量新生，供血量增加，心肌纤维变粗，心壁增厚，形成运动性心脏肥大，心脏收缩搏动有力；心脏的容积量增大，每搏和每分输出量增加，从而产生心搏徐缓和机能旺盛的良性变化。

2）运动对血管的影响

坚持身体运动可以使血管壁的中膜增厚，平滑肌细胞和弹性纤维增加；能使冠状动脉扩张，管径增粗；使骨髂肌的毛细血管分布数量增加，分支吻合丰富；使心肌毛细血管增多；使血液与组织器官进行物质交换能力增强；使冠状动脉口径增粗和心肌毛细血管的数量增多；使静脉血管回流血液的机能提高。因此，身体整个血管系统结构改善，机能提高，弹性好，血压的阻力和各种心血管疾病减少。

3. 运动对呼吸系统的影响

1）运动对呼吸肌等器官的影响

经常参加运动，特别是做一些伸展扩胸运动，可使呼吸增强，胸廓扩大，呼吸深度加深；膈肌的收缩与放松能力提高；肺活量明显增大，肺泡的弹性增加，气体交换与贮存氧气的能力增强。

2)运动可以改善呼吸系统的调节机能

有锻炼基础的人,管理呼吸系统的神经调节中枢得到良好改善,遇到应急情况时反应快,调节准确;对呼吸频率的调节合理、有节奏,特别是在安静时,呼吸频率调至低限度,使呼吸用力省,效率高。

3)运动能提高对缺氧的耐受力

人在进行剧烈身体活动时,难免造成缺氧。一般人进入高山地带和参加剧烈运动缺氧时,马上会出现气促、胸闷、心慌、无力等不良反应,而有锻炼者只有轻度反应,并且能快速适应。

4. 运动对消化系统的影响

经常从事运动,可增加人体能量物质的消耗,改善了胃肠道的消化和吸收机能。运动时,膈肌的大幅度升降活动,对胃肠起按摩作用,也能增强胃的消化能力。运动可以促进消化腺的分泌,使各种消化腺体机能和结构更加健全。一般运动后,需要大量补充营养物质,食欲旺盛,消化腺分泌增多,加速加强了消化吸收功能。

5. 运动对神经系统及感官的影响

1)运动对神经系统的影响

经常参加运动可以改善和提高神经系统的反应能力。人体的一切活动均在神经系统的调节下进行。参加运动对神经系统的结构与机能可以产生很大的变化,可以提高神经传导速度,增加神经传递介质,提高条件反射的速度与灵活性,使反应时缩短,快而准地完成各种动作;提高神经过程的强度,大脑皮层兴奋性、注意力集中,人体表现出的肌肉力量大和运动能力强;使神经过程的兴奋性与抑制性更加均衡,中枢的协调功能增强,可以承受较大的刺激和精神压力,有效预防各种神经性疾病;可以有效地消除因用脑过多引起的疲劳,改善大脑和中枢的能量供给,有效地提高神经系统的机能,促进思维与智力的发展。

2)运动对感官的影响

运动可以促进视觉、听觉、位觉、本体感觉及皮肤等感官的机能。运动可以提高视野的宽广度、眼肌的协调性和灵活性,促进视神经的调节机能;使听力的敏感度得到提高;使位觉对应急时的空间、方位、高度和速度等感应更准确;使皮肤对气候、温度、触觉和运动等方面的敏感度更高。

6. 运动对内分泌、泌尿、生殖、淋巴等系统的影响

1)运动对内分泌系统的影响

实验发现运动对人体的各种腺体结构和机能可以产生良好的影响。运动层次越高,肾上腺皮质的体积越大,功能越强。特别是对冷热的适应能力和抵御病毒能力强于一般人,在紧张和危急关头时,有锻炼者的肾上腺分泌速度快,应激水平高;青少年参加运动可促使脑垂体分泌生长素,促进身体生长发育;运动促进胰岛的分泌,维持人体正常血糖平衡。

2)运动对泌尿系统的影响

经常参加身体运动的人,很少有泌尿系统疾病,如肾结石、尿道和膀胱结石、炎症等,这些疾病在运动员和长期锻炼者身上少见。运动可加强肾的滤过和尿生成机能;提高输尿管、膀胱和尿道等器官肌肉弹性和排泄机能。

3)运动对生殖系统的影响

运动对男女生殖器官的结构与机能都会产生不同的变化,可促进生殖器官肌肉的弹性与力量;改善神经系统对各生殖器的调节能力,提高分娩能力。

4)运动对淋巴系统的影响

运动对淋巴管和淋巴器的结构与机能会产生良好的影响,最显著的是使人体的免疫机能有很大程度的提高。随着人体肌肉、血管的弹性和伸展性提高,淋巴管和淋巴器的弹性提高、体积增大、产生和贮存淋巴液的机能增强;淋巴液质量更高,吞噬细菌和异物、预防与免疫机能更强。这就是坚持身体锻炼不易受疾病感染的重要原因之一。

(二)运动对心理健康的影响

大量的研究结果表明,运动对参加者的心理健康产生了积极影响,概括起来主要表现在以下几方面。

1. 运动对认知功能的影响

1)运动增强记忆力

实验证明,人的记忆力,与血糖含量有关,当血糖升至120毫克/毫升时,记忆力最佳。在学习时间过长时人体血糖下降,自然学习也是无效果的,因而记忆力也减退。运动可以有效提高人体血糖维持水平,所以参加一定的体育锻炼活动,可以使血糖维持在最佳水平。

2)运动可使思维快速、准确和敏捷

经常参加身体运动,脑部血液和氧气供应充足,体内各种酶的活性增强,这样使人的头脑清醒、思维敏捷。一旦脑部贫血和缺氧,人的思维就会混乱,出现头昏、眼花等现象。

3)运动可提高分析和理解能力

人体在进行运动时,对时间、空间、方位、速度、定向等感知能力得到良好发展,对相互之间的关系可产生一些特定的理解和判断能力。所以,通过运动锻炼,人的抽象思维和逻辑思维可以得到很好发展,在认识事物过程中形成概念准确而迅速,对时间的利用和支配更加合理。

4)运动可以发展注意品质

运动对注意品质要求很高。经常参加运动者,对事物的反应更迅速、更准确、更清晰;大脑皮层的优势兴奋中心的强度更高;视野开阔,注意广度拓宽,抗干扰能力强;注意的指向性和稳定性增强;注意的分配能力和转移能力提高。这种注意品质的发展,对于学习、工作和生活以及遗传具有重要意义。

2. 运动可以改善情绪

运动能直接给人带来愉快和喜悦,并能降低紧张和不安,从而调控人的情绪,改善心理健康。研究发现,运动可以有效改善焦虑、抑郁、焦虑等不良情绪,产生流畅体验和跑步者高潮等积极、愉快的情绪。运动能减轻应激反应,这是因为运动可以降低肾上腺素受体的数目和敏感性,经常进行运动可以由于降低心率和血压而减轻特定的应激源对生理的影响。运动可以使紧张情绪得到宣泄,在激烈紧张的学习、工作和生活中,需要一定的宣泄以求得心理健康,最佳的方式就是运动。运动具有刺激性、放纵性、宣泄性和冒险性,是宣泄情感、净化心灵的最佳途径之一。

大量研究资料证明,打10分钟的太极拳能降低紧张和不安,从而控制人的情绪,改善心理健康，同时使人保持兴奋点，精力充沛。从运动实践经验来看，短暂的体育锻炼对人的不良情绪能起到暂时的调节作用，而长期适量的运动可以改善人的心理品质。

3. 运动可以培养良好个性特征

不同的运动项目对个体个性特征的影响是有差异的。球类运动可以培养个体的果断性，游泳等项目可以培养个体的勇敢性，舞蹈等项目可以培养个体的创新性。集体项目可以培养个体的合作性。

4. 运动可以培养良好的意志品质

运动具有艰苦、疲劳、激烈、紧张、对抗以及竞争性强的特点。个体在参加运动时，可能伴随着强烈的情绪体验和明显的意志努力。因此，运动有助于培养个体勇敢顽强、吃苦耐劳、坚持不懈、克服困难等意志品质。在运动中，要不断克服客观困难（如气候条件、动作的难度或外部障碍等）和主观困难（如胆怯和畏惧的心理、疲劳和运动损伤等），在战胜自我的前提下，良好的意志品质得到培养。

5. 运动可以培养正确的行为规范

身体锻炼和竞赛要依照一定的原则和规则进行，否则就会伤害自己与他人的身体或感官，就要受到规则的处罚和观众的指责。就是因为这种强大的内、外部压力，要求参加运动者的行为举止要规范。这种行为规范只有在长期的锻炼与竞赛活动中才能得到培养，要求参加活动者务必遵守规则、尊重裁判与对手、尊重观众、科学锻炼、不违反生理学原则、善于控制自我、克服感情和意气用事、增强法制观念等，最终对个人和社会都有益处。

章节小结

健康和体适能的关系是紧密相连、不可分割的。体适能是身体的适应力，是一种能力，就如物品的“用途”或“功能”，是动态的；健康是一种“状态”。健康和体适能的关系是“状态”与“能力”的关系，“状态”决定“能力”。健康和体适能是一组意义相近的词汇。两者既有相同之处，又有不同之点。体适能是身体的适应力，是一种能力，健康是一种“状态”。

思考题

1. 名词解释：体适能，健康体适能，运动体适能，运动不足症。
2. 为什么说规律运动有助于疾病预防和身体机能的提高？
3. 试述运动对各器官系统能产生哪些良好影响。
4. 运动对心理健康的影响主要表现在哪些方面？

（章节撰稿人：石鑫）

第十三章　体育欣赏举要

第一节　竞技体操

一、竞技体操运动概述

(一)竞技体操项目起源

体操运动是最古老的运动项目之一。体操的发展经历了一个漫长的历史过程。随着社会文化的发展,体操的内涵和外延以及人们对它的认识也在不断变化。广义的体操运动指广播体操、竞技体操、艺术体操、团体操等。1896 年,国际体操联合会成立。同年,体操成为第 1 届奥运会的正式比赛项目,由此,现代体操被正式称为竞技体操,简称体操。中国竞技体操从 20 世纪 50 年代开始,取得了优异的成绩,创造了许多以中国人名字命名的高难度动作,为世界体操的发展作出了巨大的贡献。

现代体操运动起源于欧洲。在 18 世纪中叶,欧洲一些国家出于军事的需要,把体操与军事训练结合起来,使体操运动逐渐活跃。在德国,有些人研究了希腊体操后认为器械练习是发展力量、增强意志品质的最好办法。

19 世纪初,体操之父德国的杨氏发明了德式体操;几乎同时,瑞典的林氏,丹麦体操家奇蒂哥尔,德国的施皮斯等也创立了各自的体操体系,各种体操器械随之产生。

到了 19 世纪末,各种器械进一步完善,出现了单杠、双杠、木马、跳马等类似与现代竞技体操的比赛项目。

(二)竞技体操项目发展

1. 世界体操发展

1881 年,欧洲成立了体操联合会古典体操, 1896 年成立了国际体操联合会。国际体操组织的成立,使现代体操走上了有组织的迅速发展道路,同年,体操被列入第一届正式比赛项目。当时的比赛项目有单杠、双杠、鞍马、吊环、爬绳等。

1928 年、1934 年,女子竞技体操被列入第 9 届奥运会和第 10 届世界体操锦标赛比赛项目,体现了反对性别歧视的现代奥林匹克精神。1936 年第 11 届奥运会,男子竞技体操的自由体操、鞍马、吊环、跳马、单杠、双杠 6 个项目被固定下来。1952 年第 15 届奥运会上女子竞技体操的跳马、高低杠、平衡木、自由体操 4 个项目被固定下来。因此,学术界认为:真正意义上的现代竞技体操,始于 1952 年的赫尔辛基奥运会。

2. 中国体操发展

19 世纪 60 年代以后,西方体育陆续传入中国,现代体操运动最先在中国的教会学校和军队中传播，20世纪二三十年代，中国曾掀起一股“体操热”，体操被运用到学校教育、军事训练、日常锻炼、大型表演和庆典活动中。中华人民共和国成立以后，中国体操迎来了前所未有的机遇。

20世纪50年代，我国已初步形成了一套适应当时社会发展的体育制度，学校体操迅速兴起。1935年之后，国家制定了大量的方针、政策并采取了一定的措施鼓励竞技体操的发展。1987—1980年的三次全国体育工作会议的召开，标志着中国以经济体育为中心，“思想一盘棋，组织一条龙，训练一贯制”举国体质的正式形成。这样，现代竞技体操运动在中国得到了空前的发展。20世纪80年代以前是新中国体操的起步和发展的重要时期，为中华人民共和国体操事业发展奠定了坚实基础，中国体操从此走向世界。

20世纪80年代以后是中国体操腾飞的黄金时期。经济的发展为强化竞技体育的“举国体制”提供了丰厚的物质基础，中国竞技体育进行了一系列的改革。随后，国家体委制定了以青少年为重点的“全民健身计划”和以奥运会为最高层次的“奥运争光计划”。以竞技体育为中心对这一政策进行了进一步的巩固。在这样的背景下，中国体操迅速崛起，取得了一系列辉煌的成绩。20世纪80年代末，中国体操队已经成为世界体坛上一支不可轻视的力量，为世界体操的发展作出了杰出的贡献。

（三）竞技体操项目特点

1. 竞技体操运动员身体素质特点

体操是一项全身运动，以相对力量为主，即与自身的重量抗衡与地心引力抗衡的一项挑战身体极限的体育运动项目，在竞技体操比赛中我们常常看到体操运动员在空中腾空翻转几圈然后稳稳落于地面，在练习这类动作之前运动员需要克服自身的重力让自己腾空抛转，首先需要自身体重非常轻，所以我们常常看到体操运动员都非常瘦，其次需要力量充足，最后需要习惯空中翻转的感觉。

竞技体操是力与美的结合，因此体操运动员要求四肢修长并充满爆发力，这也是对人类身体的极限挑战。所以，体操运动员在选材时非常严格，需要兼顾身材还要有力量。

体操运动员要具备超强弹跳力，不论是跳马还是自由体操项目，目前技术水平皆是往空中发展，也就是挑战腿部爆发力极限，在有限的场地里挑战人类的弹跳力极限。

体操运动员还需要非常强大的核心力量，我们常常认为倒立动作只需要很好的手臂力量肩部力量，其实不然，倒立动作需要很好的核心力量。

体操运动员还必须必备空中本体意识即在空中完成难度动作时可以自由地控制身体展示动作，同时身体各个关节要兼具协调性与柔软度，因此体操运动是一项挑战身体极限的运动，也是对于幼儿肢体的锻炼和启蒙非常好的一项体育运动。

2. 竞技体操运动的技术特点

力与美、难与美兼具，具有艺术性，在裁判规则中有一项评定就是体操动作展示的艺术性，除跳马项目以外，其他项目在成套动作编排中都得充分考虑其艺术性。艺术性不仅仅表现在舞蹈等方面，还表现在难度动作设计与编排上。以高低杠比赛为例：高低杠项目有一高一低两根杠子，目前技术流行除腾空与转体外，还鼓励看到更多高杠与低杆之间的穿梭动作，来增加成套动作的观赏性与艺术性，一套高质量的高低杠成套动作应是行云流水、上下穿梭，给人以极具欣赏性，同时要兼具难度展示。因此在高水平比赛中，尤其是奥运会竞技体操比赛中，运动员在高低杠上穿梭，这就是竞技体操的艺术性，也是一种运动状态中美的展示。

如果在欣赏高低杠比赛时，运动员一直在高杠进行动作展示，而缺乏流畅的高杠与低杠的换杠动作展示，裁判会相应的扣艺术分值，竞技体操规则中明确指出未充分利用器械进行编排，或者编排不合理不流畅未有艺术性展示的扣除相应的艺术分值。

3. 竞技体操技术发展方向

目前竞技体操整体技术发展方向首先是往高空发展，在世界大赛中，不论任何竞技体操项目，我们都可以看到腾空翻腾动作，甚至看到在空中翻腾好几圈才落地，或者利用杠子将自身抛向空中在空中做各种转体进行展示。目前竞技体操项目，已不是 20 世纪 60—80 年代仅仅围绕器械做翻转，而是不停地向空中技术发展，以空中展示动作又高又飘为技术点不断向上发展，其次，难度连接也是目前技术主流发展方向。

二、竞技体操项目介绍

（一）女子体操项目

（1）跳马，助跑垫长 25 米，一般在助跑垫最远 25 米位置起跑，通过长距离的助跑再通过助跳板起跳进行第一次翻腾，手撑于马鞍中心再进行第二次翻腾落于地面。

（2）高低杠。高低杠顾名思义就是一高一矮两根连接的杠子上做身体动作展示，在正式比赛中运动员必须是在 50 秒以内完成成套动作，一套成套动作的组成是：上法、换杠动作、杠中回环、转体、空翻、下法。运动员如掉杠，在 30 秒之内可再次上杠进行比赛。

（3）平衡木。平衡木的宽 10 厘米，长 5 米，正式比赛高度是 1.2 米，运动员需要在平衡木上完成上法、木上跳步、翻腾连接、转体、舞蹈以及下法这些类型的动作，而且在正式比赛中所有的动作必须在 1 分 30 秒之内完成成套动作。如失败掉落，可继续上器械做动作继续完成未完成的动作，而不是全部重新来过。

（4）自由体操。女子自由体操是在 12 米 ×12 米的地毯上完成的一套带有翻腾连接，舞蹈跳步连接，转体跳步连接以及舞蹈多种类型的自由体操比赛，一般是在音乐配合下 1 分 30 秒内完成成套动作。

（二）男子体操项目

（1）自由体操。男子自由体操也是在 12 米 ×12 米的地毯上完成一套成动作，其中有翻腾转体和跳步等，与女子自由体操有所区别的是没有音乐伴奏，也不需要舞蹈动作展示，全套动作主要展示技巧空翻。

（2）鞍马，高 1.05 米，环高 12 厘米。鞍马是在马的所有部位，用不同的支撑方式完成不同的全旋和摆越动作。做全旋时，以并腿全旋为主。允许有通过手倒立加转体或不加转体的动作，不同的结构组的动作必须在充分的摆动中完成，不能停顿，该项目中不允许有力量动作。

（3）吊环，环高 2.55 米。一套吊环动作应由比例大致相等的摆动和力量静止动作组成，这些动作和连接是通过悬垂，经过或成支撑，经过或成手倒立来完成，以直臂完成动作为主。由摆动到静止力量或由静止力量到摆动的过渡是当代吊环的显著特点，做静止动作时，要求环静止，不能有大的摆动。吊环要求有一定难度的向前摆动完成的手倒立和向后摆动完成的手倒立，还要求有一个有难度要求的力量静止动作。

（4）跳马。男子跳马与女子跳马使用的器材完全一样，男子跳马也是通过 25 米的助跑垫助跳板进行第一腾空支撑撑于马鞍进行第二腾空再落地，落地时纹丝不动是获得高分的方法之一。

（5）双杠，高 1.75 米。双杠由众多结构组中选出的摆动和飞行动作组成，通过各种支撑和悬垂动作来过渡完成。在双杠项目上做上法时，要求必须从并腿站立姿势开始，不得有预先动作，一套动作中最多允许有 3 个停顿动作或静止动作，其他大于或等于 1 秒的停顿将不被允许。

（6）单杠，高 2.55 米。单杠整套动作都是由摆动动作组成，以各种握法不间断地完成动作，男子单杆是在一根铁杠子上完成上法、杠中回环、转体、连续空翻腾跃抓杠和下法，如失败从杠中掉落也是继续上杠完成剩余动作。竞技体操男、女子项目分类见表 13-1。

表 13-1 竞技体操男、女项目分类

性别	项目名称	性别	项目名称
女子	跳马	男子	自由体操
	高低杠		鞍马
	平衡木		吊环
	自由体操		跳马
			双杠
			单杠

三、基本技术

（一）基本技术介绍

1. 支撑

倒立支撑，是在幼儿体操时学习的基本动作之一，由于与倒立相关的技术动作太多，因此练好倒立基本功是练习体操必备的技能之一。

分腿支撑，用双手支撑地面然后使双腿分开离开地面。

屈体支撑，用双手支撑地面然后双腿并拢离开地面。

水平支撑，用双手支撑然后使身体抬起与地面保持水平，一般男子操里常见此类动作，难度较大。

2. 翻腾

(1)前滚翻与后滚翻是体操入门级的翻腾类动作。

(2)前软翻、后软翻也是基本技术,是初学者必须学习的翻腾类主要技术动作。

(3)侧手翻、前手翻、后手翻是儿童时期学习体操翻腾类基本技术基础动作。

(4)空翻。在之后的练习中在此类基础上提高难度,比如空翻,前空翻、后空翻、侧空翻,空翻在空中的姿势有团身、屈体、直体,空翻也有一周、两周,一周就是在空翻在空中翻一圈,两周就是空中翻两圈。

(5)空翻加转体。空中转体也分为团身、屈体、直体加转 360° 目前极限转体在 1440° 也就是空中转体 4 周。

3. 摆动

摆动技术主要是在高低杠、单杠、双杠、鞍马和吊环的基础技术,儿童时期学习的摆动是双手握住杠子做前后摆动。

全旋摆动,是鞍马项目主要的动作之一,儿童时期必须先学习鞍马半全旋、全旋,单腿或双腿做绕环式的动作,如技巧蹲撑单腿全旋、鞍马全旋、双杠杠端全旋等。

4. 回环

此类动作是体操初级阶段必学的基础动作。

大回环包括向前向后大回环,反握大回环、反吊大回环,大回环是高低杠和单、双杠必须学习的基本技术。

(二)基本技术标准

体操动作技术标准以人体的形体美,空中优美姿态以及完美的角度,连接难度为主要技术审美标准,在体操规则里有一个评分标准称为勾、屈、分、动,勾指的是勾脚尖,屈指的是弯曲膝盖和身体躯干弯曲,分指的是必须并拢腿做的动作然后分腿了,动指的是落地,完成动作后稳稳地落地不移动一点(完成体操动作中,腿部与芭蕾舞中的腿部要求一致,也是需要膝盖伸直,脚尖绷直)。

1. 人体形态美

以人体形态美为标准,体操运动员在完成一套成套动作时,需要保持上半身收腹挺胸的形态美,腿部需要保持笔直修长的形态称为完美的人体形态美,如果用身体展示团身或屈体动作时也需要完全符合动作名称,如果团身,身体必须完全团起来,不能散开或者看起来不像团身动作,必须完全将身体卷起来向圆形一样才能称为团身。完成屈体动作时身体必须完全折叠起来,完成直体动作时身体就得保持笔直修长的形态,此类才能称为标准。

2. 空中优美姿态

许多体操动作是在空中完成的,在空中完成动作需要克服地心引力,因此在空中展示动作时,既要腾空的高度也需要在空中优美姿态的展示,动作标准与形体美一样,挺胸收腹,腿部不能出现勾、屈、分、动和角度问题。

3. 完美的角度

体操动作技术标准很多都是以角度为准确标准,尤其是在比赛中裁判员评判动作是否完成、是否扣分皆以此为标准。

（1）跳步。跳步即在空中跳起完成分腿跳或者分腿跳加下腰动作（称为接环）要求在空中跳起分腿时分腿的开度达到 180°，接环动作必须头向后下腰贴住脚尖才算接环。

（2）转体。转体分为横轴转体与纵轴转体，以及地面上的立转等，不论何方向的转体，都必须达到既定的转体度数，如未完成裁判会根据角度扣分，以缺少 30°、90° 为标准评判，如超过 180° 则该动作算未完成。

（3）空翻姿态角度。在体操动作中空翻动作有时会加入展体动作，或者是直体空翻，如展体不充分未完全展示直体，有角度时会根据相应的角度扣分，或者是超出一定的角度该动作会降组按屈体空翻算分，直体空翻时有收髋弯曲膝盖等动作时，轻则扣分重则降组或者不算难度分。

4. 连接难度

在欣赏体操比赛时，常常看见运动员展示一连串难度动作，而不是单一的难度动作逐个展示，这叫作难度连接，体操动作由简单单一的动作发展至如今的难美结合具有高度欣赏价值，难度连接起了至关重要的作用。一套高水平的体操成套动作，运动员需要满足 A、B、C、D、E、F 组这些不同组别的难度动作，来获得难度连接要求评分。难度连接是目前体操持续发展的主要方向。

四、竞赛规则

国际体操评分规则是由国际体联为开展国际比赛、促进女子体操发展而印发的文件（早期还有国家体委运动司印发的规则），其适用于奥运会、青奥会、世锦赛、地区或洲际比赛和有国际人士参与的赛事。规则针对竞赛规程、参赛人员管理条例、成套动作评分、各单项具体要求、项目器械规格、动作组别和符号制定等问题设定要求，供所有体操参赛运动员、教练员和工作人员遵循使用。体操规则以奥运会为周期，每四年修订一次，以适应和指导体操技术发展方向，根据体操动作技术特征，规则主要围绕运动员成套动作表现出的难、新、力、稳、美五方面进行评分，并在规则发展中不断变换这五方面的比重，使体操朝着人们想看到的一面发展。

1. 竞赛类型

体操比赛类型：奥林匹克运动会、世界锦标赛、亚洲运动会、世界大学生运动会、全国运动会、全国锦标赛、全国冠军赛。

体操赛制分为团体赛、个人赛、全能赛。

2. 评分方法

竞技体操评分方式属于主观评分，随着竞技体操运动的发展，在 2006 年以前体操评分是以 10 分为满分，但是随着技术的不断进步，仅仅从 10 分评判很多高难技术无法展示，因此国际体操联合会在 2006 年重新修订了体操评分规则，由此体操运动也拉开了新的篇章，从 2006 年最新裁判法规定评分结构为，D 分裁判组与 E 分裁判组，两组裁判分别是 D 分裁判主要核算难度分，E 分裁判主要针对动作完成情况和艺术表现力给予评分，为保证比赛的公平性，D 组裁判员不允许交流直接打分，E 组裁判可以交流但去掉最高分与最低分取平均分，以此保证比赛的公平性。

3. 具体赛制办法

预赛中,运动员同时争夺团体和个人项目的资格。团队得分是各个项目得分的总和。现今这个周期,团体实行 654 赛制,即每队 6 人,每项上场 5 人,最高 4 个成绩计入总分。团体总分前 8 名进入团体决赛;男子 6 项/女子 4 项总分前 24 名进入个人全能决赛;各单项得分前 8 名进入各单项决赛。每个国家最多派两名选手参加个人项目决赛,若有国家超过 3 名选手进入某项决赛,则取前 2 名,第 9 名(全能 25)进入决赛,依此类推。若有选手参加跳马预赛,则以第一跳成绩计入团体和全能成绩。

五、竞技体操比赛欣赏

(一)欣赏原则

1. 了解竞赛规则

竞技体操的竞赛规则每四年都会进行修订规则,在此期间还会有一些小的修改,主要针对比赛中出现的特殊情况或者一些不合时宜的规定进行修改,以更好地适应现代竞技体操的发展。

2. 了解评分方法

裁判评分方式,竞技体操评分方法是由 2 组裁判打分,即完成分裁判组 E 分和难度分裁判组 D 分,其中还有一些特殊要求,比如出界和超时等均有特定的裁判来扣分。

项目参赛要求,首先弄清楚男子有 6 项参赛项目,女子有 4 项参赛项目,男子与女子最为相似的参赛项目是跳马,其他的项目差异性都比较大,有各自的特殊要求。

3. 竞技体操比赛的特殊要求

(1)赛前准备。赛前准备也称赛前准备活动、赛前练习,因竞技体操是一项比难度的难美类项目,那么在开始比赛前运动员需要在新的器械上适应和充分地活动身体来预防危险和运动损伤。

(2)服装要求。男子体操运动员在参加自由体操和跳马比赛时可穿短裤比赛,其余的项目都需要穿长裤和袜子体操鞋,未按着装标准参加比赛会被扣分。女子选手参加比赛必须穿女子体操服,在比赛中佩戴首饰以及一些带有暗示倾向性的着装也会被扣分,团体比赛要求着统一服装,正确佩戴号码布。

(3)教练员权利。在正式体操比赛中团体比赛可有一名教练在场内,但教练员不允许与正在比赛的运动员和裁判员交流,全能比赛和单项决赛每名运动员可配一位教练员。教练员可在比赛前进行保护与帮助练习,或在运动员掉下器械时及时指导与帮助,但必须在规定时间内进行。

(4)禁止使用闪光灯相机。在比赛中使用闪光灯相机会对运动员的眼睛有瞬间刺激,从而容易造成危险,致使运动员受伤,因此正式体操比赛禁止使用闪光灯相机拍照,更不允许进入比赛场地上拍照,以免影响运动员比赛。

(5)禁止喧哗。在体操比赛中大声欢呼和喧哗是被禁止的,尤其是在高低杠和平衡木比赛中,因为这样容易影响运动员的判断造成危险。

(二)欣赏方法

1. 难与美的和谐统一

难是竞技体操的生命,美是竞技体操的灵魂,难与美的和谐统一是竞技体操发展的最终目的。我国优秀体操运动员李宁曾说:“体操不是难度动作的堆砌,而是技术与艺术的结合。”1989 年国际男子评分规则中写道:“体操的发展不是停止不动的,总会创造出新的动作和连接。”著名运动员维托夫曾说:“体操运动不仅仅是美的角逐,更是难度的较量,体操的生命在于难度的竞争。”

2. 分项目欣赏方法

(1)跳马。男子与女子跳马比赛主要欣赏运动员在比赛中进行的第一腾空与第二腾空的是否有高度,在空中的姿态是否优美,以及动作有多难,是否创新,即运动员在空中翻了几圈做了几个纵轴转体,是否稳稳地落于地面。

(2)高低杠。女子高低杠项目主要欣赏运动员动作是否流畅地将整套动作完成,是否有两杠之间的换杠动作,成套动作编排时是否充分利用高、低杠器械完成动作,而不是只在高杠或者只在低杠完成动作。运动员的姿态,主要表现在腿、胸、腰的姿势和控制能力上,它要求运动员在完成动作过程中不能出现勾、分、屈、塌、歪、晃等破坏美的形象的动作。另外,它还要求运动员在比赛过程中要表现出一种轻松自如的状态。

(3)平衡木。欣赏平衡木项目除了欣赏动作的难与美,还要学会欣赏运动员在完成动作时的稳,因为平衡木只有 10 厘米,在如此窄的地方完成一连串的难美动作需要非常好的稳定性,因为我们还可以欣赏运动员完成动作的稳,同时还可以欣赏运动员在完成动作过程中是否做到勇敢自信,轻松自如,飘逸洒脱,始终面带微笑,呈现出较高的艺术表现能力。

(4)女子自由体操,被认为是最具有艺术欣赏效果的竞技体操项目,成套动作都有音乐伴奏,形成鲜明的节奏;它是融高难度的技巧动作、新颖独特的舞蹈动作和惟妙惟肖的表演才能于一体的女性化最强的项目。它以高难度的技巧动作、体操动作以及它们的巧妙连接与挂串动作为主干,以新颖独特的舞蹈动作进行穿针引线的巧妙编织,绘制出一幅生动活泼的自由体操画面,再现出女性刚强自信的健美和婀娜多姿的女性美。

(5)男子自由体操。男子自由体操不同于女子自由体操借助音乐来形成鲜明的节奏,欣赏男子自由体操可欣赏技巧空翻动作既高又飘,转体动作周数多、速度快、路线长且不间断,跳跃动作幅度大、连接紧,刚劲有力,大胆勇猛,快速多变的特点。男子自由体操还有平衡与力量的展示比如水平支撑等,以及落地的稳定性,其他项目的成套动作的落地只有一次,而自由体操项目成套动作中会出现多次落地,每次落地不稳都会影响成套动作的表演效果,直接影响下一连接动作的质量。由于男子自由体操技巧空翻或旋空翻动作的难度大、腾空高、转速快,为保证落地的稳定性,对运动员的腿部力量和控制能力有严格要求。男子自由体操要求落地要稳,但还不能有过长的集中注意力的停顿,要连贯、协调地转入下一动作,保证动作过程的和谐性。男子自由体操将男子体操运动员的“健”“力”“美”体现得淋漓尽致。

(6)鞍马。欣赏鞍马比赛首先是流畅,鞍马动作在完成过程中不允许出现停顿,也不允许有用力动作。成套动作必须展现出协调、连贯、准确、流畅的完成,其次是姿态,对运动员的姿态要求非常严格,不允许出现“屈、勾、弯、松、踏”等现象。最后,鞍马项目必须是动作重心高,在幅度大的前提下,才有可能表现出动作流畅、飘逸的特征。

(7)吊环。吊环是竞技体操项目中唯一的器械在运动中可以活动的项目。一套吊环动作应由比例大致相当的摆动和力量静止动作组成,这些动作和连接是通过悬垂,经过或成支撑,经过或成手倒立来完成,以直臂完成动作为主的。吊环是体现男子力量的项目,由摆动到静止力量或由静止力量到摆动的过渡是当代吊环项目的显著特点。摆动动作与力量静止动作的巧妙结合和和谐的转化是吊环项目所独具的审美风格。摆动动作的连贯流畅,有起有伏,保证了吊环动作的鲜明节奏;用力动作的规范到位,幅度充分,体现了男子体操运动员的健、力、美的完整统一。

(8)双杠。欣赏男子双杠比赛可以从上下翻飞的动作、前后大回环、左右转体、动静结合的复杂变化去欣赏。由于双杠的独特性,在编排动作时动作的起伏,突然抛起的空翻既给予观众视觉冲击,也是绝佳欣赏点。

(9)单杠。男子单杠比赛可以从以下几点欣赏,首先是动作幅度大,难度高,其次是飞行空翻多惊险性强,具有强烈的视觉冲击,最后是难度非常高的下法结束动作,运动员从高空做几周翻腾和转体还要稳稳地落地,难与美的特征体现得淋漓尽致,也是最惊险刺激好看的项目。

欣赏竞技体操还可以从姿态与造型美、技术规范美、力量和速度美、柔韧美、幅度美、稳定美、新颖美、节奏美、编排美、结构美等方面去欣赏。

章节小结

了解竞技体操的起源与发展、项目分类与特点,掌握基本技术与基本技术标准,掌握竞技体操的竞赛规则与评分方式、欣赏原则与欣赏方法,能独立欣赏竞技体操比赛。

思考题

1. 竞技体操的基本技术分别有哪些?
2. 男子竞技体操与女子竞技体操的项目分类有哪些?
3. 观看竞技体操比赛时我们需要掌握哪些欣赏原则与方法?

(章节撰稿人:解进)

第二节　蹦床运动

蹦床(Trampoline)是指运动员利用蹦床的弹跳在空中做各种有难度性的技巧性动作。有“空中芭蕾”之称的蹦床运动,是一项集竞技、健身、观赏和娱乐于一身的综合性体操运动项目。

一、蹦床运动概述

（一）项目起源

蹦床起源于中世纪的法国。最初，法国杂技演员杜·坦伯林在空中吊着的安全网中做各种弹跳，并运用其进行表演，蹦床运动以此为开端。后来蹦床逐渐普及，1930 年蹦床由美国人乔治·尼桑传入美国便流于美国，逐渐推广于大众。1947 年得克萨斯州举行了第一届全国蹦床表演赛，一年后蹦床成为正式的比赛项目。1964 年国际蹦床联合会在瑞士成立，同年举行了首届世界蹦床锦标赛。2000 年蹦床在第 27 届悉尼奥运会正式被列为奥运会比赛项目。

（二）我国蹦床项目的发展

中国的蹦床项目起步比较晚，在 1997 年才被国家体育总局列为正式比赛项目，各省市才开始组建专业队伍，蹦床运动项目包含蹦床（网上个人、网上双人同步）、小蹦床、单跳三个大项，8 个小项。因第十一届奥运会取消了单跳这个项目，所以单跳和小蹦床目前没有奥运会比赛，只有全国赛制。

1997 年 8 月，国家体委发出《关于在我国开展蹦床运动的通知》（以下简称《通知》），并决定从 2001 年第九届全运会开始，增设蹦床项目的比赛。全运会蹦床比赛设 4 枚金牌，即：男子网上个人、女子网上个人、男子团体和女子团体（团体是 3 名网上运动员的成绩加上 1 名单跳运动员的成绩）。《通知》下达后，各省市体育运动管理中心轰轰烈烈开展蹦床项目。

1998 年 11 月举行了首届全国蹦床冠军赛，当时全国就有 18 支队伍参加，发展迅速，以后每年都举行全国锦标赛、全国冠军赛、全国青少年赛。蹦床因技术类、灵巧类的项目，十分适合体型娇小的中国人开展，与蹦床同项群的体操、跳水、技巧等项目，中国在世界上都处在优势领先的地位。在国家体育总局体操运动管理中心的正确领导下，在全国蹦床界运动员、教练员、裁判员、科研人员的共同努力下，我国蹦床项目的发展突飞猛进。

2002 年 12 月 1 日在天津成立了蹦床国家队，2003 年开始增设全国系列赛。在 2003 年世界蹦床锦标赛中，我国健儿获得女子网上团体亚军，并获得宝贵的男子和女子各一张雅典奥运会入场券，显示了我国日渐突起的实力。

2004 年第 28 届奥运会在希腊雅典举行，中国女运动员黄珊汕以高超的技艺夺得蹦床女子个人铜牌，为国争光，让世界瞩目。

2005 年 9 月世界蹦床锦标赛，我国运动员不畏强手，奋力拼搏，夺取男子网上团体、女子网上团体、男子单跳团体和男子单跳个人四枚金牌，轰动了世界蹦坛。

2008 年北京奥运会，我国蹦床运动健儿何雯娜、陆春龙不负众望勇夺两枚金牌，从此我国蹦床项目在世界上占有一席之地。

（三）蹦床运动项目特点

1. 蹦床项目

专业蹦床在框架长 5.05 米、宽 2.91 米、高 1.15 米，内网长 4.28 米、宽 2.14 米有弹性的尼龙材料编制而成的网面,周围由112个弹簧牵拉固定,运动员在网上跳起,在空中连续做10个不同的空翻或空翻转体动作,根据运动员在空中翻转的周数和转体的度数以及动作基本姿态进行评分。运动员空中翻转周数和度数越多,基本姿态越规范,得分越高。这一项目又被称为“空中芭蕾”,是最能够充分展示人体运动美的项目。运动员从网上可弹起8~10米高,并在空中完成三周半空翻或者转体动作,相对其他项目而言,时空充足,因此,蹦床动作高雅、飘逸,一套高质量的动作给人以赏心悦目之感。

2. 双蹦床

双蹦床是综合了体操中跳马与蹦床两个项目的特点形成的项目,器材由一个倾斜的弹网和一个水平的弹网组成。运动员经过一定距离的助跑之后,首先跳斜倾斜的弹网,弹起后在空中完成一个空翻或空翻转体动作,落在水平的弹网上后,再弹起,在空中完成另外一个动作,然后落地站稳。运动员要具有很好的速度、弹跳、姿态控制、动作难度和良好的节奏。目前我国双蹦床项目开展得不错,受到中小学生和幼儿的喜爱。

3. 单跳

单跳俗称“翻筋斗”,在本质上与技巧项目的单跳相同,只是比赛的规则不同,与体操中的自由体操也相类似。单跳要求运动员在25米长的翻腾扳上不间断地连续完成8个由手至脚或由脚至脚的动作,要求运动员具有很强的身体素质尤其是速度、弹跳、节奏、控制力等。单跳一套动作完成后给人一种疾风骤雨的感觉,充分显示出速度、力量与协调能力相结合的魅力。

二、蹦床项目介绍

1930年,美国人乔治·尼桑将蹦床带入美国,并从蹦床的娱乐价值和体育特点出发,对蹦床进行了研究和改进,使其更安全和易于弹跳。之后,乔治·尼桑成立了自己的蹦床公司,批量生产了改制后的蹦床。

这种新型蹦床在出现以后,首先被美国空军用来作为军事训练的器材,后来很快又被航空科研机构用来训练飞行员和宇航员。医疗单位很快又将这种器械用于残疾人的治疗和康复。不久,其以特有的趣味性和健身特点而深受青少年的喜爱。随着时间的推移,蹦床的性能和结构有了很大的改进,现代的蹦床运动员能跳起10米的高度,并能在空中精彩地连续完成三周半空翻或转体动作。

蹦床作为一种比赛项目,是在第二次世界大战结束后的美国发起的,很快就传入欧洲,逐步传入世界各大洲。随着蹦床运动的日益普及和影响的不断扩大,1964年国际蹦床联合会在瑞士成立,同年举行了第一届世界蹦床锦标赛。到目前为止,国际蹦床联合会已有47个会员国,共举办了23届世界蹦床锦标赛。

1997年国际奥委会第106次会议将蹦床列为奥运会的正式比赛项目,设男子网上单人和女子网上单人两枚金牌。2000年悉尼奥运会首次设蹦床项目比赛,这极大地促进了蹦床运动在世界范围内的发展。

三、基本技术

(一)基本技术介绍

一套蹦床动作由十个向前、向后的转体或非转体的空翻动作组成。运动员完成动作时,应在成套动作中的每个动作,表现出优美的身体姿势、正确的技术、很好的高度和保持高度、为了展示在飞行阶段对身体有完美控制的正确开腿展体的角度。蹦床成套动作的特点表现为动作高度,连续性的、富有节奏的双脚起跳、背弹、腹弹、坐弹翻转动作,全套动作不允许出现停顿或中间直体跳。运动员完成动作时确定身体姿态(团身、屈体、直体),通常,难度裁判员依据动作中间阶段难度最简单的姿态来评定这个动作的姿态(直体为最难,团身为最简单的姿态)。多周空翻动作身体姿态的判定,当一个动作以不同身体姿势完成时,确定这两个动作是否重复依据两个因素:转体的数量和阶段及空翻的数量。

1. 垂直跳

双腿并拢向上跳的同时手臂伸直从前向上带臂至耳旁,脚尖和手指尖都要并拢用力,屈膝压网时手臂经过体侧下压。运动员起跳高度取决于压网阶段足部和网面作用力的契合程度,契合程度越紧密则运动员腾空高度越高。

2. 坐弹

跳起在空中双腿并腿上举收髋至 90°,同时双手紧贴身体两侧坐网成弹起垂直站立。

3. 腹弹

跳起在空中梗头、含胸全身肌肉紧张,上身垂直前倾成 90° 趴网,同时双手曲臂相对放于下巴位置,腹部压网后弹起成垂直站立。

4. 背弹

跳起在空中梗头、挺胸全身肌肉紧张,收腿背部着网的同时脚成 90° 角,双手伸直前平举,下落时背部压网弹起成垂直站立。

5. 团身跳

在垂直跳的基础上,在空中屈膝,大腿贴腹部,双手抱紧膝盖,下落时垂直地面开腿压网。

6. 屈体跳

在垂直跳的基础上,在空中双腿并拢上举收髋至 90° 水平位置,腿在空中二次发力的同时双手触碰脚尖。

7. 分腿跳

在垂直跳的基础上,在空中双腿上举至屈体分腿 90° 夹角位置,双腿必须平行或高于水平,腿在空中二次发力的同时双手触碰脚尖。

8. 团身前空翻

跳起在空中时,梗头、含胸、提背、抱腿前翻至特定角度开腿展体。

9. 团身后空翻

跳起在空中时,梗头、含胸、顶髋、抱腿向后翻腾至 12 点或 1 点位置开腿展体。

（二）基本技术标准

1. 单跳比赛

每套动作由 8 个动作组成，可以连贯完成各种向前、向后或侧向的动作。单跳成套动作要展现出良好的控制、身体姿态、技术完成和速度保持、动力保持。单跳整套动作的特征：连贯、快速、富有节奏，从手到脚或从脚到脚的翻转跳跃，并且中间没有犹豫或走步的动作，且第八个结束动作完成后要求落地站稳，参考体操中的自由体操空翻串的落地。单跳技术动作标准和蹦床几乎一致，但是单跳有专门的落地区，第八个动作结束需要站稳在落地区。

2. 双蹦床

每套动作由 2 个动作组成，应包括向前和向后转体或不转体动作，整套动作应表现出良好的控制、优美的姿态、正确的技术、保持高度及动力。双蹦床项目的特点是，动作高度高、连续的富有节奏的从头到脚的跳跃翻转，中间没有犹豫或垂直跳。

3. 位移角度

除了高度和身体姿态技术，还有一条评判一套动作好坏的标准就是位移的角度。位移的扣分从 0.1~0.3，每个动作落地都扣一次，10 个动作完成后，缓冲落地还要再追加扣身体姿态和位移分。

四、竞赛规则

1. 成年组蹦床比赛

个人项目和双人同步项目均由预赛和决赛组成结构见表 13-2。

表 13-2 个人与双人项目比赛组成结构

比赛阶段	参赛人员	成套动作数量	出场顺序
预赛第一轮	所有运动员	两套动作，取其中分数最高的一套	抽签
预赛第二轮	参赛人数达到或超过 48 名，取第一轮前 24 名； 参赛人数在 32~47 之间，取第一轮前 16 名； 如果参赛人数少于 31 名，则不比第二轮； 每个会员协会最多 3 名运动员进入第二轮	一套动作	抽签
决赛	前 8 名，每个会员协会最多 2 名运动员	一套动作	抽签

2. 单跳比赛

由预赛和决赛组成，结构见表 13-3。

表 13-3　单跳比赛组织结构

比赛阶段	参赛人员	成套动作数量	出场顺序
预赛第一轮	所有参赛运动员	两套动作	抽签
预赛第二轮	参赛人数大于 48 人时，获得个人前 24 名的运动员进入本轮比赛；参赛人数 32~47 人时，获得个人前 16 名的运动员进入本轮比赛；参赛人数少于 31 人时，本轮比赛取消。 每个会员协会最多有 3 名运动员进入本轮比赛	一套动作	抽签
决赛第一轮	获得个人前 8 名的运动员，每个会员协会最多有 2 名运动员进入本轮比赛	一套动作	抽签
决赛第二轮	获得个人前 4 名的运动员，不限制每个会员协会运动员数量	一套动作	与决赛第一轮顺序相同

3. 双蹦床比赛

包括预赛和决赛，结构见表 13-4。

表 13-4　单跳比赛组织结构

比赛阶段	参赛人员	成套动作数量	出场顺序
预赛第一轮	所有参赛运动员	两套动作	抽签
预赛第二轮	参赛人数大于 48 人时，获得个人前 24 名的运动员进入本轮比赛；参赛人数 32~47 人时，获得个人前 16 名的运动员进入本轮比赛； 参赛人数少于 31 人时，本轮比赛取消； 每个会员协会最多有 3 名运动员进入本轮比赛	一套动作	抽签
决赛第一轮	获得个人前 8 名的运动员，每个会员协会最多有 2 名运动员进入本轮比赛	一套动作	抽签
决赛第二轮	获得个人前 4 名的运动员，不限制每个会员协会运动员数量	一套动作	与决赛第一轮顺序相同

五、蹦床运动比赛欣赏

(一)欣赏原则

1. 了解竞赛规则

无论参与欣赏何种体育竞赛项目，都要先了解竞赛规则，此类项目的比赛方式。

2. 了解评分规则

蹦床运动项目也是由裁判员主观打分的体育项目，技术细节、完成细节、难度加分都有一定的标准，这种标准就是评分规则。了解评分规则可以让我们很好地判断运动员完成成套动作质量。

3. 蹦床比赛特殊要求

蹦床比赛属于难美类项目，如在现场欣赏比赛，首先难度展示时运动员处于高度集中状态，在此情况下不可大声喧哗或使用闪光灯拍照，其次，蹦床比赛属于裁判员打分形式，如出现任何问题由裁判员决定评分，教练员与运动员可通过申诉的方式进行重新评分，但是场外观众不可有任何过激举动，以免对比赛造成影响；最后，尊重赛场尊重裁判员、运动员，不对赛场有过多的干扰，尤其是世界级比赛，安静欣赏比赛是最好的方式。

（二）欣赏方法

蹦床运动这类项目比赛的特点是对比，要求运动员按规定条件和动作质量去完成比赛的技术动作，比赛中强调动作难度、美观和富有艺术性。欣赏这类比赛项目，应注意欣赏比赛过程中的那种富于艺术的美感，即运动员能够在一定的空间和时间内，把身体控制到尽善尽美的程度，使健与美得到高度的统一，再加上和谐韵律和鲜明节奏的微妙配合，犹如抒情诗般的艺术造型，给人以强烈的美感。

1. 蹦床运动腾空高度

为了体现竞技蹦床网上项目高、飘的特点，2007 年国家体育总局体操运动管理中心根据当时我国青少年蹦床发展的整体水平，鼓励运动员提升整套动作高度，增加了腾空高度加分这一细则。对达到不同规定腾空飞行时间的运动员分别给予 0.1、0.2、0.3 的加分。对运动员整套动作高度的追求并不是盲目的，而是采取可控范围内的激励机制，确保青少年运动员安全的前提下使整套动作高、飘。经过腾空高度加分时期，运动员竞技水平不断提升，激发高水平运动员对整套动作腾空高度的追求，不断挑战高度与难度的和谐发展。

2. 蹦床运动位移角度

蹦床比赛对运动员整套动作的位移提出更严格的要求，规定运动员完成动作下落触及网面时若压线、出框，除了执行国际规则的扣分之外，另须追加扣分。对于较高水平的运动员，用更严格的位移扣分来避免在技术动作不成熟的情况下盲目地追求动作难度，迫使选手在难度与稳定性上进行权衡。位移角度是蹦床运动员完成每一组难度动作时完成评分标准的一项，还是要求运动员展示向上向高空又飘的技术，如果位移不准确，不仅会无法完成后续难度，还会造成运动员受伤，因此位移是一项评判标准，也是欣赏方法之一。

3. 艺术表现力

在艺术评分项目比赛中，良好的艺术表现力可使得观众在观赏比赛中感受到美的震撼力，从而获得审美满足，艺术表现力可使观众在观赏比赛中感受到蹦床之美的震撼，并通过感受人体美、运动美、服装美等方面，满足观众鉴赏需求方面的竞技价值，从而获得审美满足。因为蹦床属于评分类项目，大多数教练和运动员认为裁判的印象对最终成绩有直接影响。然而，完美的艺术表现力能够给裁判留下很好的印象。

章节小结

学习并了解蹦床运动项目的起源与发展，以及在我们国家的发展情况，掌握蹦床项目的基本技术以及基本技术标准，熟练掌握蹦床运动项目的比赛项目，竞赛办法与鉴赏方法，能独立观看蹦床比赛。

思考题

1. 蹦床是一项什么样的运动?
2. 蹦床项目一套成套动作由哪些内容组成?
3. 欣赏蹦床比赛需要掌握什么?

(章节撰写人:韩叙、解进)

第三节 艺术体操

一、艺术体操项目概述

(一)艺术体操项目起源

艺术体操起源于19世纪末20世纪初的欧洲,当时欧洲教育改革与女性体育运动的发展对艺术体操的产生有很大的影响。20世纪50年代,艺术体操得到广泛开展,逐步发展成为一项竞技运动项目。1962年,国际体操联合会把艺术体操定为独立的女子竞赛项目。

艺术体操最高组织机构是国际体操联合会,该组织于1881年成立,总部设在瑞士的利斯。该组织机构主要发展体操运动,组织国际比赛,加强体操运动员之间的友谊。其产生与当时的教育改革及妇女体育运动发展有着密切的联系。

一些教育家、体操家、音乐家、生理学家、舞蹈家对艺术体操的发展,在理论和实践上作出了不少贡献。例如:瑞士教育家、声乐家台尔克罗兹,把音乐与体操相结合,创造了“音乐体操”(韵律体操);德国音乐教师鲁道夫·博得为妇女体操创造了极有女性特色和价值的波浪动作;德国音乐、体育教师欣里希·梅顿提出了进行动作练习时使用轻器械;现代舞创始人伊莎多拉·邓肯的“表现自我”的舞蹈理论与实践,德国舞蹈家拉班的“动作体系”均对艺术体操产生了很大影响。经过他们不断的探索革新,才逐步形成了新的现代体操。这种新体操的特点是注重自然的全身运动,要求动作自然、流畅、优美、富于节奏,使其达到身体、思想和心灵自然表现的艺术境界。

(二)艺术体操项目发展

20世纪50年代,艺术体操已传遍世界,并成为女子的竞技项目。但最初的国际性比赛并非独立进行的,而是附属于女子竞技体操比赛的团体项目,即规定凡参加竞技体操团体比赛的队每队除了参加竞技体操比赛外,还必须参加由6~8人组成的团体轻器械韵律体操比赛。随着技术的发展,竞技体操与艺术体操的差异日趋明显,所以,1956年国际体联决定在竞技体操比赛中,取消艺术体操比赛,把两者分开。直到1962年6月,国际体联第41次代表会议正式承认艺术体操为女子的独立的运动竞技项目。

20世纪50年代艺术体操项目发展处于启蒙阶段,1956—1958年,全国及体育院校的竞技体操比赛中进行过女子六人团体轻器械体操比赛;1963年,匈牙利布达佩斯举行了第1

届世界艺术体操锦标赛。1976 年,国际艺术体操评分规则公布。1978 年起,国际体操联合会组织两个洲际比赛,即欧洲锦标赛和四大洲际赛(亚洲、大洋洲、北美洲和拉丁美洲),分别与世界锦标赛时间隔年份举行。1984 年,艺术体操被列为奥运会竞赛项目。1987 年,在第 13 届世界艺术体操锦标赛上,中国运动员取得了集体项目总分第三名,单个单套(3 圈 3 球、6 球)分别为第二名和第三名的成绩。

20 世纪 80 年代初,中国艺术体操队参加了第 10 届世界艺术体操锦标赛,第一次登上了国际体坛,并在比赛中取得了第 16 名的成绩。2003 年,第 1 届世界男子艺术体操锦标赛举行。与女子项目不同的是,男子的通常没有球操和棒操,但加入了棍操。2008 年,中国队在北京奥运会取得突破,摘得集体银牌。2013 年第 22 届世界艺术体操锦标赛中,邓森悦获得个人全能第四的好成绩。在各类全国艺术体操赛事中,新人辈出,成绩优异,这足以说明我国艺术体操的发展正处于上升期,不断地向前超越,有着巨大的发展潜力。

(三)艺术体操项目特点

艺术体操与其他竞技体育项目相对比,动作更符合女子的生理和心理特点,以优美和艺术性为其主要特征。艺术体操的美集中体现,与其他艺术,如舞蹈、美术、音乐、杂技等都有内在的联系。艺术体操具有以下特点。

1. 以音乐节奏为中心

艺术体操是以自然性动作为基础的有节奏运动。什么是节奏呢? 节奏希腊语的意思是"流动"的意思。节奏充满在自然界和社会生活之中,万物都是按节奏运动的,节奏就是"动力在时间、空间上得到合理的分配",用最小的力量完成最大的动作,紧张与放松是节奏的根本原则。摆动、弹性和波浪动作是节奏运动的最基本动作。

自然性动作是指按照人体自然状态下的运动规律,按照人体运动的自然法则所进行的运动。如人体运动时,身体的中部是主动部位,由它牵动上肢和下肢。艺术体操是以摆动性动作、波浪性动作和弹动性动作为其基本运动形式的,动作的动力性较大,在动作过程中,必须合理调节各肌群紧张与放松的关系,控制好在不同空间和时间上的肌肉用力程度,避免不必要的肌紧张,使其自然、流畅、富有韵味。完成动作时,上肢、下肢和躯干的动作,都应根据人体运动的自然法则,要求从胸、腹的中线开始发力,将力量传递到各部位来完成,每一个动作都有它的起点和终点,都要掌握基本节奏和用力的分配,波浪这一自然性动作就是艺术体操动作的典型特点。艺术体操的节奏,还在于内在节奏(呼吸和对音乐的理解)与外在节奏(动作的大小、快慢、强弱)的有机统一,各种动作按照音乐的内容和节奏变化表现出力度、速度和幅度上的对比和变化,形成节奏的协调,从而构成艺术体操是以节奏为中心,以自然性动作为基础的协调的节奏运动的这一特点。

2. 运用轻器械

手持轻器械做动作是艺术体操的主要练习内容,合理地运用轻器械是其特点之一。利用轻器械进行练习能发展动作的协调性和提高肌肉用力的敏感度,器械是身体的延伸,可以加大动作的幅度,使动作更有节奏。使用器械时必须表现出各种器械的特性。不应把器械当作一种装饰,在任何情况下,都要使器械动作与身体动作相结合,协调一致,融为一体。有的轻器械动作虽然发力点远离身体中部,如用腕关节发力完成,但与整个身体动作还应是统一的。如果艺术体操离开了器械动作，而只有单纯的身体动作，就失去了艺术体操的特点，同时也就毫无难度价值了。

3. 音乐伴奏下的艺术运动

音乐可以说是艺术体操的灵魂，它不仅能激发运动员的情绪，提高运动员的兴趣，而且能发展运动员的想象力和表现力，培养动作的节奏感，促进身心全面发展，同时还能有助于运动员合理掌握“力”的运用，以达到准确并轻松自如地完成动作的目的。音乐可以使艺术体操的表演更富有感染力，给观众以更完美艺术享受。音乐的节奏和情感必须与所做的动作节奏与情感相一致，动作应充分表达音乐的情感，只有这样，音乐才能起到灵魂作用。

艺术体操作为竞技体育项目之一，也具备着竞技体育的基本特点：激烈的竞争性、广泛的社会性、高度的公平性、独特的观赏性、巨大的功利性和无止境的追求等。艺术体操所特有的韵律性和艺术性以及不受场地器材限制的优点，使这个项目很容易在大、中、小学中普及，在女生中尤其易于开展。它可以根据各校的特点和条件，选择不同难度、不同动作幅度、不同动作类型的练习内容，可以室内练习也可在室外练习，只要有一块平坦的场地即可。艺术体操还是雨天体育课的好教材，在教室里、在走廊上或门厅内都能进行，这也是它区别于其他运动项目的特点之一。

二、艺术体操项目介绍

艺术体操器材的种类繁多，主要包括绳、圈、球、棒、带。

绳：比赛由过绳跳、摆动、绕环、“8”字、抛接、跳跃、平衡以及各种交换绳握法等动作编排而成。

圈：横断面可以是圆形、方形、椭圆形等。比赛由滚动、转动、“8”字、绕环、抛接、旋转、钻圈以及平衡等动作编排而成。

球：比赛由拍球、滚动、转动、绕环、“8”字、抛接、跳跃、平衡以及旋转等动作编排而成。

棒：采形状如瓶，细端为颈，粗端为体，顶端为头。比赛由绕环、空中转动、抛接、摆动、跳跃、平衡以及敲击等动作编排而成。

带：带长不得少于 6 米比赛由绕环、螺形、抛接、摆动、跳跃、平衡、转体、“8”字以及蛇形等动作编排而成。

艺术体操使用的器械有统一的规格，需要注意的是，器械不符合规格要求会被酌情扣分。

三、基本技术

（一）基本技术介绍

艺术体操是凭借人体的运动和持轻器械的运动来展现健与美的运动项目。只有掌握了良好的徒手动作，才能完成持器械的技术动作，所以，徒手动作是艺术体操器械动作的基础。

徒手动作一般包括：走、跑以及舞步移动、摆动、绕环、波浪以及平衡、跳跃、转体和柔韧性动作。规则规定，前几类动作属于艺术体操徒手动作中的其他组动作，在成套动作中常起着连接、调节的作用。基本不具备难度价值，不能单独构成高难度动作。而平衡、跳跃，转体及柔韧性动作则是身体动作中的基本组动作，具有一定的难度价值，当与器械动作相结合时，能构成各种不同形式的高难度动作。在成套动作中常起骨架作用。此类动作技术较复杂，练习者只有具备一定的运动能力方能完成。

器械技术：地面转动、空中转动、滚动（直线、弧线、斜线）抛掷（摆动抛器械、屈伸抛器械）接握器械。

艺术体操技术动作虽然复杂、繁多，但是它们都有其各自固有的规律可循；只要理解和认识了这些规律，并且遵循它们，那么艺术体操的运动实践中就可以收到事半功倍的效果。

（二）基本技术标准

艺术体操的走、跑及舞步移动动作丰富多彩，各具特色，如柔软步、足尖步，变换步、华尔兹步等。它们各具有不同的节奏以及风格待点，既可进行专门的组合练习，也常出现在成套动作中，具有较强的表现力和连接功能。

1. 走跑类动作

走跑类动作是由两腿交替支撑而使身体在水平方向上产生位移的周期性动作。不同的是，跑动在两腿交替支撑过程有一个腾空过程，而走动无此过程。做此类动作时，运动员要注意身体的张弛和各部的协调用力，充分利用此类动作所具有的周期性张弛这一特点，使身休能轻松、自如、有节律地完成这一类动作。

2. 摆动和绕环

摆动是活动器官以身体的某一关节为轴，所进行的钟（摇）摆式的弧线运动。它是圆周运动的一部分。当摆动达到或超过 360° 时，即构成绕环。因而，可以认为绕环是摆动动作的继续。此类动作可以分为两个阶段，即加速运动阶段和利用惯性阶段。加速运动阶段，此阶段运动器官克服阻力做功，使其发生位移。肌肉用力越大，则初始加速度也越大，如果肌肉用力快速、时间短暂且以爆发式运动出现，摆动动作即形成挥动。利用惯性阶毁，此阶段运动器官的肌肉逐渐放松做退让性工作，运动器官利用加速运动阶段所产生的动能继续运动，直到动能消失，继而转为利用重力向下摆动或重新起摆。

3. 波浪及柔韧性

所有柔韧或波浪难度动作必须具有以下基本特点：用单脚、双脚或身体其他部位支撑来完成动作；姿势固定并且准确；动作姿势的幅度大；难度动作完成时没有足够的幅度或者姿势不固定，则不算难度。缺少上述要求中的任何一个，也要扣完成分。

4. 平衡

所有平衡难度动作必须具有以下基本特点：立踵或者单膝完成；有明显的停顿；姿势固定并且准确；动作姿势的幅度大。平衡姿势一旦形成就要与器械动作结合，根据难度水平，至少做 1 个、2 个或 3 个器械动作。任何用全脚或无明显停顿所完成的难度动作均不算平衡难度。缺少上述要求中的任何一个，也要扣完成分。

5. 转体

所有转体难度动作必须具有以下基本特点：立踵完成；从转体开始直至结束，身体姿势固定并且准确；动作姿势的幅度大。整个或部分转体过程中，任何用全脚完成的转体或姿势不准确均不视作转体难度。缺少上述要求中的任何一个，也要扣完成分。

6. 跳跃

跳跃是艺术体操动作中较为典型的技术动作之一。它的完成有赖于良好的弹跳力量素质和技术训练水平。跳跃一般可分为大跳、中跳、小跳三类。任何形式的跳跃,其基本结构包括:屈膝下蹲、蹬伸、腾空、落地四个技术阶段。跳步要有一定的高度;空中姿势固定并且准确;动作姿势幅度大;跳步缺乏适当的高度,姿势不固定、不准确,或缺少足够的幅度,则不算难度,此外还要扣完成分。

四、竞赛规则

艺术体操选手在音乐的伴奏下进行表演。艺术体操包括个人和集体项目。

(一)个人项目

1. 比赛器械

正规的艺术体操个人项目竞赛,只进行绳、圈、球、棒、带 5 种器械的竞赛。但根据需要,也可酌情增减竞赛项目,可以增加个人和集体徒手项目的比赛。根据国际体操联合会技术委员会选定的每届世界锦标赛及其后年所使用的 4 种器械,按照绳、圈、球、棒、带的顺序轮换,每两年轮换一次。

2. 个人全能

个人全能竞赛只进行 4 种器械,时长为 1 分 15 秒至 1 分 30 秒,时间不足或超过,均按规则进行扣分。

3. 个人团体

个人团体赛每队由 3 名至 4 名运动员组成,每名运动员完成 1 套至 4 套动作,每个团体必须由不同的运动员用每项器械完成 3 套动作,共计 12 套动作。

4. 个人单项

个人单项赛每队两名运动员参加,以单项的得分评定名次,最高分为 20 分。

(二)集体项目

集体项目由 5 名运动员集体完成动作,竞赛项目根据规程而定。自 1987 年起,正规竞赛规定集体要进行两套动作竞赛。

1. 同种器械的动作

同种器械的动作,该器械为个人项目中没有使用的器械。例如, 1997 年至 1998 年同种器械为 5 球,1999 年至 200 年同种器械为 5 棒。

2. 不同种器械动作

不同种器械的动作,例如,1997 年为 2 带 3 球,1998 年至 1999 年为 2 圈 3 带。

3. 项目的竞赛分类

集体项目的竞赛分两轮:每队 6 人但只能 5 人上场,时长为 2 分 15 秒到 2 分 30 秒。时间不足或超过,均按规则进行扣分。第一轮竞赛必须使用同一种器械;第二轮竞赛使用两种器械。

4. 项目竞赛的要求

在集体项目竞赛中，每队 6 人但只能 5 人上场，每队的竞赛必须在 2 分 30 秒内完成。两支队伍参加资格赛，前 8 名进入决赛。

五、艺术体操比赛欣赏

（一）欣赏原则

艺术体操从美学的角度研究艺术体操与技术动作美，艺术体操韵律性强，柔软、舒展、流畅加以优美的肢体动作，都给人以美的视觉享受。

1. 尊重赛场

在现场欣赏艺术体操比赛要提早入场，比赛时不可随意走动，更不要大声喧哗。

2. 学习观赏比赛必要的相关知识

观赏艺术体操比赛，必须了解竞赛规则、鉴赏方法，才能更好地融入其中。既要看运动员优美的动作，也要看其动作技术和风格。既要观赏运动员精湛的技艺，也要感受他们的顽强作风和内在品质。既给本国选手加油，也给外国运动员鼓掌。做到热烈而不狂躁，有激情而不失分寸。运动员做动作前需要排除一切杂念，凝神静气，做动作时要将全部精力集中在所要完成的动作上。观众此时应全神贯注地观看，不要鼓掌加油，不要欢呼，更不要喊运动员的名字。拍照不要使用闪光灯，因为闪烁的灯光会分散运动员的注意力，影响运动员对空间高度和时间方位的判断，甚至可能造成比赛失误或者受伤。在运动员即将出场时呐喊加油，在运动员动作结束时鼓掌，才是得体而恰当的行为。

3. 用客观的态度欣赏比赛

艺术体操是由裁判员打分的主观评分项目，当你认为有裁判不公时，不要起哄，不要冲动，要克制自己的情绪。这种不公也许只是因为你对规则了解不够，而鼓励运动员、理解裁判员，继续观赏下面的比赛是最好的选择。

（二）欣赏方法

可以从以下几点出发。

（1）身体与器械配合之美，多种器械若巧妙配合，使器械成为身体的一部分，例如抛、接、踢、滚动、绕等都能表现出许多高超动作；运动员有序地变换队形，器械的相互交换，空间与地面、人与器械的结合形成动态图案；人与器械和谐一致。

姿态美是身体各部分所呈现出来的外部形态美的一种。姿态美是艺术体操运动员在完成过程中的审美意识对运动员自身的审美要求，是评分的重要依据之一，是提高动作质量的重要内容。艺术体操在基础训练中正是借助舞蹈、芭蕾等基本功训练来提高运动员的形体，使艺术体操运动员身体挺拔、隽秀，更显女性曲线美，使运动员的举手投足都散发着青春、优雅的魅力。

（2）气质之美。艺术体操运动员在训练过程中不仅仅要进行多方面的技术练习，优秀的运动员还要有独特的气质。气质美是人的品德、性格、精神、风度等综合性的一种心理品质和心理现象。一个人的美德离不开外在和内涵两方面。长期从事艺术体操锻炼的人，那高雅优美的动作造就了她的形象美,那婉转动听的音乐与动作的结合使人的气质在身体与心理的交融中自然而然得到升华。此外,艺术体操运动员独特的个人气质美是比赛中获得高分的关键因素之一。

(3)编排之美。艺术体操有别于舞蹈,它具有追求人体的创造力和表现力。它的艺术魅力的存在和发展对现代人的精神文化生活有一定的影响,具有更高的美学价值。编排美占的比例较大,之后是服装美、乐感美、动作美。因为个人与个人集体与集体之间的比赛队员的身材特点不同,教练员根据运动员的动作编排各不相同,所以谁的动作编排新异整体效果好,谁就可能取胜。

章节小结

了解艺术体操项目的起源与发展、项目特点,掌握艺术体操项目的基本技术与基本技术标准,熟练掌握艺术体操项目的竞赛规则与欣赏原则、方法,能够独立地欣赏艺术体操比赛。

思考题

1. 艺术体操比赛项目有哪些?
2. 如何理解艺术体操是以音乐节奏为中心的运动项目?
3. 艺术体操比赛有哪些欣赏方法?

(章节撰稿人:解进)

第四篇　课程思政与第二课堂建设

第十四章　课程思政与校园体育文化

第一节　校园体育文化概述

学校教育是文化传承的前沿堡垒，学校体育是学校教育的重要组成部分。学校体育文化融合社区体育文化共同发展，一方面是教育的职责所在，能提高人才培养和社会服务的质量，另一方面可以实现资源的互动共享和有效利用，能创造社会效益并获得更多的社会支持，符合二者的共同利益，是我国体育事业发展新的历史使命。学校体育文化与社区体育文化的融合发展是一项系统工程。学校体育文化和社区体育文化的融合发展当以创造社会效益、教育价值、经济价值和健身价值为目标，探索“校—社”体育文化融合发展的运作机制和发展模式，实现学校体育和社区体育资源的互动共享、共同发展，让学校体育和社区体育真正为“阳光体育工程”和“全面健身计划”服务。

文化是一种精神力量，是人类社会内在精神的创造、传承和弘扬，在于人类生存的始终，并对人类历史的发展产生深刻的影响。体育是一种文化现象，是人类文明的重要组成部分，在漫长的历史进程中，通过优胜劣汰式的角逐而传承至今。学校是人才培养的园地，是教育事业的主阵地，肩负着培养综合素质全面发展的高素质人才的历史重任。新科技革命时代，科技与人文交相辉映，教育事业也迎来了新的历史使命。

一、校园体育文化

高等院校是人才培养的园地，也是社会发展的“服务站”、“思想库”、“人才库”和“创新源”，肩负着培养综合素质全面发展的高素质人才的历史使命。先进文化的传承、科学技术的普及和推广、道德修养的培养都需要以高校为中心辐射到社会大众。高等教育需要确立“服务地方”的办学理念，与地方强势、支柱、特色产业无缝对接，真正把学科建设嵌入地方核心、支柱产业，强化技术创新和实践动手能力培养，突出地方特色，培养适应地方需求的创新创业人才。

学校文化是学校所具有的精神环境和文化气氛的总称，以学生为主要对象，以文化活动为主要内容，包括学校的传统、校风、学风、人际关系、集体舆论、心理氛围以及各项规章制度、非明文规范的行为准则等。在长期的教育教学实践过程中不断创造、改进、共享，传承学生们的理想信念，追求的高尚的道德情操，弘扬民族的核心精神，在数百年的历史发展中将学校的物质文化、精神文化、行为文化和制度文化有机统一，形成独具特色的校园文明。

社会主流文化意识的形成离不开特定的文化氛围，与文化品格的价值评判标准息息相关。校园文化是一种环境力量，是集体智慧的力量，是学校办学实力的一种体现，更是社会主义先进文化的重要内容之一。校园文化建设中的一条主线就是要建设特有的校园文明，形成一种符合社会主义核心价值观取向的评判准则，让学生参与其中，沐浴着精神文化的阳光雨露，吸收集体的智慧养分，积累丰富的经验财富，进而提高学生的学习能力、组织能力、管理能力、实践能力、创新创造能力等，这些是课堂上学不到的知识，且弥足珍贵。

学校体育文化是师生们在体育教育实践工作中创造的全部物质和精神财富的总和，包括校园体育精神文化、体育制度文化、体育行为文化和体育物质文化等。学校体育文化是学校文化的重要组成部分，是学生形成优良人格品质的重要教育力量。加强学校体育文化建设，必然有助于优化学校总体育人环境，提高学校校园文化建设的质量，提升学校人才培养的质量。学校发展体育事业应根据自身办学实力和现有体育资源，选择适合本校开展体育项目，逐步形成特色体育文化体系，进而打造特色名牌项目。

二、校园体育文化建设

1. 社会体育联动，拓展发展空间

高校体育的发展不能脱离社会对体育的需求，高校体育资源在服务社会方面存在巨大的开发和利用空间。学校的体育场地、健身器材等硬件设施资源非常丰富，在学校教育中是为了满足体育教学、课外活动的需要，但是除教学和文体活动时间之外，学校体育场地、设施等硬件资源都处于闲置状态，尤其是假期、周末和晚上，这些时间恰恰是社区居民进行体育健身活动的最佳时间。学生在校期间通过运动技能技巧的学习，初步掌握基本的身体锻炼方法，了解终身体育锻炼的重要性，为今后能更好地发展群众体育打好坚实的基础，从而更好地促进社区体育的发展。体育教师也可以参与到社区体育文化建设工作中来，带领学生共同参与到社区体育活动中，满足学生的体育兴趣爱好，丰富体育知识，提高运动技能水平。

2. 与社区文化交融，活跃体育氛围

高校体育文化需要社会的认可，因此需要走出校园，获得更广阔的发展空间，同时学校体育文化要融合社区体育文化共同发展，学校也可以借助社区体育的人财物资源，开创学校和社区体育文化共融发展的新局面。学校的体育风气和体育文化氛围相对成熟，但是仍有提升的空间，学校体育和社区体育可以建立体育交流互动平台，让师生利用课余时间参与社区体育文化建设，促进社区体育文化的发展。社区体育的发展有助于丰富学校体育教学的内容和方式，让学校体育人才获得施展才华的舞台。社区体育还可以利用民俗体育活动，科学引进健身活动内容，吸引更多的健身爱好者，“学校、家庭和社会”交融，“教师、家长、学生”成为体育文化建设的主体力量，为形成良好的体育风气和文化氛围提供可靠的保障。

3. 与社区体育共建，开创共赢局面

高校体育应当与社区体育协同共建，取长补短，开创共赢局面，重点在于体育文化的推广和资源开发利用。建议围绕学校体育和社区体育两大内容体系展开研究，以社会效益、教育价值、经济价值和健身价值为目标，挖掘学校体育的课程资源和社区体育资源，寻找互动平台的构建要素，优化组合，建立科学的管理机制，营造良好的人文社会环境，探索学校体育和社区体育融合发展的影响因素和保障机制。比如在社区建立学校体育社会实践基地，将学校体育俱乐部建设与实践基地建设结合，建立“社区青少年体育活动中心”“社区体育指导中心”“运动损伤康复中心”等。

社会体育文化的健康发展，离不开学校体育的基础教育；学校体育培养的人才将来都要进入社区，成为社区体育的服务对象。

第二节　体育隐性课程

一、体育隐性课程的概念

体育隐性课程是指在学校规定的体育教学之外，在学校特有的教育性环境和进程中体育教育者们以间接或内隐的方式，将非正式和无意识的学习经验（如价值观念、思维方式、情感意志、行为规范等）潜移默化地作用于学生心理的教育活动，它可以触及学生心灵深处，调节与显性课程学习动机相关联的心理活动（如情感、兴趣、意志等）。对学生产生积极且正向的影响，激发学生参与校园体育活动的内驱力，在实践体验中留下深刻且难忘的记忆，端正体育态度，养成持久的体育行为规范。体育隐性课程资源就是对体育教育教学活动中非显性的课程资源的总称，包括学校体育文化氛围、校园传统体育赛事活动、校园体育道德风尚、学校特色体育项目、体育教师人格魅力等。

体育隐性课程是校园体育文化的重要组成部分，体育隐性课程资源的有效开发和利用是校园体育文化得以健康持续地发展的基础保障。在校园体育文化建设的大背景下，研究挖掘校园文化在人才培养中的价值，研究如何发挥体育隐性课程资源在校园文化建设中的作用，探讨体育隐性课程资源科学化开发和利用的路径，让体育隐性课程更好地为校园文化建设服务。

二、体育隐性课程的特征

体育隐性课程资源广泛存在于学校、家庭和社会教育的方方面面，包括隐藏于显性课程之中的意识形态要素，如教育者的教育理念、指导思想、价值观念、教学风格、教学态度、教学方法，受教育者学习成长的环境和氛围，如校园体育建筑风格、体育设施布置、体育文化、体育风气、师生关系、性别角色差异等都属于体育隐性课程资源的范畴。与体育显性课程相比，体育隐性课程具有以下特征。

1. 教育内容具有接受性

体育隐性课程主要传递给学生的是非理性文化和非学术性知识，这些知识与生理、心理、道德、文化等息息相关，涉及价值观念、情感意志、态度兴趣等，属于认知范畴，这些非理性的知识内容没有主次和轻重之分，在学生的成长过程中化于无形，润物无声，更加容易被学生们所认同和接纳，学生在校园环境和集体氛围中自然感知，自觉接受。

2. 教育对象具有广泛性

体育隐性课程资源涉及学校体育教育的方方面面，包括校园环境、精神文化、人文风貌以及显性体育课程中意识形态的选择，教育的对象不单是学生，教师和学校的管理人员也会成为受教育者，促进教师的人格完善，改进教育方式，提高教育效果。体育隐性课程的知识传递具有广泛且普遍的特点，师生们共同在隐性教育资源中自我成长、自我完善。

3. 教育手段具有非强制性

体育隐性课程教育非常重视学习的过程，教育内容弥散在显性课程教学的各个方面，教学手段则采用非强制的影响机制，可以激发出受教育者们潜藏于内心深处的求知欲，顺利构建认知体系，促进个体的成长成才。学生在自愿自觉的状态中接受熏陶，在集体氛围中和谐共处，不易产生负面情绪或逆反心理，有利于取得良好的教育效果。

4. 教育效果具有非预期性

体育隐性课程教育效果是整体趋同性和个体差异性的辩证统一。体育教师的素质和魅力、校园体育物质环境、体育文化气氛对学生的成长具有积极的意义，学生们所形成的体育态度、人生观、价值观及行为习惯具有趋同性和持久性。每个学生的知识结构、兴趣爱好、家庭环境都各不相同，隐性课程教育不是机械化育才，而是具有弹性空间的，学生们对教育资源的摄取会根据自己独特选择，并获得自我需要的经验，于是体育隐性课程的教育效果或教育价值又体现出显著的个体差异。

三、体育隐性课程对校园文化的促进

校园文化是一种环境力量，是集体智慧的力量，是学校办学综合实力的体现。学生在特有的文化氛围中学习深造、生活交际，自然接受集体意识和主流文化的引导、感染和熏陶。我国校园文化建设的主线就是要建设符合社会主义核心价值观取向的校园文明，让学生参与其中，吸收集体的智慧经验，积累丰富的知识财富，提高学生的学习能力、组织能力、管理能力、实践能力、创新创造能力等，这些都是课堂中学不到的知识。校园体育文化是师生们在体育教育实践工作中创造的全部物质和精神财富的总和，包括校园体育精神文化、体育制度文化、体育行为文化和体育物质文化等。校园体育文化是体育隐性课程资源的一部分，是学生形成优良人格品质的重要教育力量。加强体育隐形课程建设，必然有助于优化学校总体育人环境，提高学校校园文化建设的质量，提升学校人才培养的教育水平。

新时期校园体育文化建设就是要促进学生综合素质全面发展，促进学生成长成才。体育隐性课程是校园体育文化的重要组成部分，体育隐性课程资源的有效开发和利用是校园体育文化得以健康持续发展的基础保障，二者息息相关，密不可分。体育隐性课程教育不是有目的、有计划、有规范的教学组织活动，它是非预期、无意识的社会体育活动，会让任何一位学生都可以自然而然地融入其中，成为主体一员，提高自我认同感，调节学习紧张度，促进和谐校园建设。此外，体育隐性课程教育手段具有非强制性特点，学生自愿、自觉地选择、攫取所需的知识和经验，并获得终身体育意识和习惯养成。

体育隐性课程资源开发与校园体育文化建设的目标具有高度的一致性，二者相辅相成，相互促进。首先，学生学习体育知识，获得体育能力，需要借助体育隐性课程的力量，以此获得更强烈的学习动机、正确的学习态度、较高的自我认同感和自信心，学生们在校园生活中拥有了更高涨的激情、坚强的意志和逐渐完善的人格，校园文化建设必然呈现出一片欣欣向荣的景象。其次，体育隐性课程是一种客观存在的物质和精神统一体，是校园体育文化重要组成部分，它借助物质客体能传递精神、发挥功能、体现价值。换言之，体育隐性课程资源的开发和利用就是要让学生在体育教育活动感受和体验主流体育文化、体育精神相一致的价值取向，加强体育隐性课程建设就必须弘扬以爱国主义为核心的时代精神，传播中国价值观念，提高师生们的凝聚力，为共建和谐校园，共筑和谐中国梦而奋斗。

学校应从实际出发，结合地域文化的特点和校本体育课程资源的优势，因地制宜，扬长避短，逐步形成学校特色体育文化，丰富校园体育文化的内涵，展示教师风采和魅力，彰显学校综合办学实力，赢得社会和人们的一致认可，而不是让体育隐性课程资源的开发和利用流于形式，可有可无，最终变得毫无价值。开发和利用体育隐性课程资源的路径和方法是比较多的，比如：体育课程改革、体育特色赛事活动、体育教师的影响力、体育风气的形成、体育教学中师生关系的改善、体育物质环境建设等，这些路径和方法均饱含丰富的体育知识和经验，如何最大限度地发挥它们的作用，还需要在今后的体育教学实践中进一步探索研究。

第三节　课程思政建设

当今，社会呼吁培养德才兼备的高素质人才，而德育是培养德才兼备高素质人才的关键。高等院校会建有较齐全的学科门类和现代化的教学实践平台，拥有高层次人才教师队伍和高素质大学生群体，为国家建设、民族振兴培养健康向上、忠实可靠、品学兼优的建设者和接班人。高校教师队伍，整体学历层次较高，学识渊博，专业功底深厚扎实，肩负教书育人、科学研究和服务社会的重任。

课程思政是指构建全员、全程、全课程育人格局，将各类课程与思想政治理论课形成协同效应，把“立德树人”作为教育的根本任务的一种综合教育理念。高校大学生在校期间应当具备的思想政治观念，融会贯通到所有学科、覆盖整个大学的学习生涯，以此实现各个学科与思想政治课程的同向同行的教学目标。大学体育课程思政建设就是要将“立德树人”教育思想融入大学体育课堂，融入知识传授，提高大学生对体育与健康的认知水平，让大学生在强健体魄和提升运动技能的同时，深切感受体育竞技中的进取意志和团队精神，激发潜能，培养体育精神、意志品质和良好的道德素养。

传统思想政治教育因为“纸上谈兵”“空谈阔论”沦为大学教育中的“鸡肋”，多年来一直强调全员教人的大思政教育理念，口号震天响，却难有作为。这一问题的关键在于德育教育与专业教学的脱节，挖掘和利用高校多元学科资源条件及支持系统是未来高校思想政治教育的主要路径。只有将德育教育与专业学科教育交叉融合，利用专业学科的课程资源、实践平台、科研条件开展思政教育，将德育元素融入课程学习和教学实践环节，专业技术教学与德育教育交相辉映，方能开创高校大思政教育格局。多元学科资源互通有无，专业教学与实践环节将赋予新的目标和任务，基础理论教学内容会更加丰富，教学手段和方法会更加多样，德育教育要像太阳光芒般照射校园，深入师生骨髓，才能真正发挥其功能和价值，使其大放异彩。

体育教学要改变传统“放羊式”教学的刻板印象，格外重视学生的体质健康，积极探索快乐体育的精髓，尽可能影响到每一位在校大学生。体育教学和运动训练拥有众多科学先进的身体锻炼方法，在体育课堂上借助不同的运动项目达到锻炼身体、掌握运动技能的目的，以运动项目为媒介，以身体练习为手段，与德育内容衔接对应，在体育教学中贯彻国家主流意识形态教育要求，选取积极正向的案例教育引导学生，运用科学的方法组织身体练习，培养意志品格。“立德树人”“寓德于体”，将敬业精神、公平正义、生态文明、新科学技术、文化自信、人文精神、工匠精神等众多德育元素有机且自然融入体育教学各环节。将这些德育元素挖掘出来并融入公共体育教学，会使学生深刻理解习近平新时代中国特色社会主义思想，引导学生深刻了解社会主义核心价值观，弘扬中国优秀文化以及社会主义优秀文化，坚定“四个自信”，把个人理想与社会需求相结合，投身于国家建设事业。

体育教学的主要内容包括：体育与健康知识、身体练习、体能与技能训练、体育游戏、有氧和放松运动等。通过体育活动培养学生人文素养和体育精神，学习运动技能，提高健康素质和运动素质，是大学体育的主要任务。此外，体育竞赛活动是课堂教学的重要补充，是校园体育文化的重要支柱，是第二课堂的重要内容。体育赛事活动可以增强学生集体荣誉感和团队责任感，激发学生参与体育活动的热情和积极性，提高学生从事体育活动的内驱力，营造丰富多彩、积极进取的体育文化氛围，众多的体育项目可以满足不同的学习需求和价值追求，让学生在体育运动中增强个人体质、提高运动技能，培养意志品质，养成终生体育习惯。

将“立德树人”作为体育的根本任务，构建“全员、全程、全课程”育人格局，将公共体育课程与学生德育教育同向同行，形成合力。体育教师在大学公共体育教学过程中要有意、有趣、有效地对学生进行品德教育，把学生品行素养培养作为课程教学的重要目标，并与能力发展相结合，充分发挥体育课程的德育作用，提炼体育课程的文化元素和价值理念，将“立德树人”理念具体化、生动化，在知识学习、技能传授和身体练习过程中，“润物细无声”式地全面提升学生核心素养（人文底蕴、科学精神、学会学习、健康生活、责任担当、实践创新）。

德育元素融入体育与健康知识教育，可以拔高体育教育的意识形态，提高体育教育的知识传授的层次水平。体育是培养人塑造人的过程，不能只停留在可有可无的边缘学科位置，应将多学科知识融入体育课堂，提高学生对体育的认知水平。“耕耘自有收获”“业精于勤”，这些至理名言在体育运动中可以得到最直接有效的体现，只要方法得当，通过反复练习，坚持锻炼，学生就会在某个项目的教学、训练、竞赛中脱颖而出，在公平竞争的体育舞台上大放异彩。汗水、血水不会白流，只要努力，学生就可以在体育运动中获得高自尊体验，体现个人价值，赢得队友和对手的尊重，扩大人际交往面，获得更高层次的心理满足，这些会更加激励学生热爱体育运动，坚持锻炼，最终养成终生体育习惯。

第四节　体育课程思政教学设计

一、高校公共体育课程结构设计

每学期公共体育课程共 36 学时，以拳击项目公体课程为例，建议理论授课 4 学时，师生互动研讨 4 学时，实践教学 28 学时（含技术教学、专项体能、体质测试、复习课程、理论测试和技能考核），各教学章节中融入响应课程思政教学元素，具体教学内容及学时分配详见表 14-1。

表 14-1　教学内容与学时分配（以拳击项目公共体育课程为例）

教学章节	课程思政点	讲课时数	实验时数	实践学时	上机时数	自学时数	习题课	讨论时数
第 1 章　拳击运动基础理论 1.1　拳击运动概述 1.2　拳击运动项目特征、价值和发展历史 1.3　拳击运动训练内容、练习方法和手段	爱国主义、勇气精神、进取意识	1						1
第 2 章　拳击运动竞赛规则 2.1　拳击比赛的级别（业余比赛和职业比赛） 2.2　得分及胜负判定 2.3　倒地与数秒规则	道德品质、公平公正、规则意识	1						1
第 3 章　体育（拳击运动）与健康 3.1　体育与健康、营养与健康、行为与健康 3.2　体育运动与心理健康 3.3　大学生体质健康测试与体育课外锻炼 3.4　拳击运动的功能价值	身心健康、品格素养、习惯养成	1						1
第 4 章　体育（拳击运动）与学生核心素养 4.1　学生核心素养的内涵 4.2　体育运动与核心素养的关系 4.3　自主发展、健康生活理念 4.4　拳击运动对培养学生核心素养的价值意义	品行素养、自立自强、健康生活	1						1
第 5 章　拳击抱架与基本步法 5.1　拳击抱架（准备姿势） 5.2　拳击基本步法（前进、后退、“米”字步、“羚羊跳”、“蝴蝶步”） 5.3　拳击步法组合（一进一退、两进一退、两段“羚羊跳”）	自律、自信、自强			4				
第 6 章　拳击运动进攻技术 6.1　直拳技术 6.2　摆拳技术 6.3　勾拳技术 6.4　组合拳法（左右直拳、左直右摆、左直右勾、直勾摆自由组合）	勇气、果敢、进取精神			4				
第 7 章　拳击运动防守技术 7.1　格挡技术 7.2　闪避技术 7.3　摇避技术 7.4　下潜技术	自强、坚忍、永不言弃			4				
第 8 章　拳击运动基本战术 8.1　进攻战术 8.2　防守战术 8.3　反击战术 8.4　相持战术	积极、灵活、意志品质			4				
专项体能与复习课程				8				
技能考核与理论测试				4				

续表

教学章节	课程思政点	讲课时数	实验时数	实践学时	上机时数	自学时数	习题课	讨论时数
合计		4		28				4
总计		36						

在体育教学中贯彻国家主流意识形态教育，选取积极正向的案例，对学生的精神品格施加积极影响，帮助学生们自我成长，最终走向成才之路。大学专业课程学分高且有测考，因而受到师生们的共同重视。品德教育同样需要测评，测评结果与学生的课程成绩直接关联。学生的优良中差，仅以课程成绩高低论优劣，会弱化学生德育素养的重要性。潜移默化的德育教育如何才能实现量化考评亟待解决。可在每门课程最终成绩中增加学生品行评价分，要求任课教师在日常教学中除了考勤外，同样要考察学生的学习态度、专业素养，平时分中不能仅以是否出勤为依据，学习过程分同样需要体现（图 14-2）。

表 14-2 公共体育课程成绩构成及分值比例设计

序号	考核形式		考核内容							比例(%)
			专业素养			德育素养				
			基础理论	知识运用	专业技能	学习态度	品行素养	实践能力	协作精神	
1	测试考试	习题作业	√	√		√		√▲		20
		期末考试	√▲	√▲	√▲					30
2	教师评价	过程考核早锻炼				√	√▲	√	√	30
3	课堂出勤	考勤记录				√▲				20
合计			60			20	5	10	5	100

体育教育要提高体育教育的知识传授的层次水平。体育是培养人、塑造人的过程，要拔高体育教育的意识形态，将"立德树人"教育思想融入体育课堂，融入知识传授，提高学生对体育与健康的认知水平。建议公共体育课程成绩的确定应当以测试考试、教师评价和课程出勤三大考核形式为主，注重学生过程评价考核，考核内容不单以基础知识和知识运用为主，当考核学生德育素养（包括学习态度、品行素养、实践能力和协作精神）和专业素养（学科专业基础理论、知识运用和专业能力），测试考试可以借助平时习题作业、随堂测试和期末考试对学生进行测评，过程考核以教师考核为主，全面评价学生学习态度和德育素养，对学生日常考勤记录也可以反映出学生对待课程的重视程度、学习态度和治学精神。

二、公共体育课程总成绩的构成

建议：学生公共体育课程总评成绩=课内与课外成绩 ×30%+理论与体能 ×30%+专项技评与能力发展 ×40%。考核内容和详细分值设置见表 14-3。

表 14-3 学生公共体育课程总成绩的分值设置

学期内容	平时成绩	课外锻炼	专项与体能（体质测试、身体素质、技能练习）				能力发展模块（任选一项）		
							竞赛能力	裁判能力	组织能力
	课堂出勤学习态度	过程考核	理论知识	体质测试	专项体能	专项技评	技、战术运用	知识掌握临场运用	组织协调管理创新
1/2 学期（分值）	20	10	10	10		30	10	10	10
2/2 学期（分值）	20	10	10		10	30	10	10	10

平时成绩：以学生上课的出勤率、学习态度表现和课外活动为评定标准。理论与体质测试：根据学生身体素质测试项目和对体育理论知识的掌握情况综合评定最后得分。专项技术与能力发展考核内容由专项体育教师选择专项技能对学生进行考核评分，考查学生对运动技能的掌握情况，要求学生必须参加全部考核项目，不得缺项。专项体能考核主要将能反映学生心肺功能的素质锻炼项目作为考试内容，可以选择学生体质健康测试项目，也可以选择专项体能项目作为考核内容。理论考试考查学生对体育理论知识的掌握情况。

章节小结

高等院校是国民教育的"制高点"，高等教育肩负国家高素质人才培养重任。优秀的校园文化可以提高学生的人格品质、学习能力、实践能力、创新能力等，加强校园文化建设我国是社会主义教育事业的重要任务之一。本章帮助学生了解体育第二课堂内涵，引导学生积极参加课外体育锻炼和校园体育竞赛活动。

思考题

1. 简述校园体育文化的概念。
2. 试述体育隐性课程的概念及其与校园文化建设的关系。
3. 简述体育课程思政建设的价值和意义。

（章节撰稿人：武传钟）

第十五章 校园体育赛事与社团管理

第一节 校园体育比赛的组织

一、校园体育比赛的概念

校园体育比赛是指利用课余时间，以运动项目、游戏活动、身体练习为内容，根据正规的、简化的或自定的规则，组织学生进行个人或集体的体力、技艺、智力和心理的比赛。校园体育比赛是高校体育工作的组成部分，为了保证体育比赛的顺利进行，需要对体育比赛过程的各个环节进行周密的组织和管理。校园体育比赛，始终坚持“育人第一”的方针。因此，在开展校园体育比赛时，组织好体育比赛的各项组织工作，并且要好比赛的宣传教育工作，弘扬学生运动员顽强拼搏的精神和优良的道德作风。校园体育比赛可以反映和了解学校体育工作开展的情况，有助于学生之间的体育交流。通过校园体育比赛，激励大学生力争上游、奋勇拼搏的进取精神，培养学生良好的心理素质，激发学生的责任感。

二、校园体育比赛的特点

校园体育比赛是大学生之间开展的比赛，具有以下特点。

（一）教育性

学校是教育和培养人才的场所，校园体育比赛则是教育的一个重要环节，因此校园体育比赛具有鲜明的教育性。体育比赛中不仅要创造好的运动成绩，取得好的名次，更重要的是以体育比赛为手段，促进和推动大学体育各项活动的开展，从而推动学校体育工作的开展，培养大学生团结协作、勇于进取的精神；培养大学生遵守规则，养成自律的良好品行。通过体育比赛，特别是团体项目的体育比赛（如篮球、足球、拔河等比赛），在体现大学生自我拼搏精神的同时，还体现大学生参与集体活动的意识和团结协作的集体主义精神，并且引导学生在体育比赛中做到胜不骄、败不馁，尊重竞争对手。

（二）参与性

大学体育旨在培养学生体育健康观念，增进体育能力，养成自觉锻炼身体的习惯，使之成为体魄强健的社会主义现代化事业的建设者和接班人。增强体质，增进健康是大学体育的核心任务。校园体育比赛则是根据大学体育的特点，通过丰富多彩的校园体育比赛吸引更多的大学生参与活动，体验体育比赛的乐趣和氛围，从而引导大学生积极参加体育健身活动。所以，校园体育比赛在项目的设置与选择上，充分考虑到不同体质、不同能力、不同个性大学生的特点，以吸引更多的同学积极参与丰富多彩的校园体育比赛。此外，校园体育比赛可以丰富大学生的课余文化生活，调节校园氛围，促进不同院系、不同专业同学间的相互了解和交流，校园体育比赛还经常将目前时尚的体育健身项目、休闲体育内容、体育游戏等融入体育比赛。

（三）竞争性

竞争是一种普遍存在的社会现象，优胜劣汰是自然界和人类赖以进步的客观规律。同竞技体育比赛一样，校园体育比赛中的竞争是社会竞争的一种基本形式，比赛的目的是只产生一名优胜者，每一个同学可以根据自己的兴趣和擅长，参加不同的项目，结合自己的能力，在公平公正的比赛中，争得第一。同时，也是对参加比赛同学运动技能和运动成绩的检验、比较和评比。只有在大学生个体或集体的体育比赛中分出强弱与胜负，才能充分反映体育比赛的竞争属性。体育比赛的竞争性不仅仅存在于竞争双方或多方运动员之间，还可以从更广泛的意义上去理解：比赛各队（人）之间存在着竞争，比赛队或个人所在的学院或班级同学，尤其是观众拉拉队之间也存在着竞争，其激烈程度并不逊于比赛队员之间的竞争。我们常常可以看到校园体育比赛中，比赛双方的支持者摇旗呐喊，为本队助威加油的热烈场面。其激烈、鲜明的竞争性特点也表现得淋漓尽致。

（四）多样性

校园体育比赛的主体是全体大学生。为了吸引更多的同学参与体育运动，突出对参与大学生的教育，体育比赛的内容和形式具有多样性的特点。一是体育比赛内容的多样性，校园体育比赛不仅仅限于正规的运动项目，还根据学校所在地的气候、地理和学校的传统项目、重点项目，结合课堂体育教学、学校课余体育活动，以及大学生喜闻乐见的体育健身项目来确定比赛的内容，充分体现大众性、实用性、趣味性和娱乐性，举办小型多样又易于开展的体育比赛项目。二是体育比赛的组织形式、场地器材、比赛方法的多样性，在参赛办法，计分方法等方面注意调动广大学生参赛的兴趣与热情。

第二节 校园体育社团管理

大学体育社团作为校园体育文化建设的重要组成部分，为大学生提供了认识自我、展示自我发展自我的舞台，更为大学生积极参与体育锻炼学习掌握运动技能，全面提高体质、健康水平和体育运动能力创造了氛围和环境。

一、大学体育社团的类型

大学体育社团作为学校课外体育活动的重要组织者与实施者，对促进实施《国家学生体质健康标准》，以及将健康标准的相关理念融入大学生的日常生活，形成健康的生活方式，提高大学生的体质健康，都具有十分重要的意义。

大学体育社团是指在大学范围内，由大学生自发组织的、自主参与的，以特定体育活动为载体的体育组织。他们的目的是开展课余体育活动，满足学生的健身、健心美和社交等要求而设立的体育组织，大多是按运动项目而设立的，在大学学生的体育活动中起到越来越重要的作用。

大学体育社团的类型分为以下几种。

1. 休闲娱乐类体育社团

保龄球、飞镖、台球、街舞、滑板、轮滑、桥牌、围棋、象棋等体育社团，通过休闲娱乐类体育活动或比赛，让学生在充满欢悦和谐的气氛中，达到恢复体力、调节心理、激发生活热情。

2. 团队比赛类体育社团

篮球、排球、足球、羽毛球、乒乓球、网球、棒垒球、手球、龙舟等体育社团，通过团队训练或竞赛活动，培养大学生团结协作的集体主义精神、主动参加体育社团互动并在其中积极发挥自己的作用，培养积极进取的体育精神。

3. 比赛表演类体育社团

舞龙舞狮、武术、拳击、跆拳道、空手道、太极拳、健美操、健美、体育舞蹈、瑜伽等体育社团，通过集体表演或竞赛活动，让大学生学会欣赏与理解体育美、主动地学习与练习，锻炼身体，培养良好的意志品质，养成终身锻炼的体育习惯。

4. 户外体育社团

定向越野攀岩、高空速降、登山、野战野外生存、自行车户外营地等体育社团，通过户外体育活动，让大学生走进大自然，在大自然中去接受挑战与磨炼，放松身心，可锻炼大学生的体魄，磨炼大学生的意志，使其变得更加勇敢与自信。

体育社团是大学生交流的平台。体育社团成员具有共同的兴趣、爱好，他们会自发地参加体育锻炼，为增进学生的健康起到了积极的推进作用。体育社区的成员来自不同的班级，体育社团给本来联系不多的不同专业的大学生提供了相互交流的平台，通过协会组织校内、校际的友谊比赛，已经变得越来越普遍，学生的技能水平和组织才能也在交流中得到了很好的锻炼和提升。

二、大学体育社团的运作

大学体育社团的有效运作将有助于大学生知识技能、实践能力、创新能力的提高，有助于大学生发挥自己的创造性，展现青春风采，促进大学校园文化的建设。

（一）重视社团负责人队伍的建设

对社团主要干部定期进行培训，使他们明确社团在校园文化建设中的重要作用，使他们具备一定的政治理论素养和管理能力，促进健康发展。从管理能力、领导素质、组织能力、干事效力、个人魅力等方面培养社团骨干。通过开设专门的理论知识培训班，进行持续的、有针对性的培训，启发他们的创新思维，为社团发展奠定良好的基础。

（二）重视设施场地的配备

体育设施和场地是社团活动的载体，如果一个社团没有一定的活动场所，其活动质量就要大打折扣。体育设施包括体育场地设施、办公设施、器材设施等。

（1）学校要充分利用现有场所，或者根据社团的项目需求安排活动场所。

（2）开发校园体育文化广场，从听觉、视觉、嗅觉、味觉等方面设计广场周边环境，让学生进入广场就想活动，安排好时间，让不同的体育社团轮流进行活动。

（3）采取以校团委名义与体育部门协商，以付费或其他方式在不影响正常体育教学的情况下保证体育类社团的活动场地。

（4）为社团提供一定空间的办公场所，置办一些办公用具，如桌椅、橱柜等，给会员提供交流思想，开展工作的场所。此外，还可以通过加强与体育部门合作实现资源共享。

三、体育社团指导教师的专业化

大学体育社团的发展说到底是人的发展。社团建设的深度拓展、广度发展，需要有专业化的指导教师给予指导。

（1）安排业务能力强的教师到体育社团的建设、管理、指导作岗位上，把体育社团的管理纳入教师的工作量，保证指导教师全身心投入到社团建设和发展上，帮助体育社团解决在社团发展规划活动安排、比赛组织、裁判工作等方面的问题。

（2）考虑体育社团指导教师的经济利益，将教师指导体育社团的工作纳入年终考核范围内，并根据指导教师的工作量程度，给予一定的经济报酬，激励指导教师的工作积极性，提高指导教师的责任心。

（3）通过开发社会资源满足体育社团活动的需要，由体育部或社团外聘高水平指导教师和与社会体育实体合作。

章节小结

学生参加校园体育赛事活动有助于提高专项技能、实践能力和创新能力。学生体育社团是大学生自发、自主开展体育活动的主要形式，是学生自我教育、自我管理、自我服务的有效途径。要了解校园体育比赛的特点、类型和组织形式，了解校园体育比赛的分类及内容，为大学生成长成才拓展空间，发挥校园体育赛事活动的积极作用。

思考题

1. 大学体育社团的组织与管理的方法有哪些？
2. 试述大学体育社团的运作过程。

（章节撰稿人：武传钟）

参考文献

[1] 国家体育总局编写组. 深入学习习近平关于体育的重要论述[M]. 北京:人民出版社,2022.
[2] 《大学体育理论教程》编委会. 大学体育理论教程[M]. 北京:高等教育出版社,2001.
[3] 李重申,李小唐. 大学体育理论与实践教程[M]. 北京:高等教育出版社,2016.
[4] 游松辉,邵斌,曹可强. 大学体育[M]. 上海:同济大学出版社,2012.
[5] 叶鸣,游松辉,张忠. 大学生游泳教程[M]. 上海:同济大学出版社,2002.
[6] 王瑞元,苏全生. 运动生理学[M]. 北京:人民体育出版社,2002.
[7] 马启伟. 体育心理学[M]. 北京:高等教育出版社,2000.
[8] 曲绵域,于长隆. 实用运动医学[M]. 北京:北京大学医学出版社,2003.
[9] 邹继豪,孙麒麟. 体育与健康教程[M]. 沈阳:辽宁大学出版社,2004.
[10] 顾红,柏慧敏,等. 大学体育教育实践教程[M]. 上海:上海大学出版社,2006.
[11] 朱柏宁,李伟民. 高校体育与健康教程[M]. 上海:同济大学出版社,2002.
[12] 张瑞林. 体育保健与康复[M]. 北京:高等教育出版社,2005.
[13] 体育保健学编写组. 体育保健学[M]. 北京:高等教育出版社,1994.
[14] 孙宗鲁. 大学生健康教育教材[M]. 北京:北京大学出版社,1994.
[15] 张英波. 运动健康全攻略[M]. 北京:北京体育大学出版社,2006.
[16] 孙麒麟. 全国普通高等学校体育课教材实践教程[M]. 大连:大连理工大学出版社,2002.
[17] 陈安槐,陈荫生. 体育大辞典[M]. 上海:上海辞书出版社,2000.
[18] 教育部,体育总局《大学生体质健康标准》研究课题组. 大学生体质健康标准[M]. 北京:人民教育出版社,2002.
[19] 国家体育总局《全民健身指导丛书》编委会. 体质自我评价和健康运动处方[M]. 北京:北京体育大学出版社,2001.
[20] 金福春. 体育与健康[M]. 北京:高等教育出版社,2001.
[21] 黄茂武,陈智勇. 大学体育理论与实践教程[M]. 广州:中山大学出版社,2007.
[22] 虞锡芳. 实用体育教程[M]. 南京:南京师范大学出版社,2001.
[23] 冯燕. 游泳运动与身心健康[M]. 乌鲁木齐:新疆人民出版社,2000.
[24] 张瑞林. 游泳[M]. 北京:高等教育出版社,2005.
[25] 王步标,黄超文. 体适能与健康[M]. 长沙:湖南科学技术出版社,2003.
[26] 曲宗湖,杨文轩. 现代社会与学校体育[M]. 北京:人民体育出版社,2001.
[27] 邹继豪. 全国普通高校体育教材[M]. 大连:大连理工大学出版社,1994.
[28] 全国体育学院教材委员会. 篮球[M]. 北京:人民体育出版社,1996.
[29] 何志林. 现代足球[M]. 北京:人民体育出版社,2000.

[30] 王文刚. 运动处方[M]. 广州:广东人民出版社,2005.
[31] 季成叶. 体质自我评价和健康运动处方[M]. 北京:北京体育大学出版社,2001.
[32] 杨静宜,徐峻华. 运动处方[M]. 北京:高等教育出版社,2005.
[33] 王希平,刘占捷. 网球[M]. 北京:人民体育出版社,1997.
[34] 吴志超,刘绍曾,曲京湖. 现代教学论与体育教学[M]. 北京:人民体育出版社,1993.
[35] 黄宽柔. 姜桂萍. 健美操 体育舞蹈[M]. 北京:高等教育出版社,2007.
[36] 王秀蓉,赵曼. 健美操指南[M]. 长春:东北师范大学出版社,1986.
[37] 范晓. 大众健美操与舞蹈健身[M]. 北京:人民军医出版社,2005.
[38] 张先松,健身健美运动[M]. 北京:高等教育出版社,2005.
[39] 张惠红,陶于. 定向运动与野外生存[M]. 北京:高等教育出版社,2006.
[40] 张宝帆. 定向运动与野外生存[M]. 天津:天津大学出版社,2000.
[41] 黄静,熊昌进. 攀岩运动[M]. 上海:上海科学普及出版社,2005.
[42] 薄志炜,师长青. 实用登山攀岩技术[M]. 西安:西安地图出版社,2005.
[43] 徐洪波. 大学攀岩教程[M]. 北京:北京体育大学出版社,2016.
[44] 武传钟. 休闲龙舟运动[M]. 长春:吉林大学出版社,2016.
[45] 虞重干. 专项训练——武术运动[M]. 北京:高等教育出版社,2001.
[46] 李世昌. 运动解剖学[M]. 北京:高等教育出版社,2010.
[47] 董国珍,孙增礼,刘献文. 学校体育运动训练指南[M]. 北京:高等教育出版社,1992.
[48] 刘建和,胡小明,王蒲,等. 运动竞赛学[M]. 成都:四川教育出版社,1990.
[49] 唐思宗,杨进勇. 身体训练学[M]. 成都:电子科技大学出版社,1992.
[50] 刘华山,郑家润. 龙舟技术与训练[M]. 北京:北京体育大学出版社,2002.
[51] 王方椽. 高校体育选项课理论教程[M]. 上海:复旦大学出版社,2005.